Johann Joachim Winckelmann

Sendschreiben von den herkulanischen Entdeckungen

Johann Joachim Winckelmann

Sendschreiben von den herkulanischen Entdeckungen

ISBN/EAN: 9783743457744

Hergestellt in Europa, USA, Kanada, Australien, Japan

Cover: Foto ©ninafisch / pixelio.de

Manufactured and distributed by brebook publishing software (www.brebook.com)

Johann Joachim Winckelmann

Sendschreiben von den herkulanischen Entdeckungen

Johann Winckelmanns
Sendschreiben
von den
Herculanischen Entdeckungen.

An den
Hochgebohrnen Herrn,
Herrn
Heinrich Reichsgrafen von Brühl,

Starosten von Bolynow, Rittern des hierosolymitanischen
Ordens von Maltha,

Sr. Königl. Majest. in Pohlen und Churfürstl. Durchl. zu Sachsen
hochbestallten Cammerherrn ꝛc. ꝛc.

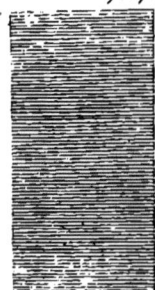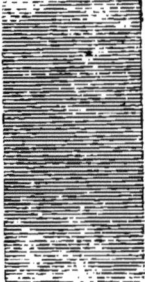

Dreßden 1762,
Verlegts George Conrad Walther,
Königlicher Hof-Buchhändler.

EX ANAGLYPHO INEDITO.

Sendschreiben
von den
herculanischen Entdeckungen.

Hochgebohrner Graf,

Da ich das Vergnügen hatte, Sie auf Ihrer Reise, im Car-
nevale 1762. von Rom nach Neapel zu begleiten, entschloß
ich mich, von den Seltenheiten, welche Sie in dem Königlichen Museo zu Portici sahen, etwas aufzusetzen, um Sie an das merk-

würdigste

würdigste wiederum zu erinnern, und zugleich zum Unterrichte für andere Reisende, die in einem kurzen Aufenthalte daselbst, nicht alles mit völliger Aufmerksamkeit betrachten können.

Ich habe mehr, als andere, so wohl Frembde, als Einheimische, Gelegenheit gehabt, diese Schätze des Alterthums zu untersuchen, da ich auf meiner ersten Reise mich fast zwey Monate in Portici selbst aufgehalten, und vermöge eines ergangenen Königlichen Befehls, mir alles zu zeigen, was zu sehen erlaubt ist, und in der möglichsten Bequemlichkeit dazu, habe ich diesen freyen Zutritt nach Vermögen genutzet, so daß ich ganze Tage in dem Museo zubrachte. Sie wissen, Hochgebohrner Graf, daß während unsers Aufenthalts von drey Wochen in Neapel, nicht leicht ein Tag vorbeygegangen, wo ich nicht in aller Frühe nach Portici gefahren bin. Außerdem verschaffet mir die genaue Freundschaft mit Herrn Camillo Paderni, dem Aufseher dieses Musei, eine hinlängliche Bequemlichkeit, alles nach meinem Wunsche zu betrachten, und ich bin daselbst wie in meinem Eigenthume.

Ich bin versichert, Hochgebohrner Graf, Ihre angebohrne Gütigkeit werde dieses an Sie gerichtete Sendschreiben mit eben dem Wohlgefallen, welches Sie sich dessen Verfasser zu bezeigen würdigten, annehmen. In dieser Zuversicht bin ich über die gewöhnlichen Grenzen eines Sendschreibens hinausgegangen; auch weil ich mir schmeichele, das Publicum, wenn es hier unbekannte und verlangte Nachrichten finden wird, werde Ihnen verbunden seyn, weil Sie Gelegenheit dazu gegeben haben.

In ein umständlich Verzeichniß aber kann ich mich nicht einlassen, sondern begnüge mich, das Merkwürdigste anzuzeigen, und lasse auch von diesem zurück, was ich über die dortigen alten Gemählde und Statuen in meiner Geschichte der Kunst des Alterthums, die itzo unter der Presse ist, angebracht habe. Ich werde einigemal ein Werk Herrn Jacob Martorelli, Professors der griechischen Sprache an dem Seminario der Cathedralkirche zu Neapel, unter dem Titel: DE REGIA THECA CALAMARIA anführen. Dieser in der griechischen Sprache gründlich

lich gelehrte Mann erhielt die Erlaubniß, über ein altes Dintenfaß von Erzt, in dem Museo zu Portici befindlich, (welches aber nicht in den ent= deckten Städten, sondern anderwärts, gefunden ist) zu schreiben. Es sind auf den acht Ecken desselben eben so viel Götter von eingelegter Arbeit in Silber, welche der Verfasser vor Planeten nimmt, und da er diese öffentliche Gelegenheit ergriff, seine ganze Wissenschaft zu zeigen, so öff= neten ihm die Götter ein weites Feld, in die Mythologie und in die alte Sternwissenschaft auszuschweifen. Er schüttet zugleich aus, was man über Dinte, Federn, Schreiberey und über Schriften der Alten nur im= mer sagen kann. Da er aber den Canonicus Mazocchi, einen Mann von mehr als achtzig Jahren, welcher die Zierde der Gelehrsamkeit in Italien ist, heftig, unzeitig und oft auf eine ungeziemende Art tadelt und angreift, wurde die Bekantmachung dieses Werkes, da der letzte Bogen sollte gedruckt werden, untersaget, und es ist auch dem Verfasser aufer= legt, es niemanden außer seiner Wohnung zu geben. Mir ist es aber dennoch gelungen, dieses Werk durchzulaufen, und ich werde gelegentlich über dasselbe meine Anmerkungen und Verbesserungen beybringen. Es besteht dasselbe aus 734 Seiten, und der Vorbericht, die Zusätze und drey umständliche Register betragen 88 Seiten, in groß Quart.

Vorläufig werde ich erstlich von den durch den Vesuvius verschüt= teten Orten, zweytens von der Verschüttung selbst, zum dritten von der Entdeckung und von der Art derselben reden, und in dem letzten Stücke werde ich über die Entdeckungen selbst meine Bemerkungen mittheilen.

Von den durch den Vesuvius verschütteten Orten, **Herculanum**, **Pompeji und Stabia** ist vorher die Lage derselben anzuzeigen, und be= sonders in so ferne Vergehungen der Scribenten anzumerken und Ver= besserungen zu geben sind; wer mehr zu wissen verlanget, kann es in be= kannten Schriften finden.

Herculanum, sagt **Strabo**, lag auf einer Erdzunge, welche sich ins Meer erstreckete, und dem Winde aus Africa (Scirocco) ausgesetzet war: so verstehe ich das Wort ἄκρα, welches hier so wenig, als da, wo es von den drey Spitzen der Insel Sicilien gebraucht wird, ein Vorge=birge bedeuten kann. In dem wahren Verstande dieses Worts haben so wohl alte als neue Scribenten gefehlet, wegen Unwissenheit der Lage der Orte, und **Cluverius** zeiget unter andern diesen Misverstand in alten Dichtern, welche von den drey Sicilianischen Spitzen reden, und dieselbe als Vorgebirge beschreiben. Das Ufer ist bey Reggio in Cala=brien so platt, als gegen über in Sicilien, wo Pelorus lag, und die Ge=birge erheben sich allererst etliche Meilen weit vom Ufer. Das Wort ἄκρα ist also, was wir itzo **Capo** nennen. So heißt **Capo d' Anzo,** wo ehemals das alte **Antium** stand, welches kein Vorgebirge, sondern ein plattes Ufer ist und war. Das Circeische Vorgebirge aber zwischen gedachtem Orte und Terracina, welches ein hoher Felsen ist, heißt nicht Capo, sondern **Monte Circello.**

Zu dieser Anmerkung und Erklärung veranlasset mich der Zweifel gedachten Neapelschen Gelehrten über den **Strabo.** Dieser, welcher das Wort ἄκρα in seiner gewöhnlichen Bedeutung eines Vorgebirges nimmt, will den Text des Strabo hier fehlerhaft finden, weil das alte Herculanum auf keinem Vorgebirge kann gelegen seyn, und er nimmt sich die Freyheit, an statt ἄκραν zu setzen μακράν. Er übersetzet also Φρου-ρίον μακρὰν ἔχον, oppidum in ipsa littoris longitudine situm, und nimmt das Wort μακρὰν absolute und substantive, wider allen Ge=brauch desselben, und ohne diese Freyheit mit einer einzigen Stelle zu unterstützen; ja er bricht kurz ab, und sagt, daß diese Art zu reden den Anfängern in der Sprache bekannt sey. Ich bin etwas mehr, als ein Anfänger in derselben, kann mich aber dergleichen Gebrauch des Wortes μακρός nicht entsinnen.

Das Ufer, auf welches das alte Herculanum gebauet war, erstre=ckete sich als eine Erdzunge ins Meer; das ist, es war ein Capo. Dieses ist die Meynung des Strabo, und er will von keinem Vorgebir=

ge

ge reden.   Es zeiget dieses noch ißo der Augenschein: denn **Portici** und **Resina**, welche oben auf der verschütteten Stadt Herculanum gebauet sind, liegen beynahe in gleicher Höhe mit dem Meere, welches ein flaches und sandiges Ufer hat.   Folglich kann das alte Herculanum um so viel weniger eine erhabene Lage gehabt haben, sonderlich wenn man bedenket, wie tief diese Stadt unter dem Erdboden ist.   Das Theater derselben ist über hundert Palmen tief, und man gelanget in dasselbe auf eben so viel Stufen, welche zur Bequemlichkeit von den Arbeitern gehauen sind.   Das Paviment oder der schöne Fußboden, womit das zweyte Zimmer des herculanischen Musei ausgezieret ist, wurde 102 Neapelsche Palmen tief unter der Erde gefunden, und es war dasselbe in einer offenen **Loggia** auf einer Art von Bastion geleget, welche wiederum 25 Palmen über das Gestade des Meers erhöhet war.

Hieraus folget, daß das Meer sehr viel höher müsse gewachsen seyn; welches dem ersten Anblicke eine seltsame Meynung scheint, hier aber und auch in Holland durch den handgreiflichen Augenschein bestätiget wird. Denn in Holland ist das Meer offenbar höher, als das Land, welches die Nothwendigkeit der Dämme beweiset: es muß aber das Meer ehemals nicht so hoch gewesen seyn, weil diese Provinz zu der Zeit, da dem Meere noch keine Grenzen durch Menschenhände gesetzt waren, nicht hätte können angebauet werden.   Dem Einwurfe, welchen jemand machen könnte, daß vielleicht das alte Herculanum im Erdbeben gesunken sey, scheinet die ordentliche Lage der Gebäude zu widersprechen, und es wird damals, als das Unglück diese Stadt betraf, von keinem so heftigen Erdbeben gemeldet, daß es eine ganze Stadt verschlingen können.   Und wenn dieses anzunehmen wäre, würde es vor dem Ausbruche des Berges geschehen seyn, und es hätte also die Asche desselben nichts bedecken können: denn das Erdbeben geht nur vor dem Ausbruche vorher, und folget niemals auf denselben.

Von einem hohen Wachsthume und Falle des Meeres finden sich deutliche Beweise an den Säulen im **Foro** des Tempels des **Aesculapius**,

andere

andere wollen, des Bacchus zu Pozzuolo. Dieses Gebäude liegt auf
einer ziemlichen Anhöhe, einige funfzig Schritte vom Meere, muß aber
ehemals völlig vom Wasser überschwemmet gewesen seyn: denn die Säulen nicht allein, welche liegen, sondern auch welche noch stehen, sind von
einer länglichen Seemuschel durchbohret und durchlöchert. Dieses ist sonderlich an Säulen von dem härtesten Aegyptischen Granite erstaunend zu
sehen, welche als ein Sieb durchgearbeitet sind; in vielen Löchern stecken
noch die Schalen. Die Muschel heißt Dactylus von δάκτυλος, der
Finger, weil sie die Gestalt, die Dicke und Länge desselben hat. Ehe
dieselben den Stein haben angreifen können, ist voraus zu setzen, daß diese
Säulen geraume Zeit vom Wasser ausgefressen worden, um ihnen einen
Weg zu machen, sich hinein zu setzen. Diese Muschel setzet sich, wenn
sie ganz jung ist, und ohne Schale, in eine Oeffnung des Steins, bekleidet sich daselbst mit der Schale, und drehet sich mit derselben, durch
Hülfe des Wassers, welches die Gänge schlüpfrig macht, unaufhörlich
umher, wächst und nimmt zu, und fährt fort zu bohren, und endlich,
wenn dieselbe zu ihrer völligen Größe gelanget ist, findet sie den Ausgang
für sich mit sammt der Schale zu klein, und muß also in ihrer Wohnung
bleiben. In die Löcher von verschiedener Größe kann man einen von den
fünf Fingern stecken, und sie sind so glatt ausgebohret, als kaum mit
Stahl und Erzt hätte geschehen können. Ferner ist daselbst der mit Marmor gepflasterte Platz vor dem Tempel annoch hier und da voller Trieb-
sand, welchen das Meer hinein geschleppet hat. Itzo und so lange man
denken kann, ist dieser Ort, wie ich gesagt habe, weit und erhöhet von
dem Meere entfernet; folglich ist das Meer wiederum zurückgefallen.
Die Art und Möglichkeit dieser untrüglichen Erfahrung mögen andere
untersuchen; ich bleibe bey der bloßen Erzählung und bey der Wahrheit
des Augenscheins.

In der Anzeige des Strabo vom Herculano könnte aus dem Worte
Φρουρίον, welches itzo ein Fort, oder im Wälschen, Burgo oder ein Castel heißen würde, scheinen, daß dieser Ort sehr klein gewesen, welches

der glücklichen Entdeckung, die das Gegentheil zeiget, zu widersprechen schiene: eben dieses Wort aber gebrauchet *Diodorus* von *Catana*, welches eine bekannte große Stadt war. Einen sicherern Beweis der Größe und der volkreichen Bewohnung des *Herculani* geben neunhundert Trink- und Speiseorte daselbst, oder Schenken, wie wir es nennen würden, wovon sich eine Pachtankündigung in einer Inschrift erhalten, welche im vierten Stücke dieses Sendschreibens gegeben wird. Diesen Ort nun, welcher bey den mehresten alten Scribenten *Herculanum* heißt, nennet *Petronius* Herculis porticum c. 106. und daher kommt der heutige Name *Portici*.

Den wahren Ort, wo das alte *Herculanum* gestanden und zu suchen gewesen, hat vor dessen Entdeckung niemand richtig errathen. Der in der Geschichte und in der Landbeschreibung dieser Gegend sehr erfahrne Neapelsche Gelehrte *Camillo Pellegrini* ¹) setzet es, wo itzo *Torre del Greco* ist, und also zwo Meilen weiter, auf der Straße nach *Salerno* und *Pompeji*; er führet eine unbestimmte Sage von Inschriften diese Stadt betreffend an, welche daselbst gefunden seyn sollen, und schließt nur aus hören sagen, daß ihre Lage gewiß und ausgemacht sey.

Es verdienet auch der Name der Stadt *Resina* einige Anmerkung. Dieser Ort hängt mit *Portici* zusammen, und das Königliche Schloß macht die Scheidung zwischen beyden, so daß die Gasse gegen *Neapel* zu, *Portici* heißt, und was auf der andern Seite liegt, *Resina* begreift. Einige sind der Meynung, daß der Name *Resina* von der Villa *Retina* geblieben sey, von welcher der jüngere *Plinius* in demjenigen Briefe redet, wo er den Ausbruch des *Vesuvius* beschreibt, und von seines Vettern Tode Nachricht giebt. Diese Villa aber setzen die mehresten unter dem Vorgebirge *Misenum*, weil gedachter Brief sagt, daß die Römische Flotte, welche in dem Hafen bey *Misenum* zu liegen

pflegte,

¹) Disc. della Campan. Felice, p. 319.

B

pflegte, an der Villa Retina vor Anker lag, da der Ausbruch kam. Ich aber kann mir keine Villa vorstellen, die unter einem Vorgebirge liegen könne. Gedachte Villa lag unter dem Vesuvius, wie Plinius nicht undeutlich angiebt. Es hätte auch bey Misenum, welches an zwölf Italienische Meilen von dem Vesuvius entfernet ist, die Gefahr auf den Schiffen und die Furcht so groß nicht seyn können, als sie be= schrieben wird, da nicht gemeldet ist, daß Neapel, Puteoli, Cuma und Bajä, welche Orte zwischen dem Herculano und Misenum lagen, in diesem betrübten Zufalle gelitten.

Herr Martorelli, welcher auch diesen Punct in seinem Königlichen Dintenfasse (p. 568.) untersuchet, begnüget sich nicht mit der Her= leitung des Namens Resina von Retina, und suchet ohne Noth eine Ver= besserung zu machen. Er glaubt, man könne und müsse Paetina lesen, das ist, Villa Paetina, welche er an diesem Orte ohnweit Herculanum setzet. Papirius Paetus ein Freund des Cicero, hatte in dieser Ge= gend eine Villa; dieses ist gewiß aus ein paar Briefen des letzteren[1]. Dieser Paetus verlohr seine Güter, weil er von der Partey des Pom= pejus war, in welchem Verluste vermuthlich dessen Villa mit begriffen gewesen, so daß also, nach gedachten Gelehrtens Meynung diese vom Cäsar eingezogene Villa unter seinen Nachfolgern, wie wir zu reden pflegen, ein Kaiserliches Cammer=Guth geworden, wo nachher und zu der Zeit, von welcher die Rede ist, einige Schiffe von der Misenischen Flotte zu liegen pflegen. Diese Muthmaßung ist so sehr weit eben nicht gesucht; aber sie ist nicht vonnöthen.

Pompeji liegt an der Straße nach Salerno, und der Ort, wo diese Stadt ehemals stand, ist etwa zwölf Milien von Neapel und sieben von Portici; der Weg dahin gehet über Torre dell' Annuntiata. Es irret also Herr Reimarus in seinen Anmerkungen über den Dio Cassius[2]

in

1) Ad Att. L. 14. ep. 16. ep. 25.
2) p. 1096.

in der Lage von Pompeji, die er zwischen Portici und **Torre del Greco**
angiebt, als welche Orte nur zwo Italienische Meilen von einander ent=
fernet sind; und er vergehet sich von neuem, wenn er eben daselbst saget,
daß diese Stadt gelegen, wo itzo **Castelamare** und **Stabia** liegen, wor=
inn er vermuthlich andern [1]) gefolget ist.   Man kann sich in einer rich=
tigen Charte besser belehren.   Lächerlich ist die Herleitung des Namens
Pompeji, welchen **Martorelli** als ganz natürlich aus dem Hebräischen
erzwingen will, von פום פיח os favillae [2]) so wie **Herculanum** von
הרה קליא praegnans igne soll benennet seyn.   **Stabia** soll von שטף
inundare den Namen haben, und der **Vesuvius** von בו שביב, ubi
ignis, so wie **Aetna** ein Ofen im Hebräischen heißt, welches Wort
[אתונא] oft beym **Daniel** vorkommt.   Viele Gelehrten suchen etwas
neues zu sagen, auch mit Nachtheil der Meynung von einem gesunden
Urtheile.

Diese Stadt war der gemeinschaftliche Hafen von **Nola**, **Nocera** und
Acerra, wie **Strabo** sagt, und die Waaren wurden aus dem Meere auf dem
Flusse **Sarno** hingebracht.   Es ist also daraus nicht zu beweisen, wie
Pellegrini bemühet ist, daß **Pompeji** am Meere und an der Mündung
dieses Flusses selbst gelegen gewesen: er will es dem **Vesuvius** zuschreiben,
daß die Spuren von derselben itzo mitten im Lande liegen.

Von der Größe der Stadt könnte, auch von den itzigen unterirdi=
schen Entdeckungen, das Capitolium daselbst [3]), welches **Rycquius** [4])
unter den Städten außer Rom, die dergleichen Gebäude hatten, anzu=
merken vergessen, und die großen Ueberbleibsel des Amphitheaters daselbst
Zeugniß geben.   Dieses große ovale Werk liegt auf einem Hügel, und
dessen innerer und unterer Umkreis, das ist der Umkreis der **Platea**,
hält drey tausend Neapelsche Palmen.   Es hatte vier und zwanzig Rei=
hen Sitze, und man hat den Ueberschlag gemacht, daß dasselbe an drey=
ßigtausend Menschen fassen können; es war also weit größer, als das Her=

B 2   culanische

---

1) Holsten. ad Cluver.   3) Vitruv. L. 3. c. 2.
2) p. 566.   4) de Capit. c. 47.

culanische, wie ich unten darthun werde; es giebt dieses auch der Augen=
schein. Diese Stadt wurde, wie Seneca berichtet, unter dem Nero fast
gänzlich durch ein Erdbeben zu Grunde gerichtet; und es ist jemand daher
der Meynung[1]), daß dasjenige, was Dio zugleich von diesem und dem
Herculanischen Theater meldet, eine Verwechselung der Zeit sey. Dieser
Geschichtschreiber, welcher von dem ersten großen und bekannten Ausbruche
des Vesuvius unter dem Titus redet, meldet, (wie man insgemein den
Sinn seiner Worte versteht,) daß die ungeheure Menge Asche, welche der
Berg ausgeworfen, die beyden Städte Herculanum und Pompeji eben
zu der Zeit, da das Volk in dem Theater an dem letzten Orte versamm=
let war, verschüttet und begraben habe. Pellegrini, welcher am an=
geführten Orte voraus setzet, daß dieser Unfall auch das Amphitheater mit
betroffen habe, kann dieses nicht reimen, und glaubet nicht, daß eine
verstörete Stadt in so kurzer Zeit von dem Nero an bis auf den Titus
ein so großes Theater wiederum habe aufbauen können, welches nach ihm
Tillemont[2]), wie aus beglaubten Nachrichten genommen, vorgiebt.
Martorelli, ohne jenen anzuführen, oder dessen Zweifel zu berühren, schei=
net eben der Meynung zu seyn; wenigstens schließe ich dieses aus der
Verbesserung, welche er in der Erzählung des Dio machen will. Er
behauptet, es müßte *) in der unten gesetzten Stelle desselben ταύτης
an statt αὐτῆς gesetzet werden, indem alsdenn jenes Wort auf das erste,
nämlich auf das Herculanische Theater gienge. Des Pellegrini Mey=
nung ist nicht unwahrscheinlich, und es könnte Dio, welcher unter dem
Commodus geschrieben, und also von der Zeit der Begebenheit, welche
er erzählet, entfernet war, sich geirret haben: es wäre auch des Mar=
torelli Verbesserung, wenn die Sache erweislich wäre, nach den Regeln
der Sprache richtig. Aber ein einziger Zweifel, welchen ich diesem ent=
gegen

---

1) Disc. 2. p. 327.
2) Hist. des Emp. dans Tite.
*) Dio p. 1095. l. 39. edit. Reimar. Καὶ πρόσιτι [τέφρα ἀμύθητος] καὶ πόλεις δύο ὅλας
τό, τε Ἡρκουλάνον καὶ Πομπηΐους ἐν θεάτρῳ τοῦ ὁμίλου αὐτῆς καθημένου κατέχωσε.

gegen setze, machet sehr unwahrscheinlich, daß das Theater zu Hercula= num überschüttet worden, da es voller Menschen und Zuschauer war. Wie ist es glaublich, sage ich, wenn dieses geschehen wäre, daß in diesem Theater kein einziger todter Körper gefunden worden, welche sich hier, wie zu Stabia, wo man sie gefunden, würden erhalten haben? In dem Herculanischen Theater aber hat sich auch so gar kein Gebein von einem Gerippe gefunden.

Stabia, ehemals Stabiae in der mehrern Zahl genannt, lag noch etwas weiter als Pompeji vom Vesuvius entfernet, aber nicht wo itzo Castelamare ist, wie Cluverius angiebt: denn jene Stadt hätte, nach dem Galenus, nicht dreyßig Stadien vom Meere entfernet seyn können, da dieser Ort nahe am Meere liegt. Stabia lag, wo itzo Gragnano lieget, welches mit den Stadien des Galenus übereinkommt. Es wurde diese Stadt schon von dem Sylla in dem Marsischen Kriege zerstöret, und zu Plinius Zeiten waren nichts als Lusthäuser daselbst.

Noch weiter und gegen Sorrento zu bey Prayano wurden vor fünf Jahren unterirdische Zimmer entdeckt; die Arbeit aber ist nicht fortgesetzt, um die Arbeiter nicht zu vermehren, und nachdem der Ein= gang von neuem vermauret worden, ist die Entdeckung bis auf andere Zeiten verschoben.

Ueber den zweyten Punct, nämlich von der Verschüttung genann= ter Orte, bin ich nicht gesonnen, die Geschichte derselben aus Nachrichten der alten Scribenten zu erzählen, sondern ich will suchen aus eigenen Be= merkungen einen Begriff davon zu geben.

Es ist nicht die Lava oder der feurige Fluß geschmolzener Steine, welcher unmittelbar die Stadt Herculanum überströmet, sondern der Anfang und die Bedeckung derselben geschah durch die feurige Asche des Berges, und durch ungeheure Regengüsse, welche außer der Asche, mit welcher diese Stadt unmittelbar bedecket wurde, diejenige, welche auf dem Berge gefallen war, mit sich in dieselbe hinein trieben. Die Asche war so glüend heiß, daß sie auch die Balken in den Häusern

ver=

verbrannte, welche man in Kohlen verwandelt findet, und Korn und
Früchte sind ganz schwarz geworden. Die Wassergüsse müssen zu
Pompeji und zu Stabia so stark nicht gewesen seyn: denn an beyden
Orten findet sich alles wie mit einer leichten Asche angefüllet, und diese
leichte Erde wird Papamonte genennet; es konnte auch die Lava nicht
bis dahin fließen. Daher haben sich die an den beyden letzten Orten verschütteten Sachen überhaupt besser, als im Herculano, erhalten. Nachdem
nun Herculanum durch die Asche bedecket, und durch die Wasser überschwemmet war, brachen die feurigen Ströhme aus, und überfloßen
diese Stadt ganz gemach durch ihren schweren und langsamen Lauf, und
mit diesem Steine ist dieselbe, wie mit einer Rinde bedecket. Eben so
war in dem schrecklichen Ausbruche im Jahre 1631, nachdem der Berg an
hundert Jahre ruhig gewesen, die Asche mit einem Wolkenbruche begleitet.

Daß die Einwohner Zeit gehabt, sich mit dem Leben zu retten, können wir schließen aus den wenigen todten Körpern, welche gefunden sind:
denn weder unter Portici, noch unter Resina, noch zu Pompeji sind davon
Spuren gewesen; bloß zu Gragnano oder zu Stabia fand man drey
weibliche Körper, von denen die eine die Magd der beyden andern schien,
und ein hölzernes Kästchen getragen hatte: dieses lag neben ihr und
zerfiel in Asche. Die andern beyden hatten goldene Armbänder und Ohr-
gehenke, welche Stücke in dem Museo gezeiget werden. Eben daher
sind wenig kostbare Geräthe, und nur einzelne goldene Münzen und geschnittene Steine entdecket: denn was einen besondern Werth hatte,
wurde vor der Flucht ergriffen, und die Zimmer der mehresten Häuser
sind fast völlig ausgeleeret gefunden. In einem Zimmer fand sich auf
dem Boden ein eiserner Kasten in die Queer und wie verlohren hingewor-
fen: die Arbeiter waren voller Freuden, da sie denselben ansichtig wurden,
in Hoffnung besondere Dinge zu finden, in welchem Falle ihnen eine Verehrung gegeben wird; sie befanden sich aber betrogen, und der Kasten
war ausgeleeret. Zu Pompeji hat man die Anzeige von einer eilfertigen
Flucht der Einwohner an vielen schweren Geräthen gefunden, welche weit

von

von den Wohnungen ausgegraben worden, und vermuthlich im Flüchten weggeworfen waren.

Diese Entdeckung hat offenbare Beweise von weit ältern Ausbrüchen des Vesuvius gegeben, und die Alten, welche sich nur eine schwache Muthmaßung davon aus den Schlacken an dem Berge bildeten, hätten sich handgreiflich davon überzeugen können. Strabo schließet Entzündungen dieses Berges aus dessen Erdreiche, welches aschfarbig war, und aus Höhlen voller Steine von eben der Farbe, als wenn sie gebrannt wären. Diodorus getrauet sich nicht mehr zu sagen, als daß sich auf diesem Berge Spuren von alten Entzündungen finden. Plinius aber, welcher in dessen Ausbruche sein Leben lassen mußte, sagt an zween Orten, wo er des Vesuvius Meldung thut, kein Wort davon, so daß es scheinet, es sey auch ihm die Natur dieses Berges unbekannt gewesen. Die deutlichen Zeichen von dem, was ich sage, sind erstlich die gebrannte Erde mit Schlacken vermischet, auf welche die ganze Stadt Pompeji gebauet ist, und diese Erde heißt itzo Terra di fuoco. Dieses hätte bey jedem Gebäude, welches daselbst vor Alters aufgeführet worden, wenn man den Grund dazu gegraben, Anlaß zu Untersuchungen geben können. Ferner sind die Gassen so wohl um Herculanum als zu Pompeji mit großen Steinen Lava gepflastert, welche sich von anderen Kieseln oder harten Steinen, durch eine besondere Vermischung, und durch kleine weiße Flecken in dem gräulich schwärzlichen Grunde der Farbe, unterscheiden, welche Art von Stein den Alten nicht bekannt gewesen seyn muß. Von dem Herculanischen Pflaster hat man einen einzigen Stein hervorgezogen, welcher in dem Museo zu Portici liegt, und zween Palme, drey Zolle, Römisches Maaß, breit ist. Dieses Pflaster von Lava in den verschütteten Städten hätte der Herr P. della Torre in seiner Beschreibung des Vesuvius sehr nützlich anführen können, und er würde durch den einzigen aufgehobenen Pflasterstein belehret seyn, daß die heutige Lava nicht härter, als die alte sey, wie er *) aus guten Gründen, aber wider die Erfahrung,

be=

---

*) Storia del Vesuv. c. 5. §. 122. p. 98. und in der franz. Uebersetzung dieses Buchs, p. 232.

behauptet. Noch ein anderes Zeichen älterer Ausbrüche vor den Zeiten des Titus sind Stücke Schlacken, welche sich in den Mauren der Gebäude von Pompeji finden.

Nach der Anzeige der verschütteten Orte und der Verschüttung selbst, ist drittens eine Nachricht von der Entdeckung derselben zu geben, und diese ist in Absicht auf Herculanum eine ältere, und hernach die Entdeckung aller dieser Orte, welche zu unsern Zeiten geschehen ist.

Von einer ältern Entdeckung oder vielmehr Nachsuchung des ver= schütteten Herculanum haben sich offenbare Spuren beym Nachgraben unter der Erde gefunden, welche auch in der auf Königlichen Befehl ge= zeichneten Carte von diesen unterirdischen Städten, welche ich das Glück gehabt habe zu sehen, angezeiget sind. Dieses sind mit Mühe gearbei= tete und ausgehauene unterirdische Gänge, welche, ohne etwas dergleichen vorher zu muthmaßen, die Absicht derselben von selbst zeigeten: folglich kann man nicht alles, was der Berg verschüttet hat, zu finden hoffen. Auf diese vor Alters geschehene Nachgrabung scheinet eine Inschrift zu deuten, welche zwar bereits gedruckt ist, aber hier füglich einen Platz verdienet, wegen des Lichts, welches sie uns geben kann.

SIGNA TRANSLATA EX ABDITIS
LOCIS AD CELEBRITATEM
THERMARVM SEVERIANARVM.
AVDENTIVS SAEMILANVS V. C. CON.
CAMP. CONSTITVIT. DEDICARIQVE PRECEPIT. [ſic]
CVRANTE T. ANNONIO. CHRYSANTIO V. P.

Fabretti, welcher dieselbe aus einer Handschrift bekannt machte[1]), erkläret sich in den Noten über dieselbe[2]), daß er nicht verstehe, was der Anfang derselben sagen wolle. Mazocchi[3]) läßt sich ebenfalls nicht ein in den

Anfang

1) Inſcr. p. 280. n. 173.   2) Ibid. p. 334.
3) De Theatr. Camp. p. 170.

Anfang derselben: und versteht hier die Bäder in Rom, die Septimius Severus bauete, und Antoninus Caracalla, dessen Sohn und Nachfolger, endigte, die daher auch schon vor Alters, wie noch izo, Antoniana hießen, und insgemein die Bäder des Caracalla genennet werden. Diese Inschrift, von welcher man nicht eigentlich wußte, an welchem Orte dieselbe abgeschrieben worden, fand Martorelli bey einem Steinmetzen zu Neapel, da derselbe bereits die Säge angesetzet hatte, diesen Marmor zu zerschneiden; folglich redet dieselbe von Dingen, die zu Neapel, oder in der Gegend umher, geschehen sind. Es ist also dieser Gelehrte der Mey= nung[1]), daß SIGNA TRANSLATA EX ABDITIS LOCIS auf Statuen, welche man aus den verschütteten Städten, und vornehmlich aus dem Hercu= lano, ausgegraben, zu deuten sey. Die Severianischen Bäder versteht er von Bädern, nicht des Septimius Severus, sondern des Kaisers Ale= xanders Severus, und gleichwohl führet er den Spartianus an, wel= cher von jenen und nicht von diesen redet noch reden kann, weil seine Geschichte nicht so weit geht: er hätte sich auf den Lampridius berufen sollen, welcher von den Alexandrinischen Bädern in Rom redet. Ferner sagt Martorelli: wir wissen die Zeit des Audentius Saemilanus Viri Consularis, welcher zu des Severus Zeiten (welches Severus aber, sagt er nicht) gelebet; woher er es aber weiß, hat ihm nicht gefal= len anzugeben. In diese Bäder zu Rom wurden die Statuen von hier= her hingeschaffet, und durch den Baumeister Chrysanthus aufgestellet. Die Inschrift und die entdeckten vor Alters gemachten unterirdischen Gänge im Herculano erklären sich also wechselsweise. Bald hernach verlosch das Andenken dieser verschütteten Schätze gänzlich aus dem Gedächtnisse der Menschen durch die einreißende Barbarey und Unwissenheit.

Die neuere Entdeckung geschahe bey Gelegenheit eines Brunnens, welchen der Prinz Elbeuf, ohnweit seinem Hause, daselbst graben ließ. Dieses Haus wurde von gedachtem Herrn zu seinem Aufenthalte an die=
　　　　　　　　　　　　　　　　　　　　　　　　　　sem

---

1) In Additam. ad Reg. Thec. Calamar. p. 37, seq.

C

sem Orte, hinter dem Kloster der Franciscaner der strengerern Regel von S. Pietro von Alcantara, auf dem Rande und der Klippen der Lava selbst, am Meere aufgebauet, und es kam nach deſſen Tode an das Haus Falletti in Neapel, von welchem es der izige König in Spanien käuflich erſtand, um ſich daſelbſt mit der Fiſcherey und ſonderlich mit angeln der Fiſche zu erluſtigen. Gedachter Brunnen wurde nahe an dem Garten der Auguſtiner Barfüßer eingeſchlagen, und durch die Lava durchgebrochen; die Arbeit wurde fortgeſetzet bis man an feſtes Erdreich gelangete, welches die Aſche des Veſuvius iſt, und hier fanden ſich drey weibliche bekleidete Statuen, auf welche der damalige Oeſter-reichiſche Vice-König mit Recht Anſpruch machte. Dieſer ließ dieſelben nach Rom führen, wo ſie ergänzet wurden, und ſchenkte ſie dem Prinzen Eugenius, welcher ſie in ſeinem Garten zu Wien aufſtellete. Nach ſei-nem Tode verkaufte deſſen Erbinn dieſe drey Statuen an Se. Majeſt. den König von Pohlen für ſechstauſend Thaler oder Gulden (welches ich nicht eigentlich weiß) und es ſtanden dieſelben vor ſieben Jahren, vor meiner Abreiſe nach Italien, in einem Pavillon des großen Königlichen Gartens vor Dreßden, unter den Statuen und Bruſtbildern des Pallaſtes Chigi, welche der ſel. verſtorbene König von Pohlen mit ſechzigtauſend Scudi erkaufte, und mit welcher er eine andere Sammlung alter Werke ver-einigte, die ihm der Herr Cardinal **Alexander Albani** für zehentauſend Scudi überließ.

Dem Prinzen Elbeuf wurde nach dieſer Entdeckung unterſaget, mit Nachgraben fortzufahren, und von dieſer Zeit an wurde in mehr als dreyßig Jahren nicht weiter daran gedacht, bis da der izige König in Spanien zum ruhigen Beſitze dieſes eroberten Reichs gelangete, und Portici zum Frühlingsaufenthalte wählete. Der ehemals gegrabene Brunnen war noch da, und in demſelben gieng man, auf Königlichen Befehl, wei-ter hinunter, bis ſich Spuren von Gebäuden fanden, und dieſe waren von dem Theater, welches die erſte Entdeckung iſt; und der Brunnen iſt noch izo, ſo weit derſelbe durch die Lava gebrochen worden, zu ſehen, und

fällt

fällt auf die Mitte des Theaters, welches durch diese Oeffnung Licht bekommt. Die Inschrift mit dem Namen der Stadt Herculanum, die man fand, zeigeten den Ort an, wo man grub, und dieses machte Muth, die Arbeit unter der Erde weiter fortzusetzen.

Die Aufsicht über diese unterirdische Arbeit wurde einem Spanischen Feldmesser oder Ingenieur, Rocco Giachino Alcubierre, welcher dem Könige aus seinem Lande gefolget war, aufgetragen; dieser ist itzo Obrister und das Haupt von dem Corpo der Neapelschen Ingenieurs. Dieser Mann, welcher mit den Alterthümern so wenig zu thun gehabt hatte, als der Mond mit den Krebsen, nach dem Welschen Sprichworte, war durch seine Unerfahrenheit Schuld an vielem Schaden und an dem Verluste vieler schönen Sachen. Ein Exempel kann an statt aller dienen. Da man eine große öffentliche Inschrift, ich weiß nicht, an dem Theater, oder an einem andern Gebäude entdeckete, welche aus Buchstaben von Erzt bestand, die an zween Palme lang sind, wurden dieselbe, ohne die Inschrift vorher abzuzeichnen, von der Mauer abgerissen, und alle unter einander in einen Korb geworfen, und in dieser Verwirrung Sr. Majestät gezeiget. Der erste Gedanke, welcher einem jeden Menschen kommen mußte, war die Frage, was diese Buchstaben bedeutet; und dieses wußte niemand zu sagen. Viele Jahre standen dieselbe in dem Museo willkührlich aufgehänget, und ein jeder konnte das Vergnügen haben, sich nach seinem Gefallen Worte aus denselben zu bilden; endlich aber hat man so lange studiret, bis man sie in einige Worte gebracht hat, von welchen unter andern IMP. AVG. ist. Wie man durch desselben Veranstaltung mit der Quadriga von Erzt verfahren ist, werde ich unten in dem vierten Stücke anführen.

Da mit der Zeit dieser D. Rocco höher stieg, wurde die Unter-Aufsicht und das Befahren der unterirdischen Orte und Grüfte einem Ingenieur aus der Schweiz, Hrn. Carl Weber, welcher itzo Major ist, übergeben, und diesem verständigen Manne hat man alle gute Anstalten, die

C 2 nach=

nachher gemacht find, zu danken. Das erste, was er machte, war ein richtiger Grundriß der unterirdischen Gänge und der entdeckten Gebäude, und dieses nach allen Arten von Ausmessungen; diesen Grundriß machte er deutlich durch andere Zeichnungen, welche den Aufriß der ganzen Entdeckung zeigen, die man sich vorstellen muß, zu sehen, wie wenn das ganze Erdreich über dieselbe weggenommen wäre, und das Innerste der Gebäude, deren Zimmer und ihrer Gärten, nebst dem eigentlichen Orte, wo ein jedes gefunden ist, sich unsern Augen von oben her aufgedeckt zeigete. Diese Risse aber werden niemanden gezeiget.

Nachdem man nun in den Herculanischen Entdeckungen glücklich gewesen war, fieng man an, die andern Orte aufzusuchen, und es fand sich die wahre Lage von dem alten Stabia; und Pompeji entdeckte die großen Ueberbleibsel des Amphitheaters, welche beständig über der Erde auf einem Hügel sichtbar gewesen. An beyden Orten war mit wenigern Kosten, als im Herculano, nachzugraben, weil man dort keine Lava zu überwinden hatte. Nirgend gehet man mit größerer Zuversicht, als in Pompeji, weil man gewiß weiß, man gehe Schritt vor Schritt in einer großen Stadt, und die Hauptstraße ist gefunden, welche in schnur=gerader Linie fortgeht. Bey aller dieser Gewißheit, Schätze, die unseren Voráltern nicht bekannt gewesen, zu finden, wird das Werk sehr schläfrig getrieben, und es sind an allen unterirdischen Orten zusammen nicht mehr als funfzig Arbeiter, die Sclaven von Algier und Tunis mit gerechnet, vertheilet; und eine große Stadt, wie Pompeji ist, auszugraben, fand ich auf meiner letzten Reise nur acht Menschen beschäfftiget.

Die Art und Weise, mit welcher man im Nachgraben verfährt, ist so beschaffen, daß nicht leicht eine Hand breit übergangen werden kann. Man folget dem Hauptgange in gerader Linie, und aus demselben gehet man auf beyden Seiten heraus, und wenn ein Raum ins Gevierte von sechs Palmen nach allen Seiten ausgegraben und durchsucht ist, wird gezen über ein Raum von gleicher Größe ausgegraben, und das Erdreich aus

diesem

diesem wird in den Raum gegenüber geführet, theils um die Kosten zu ersparen, theils um das Erdreich durch Anfüllung zu unterstützen, und so verfährt man wechselsweise.

Ich weiß, daß Auswärtige so wohl als Reisende, die dieses alles wie im Vorbeygehen sehen, oder sehen können, wünschen, daß nichts möchte mit Erdreiche angefüllet werden, sondern daß man, wie in gedachten Grund=rissen, die ganze unterirdische Stadt Herculanum aufgedeckt möchte lie=gen sehen. Man tadelt den schlechten Geschmack des Hofes und derje=nigen, die über diese Arbeit gesetzet sind; aber dieses ist ein Urtheil nach den ersten Eindrücken ohne gründliche Untersuchung des Orts und anderer Umstände. Von dem Theater gebe ich es zu, wo dieses möglich und die Entdeckung der Kosten würdig gewesen wäre, und man hat übel gethan, sich zu begnügen, die Sitze zu entdecken, welche man sich aus so viel alten Theatern vorstellen konnte, die Scena selbst aber, als das vornehmste Theil, wovon wir keine anschauliche Kenntniß haben, bedecket und ver=schüttet zu lassen. Unterdessen ist auch itzo Hand angelegt, diesem Ver=langen ein Genüge zu thun, und es sind die Stiegen, welche aus der Arena oder der Platea zur Scena führen, entdecket. Es könnte also das Herculanische Theater wenigstens unter der Erde mit der Zeit völlig gesehen werden.

Was aber die Aufdeckung der ganzen Stadt betrifft, gebe ich denen, die dieses wünschen, zu überlegen, daß, da die Wohnungen durch die unge=heure Last der Lava erdrückt worden, man nichts als die vier Mauern sehen würde. Da man ferner diejenigen Wände, welche bemalet waren, um das Gemalte nicht der Luft und dem Wetter preiß zu geben, wegge=nommen, so würden die besten Häuser eingerissen zu sehen seyn, und die Mauern von den schlechtesten Wohnungen wären stehen geblieben. Nächst=dem ist leicht zu begreifen, was vor ein ungeheurer Aufwand es gewesen seyn würde, alle Lava wegzusprengen, und alles theils versteinerte, theils anderes Erdreich auszugraben und wegzuführen; und zu was vor Nu=tzen? zerstörete alte Mauern zu sehen. Und endlich hätte man, um ei=

niger

niger unzeitig Neugierigen Lust zu stillen, eine ganze wohlgebauete und
stark bewohnte Stadt verstören müssen, um eine verstörete Stadt und
einen Haufen Steine an das Licht zu bringen. Die gänzliche Aufdeckung des Theaters aber würde nichts kosten, als den Garten der Au-
gustiner Barfüßer, unter welchem es steht.

Diejenigen, welche völlig aufgedeckte vier Mauren verschüttet gewe-
sener Wohnungen sehen wollen, können nach Pompeji gehen; aber man
will sich nicht so viel bemühen: dieses bleibt nur für die Engeländer. An
diesem Orte kann man also verfahren: denn die ganze Stadt ist mit einem wenig fruchtbaren Erdreiche bedecket, und da vor alters an diesem
Orte der köstlichste Wein wuchs, so tragen itzo die daselbst gepflanzeten
Weinberge wenig ein, und es ist kein großer Schade, dieselbigen zu ver-
wüsten. Man spüret auch hier mehr, als an andern Orten, in selbiger
Gegend eine schädliche Ausdünstung, welche Muffeta heißt, und alles
verdorret, so wie ich es an einem Haufen Ulmbäumen fand, die ich vor
fünf Jahren frisch und grün gesehen hatte. Diese Ausdünstung ist insgemein der Vorbothe von einem nahen Ausbruche des Berges, und äußert
sich zuerst in Kellern; vor dem letzten Ausbruche fielen einige Menschen,
beym Eintritte in die Keller ihrer Häuser, auf der Stelle todt nieder.

Man ersieht aus dieser Nachricht von den Anstalten zu Entdeckung
dieser Orte, daß mit solcher Schläfrigkeit annoch für die Nachkommen
im vierten Gliede zu graben und zu finden übrig bleiben werde. Mit
noch geringern Kosten könnte man vielleicht eben so große Schätze finden,
wenn man zu Pozzuolo, zu Baja, zu Cuma und zu Misenum graben
wollte; denn hier waren die prächtigen Villen der großen Römer. Aber
der Hof begnüget sich mit den gegenwärtigen Entdeckungen, und vor sich
darf niemand eine merkliche Gruft machen. Es sind so gar noch unbekannte Gebäude an diesen Orten; wie denn ein Englischer Schiffscapitain,
da er in dieser Gegend lag, unter Baja einen großen prächtigen Saal unter der Erde entdeckte, in welchen man nur zu Wasser gelangen kann:

in

in demselben hat sich die schönste Gipsarbeit erhalten.   Diese Entdeckung
geschahe vor zwey Jahren, und ich selbst habe davon allererst nach meiner
Rückkunft von Neapel, durch Hrn. Adam aus Edenburg in Schottland,
Nachricht erhalten, und die Zeichnungen gesehen.   Dieser Liebhaber der
Künste, und besonders der Baukunst, steht im Begriffe, eine Reise nach
Griechenland und Klein-Asien anzutreten.

Nach dem dritten Stücke von der Entdeckung und von der Art
derselben ist zuletzt im vierten Stücke vornehmlich von den Entdeckungen selbst Nachricht zu geben, und hier wiederhole ich die Erklärung,
welche ich zu Anfange dieses Sendschreibens gemacht habe, nicht alles zu
berühren, noch was ich anderwärts ausgeführet habe, hier zu wieder=
holen.   Ich fange billig bey den entdeckten unterirdischen Orten selbst
und den Gebäuden an, welche wir unter dem Namen der unbeweglichen
Entdeckungen begreifen können, wo über die Bauart, Gebäude und
Wohnungen Anmerkungen zu machen sind, und zwar von jedem der
verschütteten Orte ins besondere, so viel mir von denselben die geheim=
gehaltenen Nachrichten einzuziehen möglich gewesen.   Zweytens aber und
vornehmlich ist von den im Museo aufgestellten Entdeckungen, theils
über Gemälde, Statuen, Brustbilder und kleine Figuren zu reden, wo
ich einige Inschriften mit anhänge, theils von den Geräthen, und zuletzt
umständlich von den entdeckten Schriften zu handeln.   Der Leser merke
hier die Verhältniß des Neapelschen Palms, nach welchem die mehresten
Maaße angegeben sind; es hält derselbe vierzehen Römische Zolle, und
ist also zween Zolle größer, als der Römische Palm.

Unter den unbeweglichen Entdeckungen ist der Zeit und Größe nach
das erste und vornehmste das Theater der Stadt Herculanum.   Es hat
dasselbe achtzehen Reihen Sitze, einen jeden von vier Römischen Palmen
breit, und einem in der Höhe, und die sind aus einer Art von Tufo gehauen; nicht aus harten Steinen, wie Martorelli angiebt.   Ueber diese
Sitze erhob sich ein Porticus, und unter denselben waren drey andere
Reihen

Reihen Sitze. Zwischen den untern Sitzen sind sieben besondere Aufgänge, zur Bequemlichkeit, welche Vomitoria hießen. Der Durchmesser des untern Sitzes ist zwey und sechzig Neapelsche Palme, und man hat gefunden, anderthalb Palme auf die Person gerechnet, daß in diesem Theater dreytausend und fünfhundert Menschen sitzen können, außer denjenigen, die in der Arena oder der Platea Platz hatten. Dieser innere Platz war mit starken Platten von *Giallo antico* gepflastert, wie man noch an einigen Spuren siehet, die zum Denkmaale übrig gelassen sind. Die gewölbten Gänge unter den Sitzen waren mit weißem Marmor belegt, wie die Spuren zeigen, und die Cornische, welche in denselben umher gehet, ist noch von Marmor übrig.

Oben auf dem Theater stand eine **Quadriga**, d. i. ein Wagen mit vier Pferden bespannet, nebst der Figur der Person auf demselben in Lebensgröße, alles von vergoldetem Erzte, und man sieht noch itzo die Base von weißem Marmor, auf welcher dieses Werk stand. Einige behaupten, daß es drey **Bigä** gewesen, oder drey Wagen, jeder mit zwey Pferden; und diese Ungewißheit zeuget von der Dummheit derjenigen, die an dieser Entdeckung Hand hatten. Diese Werke sind, wie leicht zu erachten ist, von der Lava umgeworfen, zerdrücket und zerstücket, aber es fehlete bey der Entdeckung kein Stück an denselben. Wie verfuhr man aber mit diesen kostbaren Trümmern? Es wurden alle Stücke gesammlet, auf Wagen geladen, nach Neapel geführet, und in den Schloßhofe abgeladen, wo dieselben in einer Ecke aufeinander geworfen wurden. Hier lag dieses Erzt, wie altes Eisen, geraume Zeit, und nachdem hier ein Stück und dort ein anderes war weggetragen worden, so entschloß man sich, diesen Ueberbleibseln eine Ehre anzuthun; und worinn bestand dieselbe? Es wurde ein großer Theil davon zerschmolzen zu zwey großen erhaben gearbeiteten Brustbildern des Königs und der Königinn. Wie diese beyden Stücke gerathen können, stelle ich mir vor, ohnerachtet ich dieselben nicht gesehen habe: denn sie sind unsichtbar geworden, und bey Seite gethan, da man das unwissende unverantwortliche Verfahren anfieng zu

merken.

merken.   Die übrigen Stücke von dem Wagen, von den Pferden und von der Figur wurden endlich wiederum nach Portici geführet, und in den Gewölbern unter dem Königlichen Schlosse der Welt völlig aus den Augen gerücket.   Geraume Zeit nachher brachte der Aufseher des Musei in Vorschlag, aus den übrigen Stücken von den Pferden wenigstens ein einziges zusammen zu setzen, und dieses wurde beliebet, und durch die Arbeiter in Erzt, die von Rom zur Arbeit an andern Entdeckungen waren verschrieben worden, wurde Hand an dieses Werk geleget.   Alle und jede Stücke zu einem ganzen Pferde fanden sich nicht mehr, und es mußten einige neue Güsse gemacht werden, und auf diese Art brachte man endlich ein Pferd und ein schönes Pferd zusammen, welches in dem innern Hofe des Musei aufgerichtet ist.   An dem Gestelle von Marmor stehet folgende Inschrift in vergoldeten Buchstaben von Erzt, von dem berühmten Mazocchi gemacht:

EX. QVADRIGA. AENEA.
SPLENDIDISSIMA
CVM. SVIS. IVGALIBVS.
COMMINVTA. AC. DISSIPATA
SVPERSTES. ECCE. EGO. VNVS.
RESTO.
NONNISI. REGIA. CVRA.
REPOSITIS. APTE. SEXCENTIS.
IN. QVAE. VESVVIVS. ME.
ABSYRTI. INSTAR.
DISCERPSERAT.
MEMBRIS.

In dieser Inschrift könnte man einige Critic machen über das Wort SEXCENTIS, welche Zahl gebräuchlich ist, eine unbestimmte große Zahl anzugeben, die aber hier viel zu groß ist: denn es würden nicht hundert Stücke heraus kommen. Man kann auch die Metapher INSTAR

D   AB-

ABSYRTI, hier nicht allein sehr überflüßig, sondern in dem Stile der Inschriften fremde finden; es ist auch die Versetzung der Worte von sexcentis bis zu membris zu weit und zu poetisch.

Dieses Pferd, gut oder übel zusammen gesetzt, schien wie aus einem Stücke zu seyn, bis nach und nach die übel vereinigten und verschmierten Fugen sich von der Hitze öffneten: denn es ist schwer, einen neuen Guß an den Bruch eines alten Stückes von Erzt zu verbinden; und da im März 1759, bey meinem Daseyn, ein großer Regen einfiel, lief das Wasser in die Fugen, und das Pferd bekam die Wassersucht. Diese Schande der Ergänzung suchte man auf das sorgfältigste zu verbergen; der Hof des Musei wurde an drey Tage verschlossen gehalten, bis das Wasser aus dem Bauche abgezapfet war. In diesen besorglichen Umständen ist das Pferd bis itzo ohne weitere Hülfe, welche schwer werden würde, stehen geblieben; und dieses ist die Geschichte der vergoldeten Quadriga von Erzt auf der Spitze des Herculanischen Theaters.

Von dem Theater war nicht weit entfernet ein runder Tempel, wie man glaubt, des Hercules, von dessen inwendigen Mauern die größten Gemälde, welche in dem ersten Bande stehen, abgenommen sind. Diese sind, der Theseus, welchem die Athenienfischen Knaben und Mädchen die Hände küssen, da er von Creta zurück kam, und den Minotaur erlegt hatte, und an diesem als dem größten Stücke siehet man die Runde der Mauern. Die übrigen sind die Geburth des Telephus, der Chiron und Achilles, und Pan und Olympus.

Diese Gebäude standen an dem öffentlichen Platze der Stadt, wo die marmornen Statuen zu Pferde des ältern und des jüngern Nonius Balbus gefunden wurden, von welchen diese, weil sie am besten erhalten war, zuerst ergänzet, und in dem Portal des Königlichen Schlosses unter einem Hause von Glas gesetzet worden. Jene Statue siehet dieser gegen über; der Platz zu derselben aber ist nicht ausgebauet. Das Kupfer von der einen, welches aus dem Gedächtnisse gezeichnet, und in

Gori

Gori Symolis litterariis gestochen ist, giebt einen ziemlichen Begriff von denselben.

Nahe an diesem offentlichen Plaße lag eine Villa oder ein Landhaus, nebst zugehörigem Garten, welche sich bis an das Meer erstreckete; und in derselben sind die alten Schriften, von welchen in dem letzten Abschnitte dieses Stücks geredet wird, und die Brustbilder von Marmor in den Vorzimmern der verstorbenen Königinn, nebst einigen schönen weiblichen Statuen von Erzt gefunden. Ueberhaupt ist zu merken, daß das Gebäude dieser so wohl als anderer Villen an diesem und andern benachbarten Orten, nebst andern Wohnungen, nur von einem einzigen Gestocke gewesen. Diese Villa schloß einen großen Teich ein, welcher 252 Neapelsche Palmen lang und 27 breit war, und an beyden Enden war derselbe in einen halben Zirkel — gezogen. Rund umher waren, was wir Gartenstücke nennen, und dieser ganze Plaß war mit Säulen von Ziegeln, mit Gips übertragen, besetzt, deren 22 an einer und an der längsten Seite standen, und 10 in der Breite. Oben aus diesen Säulen giengen Balken bis in die Mauer, die um den Garten gezogen war, und dieses machte eine Laube um den Teich. Unter derselben waren Abtheilungen zum Waschen oder Baden, einige halb rund und andere eckigt, wechselsweise. Zwischen den Säulen standen erwähnte Brustbilder, und wechselsweise mit denselben die weiblichen Figuren von Erzt. Um die Mauer des Gartens umher von außen war ein schmaler Wassercanal geleitet. Aus dem Garten führete ein langer Gang zu einer offenen runden Loggia, oder Sommersiße, am Meere, welche 25 Neapelsche Palmen vom Ufer erhöhet war, und von dem langen Gange gieng man vier Stufen zu dem runden Plaße hinauf, wo oben gedachtes schöne Paviment oder Estrich von Marmo Africano und von Giallo antico war. Es bestehet dasselbe aus zwey und zwanzig Umkreisen, die sich gegen den Mittelpunct verjüngen, von keilförmig gehauenen und abwechselnden Steinen, in deren Mitte eine große Rose ist, und dienet ißo zum Fußboden in dem zweyten Zimmer des Herculanischen Musei; es hält vier und

zwanzig

zwanzig Römische Palmen im Durchmesser.   Um diesen Fußboden gieng
eine Einfaffung von weißem Marmor von anderthalb Neapelschen Palmen
breit, welche bey nahe einen halben Palm höher lag.   Es war dieses
Werk, wie oben gesagt ist, 102 Neapelsche Palmen unter der Erde, und
mit der Lava des Vesuvius bedecket.   Außer der Bibliothek war in die=
ser Villa, so viel ich habe erfahren können, ein kleines völlig dunkeles
Zimmer, etwa von fünf Palmen lang, nach allen Seiten, und an zwölf
Palmen hoch, welches mit Schlangen bemalet war, woraus zu schließen
wäre, daß es zu dem Eleusinischen geheimen Aberglauben gedienet hätte,
welches ein schöner Dreyfuß von Erzt, den man hier fand, wahrscheinli=
cher macht.   Von großen Herculanischen Gebäuden sind bis ißo noch
nicht mehrere entdecket.

Unter den unbeweglichen Entdeckungen der Stadt Pompeji will
ich mich auf einen kleinen viereckigten Tempel oder Capelle einschränken,
welcher im Jahre 1761 ausgegraben wurde. Es gehörete derselbe zu ei=
nem großen Hause oder Villa, und der Gipfel, welcher mit allerhand
Laubwerke ausgemalet war, ruhete auf vier Säulen, welche gemauert
und übergipset waren, etwa anderthalb Palme im Durchmesser, und
sieben Palme sieben Zolle hoch, mit geritzten Einschnitten, die Reifen an
denselben anzuzeigen.   Eine von diesen Säulen stehet in dem Hofe des
Herculanischen Musei.   Der Tempel war zwo Stufen erhaben, und
zwischen dem mittlern Intercolumnio, welches sehr viel weiter als die
andern waren, giengen innerhalb drey andere, aber rund hinein geschweifte,
Stufen bis an den Fußboden dieses Tempels, welches also um so viel
höher lag, als die Säulen standen: diese Stufen waren mit Platten von
schlechtem Marmo Cipolino belegt.   Innerhalb dieses kleinen Tempels
stand eine Diana im hetrurischen Stile auf einer Base, welche ebenfalls
mit Marmor belegt war.   Vor dem Tempel, auf der Seite gegen den
rechten Eck desselben, stand ein runder Altar; auf der andern Seite war
ein Brunnen: gegen den Tempel über war eine Cisterne, und in den hin=
ein geschweiften Ecken derselben waren vier Brunnen, oder Oeffnungen
                                                        aus

aus der Cisterne, um das Wasser mit mehr Bequemlichkeit zu schöpfen. Das einzige Gebäude von zwey Gestock in allen Entdeckungen, ist hier gefunden, und man wird dasselbe beständig aufgedeckt sehen können. Als ich mich im Februario dieses 1762 Jahres mit dem Aufseher des Musei daselbst befand, waren die Arbeiter beschäfftiget, ein bemaltes Zimmer auszuräumen, und eine Art von Credenztisch an das Licht zu bringen, welcher mit Marmor beleget war, und an eben dem Orte fand man eine Sonnenuhr.

Zu **Gragnano,** oder in dem alten **Stabia,** fand sich eine Villa oder Landhaus, welche in den mehresten Stücken der Herculanischen ähnlich war. Mitten im Garten war ein Teich von vier gleichen Abtheilungen, über welche eben so viel kleine Brücken von einem Bogen giengen. Um den freyen Platz umher waren auf der einen Seite zehen Gartenstücke; auf der andern Seite zehen Kammern zum Waschen oder Baden, welche wie im Herculano halb rund und eckigt wechselsweise folgeten. Diese Kammern so wohl, als jene Felder, waren durch eine Laube bedecket, welche so wie jene gemacht war, und vorwärts auf eben solchen Säulen ruhete. Um den ganzen Garten war ein Wassercanal an der innern und äußern Seite der Mauer geleitet, vermuthlich das Regenwasser zu sammlen: denn von Wasserleitungen hat sich hier keine Spur gefunden, und man wird in dieser Gegend größten theils von Wasser vom Himmel gelebet haben; wie denn in dem **Atrio** dieser Villa selbst eine große Cisterne war. Eben so war der erstaunende Wasserbehälter für die Römische Flotte bey Misenum, **Piscina mirabilis** genannt, mit Regenwasser angefüllet, und die Soldaten der Flotte trugen dasselbe hinein, wie man noch itzo aus einigen Röhren in der Höhe schließen kann, wo vermuthlich das Wasser hineingegossen wurde. Dieser unterirdische Behälter steht auf fünf langen Bogen, ein jeder von dreyzehen Römischen Palmen breit, und eben so weit stehen die Pfeiler von einander.

Von denen in dem Museo selbst enthaltenen Entdeckungen und Seltenheiten sind zwo Classen zu machen, unter denen die erste die Sachen

D 3　　　　　der

der Kunst und die Geräthe enthält, die zweyte aber die gefundenen Schriften. Von der ersten Art ist zu vörderst der Gemälde zu gedenken, von welchen itzo über tausend Stücke große und kleine daselbst sind. Es sind dieselbe alle in Holz gefasset mit vorgesetztem Glase, und einige der größten, als der Theseus, der Telephus, der Chiron u. s. f. haben ihre Glasthüren, um dieselben genauer betrachten zu können. Die mehresten sind auf einem trockenen Grunde, oder a tempera, gemalet, wie auch in der Beschreibung dieser Gemälde angezeiget ist, und einige wenige sind auf nassen Gründen, oder a Fresco. Da man aber anfänglich in der Meynung stand, daß alle Gemälde auf der Mauer auf nasse Gründe gesetzt wären, und hierüber kein Zweifel entstand, so wurde die Art der Malerey an diesen Stücken nicht untersucht. Zu gleicher Zeit fand sich ein Mensch, welcher mit einem Firniß hervor kam, diese Gemälde zu erhalten, und mit diesem wurden so gleich alle diejenigen, welche entdeckt waren, überzogen, und folglich ist es nicht mehr möglich, die Art der Malerey an denselben zu untersuchen. Die allerschönsten sind die Figuren der Tänzerinnen und der Centauren, von etwa einer Spanne lang, auf einem schwarzen Grunde, welche von einem großen Meister Zeugniß geben: denn sie sind flüchtig wie ein Gedanke, und schön wie von der Hand der Gratien ausgeführet. Die nächsten nach diesen sind zwey Stücke, die zusammen gehöreten, von etwas größeren Figuren [1]), wo auf dem einen ein junger Satyr ein Mädchen küssen will, und auf dem andern ist ein alter Satyr in einen Hermaphroditen verliebt. Wollüstiger kann nichts gedacht und schöner nichts gemalet seyn. Außerdem sind einige Frucht- und Blumenstücke in dieser Art Malerey unverbesserlich.

Wir können hieraus den Schluß machen: Wenn an einem Orte wie Herculanum war, und auf Mauern in Häusern, so ausnehmende Stücke gewesen; wie vollkommen müssen die Werke der großen und berühmten griechischen Maler in den besten Zeiten gewesen seyn? Näher zu

der

---

[1]) Pitt. Ercol. T. I. tav. 15. 16.

der Richtigkeit dieses Schlusses werden wir auch hier durch augenscheinliche Beweise an vier Gemälden geführet; welche zwar zu Stabia gefunden, aber nicht daselbst gemalet sind. Es wurden dieselben zwey und zwey mit der umgekehrten Seite der Mauer auf einander geleget, auf dem Boden des Zimmers gedachter Villa, an der Mauer angelehnt gefunden, und waren also anderwärts ausgesäget und weggenommen, vielleicht in Griechenland, und hierher gebracht, um in die Mauer des Zimmers eingesetzt zu werden, da der einbrechende Auswurf dieses verhinderte. Dieses ist eine Entdeckung, welche zu Ende des vorigen 1761 Jahres gemacht worden. Die Figuren sind etwa von anderthalb Spannen mit dem größten Fleiße, mehr als irgend eins von den vorher entdeckten ausgeführt, und alle viere haben ihre mit verschiedenen Farben gezogene Einfassung. Schade ist es, daß zwey davon zerbrochen und dadurch beschädigt sind. Ich habe dieselben in meiner Geschichte der Kunst des Alterthums umständlich beschrieben.

Hier ist zu erinnern, daß alle diejenigen Gemälde auf der Mauer, welche aus Italien jenseit der Alpen, es sey nach England, Frankreich oder nach Deutschland gegangen sind, vor Betrügereyen zu halten. Der Herr Graf Caylus ließ eins dergleichen als ein altes Gemälde in seinen Sammlungen von Alterthümern stechen, weil man es ihm als ein Stück aus dem Herculano verkauft hatte. Dem Märggrafen von Bareuth wurden bey seiner Anwesenheit in Rom verschiedene von diesen Gemälden aufgehänget, und ich höre, daß dergleichen Betrügereyen auch an andere Deutsche Höfe vertrieben worden. Es sind dieselben alle von einem sehr mittelmäßigen Venetianischen Maler, Joseph Guerra, in Rom, welcher im vorigen Jahre verstarb, gemacht; und es ist kein Wunder, daß Fremde sich mit dieser Arbeit haben anführen lassen, da dieses einem in Alterthümern sehr erfahrnen und weitläuftig gelehrten Manne wiederfahren ist. Dieses ist der Jesuit P. Contucci, Aufseher der Studien und des Musei in dem Collegio Romano, welcher mehr als vierzig Stücke erhandelte, in der Versicherung von Schätzen, welche aus Sicilien, ja gar aus Palmy=

ra gebracht worden: denn man sagt, daß viele dieser Gemälde nach Neapel geschickt worden, welche man von da zurück kommen ließ, um der Betrügerey einen Schein zu geben. Auf einigen sind selbst erfundene Buchstaben gesetzt, die mit keiner bekannten Sprache eine Verwandtschaft haben, zu deren Erklärung aber sich vielleicht ein zweyter Kircher gefunden hätte, wenn der Betrug noch einige Zeit verdeckt geblieben wäre. Es müssen diese Gemälde aber Personen, ich will nicht sagen, die in der Kunst oder in den Alterthümern erfahren sind, sondern Geschmack besitzen, in die Augen fallen: denn gedachter Maler zeiget nicht die allergeringste Kenntniß in Gebräuchen und Gewohnheiten der Alten, oder in ihren Formen, sondern er entwarf seine Sachen wie blindlings, und schuf eine neue Welt, dergestalt, daß, wenn ein einziges von seinen Stücken hätte alt seyn können, das ganze Systema der Kenntnissen des Alterthums umgeworfen seyn würde. Unter den Gemälden der Jesuiten z. E. ist Epaminondas, wie er aus der Schlacht bey Mantinea getragen wird; und diesen Held hat er mit einer völligen Rüstung von Eisen, wie sie in den alten Thurniren üblich war, vorgestellet. Auf einem andern ist ein Thiergefechte in einem Amphitheater, und der vorsitzende Prätor oder Kaiser hat den Arm auf dem Griffe eines bloßen Degens, wie die aus dem dreyßigjährigen Kriege sind, gestützet. Die größte Fruchtbarkeit der Ideen dieses Malers bestehet in ungeheuren Priapen, und seine Begriffe der Schönheit sind spillenmäßige langgezogene Figuren. Da nun in Rom diese Arbeit fast durchgehends für das, was sie war, erkannt wurde, ließ sich dennoch vor zwey Jahren ein Engeländer verleiten, für sechshundert Scudi von solchen Stücken zu erhandeln.

Nach den Gemälden sind die schönsten Statuen, die merkwürdigsten Brustbilder und einige kleine Figuren zu berühren. Von marmornen Statuen verdienen außer den beyden zu Pferde, zwo weibliche Figuren in Lebensgröße, wegen ihres schön gearbeiteten Gewandes, betrachtet zu werden, die ihren Platz in der Gallerie bekommen. In dem Hofe des Musei stehet die Mutter des Nonius Balbus, wie die erhaltene

Inschrift

Inschrift an dem Gestelle derselben zeiget, mit einem Theile ihres Gewandes oder Mantels bis auf den Kopf geworfen, welches um demselben
eine Gratie zu geben, oben über der Stirne spitz gekniffen ist: Eben so
gekniffen ist das Gewand auf dem Kopfe der Tragoedie auf der Vergötterung des Homerus im Pallaste Colonna.　　Dieses ist eine Kleinigkeit,
die nicht verdienete, angemerket zu werden, die ich selbst auch kaum bemerket hätte, wenn nicht **Cuper** [1] diese gekniffene Falte sich als etwas
besonders vorgestellet und geglaubet hätte, hier dasjenige zu finden, was
die Griechen Ὄγκος nennen, welches ein Aufsatz von Haaren ist, der
sich auf den Tragischen Larven beyderley Geschlechts, über der Stirne erhebet.　　Die Zeichnung zu seinem Kupfer hat ihn verführet: denn auf
dem Marmor ist diese Spitze nicht so hoch, ist auch nicht in eine Falte
übergeschlagen, wie er es vorstellen lassen.　　Außer diesen ist eine Pallas
in Lebensgröße vor allen andern Statuen in Marmor zu merken, und
allem Ansehen nach ist dieselbe nicht hier gearbeitet worden, sondern muß
weit älter seyn, und aus dem älteren Griechischen Stile, oder nahe an
demselben.　　Denn es hat dieselbe im Gesichte eine gewisse Härte und in
der Kleidung geplättete parallel Falten, als Zeichen von dem, was ich sage.
Merkwürdig ist ihr Aegis, welcher am Halse gebunden und hernach über
den Arm geworfen ist, um ihr an statt eines Schildes etwa in dem
Streite wider die Titanen zu dienen: denn diese Göttinn ist hier wie im
Laufe gehend, und hat den rechten Arm erhaben, wie einen Wurfspieß zu
werfen.　　Es ist auch zu Pompeji in gedachtem kleinen Tempel eine Diana
gefunden, welche ungezweifelt hetrurisch ist.　　Diese wird umständlich in
der Geschichte der Kunst beschrieben.　　Von Aegyptischen Werken hat
sich eine kleine männliche Figur von schwarzem kleinkörnichten Granite,
mit einem sogenannten **Modio** auf dem Kopfe, gefunden, welche mit
sammt der alten Base drey Palme und drey Zolle, Römisches Maaß,
hält; es trägt dieselbe eine runde Tafel von eben dem Steine, die im
Durchmesser zween Palme und sieben Zolle hat.

Hier

1) Apotheof. Hom. p. 81 seq.　　　　　　C

Hier werden Sie Sich erinnern, **Hochgebohrner Graf**, daß in dem ergangenen Königlichen Befehle über dem mir besonders ertheilten Zutritte im Museo, diese Freyheit auf das, was erlaubt zu sehen ist, eingeschränkt war. Ich bestand damals nicht auf die Erklärung dieser Clausel; ich glaube aber, daß dieses theils von dem, was von Alterthümern in den Gewölbern unter dem Königlichen Schlosse liegt, zu verstehen sey, vornehmlich aber eine unzüchtige Figur betreffe. Zu jenen bin ich gelanget, da ich mir die Vertraulichkeit des Aufsehers erworben hatte; die Figur aber wird niemanden, als auf eigenhändigen Befehl des Königs, gezeiget, und diesen hat noch niemand gesuchet, folglich wollte ich nicht der erste seyn. Es stellet dieses Werk in Marmor einen Satyr mit einer Ziege vor, welcher etwa über drey Römische Palmen groß ist, und man sagt, es sey sehr schön. Es wurde unmittelbar nach der Entdeckung verschlossen dem Könige nach Caserta, wo damals der Hof war, geschickt, und wiederum unverzüglich und verschlossen dem Königlichen Bildhauer zu Portici, Hrn. Joseph Canart, zur Verwahrung übergeben, mit gemeldetem scharfen Befehle. Es ist also falsch, wenn sich einige Engländer rühmen wollen, dieses Stück gesehen zu haben.

Die größten Statuen in Erzt stellen Kaiser und Kaiserinnen vor, und werden an zehen seyn, alle über Lebensgröße; aber diese sind mittelmäßig, und es ist nichts an denselben zu merken, als an einigen der Ring an dem Goldfinger der rechten Hand an jenen, auf welchem ein **Lituus** gestochen ist. Die schönsten Statuen sind sechs weibliche Figuren, theils in Lebensgröße, theils kleiner, welche auf der Treppe zum Museo stehen, und drey männliche Statuen in Lebensgröße, in dem Museo selbst, nämlich ein alter Silenus, ein junger Satyr und ein Mercurius. Die weiblichen Figuren sind diejenigen, welche in dem Garten der Herculanischen Villa, nebst den Brustbildern von Marmor, wechselsweise um den großen Teich standen. Sie sind bekleidet und ohne viel Action, auch ohne beygelegte Zeichen, welche eine gewisse Benennung derselben veranlassen könnten; sie sind aber idealisch, und haben alle ein Diadema.

Diadema. Die eine scheint im Begriffe, sich den kurzen Mantel auf der Schulter los zu knöpfen, oder denselben durch den Knopf befestiget zu haben; eine andere fasset sich an ihr Haupthaar; eine dritte hebet den Rock ein wenig in die Höhe nach Art der Tanzenden. Der Silenus liegt auf einem Schlauche, über welchen eine Löwenhaut geworfen ist, und schlägt mit der rechten Hand ein Schnipchen, so wie eine Statue des Sardanapalus vorgestellet war. Der junge Satyr sitzt und schläft, so daß der eine Arm hängt. Der Mercurius aber, welcher unter allen Statuen zuletzt gefunden worden, ist die schönste unter allen: er sitzt ebenfalls, und das besondere sind dessen Flügel, welche an den Füßen gebunden sind, so daß der Heft von den Riemen, in Gestalt einer platten Rose, unter der Fußsohle steht, anzuzeigen, daß dieser Gott nicht zum gehen, sondern zum fliegen gemacht sey.

Die Brustbilder sind theils in Marmor, theils in Erzt: jene sind alle in Lebensgröße, und stehen noch zur Zeit nicht in dem Museo, sondern in einem Vorzimmer der höchstselig verstorbenen Königinn, wo dieselbe gelassen sind, um dem Castellane denjenigen Verdienst, welchen ihm dieselbe einbringen, nicht zu entziehen. Die merkwürdigsten sind ein Archimedes, mit einem krausen kurzen Barte, welcher den Namen schon vor alters mit schwarzer Farbe oder Dinte angeschrieben hatte: vor fünf Jahren las man noch die ersten fünf Buchstaben ΑΡΧΙΜ. itzo aber sind dieselben durch das öftere Begreifen fast gänzlich verloschen. Ein anderes männliches Brustbild hatte auch den Namen angeschrieben; es waren aber kaum noch drey Buchstaben ΑΘΗ sichtbar, die es itzo auch nicht mehr sind. An einem andern männlichen Kopfe ist der Bart unter dem Kinne in einem Knoten geschürzet, wie es ein Kopf im Campidoglio zu Rom hat. Unter den weiblichen Brustbildern ist eine schöne ältere Agrippina, welche einen Kranz um die Haare, wie von länglichen Perlen, zusammengesetzet hat.

Die Brustbilder von Erzt sind theils in und über Lebensgröße, theils halbe Natur und unter dieser Größe, und in beyden, sonderlich in der

ersten

erſten Art hat dieſes Muſeum vor allen in der Welt den Vorzug. Von großen Köpfen ſind ſechs derſelben beſonders zu merken, und zwar die drey erſten vornehmlich wegen der Arbeit an Haaren, deren Locken angelöthet ſind. Der eine und der älteſte (es zeiget derſelbe den älteſten Stil der Kunſt) hat funfzig Locken wie von einem Drate in der Dicke einer Schreibfeder geringelt: der zweyte hat acht und ſechzig Locken, welche aber platt ſind, und wie ein ſchmaler Streifen Papier, wenn es mit den Fingern zuſammengerollet, und hernach auseinander gezogen würde; die hintern am Halſe haben zwölf Windungen; dieſe beyden ſind von jungen Helden und ohne Bart: der dritte aber mit einem langen Barte hat nur die Seitenlocken angelöthet, und iſt ins beſondere wegen der Ausarbeitung zu bewundern, welche offenbar alles Vermögen und Geſchicklichkeit unſerer Künſtler weit übertrifft; dieſes iſt eins der vollkommenſten Werke auf der Welt; es iſt unter die ſchönſten Dinge aller Art, die man ſehen kann. Man nennet dieſen Kopf insgemein einen Plato; es iſt derſelbe idealiſch. Der vierte Kopf iſt ein Seneca, und der ſchönſte unter verſchiedenen Bildern deſſelben in Marmor, von welchen der beſte in der Villa Medicis befindlich iſt: man könnte ebenfalls behaupten, daß die Kunſt in demſelben für unſere Zeiten unnachahmlich ſey, ob gleich Plinius berichtet, daß die Kunſt in Erzt zu arbeiten unter dem Nero gänzlich gefallen ſey. Die beyden andern ſind Bruſtbilder von der ganz alten Form, und haben auf den Seiten zween hervorgehende bewegliche Balken oder Heben von Metall zum tragen; das eine ſtellet einen jungen Held vor, das andere eine weibliche Perſon: ſie ſcheinen beyde von eben demſelben Meiſter zu ſeyn, und jenes iſt mit dem Namen des Künſtlers:

$$\text{ΑΠΟΛΛΩΝΙΟΣ ΑΡΧΙΟΥ}$$
$$\text{ΑΘΗΝΑΙΟΣ}$$
$$\text{ΕΓΩΗΣΕ}$$

„Apol-

„Apollonius, des Archias Sohn, aus Athen, hat es gemacht.„ Ueber
die Form de. Worts ΕΓΩΗΣΕ habe ich an seinem Orte in der Ge=
schichte der Kunst geredet. Dieses müssen Werke aus der besten Zeit der
Kunst seyn. Martorelli[1] glaubet in dem Kopfe dieses Helden das
Bild des Alcibiades zu finden; und warum? Weil der Künstler ein
Athenienser ist. Ganz und gar keinen Grund aber hat der Römische
Prälat und Erzbischof in partibus Bajardi[2], in diesem Kopfe einen
jungen Römer zu finden, so wie in dem weiblichen Brustbilde eine
Römische Frau.

Unter den kleinen Brustbildern machen sich einige mit dem Namen
der Person merkwürdig. Eins ist Epicurus und dem im Campidoglio
vollkommen ähnlich; ein anderes ist von dessen nächstem und unmittelba=
ren Nachfolger Hermarchus [ΕΡΜΑΡΧΟC] auch ein Zeno ist hier mit
dessen Namen. Sonderlich sind zwey Brustbilder des Demosthenes, das
kleinere mit dessen Namen, zu merken, welches zum Beschlusse dieses Send=
schreibens angebracht ist; es kann also der in Spanien gefundene erho=
ben gearbeitete Kopf eines jungen Menschen ohne Bart mit eben dem
Namen nicht den berühmten Atheniensischen Redner vorstellen, für wel=
chen ihn Fulvius Ursinus, und nach ihm andere genommen, als welcher noch
nicht berühmt gewesen seyn kann, ehe er sich den Bart wachsen ließ.

Außer diesen Brustbildern finden sich in den Vorrathskammern des
Musei eine Menge kleiner hoch erhabner Brustbilder von Erzt, auf einem
runden Felde, wie auf einem Schilde, welche vermittelst einer angelö=
theten Klammer in der Mauer, oder an einem andern Orte konnten be=
festiget werden, und solche Art von Brustbildern hieß Clupeum[3], von
der Form eines Schildes: unter denselben stellen einige Kaiser und Kai=
serinnen vor. Zwey von dergleichen Brustbildern, aber von Marmor und
in Lebensgröße, befinden sich in der Villa altieri, und eines im Campidoglio.

E 3 Unter

1) De Thec. Calamar. p. 426.
2) Catal. de' Monum. d'Ercol. p. 169. 170.
3) Conf. Winckelm. Descr. des Pier. gr. du Cab. de Stosch, p. 387.

Unter den kleinen Figuren sind nicht weniger, als bey Statuen und Brustbildern, ganz besondere Dinge anzumerken, viele aber vornehmlich in Absicht der Gebräuche, der Kleidung und des Schmucks. Da diese aber viele Muße erfordern, die sich wenige Fremde nehmen, so verweise ich den Leser auf das vierte Capitel des ersten Theils meiner Geschichte der Kunst des Alterthums, und begnüge mich hier, einige Figuren, die allgemeiner in das Auge fallen, anzuführen. Die schönste und größte unter denselben und eine der letzten Entdeckungen ist ein Alexander zu Pferde, wo an der Figur ein Arm, und an dem Pferde ein paar Beine fehlen, die leicht zu ergänzen sind. Das Pferd wird mit der Figur etwa drittehalb Palmen hoch seyn, und giebt im Verständnisse und in der Arbeit keinen von den übrigen Statuen und Figuren nach. Die Augen des Pferdes so wohl als der Figur sind von Silber eingelegt, auch der Zügel ist von Silber; es ist auch die Base da, auf welcher das Pferd stand. Ein anderes Pferd von gleicher Größe, wovon aber die Figur verlohren gegangen, gehöret zu jenem, und ist nicht weniger schön. Beyde haben abgestutzte Mähnen, und ihr Gang ist in der Diagonal-Linie. Diese Stücke aber, weil sie noch nicht ergänzt sind, werden insgemein nicht gezeiget. Unter den Figuren, welche man die Fremden bemerken läßt, sind vornehmlich eine kleine Pallas und Venus, beyde etwa einen Palm hoch. Jene hält eine Schaale (patera) in der rechten Hand, und ihren Spieß in der linken: es sind an derselben die Nägel an Händen und an Füßen, die Buckeln auf dem Helme, und ein Streifen an dem Saume ihres Gewandes mit Silber künstlich eingelegt. Die Venus hat goldene Bänder an Armen und Beinen (Armillae & Periscelides), welche aus Drat gewunden sind, und sie hebet stehend das linke Bein in die Höhe, als habe sie sich das Band angeleget, oder als wenn sie es ablösen wollte. Es ist auch eine Parodie, oder in das Lächerliche gekehrte Vorstellung des Aeneas mit dem Anchises auf seinen Schultern, und dem Julus an der Hand, zu merken: alle drey Figuren haben Eselsköpfe. Neben diesem kleinen Gruppo steht ein Esel auf den Hinterfüßen mit einem Mantel um-

umgeworfen, von Silber, noch nicht einen Zoll hoch. Die Liebhaber der Kunst und Kenner finden unter allen kleinen Figuren einen Priapus ihrer vorzüglichen Betrachtung würdig. Es hat derselbe nur die Länge eines Fingers, aber die Kunst ist groß in demselben, und man könnte sagen, es sey eine Schule der gelehrtesten Anatomie, die dermaßen ausstudiret ist, daß Michael Angelo nichts bessers hätte geben können, und ich sehe in dessen Zeichnungen in dem Cabinet des Herrn Cardinals Alexanders Albani, daß er sich bemühet, Figuren von eben der Größe so gelehrt auszuführen. Dieser Priapus macht eine Art von Gebährden, welche den Welschen sehr gemein, den Deutschen aber ganz und gar unbekannt ist: daher es mir schwer wird, mich zu erklären, und die Bedeutung desselben an der Figur zu beschreiben. Die Figur zieht mit dem Zeigefinger der rechten Hand auf den Backenknochen gelegt das untere Augenlied herunter, indem zugleich der Kopf nach eben der Seite geneigt ist; welche Gebährde den Pantomimen der Alten eigen gewesen seyn muß, und von vielfacher und sinnlicher Bedeutung ist. Diese Gebährde wird insgemein stillschweigend gemacht, und wenn man sagen wollte: Hüte dich, er ist fein wie Galgenholz; oder: er wollte mich anführen und ich habe ihn erwischt; oder zu sagen: da kämest du mir recht! das wäre ein gefunden Fressen für dich! Mit der linken Hand machet diese Figur das, was die Welschen eine Feige (weibliches Geschlechts) Fica nennen, (die Frucht aber heißt allezeit fico), welches Wort die weibliche Natur bedeutet, und wird gezeiget durch den Daum, welcher zwischen den Zeigefinger und zwischen den mittlern Finger geleget wird, so daß derselbe zwischen beyden als eine Zunge zwischen den Lippen zu sehen ist. Man nennet dieses auch Far castagne, von der Spalte, womit man die Schaale der Castanien aufschlitzet, um dieselben geschwinder zu sieden. Eben dieses macht ein kleiner Arm von Erzt, welcher auf dem andern Ende sich in einen Priapus (Glied) endiget, und es finden sich daselbst andere diesem ähnliche aber platt geschlagene Arme. Dieses waren, wie bekannt ist, Amuleta bey den Alten, oder Gehenke, welche man wider

das

das Beschreyen, wider ein böses Auge und wider die Zauberey trug, und
es hat sich dieser lächerliche und schändliche Aberglauben noch itzo unter
dem gemeinen Volke im Neapelschen erhalten; wie man mich verschiedene
dergleichen Priapen an Personen, die dieselbe am Arme oder auf der Brust
trugen, sehen lassen.　　Es wird sonderlich ein halber Mond von Silber
am Arme getragen, welchen der Pöbel Luna pezzura heißt, das ist,
der spitzige Mond, und dieser soll wider die fallende Sucht helfen: es muß
derselbe aber von selbst gesammleten Almosen gemacht werden, und man
trägt ihn zum Priester, welcher ihn einsegnet: dieser Misbrauch ist bekannt,
und wird geduldet.　　Vielleicht dieneten die vielen halben Monde von
Silber, in dem Museo, zu eben diesem Aberglauben.　　Die Athenienser
trugen dieselben an dem Fersenleder der Schuhe unter dem Knöchel.
Unter den Priapen (Gliedern) sind andere mit Flügeln und mit Glöckchen, welche an geflochtenen Ketten hiengen; hinten endigt sich das Glied
mit dem Hintertheile eines Löwen: mit der linken Klaue kratzet er sich
unter dem Flügel, wie es die Tauben machen, wenn sie verliebt sind, um
sich, wie man glaubet, zur Wollust zu erhitzen.　　Die Glöckchen sind
aus einem mit Silber versetzten Metalle, und das Geräusch derselben
sollte vielleicht eine ähnliche Wirkung haben mit den Glocken [1]) an den
Schildern der Alten; hier sollten sie Furcht erwecken, und dort etwa
die bösen Genios zurück treiben.　　Die Glocken waren im übrigen auch
Kennzeichen derjenigen [2]), die zum geheimen Gottesdienste des Bacchus
waren eingeweihet worden.

　　Ich erinnere hier mit ein paar Worten, daß die mehresten Werke
von Erzt in diesem Museo, da dieselben in der Ergänzung und Ausbesserung ins Feuer gebracht werden müssen, ihren alten ehrwürdigen Rost
verloren haben, welches eine grünliche Oberhaut ist, die im Welschen
mit dem Worte patina bedeutet wird.　　Man hat ihnen von neuem eine
ähnliche Farbe gegeben, die sich aber von der alten Patina sehr unterscheidet,

　1) Aeschyl. Sept. contr. Theb. v. 391.
　2) v. Descr. des Pier. gr. du Cab. de Stosch, p. 22. 23.

scheidet, und an einigen Köpfen widerwärtig aussieht. Man saget, der Kopf des schönen Mercurius sey in hundert Stücken zerdrückt gefunden; welche Zahl man nicht strenge zu nehmen hat: aber auch in der geringsten neuen Löthung springt die alte Bekleidung ab, und es würde einen Uebelstand verursachen, die Figuren schäbigt zu lassen. Daher ist man genöthiget, die Wirkung des Alterthums, so gut man kann, nachzuahmen; man hat auch der mit Silber eingelegten Arbeit nachhelfen müssen.

Von Inschriften, welche ich an dieses Stück anzuhängen gesagt habe, will ich besonders zwo anführen; die erste ist noch nicht bekannt gemacht; die letzte giebt Martorelli in seinem mehrmal angeführten Buche, welches aber itzo nicht leicht jemanden, auch selbst in Neapel, zu Gesichte kommen wird. Jene stehet auf der Mauer eines Hauses, welche völlig heraus gebracht ist, und in die Zimmer der alten Gemälde gesetzet worden; es enthält dieselbe eine Ankündigung von Verpachtung von Bädern und von Trink- und Speise-Orten, und ist die einzige in ihrer Art.

IN PRAEDIS IVLIAE SP. F. FELICIS
LOCANTVR
BALNEVM VENERIVM ET NONGENTVM TABERNAE.
PERGVLAE
CAENACVLA EX IDIBVS AVG. PRIMIS. IN. IDVS. AVG. SEXTAS.
ANNOS CONTINVOS QVINQVE
S. Q. D. L. E. N. C.
A. SVETTIVM. VERVM. AED.

Auf dieser Mauer war vorher eine andere Inschrift in schwarzer Farbe, und vermuthlich eine Pacht-Ankündigung, gewesen, über welche gegenwärtige Inschrift mit rother Farbe gesetzet ist. Ich habe nur in einigen Buchstaben die eigentliche Form derselben angegeben, weil ich die Inschrift ganz verstohlen habe nehmen müssen, indem es nicht möglich war,

F   dieselbe

dieselbe offenbar nachzuzeichnen. Die einzelnen Buchstaben der siebenten Reihe, werden eine damals bekannte Formel gewesen seyn, und wären etwa also zu erklären:

Si Quis Dominam Loci Eius Non Cognoverit
Adeat Suettium Verum Aedilem.

das ist, „Sollte jemand die Besitzerinn dieses Orts oder Guts nicht „kennen, derselbe kann sich melden bey dem Aedilis Suettius Verus.„ Die Besitzerinn hieß Julia; ihr Vater Spurius Felix. Die Pachtungen wurden bey den alten Römern, wie hier, insgemein auf fünf Jahre geschlossen, wie man sich in den Digestis belehren kann. Pergula war in der gewöhnlichsten Bedeutung das, was wir eine Laube nennen würden, und diese werden in den schönsten Ländern von Italien insgemein mit kreuzweis gebundenen Rohrstäben sehr zierlich gemacht; dieses Rohr aber ist ungemein stärker und länger, als in Deutschland und in andern Ländern jenseit der Alpen, theils weil es hier stärker wächst, vornehmlich aber, weil es gepflanzet, und der Boden umher behauen und locker gemacht wird, und weil es überhaupt mehr Wartung hat: es wird daher ein Rohrfeld als ein nöthiges und nützliches Grundstück bey Landgütern angesehen. In und um Rom wird aller Wein an Rohrstäbe gebunden. Die übrigen Bedeutungen von dem Worte Pergula, welche hierher nicht gehören, kann man anderwärts [1]) finden. Caenacula sind hier Zimmer bey Trink- und Lusthäusern für diejenigen, welche sich ein Vergnügen zu machen gedachten. Man merke hier bey Gelegenheit eine Inschrift, welche zwar in dem Register des Gruterischen Werks angeführet ist, aber ohne Anzeige des Orts, wo dieselbe steht:

HVIVS. MONVMENTI. SI. QVA. MACERIA.
CLVSVM. EST. CVM. TABERNA. ET. CENACVLO.
HEREDES. NON. SEQVETVR.
NEQVE. INTRA. MACERIAM. HVMARI.
QVEMQVAM. LICET.

Es

1) Salmas. Not. in Spartian. p. 155. F. p. 458. E. edit. Paris. Voss. Etymol. v. Pergula.

Es ist dieselbe an der Ueberfahrt des Flusses Garigliano, vor Alters Liris, an einem Thurme eingemauert.

Einige andere Inschriften haben zum Theil keine Erklärung nöthig; wo aber etwas zu merken ist, überlasse ich es andern.

IVLIA. GERM . . . . .
AGRIPPINAE. TI. CLA . . . .
PON. T. MAX . . . . .
L. MAM . . .

DIVAE. AVGVSTAE.
L. MAMMIVS. MAXIMVS. P. S.

ANTONIAE. AVGVSTAE. MATRI. CLAVDI.
CAESARIS. AVGVSTI. GERMANICI. PONTIF. MAX.
L. MAMMIVS. MAXIMVS. P. S.

Auf einer Tafel von Erzt stehet:

MAMMIO. MAXIMO.
AVGVSTALI.
MVNICIPES. ET. INCOLAE.
AERE. CONLATO.

BALBI. L. EVTYC + O
LOCVM. SEPVLTVR.
D. D.

Q. LOLLIVS. SCYLAX. ET.
CALIDIA. ANTIOCHVS. MATER.
M. CALIDIVS. NASTA. IOVI.
V. S. L. M.

THER-

THERMAE

M. CRASSI. FRVGI.

AQVA. MARINA. ET. BALN.

AQVA. DVLCI. IANVARIVS. L. ●

Folgende Inschrift auf dem Basamente zu einer Statue, vermuthlich der Venus, ist nicht aus den Herculanischen Grüften, sondern bey Baja gefunden, und stehet in dem Hofe des Musei.

VENERI. PROBAE. SANCTISS. SACR.

TI. CLAVDIVS. MARCION.

SALVE. MILLE. ANIMARVM. INLVSTRI. CENARE. OPVS. SALVE.

PVLCHRI. ONERIS. PORTATRIX. IN. EXVPERABILE. DONVM.

RERVM. HVMANARVM. DIVINARVMQVE. MAGISTRA.

MATRIX. SERVATRIX. AMATRIX. SACRIFICATRIX.

SALVE. MILLE. ANIMARVM. INLVSTRI. CENARE. OPVS. SALVE.

Diese Inschrift ist von der spätern Zeit, und das Sylbenmaaß ist sehr unrichtig, wie es sich in andern Inschriften gleiches Alters findet. Die dritte Zeile ist sehr dunkel. Martorelli p. 373. liefet dieselbe in folgender Ordnung: Salve Venus, opus est nos cenare cum illustri mille animarum, salve; und erkläret dieselbe also: Iuvat nos commisceri [μίγνυσϑαι] cum innumera gente illustri elegantique forma praedita. Diese seine Erklärung bestehet auf diejenige Bedeutung des Worts coenare, welche er beym Suetonius in der Sinnschrift auf das Abendessen des Augustus (Aug. c. 72.) δωδεκάτος genannt, wo die eingeladenen Personen, wie die zwölf Götter und Göttinnen, und Augustus wie Apollo gekleidet waren, zu finden vermeynet. In derselben heißt der vierte Vers:

Dum nova Divorum coenat adulteria.

Er beruft sich auf den Martialis, wo dieses Wort an vielen Orten in dieser unzüchtigen Bedeutung stehe; die ich aber nirgend bey diesem Dichter finde.

Auf

Auf einem geschnittenen Steine steht mit erhabenen weißen Buchstaben:

ΛΕΓΟΥCΙΝ   Sie reden;

ΑΘΕΛΟΥCΙΝ   was sie wollen,

ΛΕΓΕΤѠCΑΝ   mögen sie reden:

Sic
ΤΙΜΕΛΙCΟΙ   was kümmerts mich.

Unter vielen so genannten Siegeln oder Merken in Erzt, will ich nur eines anführen, wegen der in einander gezogenen Buchstaben

MΛΤΙΛΗΕΟΝS
M. STATILII. PHILERONIS.

In diesem ersten Theile des vierten Stücks dieses Sendschreibens folgen nach den Sachen der Kunst im engern Verstande, die Geräthe, welche ich unter zwo Arten fassen will, so daß ich zuerst die nothwendigen, und zum zweyten die Geräthe, welche der Ueberfluß und die Ueppigkeit eingeführet, berühre.

In der ersten Art fange ich an bey dem Brodte, (welches mir erlaubt sey, unter diesem Titel zu begreifen), wovon sich zwey völlig erhalten finden, und von gleicher Größe, einen Palm und zwo Zolle im Durchschnitte, und fünf Zolle in der Dicke. Beyde haben acht Einschnitte, das ist, sie sind zu erst ins Kreuz getheilet, und diese vier Theile sind von neuem durchschnitten; so wie zween Brodte auf einem Herculanischen Gemälde [1]) gestaltet sind. Dasjenige, welches zuerst gefunden ist, wurde in Kupfer gebracht, in eines Ungenannten Nachrichten vom Herculano [2]), welche Gori drucken ließ. Eben so getheilt waren die Brodte der ältesten Griechen, die daher οκταβλωμοι vom Hesiodus genennet werden, das ist, wie es andere erklären, die acht Einschnitte haben. Zuweilen aber waren die Brodte nur ins Kreuz geschnitten,

F 3

1) Pitt. Erc. T. 2. p. 141.
2) Notiz. sopra l'Ercol. in Symb. litter. Vol. I. p. 138.

schnitten, wie ich an einem andern Orte [3]) angemerket habe, und ein solches Brodt hieß daher Quadra [4]),

Et mihi diuiduo findetur munere quadra.

bey den Griechen τετρατευφ⊙·; wovon die Redensart kam, aliena viuere quadra, „von anderer Tische leben.„

Zu dem Brodte setze ich die Weingefäße, welche von zweyfacher Art sind; die größeren hießen Dolia, und die kleineren Amphorae, und beyde sind von gebrannter Erde. Den Alten waren Tonnen von Stäben oder Tauben gebunden nicht unbekannt: Es findet sich in dem Museo des Collegii Romani eine irdene Lampe, auf welcher zwo Personen eine Tonne mit Reifen gebunden an einer Stange tragen; man siehet dergleichen auf geschnittenen Steinen, wie ich anderwärts [5]) gemeldet habe, und auch auf der Trajanischen und der Antoninischen Säule: aber der Gebrauch derselben scheinet nur vornehmlich im Felde gewesen zu seyn. An statt unserer Fässer hatten die Alten Dolia, in Gestalt eines runden Kürbis; und dieselben hielten insgemein achtzehen Amphorae, wie dieses Maaß auf einem solchen Gefäße in der Villa Albani eingeschnitten zu sehen ist. Von dieser Art war das sogenannte Faß, worinnen Diogenes wohnete, und welches derselbe in der Belagerung von Corinth auf und nieder wälzete. Die Mündung ist etwa einen Palm im Durchschnitte. Im alten Herculano wurde ein Keller entdecket, und umher solche irdene Fässer eingemauert; woraus zu schließen wäre, daß die Alten ihren Wein verschieden von unserer Art gemacht. Denn der Wein konnte nicht aus der Kelter unmittelbar in das Faß laufen, wie an einigen Orten geschiehet, wo derselbe Raum zu gähren und zu brausen hat. Es mußte der Most in diese unbewegliche Gefäße mit Eimern geschüttet werden; und da dieselben nicht viel fassen konnten, so kann kein Raum zum gähren für den Most geblieben seyn. Hieraus wäre zu begreifen,

warum

3) Descr. des Pier. gr. du Cab. de Stosch, p. 72. 73.
4) Scalig Not. in Moret. in Catale{ct. Virg. p. 429. ed. Lugd. 1573, 8.
5) Descr. etc. p. 260.

warum die Alten ihre Weine viele Jahre mußten reif werden laſſen, ſo
daß der Wein zu Albano bey Rom, nach dem Plinius, allererſt nach
zwanzig Jahren getrunken wurde, welcher itzo im erſten Jahre trinkbar
und gut wird. Es ſollte daher faſt ſcheinen, daß der Alten ihre Weine
vor ein hohes Alter derſelben trübe geblieben wären, welches ſie nöthigte,
den Wein auf der Tafel oder vorher durchzuſeigen, durch ein Werkzeug
welches Ἠθμος, Colum Vinarium hieß: zwey von denſelben finden
ſich in dem Herculaniſchen Muſeo, aus weißem Metalle, auf das zier=
lichſte gearbeitet. Es ſind zwo runde tiefe Schüſſeln, einen halben Palm
im Durchmeſſer, mit einem platten Stiele, ſo daß eine ganz genau in
die andere paſſet; auch die Stiele ſchließen ſo dicht an einander, daß es
nur ein einziges Gefäß ſcheinet. Das obere iſt nach einem beſondern Mu=
ſter völlig durchlöchert, und durch daſſelbe wurde der Wein jedesmal ge=
goſſen in die untere Schale, die nicht durchlöchert iſt, und von dieſer in
den Becher.

Die kleinern Weingefäße, Amphorae, ſind bey nahe Walzen=
förmig, ſo daß das untere Ende ſpitz zu geht, und oben haben ſie zween
Henkel. Im Herculano und zu Pompeji ſind verſchiedene mit angemalter
Schrift gefunden, und ich erinnere mich der Inſchrift auf einem derſelben:

HERCVLANENSES

NONIO....

Die Herculaner ſetzten den Namen des Nonius, ihres Prätors, auf ihre
Gefäße, wie die Römer die Namen ihrer Conſuls. Es war noch vor
einiger Zeit in dieſen Gegenden der Gebrauch, wenn ein Kind gebohren
wurde, irdene Gefäße mit Wein einzugraben, und uneröffnet ſtehen zu
laſſen, bis ſich daſſelbe verheurathete. Dieſe Gefäße ſind unten ſpitz,
um dieſelben in die Erde feſt zu ſtellen, und man hat auch zu Pompeji
einige in Löchern eines platten Gewölbes in einem Keller ſtehen gefunden.
Dieſer Keller iſt durch das platte Gewölbe, oder durch eine Horizontal=
Mauer, von acht Römiſchen Palmen breit, in zween Räume, einen

untern und einen obern, getheilet: das Gewölbe von dem obern Raume ist convex, wie gewöhnlich, und ein jedes hat nicht mehr als Mannes Höhe.   Der Wein in einem dieser Gefäße ist wie versteinert, und braunschwarz von Farbe, welches zu glauben veranlasset hat, daß dieses Behältniß also angeleget worden, den Wein zu räuchern, wie die Alten pflegten, um denselben zu reinigen und geschwinder zur Reife zu bringen; mir aber scheinet der niedrige Raum des untern Kellers dieses zu widersprechen.   Der in einen festen Körper verwandelte Wein wird in dem Museo gezeiget.

Ferner gehören zu dieser Art Geräthe die Dreyfüße, nicht wie diejenigen sind, von welchen ich reden werde, sondern wie dieselben anfänglich waren, wenn ich Gestelle von drey Füßen verstehe, wie der Tisch des Philemons und der Baucis in der Fabel ist, auf welchem Jupiter sich gefallen ließ zu speisen.

> - - - mensam succincta tremensque
> Ponit anus, mensae sed erat pes tertius impar;
> Testa parem facit.
>
> Ovid. Metam.

Denn Dreyfüße hießen bey den Griechen nicht allein, die über Feuer gesetzet wurden, sondern auch Tische, und so hießen diese noch in den üppigsten Zeiten, wie wir aus den prächtigen Aufzügen des Ptolemäus Philadelphus zu Alexandrien, und Königs Antiochus Epiphanes, zu Antiochia, welche beym Athenäus beschrieben sind, ersehen: diese hießen [1]) ἄπυροι, die andern [2]) ἐμπυριβῆται und λοετροχόοι.

Unter den Dreyfüßen und zwar denen, welche bey den Opfern dieneten, sind hier zween unter den schönsten Entdeckungen besonders zu merken, beyde etwa vier Palmen hoch.   Der eine ist im Herculano gefunden, und die drey Füße desselben bilden drey Priapen, aber mit Ziegenfüßen,

---

1) Casaub. in Athen. Deipn. L. 10. c. 4. p. 447. l. 50.
2) Hadr. Iun. Animadv. l. 2. c. 3. p. 64.

füßen, welche an jedem in einen Fuß vereiniget sind.　Die Schwänze
derselben von hinten an dem heiligen Beine stehen gerade und horizontal,
und schlingen sich um einen Ring in der Mitten des Dreyfußes, wodurch
derselbe, wie durch das Kreuz an gemeinen Tischen, zusammen gehalten
wird.　Der andere Dreyfuß wurde später, als jener, zu Pompeji, wie
ich gemeldet habe, gefunden, und ist wunderbar schön gearbeitet.　Auf
den Füßen, wo dieselben sich krümmen und die Gratie machen, sitzet auf
jedem ein Sphinx, deren Seitenhaare, welche über die Backen herunter
hängen würden, herauf genommen sind, so daß sie unter das Diadema
gehen, und über dasselbe wiederum herunter fallen.　Es können dieselben,
sonderlich an einem Dreyfuße des Apollo, ihre allegorische Deutung auf
die dunkeln und räthselhaften Aussprüche des Orakels desselben haben.　An
dem breiten Rande um der Pfanne umher sind abgezogene Köpfe von
Widdern mit Blumenkränzen zusammen gehänget, erhoben gearbeitet;
und alle Stücke an demselben sind voll Zierrathen geschnitzet.　In diesen
heiligen Dreyfüßen war die Pfanne, in welche die Kohlen geschüttet
wurden, von gebrannter Erde, welche sich in dem einen, nehmlich dem
Pompejanischen, mit sammt der Asche, erhalten hat.　In einem Tempel
des Herculanum, dessen Entdeckung, ich weiß nicht aus was Ursache,
nicht vollendet wurde, fand sich im vorigen Jahre 1761. eine große viereckigte Feuerpfanne oder ein Herd von Erzt, von der Art, welche in Italien
in große Zimmer, dieselben zu heizen, gesetzt werden; es war dieselbe in
der Größe eines mäßigen Tisches, und stand auf Löwentatzen.　Der
Rand desselben ist mit Laubwerke von verschiedenem Metalle, Kupfer, Erzt
und Silber künstlich ausgelegt.　Der Boden desselben war ein starker
eiserner Rost, welcher aber unterwärts so wohl als inwendig mit Ziegeln
beleget und ausgemauert war, so daß also die Kohlen den Rost von oben
nicht berühreten, und nicht durch denselben unterwärts fallen konnten.
Es ist dieses Werk aber völlig zerstücket heraus gebracht.

Zu nothwendigen Geräthen gehören auch die Lampen, in welchen
die Alten, da gezogene oder gegossene Lichte wenig und nicht allgemein

　　　　　　　　　　　　　　　　　　　üblich

üblich waren, Zierlichkeit und auch Pracht anzubringen suchten. In
dem Museo sind von allen Arten derselben, so wohl von gebrannter Erde,
als vornehmlich von Erzt; und da der Alten ihre Zierrathen selten ohne
Bedeutung sind, so finden sich auf denselben besondere Anspielungen.
Unter denen von gebrannter Erde stellet die größte eine Barke vor mit
sieben Schnäuzen zu so viel Dachten auf jeder Seite. Das Gefäß,
Oel in irdene Lampen zu gießen, ist wie ein Schiffchen gestaltet, oben
zu und gewölbet, mit einer spitzigen Schnauze, und auf dem anderen
Ende mit einem kleinen etwas hohlen Teller, durch dessen Mitte in dieses
Gießgefäß Oel hinein gethan wurde. Unter denen von Erzt sitzet
auf dem hintern Ende der einen von den größten Lampen eine Fleder=
maus mit ausgebreiteten Flügeln, als ein Sinnbild der Nacht: die
Flügel sind mit ihrem ganzen feinen Gewebe von Sehnen, Aederchen
und von Häuten auf das künstlichste ausgearbeitet. Auf einer andern
sitzet gegen der Schnauze zu eine Maus, welche zu lauren scheinet, um
Oel zu lecken, und an eben dem Orte sitzet auf einer andern Lampe ein
Caninchen, welches Kraut frißt. Die Pracht in ihren Lampen siehet
man an einem Gestelle von Erzt: auf einer viereckigten ausgepfalzten
Base stehet ein nackendes Kind von zween Palmen hoch, welches eine
Lampe hält, die an drey vierfach geflochtenen Ketten hängt; mit der
andern Hand hebet es eine andere Kette, wie jene sind, in die Höhe,
an welcher ein Haken zum Dachte hängt. Neben demselben stehet eine
Säule mit Reifen, die spiralmäßig gedrehet sind, und oben auf der=
selben an statt des Capitals liegt eine Larve, die gleichfalls zur Lampe die=
net, so daß der Dacht aus dem Munde gieng, und das Oel wurde in
dem Wirbel des Kopfs hinein gegossen, welche Oeffnung durch ein
Kläppchen verschlossen wird.

Die Träger der Lampen sind die Leuchter der Alten, (Candelabra)
welche wie unsere Gueridons waren, und diese sind gleichfalls auf das
zierlichste ausgearbeitet: der Schaft ist gereift; der untere Teller ruhet
insgemein auf drey Löwentatzen, und dieser so wohl, als der obere Teller,

sind

sind auf der Drehbank ausgedrechselt, und mit zierlichen Eyern am Rande, nebst Blumenwerk auf der Fläche geschnitzet: der untere Teller des größten Leuchters hat einen Palm und einen Zoll Römisches Maaß im Durchmesser. Ich glaube, daß sich an hundert in dem Museo befinden, und der größte ist achtehalb Palmen hoch. Ganz Rom hat keinen einzigen Leuchter von Erzt aufzuweisen. Durch dieselben verstehen wir itzo, wenn Vitruvius unter den Klagen über den verderbten Geschmack seiner Zeit saget, daß man Säulen mache wie Leuchter, das ist, so dünne und außer dem Verhältnisse, wie der Schaft der Leuchter.

Ein nothwendiges Geräthe sind auch die Waagen, von welchen sich keine mit zwo Waagschalen, wie man sie auf einigen Münzen sieht, weder in diesen Entdeckungen noch anderwärts gefunden haben; sie sind alle wie die wir Uenzelte, von Unze, nennen, das ist ein Waagebalken oder Stange, auf welchem das Gewicht im Verhältnisse wächst, je näher es gegen das Ende des Balkens gerücket wird. Dieses Gewicht ist insgemein ein kleines Brustbild einer Gottheit; an einer Waage ist es ein Kopf einer Africa, wie man auf Münzen sieht. Auf einer Waagestange lieset man TI. CLAVD. EXACT. CVRA. AEDIL. Diese Waagen haben alle eine Waagschaale, an statt der Haaken an den unsrigen von dieser Art, und diese Schaale hängt in drey oder vier künstlichen Ketten, welche durch eine runde Platte gezogen sind, um die Ketten näher oder weiter von der Schaale zusammen zu halten. Gewichte finden sich in dem Museo in großer Menge und von aller Art; ich will aber nur zwey platte länglich eckigte Gewichte von Bley anführen, so wie sie noch itzo bey Fischverkäufern in diesen Gegenden gebräuchlich sind: auf einer Seite stehet in erhabenen Buchstaben: EME; und auf der andern: HABEBIS.

Die Waagschaalen erinnern mich der Stücke eines Rades vom Wagen, welche in dem Hofe des Musei liegen, nämlich einer Radeschiene aus einem Stücke geschmiedet, welche sechs Römische Palmen im Durchmesser hat, und nicht völlig zween Zoll breit, aber ein Zoll dick ist: das

Holz

Holz, welches an dem Eisen hängen geblieben, ist versteinert.   Ferner
hat sich von diesem Rade ein Stück der Walze, welche um die Axe läuft,
erhalten, die umher mit Eisen beschlagen, und über das Eisen mit einer
Platte von Erzt belegt ist, und diese ist mit platten Nägeln von Erzt befestiget.   In dem Museo selbst findet sich ein Löwenkopf auf einem Stücke einer Platte von Erzt, von welcher er hervor springt, dessen Maul
nicht durchgebohret ist, und also nicht kann gedienet haben, das Wasser
eines Brunnen oder in Bädern aus demselben laufen zu lassen.   Ich
muthmaße, daß dieses Stück von einer Capsel sey, welche auf der Axe vor
dem Rade aufgeschroben wurde, damit dieses nicht ablaufen konnte, an
dessen Stelle an den gemeinen Wagen, wie bey uns, eiserne Keile vorge-
stecket wurden, die im Welschen aciarini heißen, und bey den Griechen
παραξόνια, ἐμβολοὶ und ἐνήλατα, und die vierecfigte gebogene
Platte auf demselben, den Staub abzuhalten, war bereits zu des Homerus Zeiten, und hieß [1]) ὑπερτερία.   Wir sehen das äußerste Ende der Axe mit solchen Capseln, die einen erhobenen Löwenkopf haben, verwahret, auf einigen alten Werken, und namentlich an dem Triumphwa-
gen des Marcus Aurelius im Campidoglio; folglich sind auch dergleichen
vorgeschrobene Capseln von Stahl, die zu unsern Zeiten sonderlich an Rei-
sewagen in Gebrauch gekommen, nichts neues, und der Alten ihre waren
vorzüglich von Erzte.   Es waren auch die Deichseln der Wagen an dem
äußersten Ende mit einem geschnitzten Löwenkopfe gezieret, und mich deucht,
daß Herr Graf Caylus sich irre, wenn er behaupten will, es hätten die
Wagen in den Wettläufen der Alten keine Deichsel gehabt [2]), wovon
ich das Gegentheil zu seiner Zeit aus Denkmaalen erweisen will; hier führe
ich unten angeführte Stelle des Pindarus [3]) zu dessen Belehrung an.
Mehr Beweise kann man in der Electra des Sophocles und dem Hippolytus des Euripides finden.

Ich

---

1) OdyΙΙ. ζ. v. 70.   2) Obſerv. ſur le Coſtume p. LXXIX.
                3) Nem. 7. v. 137 ſeq.

Ich war nicht gesonnen, hier von dem Geräthe an den Thüren der
Alten zu reden, wovon ich die ausführlichen Anmerkungen bis zur zweyten Auflage meiner Anmerkungen über die Baukunst versparen wollte;
ich kann mich aber dennoch nicht enthalten, etwas davon zu berühren.
Man muß erstlich wissen, daß die Thüren der Alten in keinen Haspen
hiengen, sondern sich unten in der Schwelle und oben in dem Balken bewegten, und dieses vermittelst dessen, was wir Thürangeln, (Cardines)
aber ohne Begriffe, nennen; es findet sich auch in keiner neuen Sprache
ein bequemes und bedeutendes Wort dazu.   Derjenige Balken der beweglichen Thüre, welcher an der Mauer steht, war unten und oben in
eine Capsel von Erzt gesetzt, die inwendig einen spitzigen Vorsprung hatte,
um zu verhindern, daß sich das Holz in derselben nicht drehen konnte.
Diese Capsel ist gewöhnlich ein Cylinder; es finden sich aber auch viereckigte, welche auf allen Seiten zween vorspringende Pfalze haben, um
die Bretter, aus welchen starke Thüren zusammen gesetzet waren, auf
allen Seiten zu befestigen, welche Thüren inwendig hohl waren.   Das
viereckigte Stück ist also gestaltet:

Diese Capsel stand auf einer dicken Platte von Erzt, welche keilförmig ⏢ zugieng, und oben und unten mit Bley eingegossen
war, und auf dieselbe lief die Capsel dergestalt, daß, wenn dieselbe unten
eine halbe Kugel (A) hatte, in der Platte eine hohle Vertiefung war,
in welche das convexe Theil lief, wie an der Thüre des Pantheon; und
wenn die Capsel unten offen war, so hatte die Platte eine erhobene
Halbkugel, die genau in die Oeffnung der Capsel passete.   Diese Capsel
nebst der Platte hieß Cardo.   Es finden sich in dem Museo einige von
einem Palme im Durchmesser, welche von der Größe der Thüren zeugen,
und sie wiegen zwanzig, dreyßig bis vierzig Pfund.   Durch diesen Be-

G 3   griff

griff werden manche Stellen der alten Scribenten deutlicher werden, die es nicht seyn konnten, in einer irrigen oder dunkeln Vorstellung von diesem Theile der Thüren. Wenn die Thüren der Alten mit zween Schlägen (bivalvae) waren, so hieng entweder jeder Schlag besonders auf beschriebene Weise in Angeln, wie an dem Pantheon zu Rom, oder sie dreheten sich nur auf einer Seite, und die Thüre konnte zusammengeschlagen werden. Diese gebrochenen Thüren legten sich, vermittelst einer Art von Haspen von Erzt, deren Gewinde innerhalb des Holzes, aber sichtbar, lag; die beyden spitz zu laufenden Stäbe dieser Angeln aber waren nicht zu sehen, und auf beyden Seiten von der gedoppelten Thüre bekleidet. Dieses siehet man deutlich an einer dieser mittlern Angeln, wo auf beyden Seiten der Stäbe versteinertes Holz angehängt geblieben ist.

Ich schließe diese Geräthe mit einer Art von Sohlen, welche von Stricken zusammengeleget waren, die sich in verschiedner Größe für Kinder und für erwachsene Personen gefunden haben, so wie noch itzo die Licaner dergleichen Art Sohlen unter den Fuß binden.

Unter den Geräthen von der zweyten Art fange ich an, von einigen besondern Gefäßen, und die vornehmsten und schönsten sind diejenigen, welche zu heiligen Gebräuchen und Verrichtungen dieneten oder bestimmet waren. Eins von der zierlichsten Arbeit scheinet ein Wassereymer bey Opfern (praefericulum) gewesen zu seyn, welches zween Palmen und zween Zolle hoch ist, mit einem beweglichen Bogenhenkel zum tragen, welcher niedergelassen genau an den Rand desselben passet, und wie das Gefäß selbst, auf der breiten Seite mit Laubwerk, und auf dem äußern Rande mit andern Zierrathen geschnitzet ist. Außer diesem Henkel hat dasselbe zwo große und zwo kleine Handhaben; jene bilden, wo sie unterwärts anliegen, ein weibliches Brustbild, welches auf einem Schwane mit ausgebreiteten Flügeln getragen wird, alles in erhobener Arbeit: die unteren und kleineren Handhaben endigen sich unterwärts in Schwanenhälse. Dieses Gefäß wurde bey nahe ganz mit geschmolzenem Eisen

umge=

umgeben gefunden, wovon man ein Stück, welches den Eindruck des Bauchs zeiget, aufbehalten hat.   An dem Orte der Entdeckung fand sich ein Haufen eiserne Nägel, welche noch nicht gebraucht waren, nebst ein paar Dintenfässer voll Dinte, so daß hier schien ein Kramladen gewesen zu seyn.   Es wurde auch die große goldene Münze des Augustus hier gefunden, die zu Ende des Vorberichts zu dem zweyten Bande der Herculanischen Gemälde in Kupfer gestochen ist.   Auf einem solchen Gefäße, welches wenig kleiner und von eben der Form ist, stehet an der untern Befestigung einer Handhebe die Liebe mit einer Trinkschaale, (Cantharus) in einer Hand, und in der andern mit einem Horne zum trinken, erhoben gearbeitet: die Schaale, das Horn und die Flügel sind von Silber.   Es sind auch Formen von gebrannter Erde gefunden, in welchen die Handheben der Gefäße gegossen wurden.   Hier fällt mir ein ein länglich rundes Gefäß, wie ein kleiner Eimer von Silber, mit einem Henkel zum tragen, auf welchem, wo ich nicht irre, von getriebener Arbeit Hyllus vorgestellet ist, wie er von den Nymphen entführet wurde, da ihn Hercules ausgeschicket hatte, Wasser zu hohlen.

Eine andere Art von heiligen Gefäßen waren die Opferschaalen (Paterae) zur Libation, und diese sind hier unzählig, und die mehresten von weißem Metalle, und auf das zierlichste auf der Drechselbank von außen so wohl als von innen ausgedrehet.   In einigen ist in der Mitten eine Art Münze mit erhabener Arbeit geschnitzet; und ich erinnere mich einer Victorie auf einer Quadriga.   Der Stiel derselben ist rund, und insgemein der Länge nach mit hohlen Reifen umher, und endiget sich in einen Widderkopf; einige haben an dessen statt einen Schwanenkopf und Hals.   An einer der größten und schönsten, welche neben dem schönen Pompejanischen Dreyfuße liegt, ist der Stiel ein stehender Schwan, durch dessen ausgebreitete Füße derselbe an der Schaale befestiget ist. Bisher sind Schaalen von dieser Art alle für Opferschaalen gehalten; durch eine hiesige Entdeckung aber findet sich, daß dieselben von eben der Form auch in Bädern gebrauchet worden, und dieses durch ein Gebund von Schabezengen (Strigiles), die mit einer **Patera**, aber mit einem breiten Stiele, in einen platten Ring von Erzt, wie wir es mit Schlüsseln zu thun pflegen, eingespannet waren: diese werden also gedienet haben, das Wasser über den Leib zu gießen. Andere, aber tiefere Schaalen mit einem breiten Stiele, waren Küchengeräthe, und denen ähnlich, die wir über die Castrole setzen.

Unter manchen hiesigen Entdeckungen, welche uns überzeugen, daß wenig neues gemacht wird, was nicht ehemals schon gewesen, sind auch silberne Tassen, nämlich untere und obere Schaalen, von eben der Form und Größe, wie die unsrigen zum Thee sind, und jene sind außerordentlich schön getrieben und geschnitzet. Diese Gefäße hatten eben den Gebrauch, wie die unsrigen itzo; sie dieneten zum warmen Wasser trinken, und es waren bey den Römern eigene Häuser, wo man dasselbe nahm, wie unsere Caffehäuser. Es sind drey Paar derselben in dem Museo.

Diese silbernen Schaalen geben Gelegenheit, von einem Gefäße von Silber zu reden, welches die Form eines Mörsels hat, und etwa anderthalb Pfund wieget. Auf demselben ist in flach erhobener Arbeit Homerus, auf einem fliegenden Adler getragen, vorgestellet, welcher sich mit der rechten Hand das Kinn unterstützet, und wie in hohen Betrachtungen mit erhabenem Haupte; in der linken hält er eine gerollete Schrift, das ist, sein Gedicht. Ueber dessen Haupte schweben Schwäne unter hängenden Blumenkränzen. Dieses Stück hat Hr. Graf Caylus, aber ohne das folgende, in dem dritten Bande seiner Sammlung von Alterthümern vorgestellet, so wie es ihm aus dem Gedächtnisse gezeichnet mitgetheilet worden. Auf beyden Seiten sitzen unterwärts zwo weibliche Figuren auf Laubwerke von Eichen; die zur Rechten ist bewaffnet mit Schild und Spieß, nebst einem kurzen Degen unter dem Arme, und bildet die Ilias ab; die zur Linken, mit einem conischen Hute ohne Krempen, wie Ulysses, schlägt ein Bein über das andere, und berühret die Stirn mit der rechten Hand, wie voller tiefen Gedanken, und stellet die Odyssea vor.

Mar=

Martorelli hatte diese Figuren für Männer angesehen [1]), welches er in den Zusätzen seines Buchs [2]) verbessert. Aber Herr Bajardi, welcher reichlich zu Beschreibung dieser Schätze bezahlet war, und dieselben mit mehr Muße als andere sehen und betrachten konnte, machet unverantwortlich aus dem Homerus einen Julius Cäsar [3]), welcher, wenn ihm dessen Bild auch nicht bekannt gewesen wäre, wenigstens keinen Bart getragen hat. Seinem Cäsar setzet er zur Seite eine weinende Roma, welche er sich an der Ilias vorstellete, und aus der Odyssea weiß er nichts zu machen, als einen Soldaten. An einem andern Orte taufet er einen Hercules, welcher nach den Stymphalischen Vögeln schießet, einen Jäger der Wasservögel: Weiber und Männer verwechselt er mehr als einmal. Auf einer kleinen ovalen silbernen Platte ist von getriebener Arbeit ein Satyr, welcher eine Leyer spielet: dieser erinnerte mich bey dem ersten Anblicke desjenigen Flötenspielers von Aspendus unter den Statuen des C. Verres, an dem man, wie Cicero sagt, erkannte, daß er nur für sich selbst spiele, ohne sich zu bekümmern, von jemand gehöret zu werden: eben so vertieft ist diese Figur in ihrer Harmonie.

Gefäße, die der Ueberfluß erfunden, waren diejenigen, in welcher die Alten eine Art Feldmäuse, die sich in Castanienwäldern aufhalten und nähren, fütterten und fett machten. Diese Gefäße sind von gebrannter Erde etwa drey Palme hoch, und drittehalb im Durchmesser, mit einer mäßig großen Mündung, in welchen inwendig umher stufenweis halbrunde Tröge ebenfalls aus Thone sind, für das Futter dieser Thiere. Dieses Gefäß oder Behältniß hieß Glirerium von Glis, welches der Name des Thiers ist, mit welchem Worte die Deutschen und andere Völker auch die Ratzen bezeichnen. Da nun jene Thiere jenseit der Alpen, wie ich merke, nicht bekannt seyn, so haben sich einige ausländische Gelehrte

vor:

---

1) De Reg. Thec. Calam. p. 266.   2) In Additam. p. XIX.
3) Catal. de Monum. d' Ercol. Vasi, n. 540.

Ĥ

vorgestellet, die Römer hätten Ratzen gefüttert, und als einen besondern Leckerbissen gegessen. Diese Einbildung machet sich unter andern Sloane in dem Vorberichte zu seiner Beschreibung der Insel Jamaica in Englischer Sprache, und Lister in seinen Anmerkungen über den Apicius von der Kochkunst, ist nicht besser unterrichtet. Im Welschen heißt dieses Thier Ghiro von Glis, und wird noch itzo gegessen, aber nur auf großen Tafeln: Denn es ist nicht häufig, und ich weiß, daß das Haus Colonna dieselbe zum Geschenke verschicket. Es vergräbt sich im Winter, und liegt alsdenn, wie man sagt, in einem beständigen Schlummer, ohne Nahrung, und daher ist es von den Neuern als ein Sinnbild des Schlafs gebraucht, wie man es also vom Algardi neben dem Schlafe von schwarzem Marmor in der Villa Borghese vorgestellet siehet.

Was zum Spiel und zur Lustbarkeit gehöret, ist ebenfalls hierher zu ziehen, und die Flöten der Alten verdienen hier einige Anmerkung. Es waren dieselben von Knochen, von Elfenbein und auch von Erzt gemacht, und bestanden, wie die unsrigen, aus verschiedenen Stücken, aber mit diesem Unterschiede, daß die Stücke oder Glieder nicht durch Falze in einander passeten, sondern sie wurden auf ein Rohr, insgemein von fein ausgedrechseltem Holze gezogen, wie man an zwey Flötenstücken von Erzt in dem Museo siehet, an welchen inwendig das Holz versteinert hängen geblieben ist. In dem Museo zu Cortona ist eine Flöte von Elfenbein auf eine silberne Röhre gezogen.

Von den dasigen Lustbarkeiten nach Griechischer Art, und in dieser Sprache giebt ein kleines Täfelchen von Elfenbein mit dem Worte ΑΙСΧΥΛΟΥ einen Beweis; es ist dasselbe, ich weiß nicht an welchem der verschütteten Orte gefunden. Dieses Täfelchen ist eine Tessera, die den Namen des berühmten Tragici Aeschylus führet, und zeiget, daß an diesen Orten dessen Trauerspiele aufgeführet wurden. Und diese Tessera wurden, wie die heutigen Freyzettel zu Opern und Comödien, von demjenigen ausgetheilet, welcher auf seine Kosten die Schauspiele gab. Dieses ist die einzige Tessera mit dem Namen eines Griechischen Theaterdichters; andere finden

den

den sich auch von Elfenbein, aber nur mit Zahlen, in dem Museo des Collegii Romani.

Einzig ist auch ein Discus von Erzt, welcher acht Zolle im Durchmesser hält, und in der Mitten ein Loch hat, dessen Ründe sich auf einer Seite enger schließt, um den Finger fester hinein zu legen, wenn diese Platte geworfen wurde. Diese Art, den Discus zu werfen, ist vorher auch nicht bekannt gewesen. Es waren aber auch Disci ohne Loch in der Mitten, wie derjenige ist, den eine Statue an den Schenkel drücket, die im Hause Verospi zu Rom war, und vor kurzer Zeit verkauft ist: von dieser Art ist der Discus von einem Palme und siebentehalb Zoll im Durchmesser, auf einer erhobenen Arbeit in der Villa Albani, von welchem ich anderwärts[1] geredet habe. Im übrigen war dieses, wie wir reden würden, ein ritterliches Spiel, und unter den Griechischen Helden war es ins besondere eine Uebung[2] des Diomedes; es ist auch noch itzo in England im Gebrauche.

Ich füge dieser Art Geräthe eine Tragische Larve mit einem hohen Aufsatze von Haaren in Marmor bey, welche, wie die eingebohrten Löcher umher anzeigen, eine von denen war, welche über das Gesicht eines Verstorbenen gebunden wurde, um noch nach dem Tode wahr zu machen, was Petronius sagt: Omnis mundus agit histrioniam. Eine junge Larve von gebrannter Erde zu diesem Gebrauche befindet sich in dem Museo des Collegii Romani. In vorigen Zeiten war in Frankreich der Gebrauch, auch die Nacht im Schlafe Larven zu tragen, um die Haut vor der in verschlossenen Zimmern verdickten Luft zu verwahren; ich hoffe, diese Mode soll bald wieder kommen.

Zum Staate, und als ein Zeichen edler Geburt, waren goldene Bullen, welche insgemein Kinder bis zu einem gewissen Alter trugen, und dieses Museum hat zwo derselben aufzuweisen. Es war aber dieses keine Tracht bloß junger Knaben, wie man insgemein glaubet, sondern es

H 2   trugen

---

1) Descr. des Pier. gr. du Cab. de Stosch, p. 458.   2) Eurip. Iphig. in Aul. v. 199.

trugen auch Triumphirende[1] eine Bulle am Halse, und ich werde in der Erklärung schwerer Puncte der Mythologie, der Gebräuche und der alten Geschichte, welche ich in Welscher Sprache entworfen habe, aus einem seltenen Denkmaale darthun, daß sie auch von Weibern getragen wurden.

Zum Zeichen der Würde einiger oberkeitlichen Personen bey den Römern waren Sellae Curules, von denen sich zwo in dem Museo finden. Sie sind von Erzt (in Rom waren sie insgemein von Elfenbein) einen Palm und sieben Zoll hoch, und zween Palme und sieben Zoll breit. Sie bestehen aus Kreuzweis gelegten runden Beinen, die ✕ vorstellen, und sich unten in einen idealischen Thierkopf mit einem langen Schnabel endigen, worauf sie stehen.

Ich will der vielen Löwen und anderer Thiere Köpfe von Erzt hier nicht gedenken, aus welchen in den Bädern, auch in den Häusern Wasser lief; es lassen sich auch die chirurgischen Instrumente und viele andere, theils bekannte, theils dem Gebrauch nach unbekannte Geräthe schwerlich ohne Abbildung beschreiben, und auch durch diese bleibt der Begriff unvollkommen.

Zuletzt will ich einiger weiblichen Geräthe, als Spiegel, Haar- oder Nestnadeln, Armbänder und Ohrgehenke gedenken. Es sind hier zween Spiegel, ein runder und ein länglich viereckigter; der runde wird etwa acht Zolle halten: beyde sind von Metall, welches geschliffen und geglättet ist. Herr Bajardi[2] hat zween Spiegel mit langen Stielen daselbst finden wollen, die ich aber nicht gesehen noch finden können. Insgemein waren die Spiegel der Alten rund; und auf einem geschnittenen Steine in dem Stoßischen Museo hält Venus einen solchen Spiegel an dessen Deckel, wie einige unserer Reisespiegel sind. Seneca[3] gedenket außerordentlich großer Spiegel, die ganze Person darinn zu besehen.

Unter

---

1) Macrob. Saturn. L. I. c. 6. p. 173. ed Pontan.
2) Catal. de'Monum. d'Ercol. p. 271. n. 768.
3) Nat. Quaest. L. I. c. 17.

Unter den silbernen Nestnadeln, die Zöpfe hinten um dieselben zu winden, sind vier besonders groß und schön gearbeitet: denn dieses war ein besonderes Stück des Putzes der Weiber; auch die verschnittenen Priester der Cybele setzten sich die Haare mit einer Nestnadel auf. Die größte an acht Zolle lang hat an statt des Knopfs ein Corinthisches Capitál, auf welchem Venus stehet, die mit beyden Händen ihre Haare gefasset hat; neben ihr stehet die Liebe, und hält ihr einen runden Spiegel vor. Es pflegten auch Römische Frauen den Statuen der Göttinnen Spiegel [1] an ihren Festen vorzuhalten. Eben so lang sind noch itzo die silbernen Nestnadeln der Weiber auf dem Lande um Neapel. Auf einer andern solchen Nadel, welche sich gleichfalls in ein Corinthisches Capitál endiget, stehet die Liebe und Psyche umfasset. Eine andere hat oben zwey Brust=bilder, und auf der kleinsten stehet Venus an den Cippus eines Priapus gelehnet, die das rechte Bein aufhebet, und mit der linken Hand den Fuß halten zu wollen scheinet.

Armbänder sind in dem Museo von Erzt und von Golde, und alle in Gestalt einer Schlange: von denen, welche um das Obertheil des Arms geleget wurden, erinnere ich mich hier keine gesehen zu haben; jene sind von der kleinern Art, welche über die Knöchel lagen. Die Ohrgehenke von Golde gleichen dem Kopfe einer Eichel mit dessen erhabenen kleinen Buckeln, und sie stehen mit der offenen Seite gegen das Ohr; in eben der Form haben sie noch itzo die Weiber in dieser Gegend.

Unter den Geräthen sind sonderlich die Paterá, wie ich oben gedacht habe, von einem zusammengesetzten weißen Metalle, welches dem ersten Anblicke nach Silber scheinet; es ist auch der grüne Ansatz wie an diesem: wer weiß, ob es nicht eine von den zwo berühmten Arten Erzt, Corinthi=sches oder Syracusisches war. Ich weiß, daß einige ein goldfarbiges Erzt in einigen Münzen der ersten Größe für Corinthisches Erzt halten; es ist aber diese Meynung so ungewiß, als lächerlich das Vorgeben von dem Ursprunge dieses Erztes in der Eroberung dieser Stadt ist.

H 3

Die

1) Lipf. Elect. L. 2. c. 18. p. 503. ed. Plant. 4to.

Die vornehmste Betrachtung über alte Geräthe, und sonderlich über die Gefäße, sollte auf die Zierlichkeit derselben gerichtet seyn, in welcher alle unsere Künstler den Alten nachstehen müssen. Alle ihre Formen sind auf Grundsätze des guten Geschmacks gebauet, und gleichen einem schönen jungen Menschen, in dessen Gebährden, ohne sein Zuthun oder Denken, sich die Gratie bildet; diese erstrecket sich hier bis auf die Hand-heben der Gefäße. Die Nachahmung derselben könnte einen ganz an-dern Geschmack einführen, und uns von dem Gekünstelten ab auf die Natur leiten, worinn nachher die Kunst kann gezeiget werden. Die Schönheit dieser Gefäße bildet sich durch die sanft geschweiften Linien der Formen, als welche hier, wie an schönen jugendlichen Körpern, mehr anwachsend als vollendet sind, damit unser Auge in völlig halbrunde Umkreise seinen Blick nicht endige, oder in Ecken eingeschränkt und auf Spitzen angeheftet bleibe. Die süße Empfindung unserer Augen bey solchen Formen ist wie das Gefühl einer zarten sanften Haut, und un-sere Begriffe werden, als vom Vereinten, leicht und faßlich. Da nun das Leichte durch dessen Faßlichkeit selbst gefallen, und das Gezwungene, wie ein übertriebenes Lob anderer, weil wir selbst an dasselbe nicht rei-chen zu können glauben, durch das Gegentheil mißfallen muß; ja da die Natur, in Ansehung der Kosten (da insgemein das Natürliche wohl-feiler, als dessen Gegentheil ist,) den Weg erleichtert: so sollte uns Em-pfindung und Ueberlegung zu der schönen Einfalt der Alten führen. Aber diese blieben bey dem, was einmal schön erkannt worden, weil das Schöne nur Eins ist, und änderten, wie in ihrer Kleidung, nicht; wir hingegen können oder wollen uns in dieser, wie in andern Dingen, nicht festsetzen, und wir irren in thörigter Nachahmung herum, wo-durch wir alle Augenblicke, was wir bauen, wie die Kinder, wiederum niederwerfen.

Der

Der zweyte Theil des vierten Stücks dieses Sendschreibens, welches von den Herculanischen Schriften handelt, verdienet unsere ganz besondere Aufmerksamkeit, um so viel mehr, da niemand vor mir Nachricht von denselben gegeben hat. Bey diesen Schriften ist zum ersten die Entdeckung derselben besonders anzuzeigen; zum zweyten ist die Materie, woraus sie bestehen, nebst ihrer Form, Gestalt und Beschaffenheit, drittens die Art und Weise der Schrift auf denselben, und viertens ihre Aufwickelung zu erklären.

Die Entdeckung derselben versprach nichts weniger, als was sich nachher zeigete; die Arbeiter beklagten sich wie die zween Kahlköpfigten, die einen Kamm auf dem Wege fanden:

- - - - Sed fato inuido

Carbonem, vt ajunt, pro thesauro accepimus.

Phaedr. L 5. fab. 6.

Denn man sahe die Schriften vor verbranntes Holz und vor Kohlen an, und es wurden daher viele zerstoßen und weggeworfen: es geschahe hier, wie in Brasilien mit den Diamanten, welche, ehe man dieselben erkannte, als kleine Kiesel nichts geachtet wurden. Die Ordnung der Schichte, in welcher dieselben nachher aufeinander gelegt gefunden wurden, war der einzige Umstand, welcher einige Aufmerksamkeit erweckete, und zu bedenken veranlassete, daß es vielleicht nicht bloße Kohlen wären, bis man Buchstaben darauf entdeckete.

Der Ort, wo dieselben zum Vorscheine kamen, war ein kleines Zimmer in der oben gemeldeten Herculanischen Villa, welches zween Menschen mit ausgestreckten Armen überreichen konnten. Rund herum an der Mauer waren Schränke, wie in den Archiven zu seyn pflegen, in Mannes Höhe, und in der Mitten im Zimmer stand ein anderes solches Gestelle für Schriften auf beyden Seiten, so daß man frey umher gehen konnte. Das Holz dieser Gestelle war zu Kohlen gebrannt, und fiel, wie man leicht erachten kann, zusammen, da man dieselben anrührete. Einige von

dieſen

diesen Rollenschriften fanden sich mit gröberem Papier, von eben der Art, welches emporetica bey den Alten hieß, zusammen gebunden, welche vermuthlich als Theile und Bücher ein ganzes Werk ausmacheten. Die Schriften wurden, da man sie davor erkannt hatte, mit Sorgfalt zusammen gelesen, und man fand über tausend Stücke, von denen die mehresten in dem Museo zu Portici in einem mit Glasfenstern verschlossenen Schranke aufbehalten werden; viele aber sollen noch in den Gewölbern unter dem Museo liegen, wo die Trümmern von Statuen und von anderen Werken beygeleget sind.

Die Materie dieser Schriften ist Papyrus, oder Egyptisches Schilf, welche Pflanze auch Deltos (Δελτος) von der Gegend daselbst, wo sie am häufigsten wuchs, benennet wurde. Es scheinet von diesem letzten Worte die Benennung von Schriften auch in der heiligen Schrift angenommen zu seyn: denn דלתות, δελτοι heißt ein Buch, beym Jeremia, so viel ich mich ohngefehr erinnere: itzo wird diese Pflanze von den eingebohrnen dieses Landes Berd 1) genennet. Es war dieselbe sonderlich diesem Lande eigenthümlich, wurde aber, nach dem Strabo, auch in Italien zu bauen angefangen, wo sie sich gänzlich verlohren hat; und Targioni, ein noch lebender Arzt zu Florenz, ist sehr irrig, wenn er glaubet 2), daß etwa dasjenige Schilf, welches zu Matten und zu Bekleidung der gläsernen Flaschen dienet, das ehemalige Papier seyn könne.

Von denen, die in Egypten gereiset sind, ist Alpinus der einzige, welcher dieses Gewächs beschreibet; Pococke und andere übergehen es mit Stillschweigen. Es wächst an den Ufern des Nils und an sumpfigten Orten, und treibet einen Stengel, welcher über dem Wasser zwo Ellen (Cubiti) wie Plinius 3) aus dem Theophrastus 4) sagt; nach dem Alpinus sechs bis sieben Ellen: der Stengel ist dreyeckigt, und hat oben eine Krone wie von Haaren, welche von den Alten mit einem Thyrsus verglichen wird. Dieses so genannte Egyptische Schilf war den eingebohr-

nen

1) De plant. Aegypt. c. 36.   3) L. 13. c. 22.
2) Viaggi, T. 5. p. 379.   4) L. 4. c. 9.

nen von großem Nutzen: der Mark des Stengels diente ihnen zur Nah=
rung, und aus dem Stengel selbst machten sie Schiffe, deren Gestalt
wir auf geschnittenen Steinen und auf anderen Egyptischen Denkmaalen
sehen; es wurden nämlich Bündel wie Binsen zusammen gebunden, und
diese wurden wiederum an einander vereiniget, bis man ihnen die Ge=
stalt von Kähnen oder Schiffen gab.   Der vornehmste Nutzen aus dieser
Pflanze aber war die dünne Haut, auf welche man schrieb; und eben
dieses ist der Punct, worinn die Nachricht der alten Scribenten nicht
deutlich genug ist, und uns kein völliges Genüge thut.   Es haben sich
daher einige, wie Voßius[1]), vorgestellet, daß das Papier zum schreiben
von den Blättern dieser Pflanze genommen worden. Andere, als Vesling[2]),
haben sich noch einen irrigern Begriff gemacht, wenn sie glauben, daß
dasselbe aus der Wurzel zubereitet worden; die Wurzeln aller Pflanzen
bestehen aus Fäserchen, und haben eine Holznatur, welche daher nicht in
dünne Blätter können aufgewickelt werden.   Es hat sich aber letztgedach=
ter Scribent vorgestellet, daß die Wurzel wie in einen Brey zerkochet
und zubereitet worden, um das Papier etwa auf eben die Art, wie es
itzo gemacht wird, zu gießen.   Andere, wie Salmasius[3]) und Guillan=
dini, kommen der Wahrheit näher, wenn sie glauben, daß die Blätter Papier
von dem Stengel genommen worden, welcher sich in dünne Häute aufblät=
tern lassen, so daß diejenigen Häute, welche zunächst an dem Marke des
Stengels sind, das beste Papier gegeben, und die äußern Häute das
schlechtere.   Dieses bestätiget der Augenschein an den Herculanischen Schrif=
ten, die aus vier Finger breiten Blättern zusammengesetzet sind, (wie ich im
folgenden deutlicher beschreiben werde,) und, wie ich glaube, den Umkreis
des Stengels zeigen.   Ich sollte also fast auf die Gedanken gerathen,
daß der Text des Plinius verfälscht sey, wo er sagt, daß der Unterschied in
dem Werthe des Papiers an dessen Breite liege: das beste, sagt er, hat
die

1) In Etymol. v. Papyrus.
2) De Plant. Aegypt. Obſ. ad Proſp. Alpin. Patav. 1638. 4.
3) Plin. exercit. p. 1003. ed. Paris.

I

die Breite von dreyzehen Zoll; dasjenige, welches Hieratica hieß, war von
eilf Zoll; Fanniana von zehen Zoll; das von Sais hatte weniger, und
das schlechtere war von sechs Zoll. Hier müßte, nach meiner Muthmaß-
sung, an statt des Worts **Breite**, das Wort **Länge** gesetzt werden; denn
der Stengel der Pflanze muß mehrentheils von gleicher Dicke gewesen seyn;
und ich kann mir nicht vorstellen, wie derselbe an einigen dreyzehen Zolle,
an andern aber sechs im Umkreise gehabt habe, da die Breite des Papiers
der Umkreis des Stengels und demselben gleich gewesen seyn muß; die
Länge des Papiers aber wird nach der Länge des Stengels zu rechnen seyn.

Ich will mich unterdessen in keine Untersuchung aller einzelnen Stücke der Nachricht des Plinius einlassen, um nicht Muthmaßungen an statt
Nachrichten zu geben. Ich glaube z. E. was er von Schriften aus zwey,
ja aus dreyfach zusammengeleimten Blättern redet, sonderlich da **Guillan-**
dini dergleichen Schriften von Egyptischem Papiere gesehen zu haben versichert. Die Herculanischen Schriften bestehen nur aus einem einzigen Blatte.
Ich lasse andern über, sich aus der richtigen Anzeige, die ich von diesen
Schriften geben will, die Nachrichten der Alten deutlicher zu machen, wenn
sie mehr zu wissen verlangen, als was der Augenschein giebt.

Von Schriften auf Egyptischem Papiere habe ich, außer den Herculanischen, gesehen, verschiedene Diplomata in der Vaticanischen Bibliothec; ein Blatt mit Griechischer Schrift von einem Kirchenvater, in der
Bibliothec der Theatiner zu St. Apostoli in Neapel. **Mabillon**[1]) gedenket geschriebener Reden des h. Augustinus auf Pergament mit hier und
da durchgeschossenen Blättern von Egyptischem Papiere, welche in der Bibliothec des Präsident **Petau** waren; und es befinden sich dieselben vielleicht unter den MS. der Königinn Christina in der Vaticana, ich kann aber
itzo davon, da ich mich außer Rom befinde, keine Nachricht einziehen.

Von der Forme, Gestalt und Beschaffenheit dieser Schriften ist zu
merken, daß sie fast alle von gleicher Länge, das ist, von einer Spanne
sind,

1) Diplom. L. I. c. 8. §. 11. p. 35.

sind, und einige von zwey, andere von drey bis vier Finger breit im Durch=
messer; es finden sich aber auch einige von einer halben Spanne lang.
Die mehresten sind zusammengeschrumpen und runzlicht wie ein Bockshorn;
welches die Hitze verursachet hat, wodurch dieselben gleichsam in eine Kohle
verwandelt worden; denn sie sind entweder schwarz oder ganz dunkel grau.
In der Überschüttung aus dem Berge sind dieselben nicht völlig walzenför=
mig geblieben, sondern haben eine ungleiche und hockerigte Runde erhalten.
An den beyden Enden gleichen sie versteinertem Holze, dessen Ringe sich
deutlich unterscheiden, welche an den Schriften aber in größerer Anzahl und
weit zarter sind. Von viereckigten Büchern hat sich kein einziges gefunden.

Das Papier ist dünne, ja noch dünner, als ein Mohnblatt, nicht völ=
lig wie es ehemals gewesen, sondern wie es im Feuer, welches den Körper
herausgezogen, geworden; ein bloßer Hauch kann bey der Arbeit an den=
selben Schaden verursachen. Es muß aber dieses Papier beständig sehr
dünne gewesen seyn, wie sich an vielen Schriften zeiget, welche wenig
gerunzelt sind, und also eben so dicht, wie sie itzo erscheinen, gewickelt
waren: denn da diese durch die Hitze nicht enger, als sie waren, zusammen=
gedrücket werden konnten, und weder nach der Breite noch in der Länge
nachgaben, so blieben sie ohne Runzeln und ohne gepletschten Druck.

Eine solche Rolle Schrift bestehet aus vielen schmalen Streifen von
einer Hand breit, welche auf einander geleimet sind, so daß eins über das
andere in der Breite eines Fingers liegt, und diese Fugung hat sich nicht
aufgelöset. Diese Blätter auf einander zu leimen gab es besondere Leute,
welche Glutinatores [1] hießen, deren Kunst nicht unter die ganz gemeinen
Handwerker gezählet seyn muß, da die Athenienser einem Philtatius eine
Statue aufrichteten [2], weil er ihnen die Schrift zu leimen gezeigt, oder
welches glaublicher ist, weil er eine besondere Art von Bücherleim
erfunden.

Dieser aus vielen Stücken zusammen gefugte Streifen Papier
wurde zuweilen bloß um sich selbst gerollet, in andern aber um eine dünne

J 2   Röhre,

---

1) Cic. ad Att. L. 4. ep. 4   2) Phot. Bibl. ex Olympiodoro.

Röhre, welche Holz oder Knochen war, nach dem Zeugniſſe des Scholiaſten des Horatius [1]), und dieſe Röhre zeiget ſich dünner und ſtärker in
dem Mittelpuncte verſchiedener Schriften.   Vermuthlich war dieſelbe das,
was die Alten den Nabel (Vmbilicum) der Bücher nennen: denn es
iſt derſelbe in der Mitten, wie der Nabel am menſchlichen Körper, und
deſſen Oeffnung iſt dieſem ähnlich.   Dieſes läßt ſich unter andern aus
einer Stelle des Martialis erweiſen, wo er von einer kleinen Schrift
ſagt, daß ſie nicht größer ſey, als der Nabel:

> Quid prodeſt mihi tam macer libellus,
> Nullo craſſior ut ſit umbilico,
> Si totus tibi triduo legatur?
>
> *L. 2. ep. 6. v. 10.*

Dieſe Stelle iſt, wie ich dieſelbe einſehe, nicht recht verſtanden: denn es
würde ein Vergleich ohne Verhältniß ſeyn, hier den Nabel am Menſchen
zu verſtehen; eben ſo wenig kann es den Zierrath auf dem Deckel der
Bücher bedeuten, ſondern es muß für die kleine Rolle in dem Mittelpuncte der Schrift verſtanden werden.   Der Dichter wird alſo ſagen wollen, dieſe Rolle Schrift ſey nicht ſtärker, als diejenige kleine Rolle oder
Stab, um welche die Schriften gewickelt werden.   Es würde alſo ad
umbilicum adducere [2]) und ad umbilicum pervenire [3]) heißen, eine
Schrift endigen, ſo daß ſie kann ihre Rolle bekommen, und dieſelbe zu
Ende leſen, bis an dieſelbe.

Dieſem zu Folge muß man ſich vorſtellen, daß, da der innere Stab
zum aufrollen dienete, ein zweyter Stab oder Röhrchen nöthig geweſen,
die aufgerollete Schrift wiederum aufzuwickeln, von welchen jener am
Ende, dieſer aber am Anfange befeſtiget geweſen, ſo daß alsdenn das
Röhrchen, welches vorher inwendig war, auswärts zu liegen gekommen,
und ſo wechſelsweiſe.   An den Herculaniſchen Schriften findet ſich das
zweyte Röhrchen nicht; denn da das äußere Blatt oder Lage an denen

wenig-

---

1) Porphyr. in Hor. Epod. 14. v. 8. p. 285. edit. Plant. 1611. 4.
2) Hor. l. c.   3) Martial. L. 4. ep. 9. v. 2.

nigstens, welche man untersuchet hat, fehlet, so muß auch dieses Röhr‐
chen zugleich mit verlohren gegangen seyn. Man siehet auch dasselbe an
den gemalten Rollen Schriften auf einigen Herculanischen Gemälden nicht,
wohl aber das innere Röhrchen. Aber die Alten reden bey Schriften
von solchen Röhrchen in der mehrern Zahl [1]), und dieses könnte meine
Muthmaßung bestätigen. Ferner bemerket man an einigen Schriften in der
Hohlung der Röhrchen etwas, was dieselbe ausfüllet, welches ein Stäbchen
zu seyn scheinet, um welches entweder das Röhrchen im Aufwickeln gelaufen,
oder wenn das Röhrchen nur die Länge der Schrift gehabt hätte, so die‐
nete das Stäbchen, welches hervor gieng, vermittelst desselben das Röhr‐
chen zu drehen. Dieses Stäbchen kann seinen gedrechselten Knopf ge‐
habt haben, welcher etwa gemalt gewesen, so daß daher der Dichter sagt:
Pictis luxurieris umbilicis. An dieses Stäbchen, wenn es da war,
scheinet auch der Zettel befestiget gewesen zu seyn, welcher an Rollen
Schriften auf Gemälden hänget [2]) und den Titel des Buches zeiget.
Diese vom Nabel genommene Benennung gedachten Röhrchens kann nach‐
her auch dem Zierrathe mitten auf dem Bande oder dem Deckel viereckig‐
ter Bücher gegeben seyn, wie Martorelli aus einer Stelle des Lucians
contra indoct. *) schließt: dieser Zierrath war entweder ein Beschlag,
wie an unsern ältesten Bänden, oder ein Stempel, wie ihn die sogenannten
Hornbände haben.

Mit einigen von diesen Schriften verfuhr man, wie einer von den
Alten mit dem Lycophron, dessen dunkeles Gedicht er mitten entzwey
schnitt, um zu sehen, ob inwendig mehr als auswärts zu ersehen sey,
und wie der h. Hieronymus es in eben der Absicht mit dem Persius soll
gemacht haben: es würden einige große Rollen mitten durchgeschnitten,
um das innere Gewölbe derselben zu sehen und den Fremden zu zeigen.
In einigen derselben ist die Schrift so schön und groß wie in dem großen
Oxfortischen Pindarus.

J 3 Je

1) Id. L. 3. ep. 2. v. 9. L. 4. ep. 91. v. 2. L. 8. ep. 61. v. 4. Stat. L. 4. Sylv. 9.
2) Pitt. Ercol. T 2 p. 7.
*) Διφθέρας περιβάλλεις καὶ ὀμφαλοὺς ἐντίθης.

Je mehr diese Schriften Kohlen ähnlich scheinen, und je mehr die Schwärze derselben durchgehends an ihnen gleich ist, desto erhaltener sind sie zu achten, und desto leichter wird die Aufwickelung, und dieses läßt sich aus der Beschaffenheit der Kohlen selbst begreifen. Denn so wie Holz, welches zu Kohle geworden, vermöge der Absonderung und Beraubung der Feuchtigkeit, und nach Ausdünstung der fremden Theile, der Veränderung nicht ferner unterworfen ist, ja eine ewige Dauer erlanget, so daß mit Kohlen Grenz- und Marksteine zum immerwährendem Gedächt- nisse können geleget werden; eben so verhält es sich mit diesen Schriften. Je schneller und je gleicher dieselben von der feurigen Materie des Vesu- vius durchdrungen worden, wodurch alle Feuchtigkeit aus denselben ge- sondert ist, desto mehr ist die Materie des Papiers zu einer gleichförmigen Einheit gebracht, und also gleichsam wie die einfachen und festen Saamen der Dinge unveränderlich und unverweslich geworden. Diejenigen Schriften aber, auf welche die feurige Materie nicht gleichförmig gewirket, sind auch nicht gleich an Farbe; und da die Feuchtigkeit aus denselben nicht augenblicklich wie aus jenen heraus getrieben ward, waren sie also der Veränderung unterworfen, und die äußere Feuchtigkeit suchte sich mit der in denselben zurückgebliebenen zu vereinigen, ja schleppete Asche und Erde mit hinein, wodurch die Theile, welche davon angegriffen werden konnten, litten und zerfressen wurden. Jene also sind viel leichter, als diese, aufzu- wickeln.

Die Gestalt dieser Schriften hat mehrmal gedachten Hrn. Martorelli auf eine überaus seltsame und paradoxe Meynung gebracht, welche ein offenbares Zeugniß von der Selbstverblendung und Hartnäckigkeit der Men- schen giebt. Es behauptet dieser gelehrte Mann wider den handgreiflichen Augenschein, daß die Herculanischen Schriften, die er gesehen, so oft er gewollt, keine gelehrte Abhandlungen, und überhaupt keine Bücher, son- dern nur Urkunden, Stiftungen, Verträge, Abschiede und dergleichen seyn, und daß also der Ort, wo dieselben gefunden worden, das Archiv der Stadt Herculanum gewesen. Erstlich läugnet er, daß bey den alten
Griechen

Griechen gerollete Schriften im Gebrauche gewesen, und er giebt ihnen keine andere als viereckigte Bücher [1]). Denn, sagt er, es ist thörigt zu gedenken, daß die Klugheit der Alten eine sehr unbequeme Form von Büchern, welches ihm die zusammengerollete scheinet, gewählet, da ein viereckigtes Buch sehr viel bequemer sey [2]). Sein vornehmster Grund ist, weil die Griechen in den besten Zeiten das Wort, welches eine gerollete Schrift (Volumen) bedeutet, nicht hatten: denn εἴλημα sey, diesen Mangel zu ersetzen, von spätern Griechen in Gebrauch gebracht. Es müßten sich auch, fähret er fort, bey den Griechischen Scribenten, wenn sie ihre Schriften gerollet hätten, die besondern Stücke derselben angegeben finden, welches aber nicht sey: das Wort, welches das Röhrchen bedeutet, um welches die Schriften gerollet worden [ἀστραλίσκος] verwirft er, als ein Wort aus den barbarischen Zeiten. Er macht also den Schluß: weil den Griechen der besten Zeiten, in dem größten Reichthume ihrer Sprache, das Wort mangelte, welches Volumen bedeutet, so können sie auch keine gerollete Schriften gehabt haben [3]). Dieses setzt er als unstreitig bewiesen voraus, und will, daß die alten Scribenten seinem Traume gemäß reden sollen; er verbessert kühnlich diejenigen Stellen, welche seine Meynung umwerfen, und erkläret dieselbe für verfälscht. Wenn Aeschines im vierten Briefe von der Statue des Pindarus redet, welche die Athenienser demselben errichtet, mit einer gerollten Schrift in der Hand, so setzet er an die Stelle des Worts gerollet, geöffnet; an statt ἀνειλιγμένον, ἀνεωγμένον. Ich achte nichts, spricht er, auf den Diogenes Laertius, welcher die Schriften des Epicurs offenbar Cylinder [κυλίνδρες] nennet [4]). Er hält dieses Wort für einen Zusatz eines Römers, weil er dasselbe bey keinem andern Scribenten in diesem Verstande, auch selbst bey dem Diogenes nicht öfter gefunden, und er verwahret sich hier mit einigen Aussprüchen des Menage, welcher in seinen Anmerkungen über diesen Scribenten lehret [5]), daß derselbe voll von Zusätzen und von pöbelhaf=

belhaften Ausdrücken sey, welches auch bereits Salmasius[1]) angemerket habe. Gesetzt aber, fähret er fort, daß das Wort Cylinder
kein Zusatz sey, so beweiset dieses nichts wider mich und auf die ältern
Zeiten der Griechen, weil Diogenes unter dem Constantin gelebet, wo
vielleicht gerollete Schriften unter den Griechen in Gebrauch gekommen.
Er beruft sich ferner auf mehr als ein viereckigtes Buch auf Herculanischen Gemälden, und wo daselbst gerollete Schriften vorgestellet sind,
hält er dieselbe für das, was er glaubet[2]). Er straft den Spon Lügen[3]),
welcher in seinen Reisen[4]) von einer gerolleten Liturgie des h. Chrysostomus redet, die er zu Corinth gesehen.

· Ich habe zu Erklärung und zugleich an statt der Widerlegung
dieser wider den Strohm sträubenden Meynung, eine alte schöne erhobene
Arbeit über dem Anfange dieses Sendschreibens beygebracht, welche ich
nach einer meisterhaften Zeichnung aus der Schule von Raphael, die
sich unter den Zeichnungen des Herrn Cardinals Alexander Albani befindet, copiren lassen: denn das Werk selbst befindet sich nicht mehr in
Rom. Es giebt dasselbe ein Bild der Erziehung und des Unterrichts
der Jugend : der älteste Sohn der Mutter, welche sitzet, hält ein viereckigtes Buch, an welches sein Lehrer mit anfasset; (dieses ist für
Herrn Martorelli,) das jüngste Kind ist noch in den Händen einer alten
Wärterinn, die es in die Höhe heben will, gegen eine Erd- oder Him-
melskugel, auf welcher zwo Musen mit Fingern zeigen; die eine ist
Urania, und die andere vermuthlich Clio, die Muse der Geschichte,
mit einer gerolleten Schrift, (dieses ist wider unsern Gelehrten,) die dritte
ist die Tragische Muse Melpomene. Dieses erinnert mich an die drey
Musen, welche jener Weltweise in seinem Hörsaale stehen hatte. Hier
kann auch der Stein dienen, welchen ich auf dem Titelblatte gesetzt habe,
wo die studirende Liebe vorgestellet ist, gleichfalls mit einer gerolleten
Schrift, welches kein Contract oder Abschied seyn kann, und eine Muse,
                                                                    die

1) De ling. Hellenist. p. 107.   3) Reg. Thec. Cal. p. 242.
2) Reg. Thec. Cal. p. 264.   4) Tom. 2. p. 230.

die hier den Lehrer macht, mit einem viereckigten Buche: oben iſt eine
Sphära.   Der Käfer kann entweder auf diejenigen geſchnittenen Steine
der Alten deuten, die auf der einen Seite einen erhoben gearbeiteten Käfer haben, und daher itzo Scarabei genennet werden; oder es war das
Wapen des Eigenthümers dieſes Steins.   In dem Muſeo des Collegii
Romani befindet ſich in Erzt, in der Größe eines halben Palms, eine
kleine Figur eines Philoſophen, mit einem Barte, auf ſeinem Magiſtra-
liſchen Stuhle; zu deſſen Füßen ſtehet eine runde Capſel mit gerolleten
Schriften, und in der Hand hält er eine halb aufgewickelte Rolle Schrift.
Dieſes kann keine Römiſche oberkeitliche Perſon ſeyn, wie der Bart anzeiget, welcher nicht mehr Mode war da dieſes gemacht iſt: folglich können auch die Schriften keine richterlichen Abſchiede und dergleichen bedeuten.   Es hat auch der Stuhl eine verſchiedene Form von den Stühlen
oberkeitlicher Perſonen in Rom.

    * Es widerſpricht ferner unſer Gelehrter allen andern, welche in dem
Geſetze des Ulpianus 52. D. de leg. 3. teretes libros von gerolleten
Schriften, und Codices von viereckigten Büchern verſtehen[1]).   Dieſe
ſind Salmaſius[2]), Schulting[3]), Trotz[4]), Heineccius[5]) und Mazocchi[6]): Schulting und Heineccius ſtreicht er in den Zuſätzen[7]) wiederum aus.   Was würden die Schriften des Cicero, des Livius, des
Seneca und des Plinius für ungeheure Werke geweſen ſeyn, wenn man
ſich dieſelben gerollet und nur auf einer Seite des Blattes beſchrieben vorſtellen wollte[8])?   Er ſuchet darzuthun, daß das Wort Codex allein von
öffentlichen Inſtrumenten gebraucht worden[9]), und wenn auf Münzen
oder in Statuen die Figuren der Kaiſer eine Rolle Schrift in der Hand
halten, ſo müſſe dieſelbe ſo etwas, und keine gelehrte Schrift oder Geſchichte
vorſtellen[10]).   Folglich, ſagt er, iſt es eine große Unwiſſenheit auch der
                                                                    alten

1) Reg. Thee. Cal. p. 254.   6) In Diptych. Quirin. p. 5.
2) De mod. uſur. p. 401.   7) p. XIV.
3) In Paul. p. 337.   8) p. 257.
4) In Hugon. p. 604.   9) p. 259.
5) In Antiq. Rom. prooem. n. 16.   10) p. 261.

                                                    K

alten Künstler, und Bildhauer, wenn sie den Figuren der Dichter und Phi=
losophen eine gerollete Schrift in die Hand gegeben[1]).   Auch Apollonius
von Priene, der Künstler der Vergötterung des Homerus im Pallaste Co=
lonna, ist nach dessen Meynung, mit der Rolle, welche er dem Vater
der Dichter in die Hand gegeben, sehr übel unterrichtet gewesen[2]).

Um aber die Beständigkeit dieser von ihm reiflich erwogenen Meynung
zu zeigen, wiederholet er in den Zusätzen[3]), daß er die Unterschrift der
ersten entwickelten Herculanischen Schrift sehr wohl gesehen und gelesen:
Φιλοδήμου περὶ Μουσικῆς „des Philodemus von der Music.,,
Dem ungeachtet behauptet er, (wird es nicht meinen Lesern unglaublich
scheinen?) daß gedachte Schrift ein öffentliches Instrument in einer
Streitsache sey.   Er hat vielleicht im Sinne behalten, daß dieser Streit
die Kirchenmusik und auf Hochzeiten betroffen, oder zwischen der Gemein=
de und den Stadtmusicanten entschieden sey.   Und wodurch suchet er
dieses von neuem zu beweisen?   Weil ich, sagt er, in dieser geschriebenen
Rolle nur die Unterschrift, nicht aber die Aufschrift gesehen habe: denn
ein jeder weiß, fähret er fort, daß Proceßacten unterschrieben werden,
Abhandlungen aber haben den Titel und die Inschrift vorne an stehen.
Es sollte gleichwohl Hr. Martorelli, da er mit derjenigen Person, welche
diese Schriften entwickelt, genau bekannt ist, gewußt haben, daß der An=
fang oder die äußere Lage an den Schriften, welche man bisher entwickelt
hat, fehlet, wie ich bereits oben angezeiget habe.

Bey dieser Gelegenheit suchet er an einem andern Orte[4]) zu be=
streiten, daß die ältesten Griechen nicht auf hölzerne Täfelchen Schrift ge=
schrieben; und hier untersuchet er zween Verse des Homerus, wo der
Dichter saget, daß Bellerophon mit solchen eingeschnittenen Täfelchen, an
statt des Briefes, von dessen Vater an den König in Lycien abgeschickt
worden, deren Inhalt war, daß dieser den Ueberbringer ermorden sollte.

Πέμ-

1) p. 265.   3) p. XXX.
2) p. 266.   4) p. 50.

Πέμπε δέ μιν Λυκίηνδε, πόρεν δ' ὅγε σήμαλα λυγρὰ,
Γράψας ἐν πίνακι πλυκτῷ θυμοφθόρα πολλά.

Sed misit ipsum in Lyciam, deditque is litteras perniciosas,
Scriptis in tabella complicata animae - exitialibus multis.

Il. ζ. v. 168.

Hier nimmt er sich die Freyheit, den zweyten Vers für unterge=
schoben zu erklären, da zumal, wenn derselbe weggelassen wird, der
Sinn des Dichters nichts leidet. Denn λυγρὰ und θυμοφθόρα
πολλά, sagt er, bedeuten eben dasselbe, und sind eine Tavtologie, und
πίναξ πτυκτός giebt einen falschen Begriff, weil eine hölzerne Tafel
nicht kann gefalten werden. Er vertheidiget sich mit dem Burmann,
welcher durch Handschriften verschiedene Verse des Virgilius für unächt
erkläret hat. Er selbst thut eben dieses mit verschiedenen andern Stel=
len des Homerus: eine von denselben ist, wo vom Paris gesagt wird,
daß er verdiene, gesteinigt zu werden[1]); und sein Grund ist, weil Dio
Chrysostomus Orat. XI. περὶ τῦ Ἰλίου μὴ ἁλῶναι, wo er diese
ganze Rede des Hectors wider den Paris anbringt, gedachte zween Verse
ausläßt. In der Odyssea λ' will er zehen ganze Verse von 310 bis
320, ohne Gnade ausgestrichen wissen, weil dieselbe ihm dem Dichter nicht
würdig scheinen. In dem folgenden Buche μ' scheinen ihm die Verse
nach dem acht und sechzigsten, welche eine Erzählung von dem Schiffe
Argo enthalten, verdächtig, weil Hesiodus von diesem Schiffe keine
Meldung thut; und daraus schließet er, daß diese Fabel neuer als beyde
Dichter sey. Er kann auch zween Verse im letzten Buche der Ilias 29
und 30, wo das Urtheil des Paris angezeiget wird, nicht leiden.

Er kehret hierauf in den Zusätzen[2]) zu der erstern Stelle des Ho=
merus zurück, und beweiset aus vielen Stellen des Dichters, daß γράφειν
und ἐπιγράφειν von demselben niemals vom schreiben, sondern vom
einschneiden, stechen und verwunden gebraucht werden. Diesem zu

1) Il. γ' 57. 58.   2) p. LV.

folge war, wie er behauptet, das Täfelchen, welches Bellerophon zu
überbringen hatte, nicht beschrieben, sondern es hatte Zeichen eingeschnitten,
die dem Ueberbringer unbekannt waren, von beyden Königen aber als
Freunden verstanden wurden. Auf Täfelchen zu schreiben war also bey
den alten Griechen, wie er sich zu behaupten erkühnet, nicht gebräuchlich,
wohl aber unter den Persern; und hier verbessert er[1]), und ich muß gestehen, nicht unglücklich, eine Stelle des Aelianus[2]), wo derselbe von der
Beschäfftigung der Könige in Persien auf ihren Reisen redet. Es ist dieselbe, so wie sie bisher gelesen und verstanden worden, diesen Königen
schimpflich gewesen. Denn dieser Scribent sagt, daß diese Herren auf
der Reise keine andere Beschäfftigung gehabt, als mit einem Messerchen
in Täfelchen von Lindenholz zu schneiden, damit sie sich der langen Weile
erwehren möchten, und daß sie überhaupt nichts ernsthaftes lesen, noch
etwas würdiges denken kennten. Ich muß gestehen, da man in Lesung
der Alten nicht Zeit genug hat, die uns anstößigen Dinge, sonderlich
wenn sie nicht zu unserm Vorhaben gehören, gründlich zu untersuchen,
daß mir diese Stelle, wo ich mir keinen Fehler im Texte einfallen ließ,
viel Bedenken gemacht hat, da man nothwendig ganz anders von vielen
Königen in Persien, deren Geschichte uns bekannt ist, denken muß.
Herr Martorelli giebt durch eine geringe Aenderung in den letzten Worten dieser Stelle, und durch den Zusatz eines einzigen Worts, derselben
einen ganz andern und würdigern Verstand. Er lieset ἢ εἰ γενναῖον
τι καὶ λόγου ἄξιον βουλεύηται, γράψῃ -- es führeten nämlich
die Könige von Persien kein Buch bey sich, sondern sie machten sich selbst
im Wagen ihre Täfelchen, damit sie etwas ernsthaftes (ich verstehe andern) von ihren eigenen Gedanken vorlesen, oder etwas auserlesenes und
merkwürdiges denken möchten.

Er giebt auch in den Zusätzen zu, daß Wachstafeln zum schreiben
unter den Römern und Griechen in spätern Zeiten der Kaiser üblich gewesen,

[1]) p. 63.   [2]) Var. hist. L. 14. c. 12.

wesen, weil er eine Stelle in den Acten des zweyten Nicänischen Concilii[1]) gefunden, welche man ihm hätte einwenden können. In dem Werke selbst aber bemerket er diese Art zu schreiben von den ältesten Zeiten der Römer[2]), und führet aus dem Livius das Bündniß zwischen den Römern und Albanern an, zur Zeit der Horatier und Curiatier, welches auf Wachstafeln verzeichnet worden.

Die mehresten Vergehungen dieses Gelehrten und vornehmlich seine Mißhandlung des Vaters der Dichter, hat die Begierde, etwas neues und unerwartetes zu sagen, zum Grunde; andere verleitet zugleich auf eben diese Abwege der Mangel der Materie zum schreiben, welcher in einigen Ländern, wie in einigen Classen des Wissens, groß ist; und da geschrieben seyn muß, (welches in Deutschland und jenseit der Alpen zur Achtung nöthiger als in Italien geworden ist) so wirft man sich aus Verzweiflung oft auf leere speculative Grillen, oder man sucht sich wie Herostratus an den Denkmaalen der Alten zu verewigen. Von dieser Art ist der gelehrte Ruhnken mit seinen Verbesserungen des Callimachus und anderer alten Dichter. Ich selbst aber könnte mich hier einer unzeitigen Ausschweifung schuldig machen, die einigermaßen in einem Sendschreiben zu rechtfertigen ist; ich lenke deswegen wiederum zum Ufer.

Eine der nützlichsten Betrachtungen über die Herculanischen Schriften ist zum dritten die Art und Weise der Schrift in denselben, und diese ist vorher förmlich, und hernach mit wenigem materialisch zu untersuchen.

Hier finde ich im voraus zu erinnern, daß Herr Martorelli, welcher an dem Orte selbst ist, und die besten Nachrichten hätte haben können, wider die Wahrheit redet, wenn er vorgiebt[3]), daß sich außer den Griechischen und Lateinischen Schriften auch andere in einer unbekannten Schrift, und wie er in dem Register redet[4]), vielleicht gar in Sabinischer Sprache finden. Dieses ist falsch; diejenigen, welche aufgewickelt

K 3 sind,

---

1) Act. 4. Conc. Nic. II. tom. 8. p. 854.
   lit. C. edit. Venet.
2) p. 124.
3) l. c. p. 34.
4) p. XL.

sind, und andere, welche ich gesehen und betrachtet habe, sind alle griechisch.
Der gelehrte Mazocchi selbst glaubte in einer Rolle Schrift, mit welcher
man einen lächerlichen Versuch machte, wie ich im letzten Stücke sage,
Oscische Schrift zu finden: denn so, wie man leicht glaubt, was man
wünscht, und dieser Mann ein Gewebe von Pelasgischen und fremden
Herleitungen der Worte im Gehirne gesponnen hat, so wollte er zu Osci=
scher Sprache machen, was unkenntlich gemacht war. Die Osker waren die
ältesten Völker in Campanien. Ferner ist der Leser vorher zu belehren,
daß alle Herculanische Schriften nur auf einer Seite geschrieben sind;
kein einziges ist ὀπισθογράφος, „auf der andern Seite geschrieben,‟
welches vermuthlich nicht geschahe auf einfachem Papiere, wie dieses ist.
Es ist auch das beschriebene auf der innern Seite der Schriften, und eben
dieses machet schwer, die Art Schrift zu erkennen, ehe man anfängt, die=
selben aufzuwickeln; diejenige Schrift, welche auf beyden Seiten war,
muß also auf doppeltem oder gefüttertem Papiere gewesen seyn.

Alle diese Schriften sind in Colonnen geschrieben; eine jede derselben
ist etwa vier gute Finger breit, so viel nehmlich ein sechsfüßiger griechischer
Vers Raum erfordert, und eine Colonne enthält in einigen Schriften
vierzig, in andern vier und vierzig Zeilen. Zwischen den Colonnen ist ein
Finger breit Raum, und es scheinet, daß dieselben mit rothen Linien, wie
in vielen Büchern des ersten Drucks geschehen, eingefasset gewesen: denn
es sind die Linien umher weißlich, welches eine Wirkung des Feuers in
dem Mennige oder im Cinnober seyn wird. Eingedruckte Linien aber,
wie auf Pergament, um gerade zu schreiben, spüret man hier nicht; und
vielleicht, da das einfache Papier scheinet durchsichtig gewesen zu seyn, hat
man sich eines untergelegten Linienblattes bedienet.

Bis itzo sind allererst vier Rollen Schriften völlig aufgewickelt, und
es hat sich besonders getroffen, daß dieselben alle viere von einem und
eben dem Verfasser seyn. Er heißt Philodemus, und war von Gabara
in Syrien, von der Secte des Epicurus: Cicero [1]), zu dessen Zeit er
lebete,

1) De Fin. L. 2. c. ult.

lebete, und Horatius [1]), gedenken desselben. Es ist bekannt, daß die erste Schrift eine Abhandlung wider die Musik ist, worinn der Verfasser zeigen will, daß dieselbe den Sitten und dem Staate schädlich sey. Das zweyte, welches aufgewickelt wurde, war das zweyte Buch von einer Rhetoric desselben, und wie mir versichert worden von jemanden, welcher diese Schrift nach und nach beym Aufwickeln untersuchen können, so war des Philodemus vornehmste Absicht, den Einfluß zu zeigen, welchen die Beredsamkeit in Verwaltung des Staats habe; er soll in derselben die Politica des Epicurus und des Hermachus anführen. Die dritte Schrift, welche zum Aufwickeln ergriffen wurde, ist das erste Buch gedachter Redekunst, und die vierte Schrift handelt von Tugenden und Lastern.

Die erste Schrift hat vierzig Colonnen, und ist dreyzehen Palme lang; die zweyte hat siebenzig Colonnen; die dritte wird etwa zwölf Palme lang seyn, und die vierte dreyßig Palme: ich gebe dieses nur aus dem gröbsten an, weil es nicht leicht ist, diese aufgewickelten Schriften mit Muße zu sehen. Nur die erste ist in einem Schranke des Musei aufgehänget, wo sie in fünf Stücke geschnitten, ein jedes von acht Colonnen, auf Papier geleimet, und in Rame gefasset ist.

Ich habe oben gesaget, daß das äußere Blatt und vielleicht noch mehrere, und mit demselben folglich auch die Inschrift verloren gegangen ist: wenn dieselbe am Ende der Schriften nicht wiederholet wäre, würde uns der eigentliche Inhalt und der Verfasser unbekannt geblieben seyn. Es hat aber eine jede Schrift ihren Titel und Verfasser zum Beschlusse der Schrift gesetzt, und die von Tugenden und Lastern handelt, hat es zweymal unter einander in kleinerer und größerer Schrift. Unter der ersten Schrift stehet:

ΦΙΛΟΔΗΜΟΥ
ΠΕΡΙ ΜΟΥCΙΚΗC

Unter

---

[1] Lib. I. Sat. 2. v. 121.

Unter der zweyten von der Redekunſt:

ΦΙΛΟΔΗΜΟΥ

ΠΕΡΙ ΡΗΤΟΡΙΚΗС

B.

Das B bedeutet das zweyte Buch.   Unter dem vierten ſtehet:

ΦΙΛΟΔΗΜΟΥ

ΠΕΡΙ ΚΑΚΙωΝΚΑΙΤωΝ

ΔΝΔΚΕΙμΕΝωΝΑΡΕΤωΝ

In der dritten Schrift fand ich vor fünf Jahren, da an dieſelbe bereits Hand angeleget war, eine Schrift des **Metrodorus** von Buch=ſtaben angeführet in folgender Zeile:

μΕΤΡΟΔωΡΟΤΕΝ ΤωΙ ΠΡΟΤωΙ ΠΕΡΙ ΓΡΑμμΑΤωΝ

Die Buchſtaben ſind alle Verſal= oder Quadratlettern, und die Worte ſind weder durch Puncte noch durch Commata von einander ab=geſondert; es iſt auch der Bruch der Worte am Ende einer Zeile nicht angezeiget, und überhaupt iſt kein Fragezeichen, noch andere, dem Aus=drucke zu helfen, oder wo die Stimme zu erheben iſt.   Die gewöhnli=chen Unterſcheidungszeichen wurden häufiger angebracht, da die Kennt=niß der griechiſchen Sprache fiel.   Es finden ſich aber über einige Worte andere uns bisher unbekannte Zeichen, von welchen ich nachher reden werde.   In der Größe kann ich die Buchſtaben angezeigter Schriften mit denen in den ſeltenen Ausgaben etlicher griechiſchen Scribenten des Laſkaris vergleichen; und diejenigen, welche die berühmte älteſte Hand=ſchrift der ſiebenzig Dollmetſcher in der Vaticaniſchen Bibliothec zu ſehen Gelegenheit haben, können ſich noch einen deutlichern Begriff von der Form und Größe jener Buchſtaben machen: die in der Schrift von Tu=genden und Laſtern ſind größer.   Es war aber damals ſchon die Curſiv=ſchrift im Gebrauche, wie der unten angeführte Vers des Euripides zeiget.

Die

Die Form der Buchstaben ist verschieden von dem Begriffe der Schrift in diesen Zeiten: denn die Buchstaben mit hervorspringenden Stäben, als am λ, sind von denen, welche die Schreiberey der alten Griechen untersuchet haben, in spätere Zeiten gesetzet, und Baudelot[1]) sagt keck und ohne Ausnahme, daß so geformte griechische Buchstaben von spätern Zeiten seyn; diese Art sich auszudrücken ist bekannt, und er will damit die letzten Zeiten der Römischen Kaiser anzeigen. Es sind alle alte Tabellen von dem verschiedenen Alter griechischer Buchstaben, die bisher an das Licht getreten sind, fehlerhaft, und dieses kann sonderlich aus Münzen dargethan werden. Das Omega z. E. geschrieben ω in Quadrat-Lettern, setzet Montfaucon in die Zeiten des Domitianus, und es befindet sich bereits ein paar hundert Jahre zuvor auf Münzen Syrischer Könige, und in eben der Cursiv-Forme stehet es in der Inschrift auf dem Rande der großen Vase von Erzt im Campidoglio, welche Mithradates Eupator, der letzte berühmte König von seinem Stamme in Pontus, in ein von ihm gestiftetes Gymnasium geschenket hatte. Es kann aber die Unrichtigkeit in dieser Art Zeitrechnung zu sehr irrigen Begriffen verleiten, wie an dem wunderbar schönen Sturze eines Hercules im Belvedere, oder dem sogenannten Torso des Michael Angelo, geschehen seyn würde, wenn man sich Mühe geben wollen, über das Alter desselben zu denken, und dasselbe aus der Inschrift des Namens des Künstlers an demselben zu bestimmen gesucht hätte: es schreibt sich derselbe ΑΓΟΛΛΩΝΙΟ϶. Wenn nun die Form des Omega ω, so spät, als man geglaubet hat, in Gebrauch gekommen, so würde diese Statue gemacht seyn zu den Zeiten, da man schwerlich ein solches Werk hätte hervor bringen können, und unsere Begriffe von der Kunst dieser Zeiten würden sehr unrichtig seyn. Die besondere Form zeiget sich in einigen Buchstaben, als δ, λ, ϵ, ϲ, λ, μ, Γ, ω; das Sigma ist allezeit rund. Diese angezeigten Buchstaben sind häufiger auf Griechischen Inschriften des zweyten und folgenden Jahrhunderts der Kaiser, als vor dieser Zeit, und zuweilen springet ein Stab nach der entgegen gesetzten Richtung hervor, wie auf einer irdenen Lampe[2]) ΔΙΟΚΛΗΤ.

---

1) Utilité des Voyag. T. 2. p. 127.　　　2) Passeri Lucern. T. I. tab. 24.

Ab=

L

Abbreviaturen oder abgekürzte Worte finden sich hier, wie in allen andern Griechischen Handschriften mit großer Schrift, gar nicht, so wie die ältesten Handschriften in Cursiv=Schrift auf Pergament wenige oder gar keine haben, und die häufigen Abkürzungen sind mit ein Kennzeichen späterer Zeiten, und haben sonderlich in griechischen Handschriften vom dreyzehenten Jahrhunderte verwünschte Züge. Einige Abkürzungen aber tragen zur schönen Form der griechischen Cursiv=Schrift bey, und geben derselben eine Runde, eine Freyheit und Verbindung.

Ueber einigen Buchstaben stehen Puncte und Querstriche, welche wir Accente nennen; ingleichen siehet man im zweyten Buche der Rede=kunst über einige Worte andere und in kleinerer Schrift gesetzt; in folgenden zwo Zeilen aus dieser Schrift und auf deren zehenten Seite siehet man eins und das andere:

ΣΙΛΤΟΥΤΟΙΣ
ΗΘΕΙΛΣΠΟΛΛΗΣΟΥΚΟΥΝ ΛΗΠΟ----

--ΤΕΤΗΤΕΡΤΟΡΙΚΗΙ ΚΛΙ ΛΥΝΛΜΕΙ

Von den drey Puncten über ΚΛΙ finde ich nichts auch nur entfernt zu muthmaßen; ΟΥΚΟΥΝ aber hat offenbar seinen Accent. Die älteste griechische Inschrift, welche die Accente hat[1]), ist vielleicht von späterer Zeit. Wir wissen aber, daß dieselben in frühern Zeiten im Gebrauche gewesen, da so gar die Samniter[2]) gewisse Sylben mit denselben bezeichneten. Unter den Griechen schrieb man einem Aristophanes von Byzantium, welcher an zweyhundert Jahre vor Christi Geburt lebte, die Erfindung derselben zu. Es hat auch der Vers[3]) des Euripides:

ὡς ἐν σοφὸν βούλευμα τὰς πολλὰς χεῖρας νικᾷ

welcher an der Mauer eines Eckhauses einer Straße im Herculano stand, die zum Theater führete, seine Accente, wie sie gewöhnlich und hier gesetzet sind. Bey den Römern war eine Art von Accenten in ihren besten Zeiten gebräuchlich, und die Inschriften vom Augustus bis auf den

Nero

---

1) Fabret. Inscr. p. 289. n. 216.
2) Olivieri Diss. sopra alc. Medagl. Sannit.
p. 130. nel Tomo 4. delle Diss. dell' Acad di Cort.
3) Pitt. Ercol. T. 2. p. 54

Nero[1]) unterscheiden sich durch dieselbe; und bloß aus diesem Grunde halte ich folgende kürzlich zu Rom gefundene Inschrift, welche keine Anzeige von Jahren hat, aus dieser Zeit:

CELER. PRIMI. AVG. LIB. LIBERTVS.
ET. GEMINIAE. SYNTYCHÉ. CON
IVGI. ET. FLAVIO. CELERIONI. ET. HE
LENE. CELERINAE. FILIIS. POSTERIS
QVE. SVIS. FÉCIT

Es hat also ein Gelehrter[2]), welcher behauptet, daß die alten Inschriften alle ohne Accente sind, nicht viele gesehen. Das übergeschriebene Wort in diesen zwo Zeilen nebst gewissen Buchstaben, die über andern stehen, sind merkwürdig; in Erklärung derselben will ich mich nicht einlassen: so viel siehet man, daß es Aenderungen und Verbesserungen sind, wie unter andern das H über das T, welches in PTOPIKHI ausgelassen worden. Man will aus diesen Aenderungen schließen, daß dieses zweyte Buch der Redekunst der eigenhändige Entwurf des Philodemus sey, welches nicht sehr unwahrscheinlich ist, und dieses würde zu muthmaßen veranlassen, daß das Landhaus, in welchem diese Schriften gefunden sind, vielleicht gar diesem Philosophen eigen gewesen. Dieses aber ließe befürchten, nichts als Philodemische Schriften zu entdecken, da ein bloßer Zufall ohne Wahl die vier ersten Stücke von seiner Feder ergreifen lassen.

So viel von dem Förmlichen der Schrift: das Materialische derselben sind Dinte und Feder. Die Dinte der Alten war nicht so flüßig, wie die unsrige, und war nicht mit Vitriol gemacht. Dieses kann erstlich aus der Farbe der Buchstaben geurtheilet werden, welche schwärzer noch, als die gleichsam in Kohlen verwandelten Schriften sind, wodurch das Lesen derselben sehr erleichtert wird. Denn wenn es Vitriolische Dinte wäre, würde dieselbe die Farbe, zumal im Feuer, geändert haben, und gelb geworden seyn, wie es die Dinte in allen alten Handschriften auf Pergament ist. Ferner würde eine solche Dinte die zarten Häute

F 2 des

des Papiers zerfreſſen haben, wie ſie es in Handſchriften auf Häuten ge=
macht hat: denn in dem älteſten Virgilio und Terentio der Vaticaniſchen
Bibliothec ſind die Buchſtaben vertieft in dem Pergamente, und einige ſind
durchlöchert durch die freſſende Schärfe des Vitriols.

Daß die Dinte der Herculaniſchen Schriften nicht flüßig geweſen,
zeiget die Erhobenheit der Buchſtaben, welche ſich entdecket, wenn man
ein Blatt horizontal gehalten an das Licht beſiehet; es ſind dieſelben
alle von dem Papiere erhaben: folglich war dieſelbe mehr der Sineſiſchen
als der unſerigen Dinte ähnlich, und eine Art von Farbe. Dieſes er=
hellet auch aus einer Stelle des **Demoſthenes**[1], wo derſelbe dem Ae=
ſchines vorwirft, daß er aus Armuth in ſeiner Jugend ſich gebrauchen
laſſen, die Schule auszukehren, die Bänke in derſelben mit einem
Schwamme abzuwaſchen und Dinte zu reiben: [τὸ μέλαν τρίβων]
es wurde alſo die Dinte wie Farbe zubereitet, und kann alſo nicht flüßig
geweſen ſeyn. Eben dieſes zeiget auch die Dinte, welche ſich in einem
im Herculano entdeckten Dintenfaſſe befindet, die wie ein dickes Oel iſt,
und noch itzo zum Schreiben dienen könnte.

Es wollte ein Gelehrter zu Neapel muthmaßen, daß die Dinte der
Alten vielleicht der ſchwarze Saft des bekannten Fiſches Sepia geweſen
ſey, welcher Fiſch daher itzo auch Calamaro heißt. Dieſer Saft hieß
bey den Griechen ὅλος, und Heſychius erkläret es μέλαν τῆς σηπίας
„das Schwarze der Sepia„ und dienet dem Fiſche zu Vertheidigung wider
andere größere Fiſche, welche ihn verfolgen: es läßt derſelbe alsdenn den
Saft aus der Blaſe von ſich, wodurch das Waſſer trübe und ſchwarz
wird, und verhindert, daß die andern Fiſche nicht ſehen können. Eben
ſo wie der Fuchs, wenn ihm die Hunde nachſetzen, ſein Waſſer läßt, wel=
ches durch den ſtarken Geruch den Hunden die Färth verwirret, und dem
Fuchſe Gelegenheit giebt, zu entkommen. Wir finden aber von dem Ge=
brauche dieſes Safts zum ſchreiben keine Meldung.

Das Werkzeug zum ſchreiben war eine ſogenannte Feder von Holz
oder Rohr, wie unſere Schreibfedern geſchnitten, und zwar mit einem
etwas

---

1) Orat. περι τιφ. fol. 42. a. lin. 4. edit. Ald. 1554.

etwas langen und nicht ausgehohlten Schnabel. Eine solche Feder aus
Burbaum, wie es scheinet, hat sich erhalten, aber ist versteinert, und eine
andere siehet man auf einem Gemälde [1] an ein Dintefaß gelehnet: diese
scheinet aus den Gliedern, an derselben gezeichnet, aus Rohr zu seyn. Eine
andere Feder hält eine weibliche Figur von gebrannter Erde [2] in der Hand,
und hier und auf einem geschnittenen Steine des Stoßischen Musei siehet
man, daß die Alten die Federn eben so wie wir gefasset hatten. Der
Schnabel muß ziemlich spitz gewesen seyn: denn die Buchstaben sind fein
gezogen; da aber die Feder ohne Spalte war, konnte man den Buchstaben
nicht so viel Licht und Schatten geben, als mit unsern Federn geschehen
kann; es unterscheiden sich die Züge sehr wenig in der Stärke oder Dicke.

Die Zugabe dieses dritten Stücks mögen die Palimpseste seyn, oder
die Tafeln mit Wachs überzogen, worauf man die ersten Entwürfe der
Gedanken schrieb, um dieselben in dem Wachse geschwinde auszulöschen
und zu ändern; und dieses geschahe durch ein Instrument, welches keilförmig ist und eine scharfe Breite hat: man siehet es in diesem Museo wirklich und auch gemalt. Es befinden sich unter den Königlichen Alterthümern zu Dreßden solche vorgegebene Wachstafeln von ziemlicher Größe,
und mit Riemen zusammengehänget, auf welchen man einige alte Züge
zeigete; woher und wie dieselben dahin gerathen seyn, weiß ich nicht: ich
habe sie aber schon vor meiner Reise nach Italien für das gehalten, was
sie sind, nämlich für eine grobe Betrügerey, wie diejenigen seyn müssen,
welche sich in der Bibliothec des Gymnasii zu Thorn in Pohlnisch-Preußen
befinden sollen, welches ich ehemals unter andern, deucht mich, in Heu-
manns Conspectu reipubl. litter. gelesen habe. In den Herculanischen
Entdeckungen haben sich wahrhafte solche Tafeln gefunden, welche umher
einen Rand von starkem silbernen Bleche haben, das Holz aber ist zu Kohlen gebrannt: es lagen dieselben im vergangenen Winter noch in der Vor-
rathskammer des Musei. Diese Stücke wurden gefunden, nachdem Herr
Martorelli sein Werk bereits geendiget hatte: denn diese hätten ihn überführen sollen, daß die Wachstafeln viel eher, als in den spätern Zeiten der

£ 3 Griechen

Griechen und Römer, wie er in den Zusätzen seines Werks gedach=
ter maßen vorgiebt, im Gebrauche gewesen. Aber da er wider den Au=
genschein einen Scepticus machen will, welches keiner von der alten Secte
gethan hat, so haften an ihm keine Gründe.

Was endlich zum vierten die Aufwickelung dieser alten Schriften be=
trifft, so wurden, zu derselben zu gelangen, anfänglich verschiedene Versu=
che gemacht; ja noch nachher, da eine geraume Zeit auf dem itzigen Wege,
welchen ich beschreiben werde, gearbeitet war, glaubte man, ein geschwin=
deres Mittel zu finden, und der Einfall war folgender. Herr Mazocchi
ließ eine große Rolle Schrift unter eine gläserne Glocke legen, in der Mey=
nung durch die Hitze die Feuchtigkeit, welche sich etwa in derselben ver=
halten könnte, auszuziehen, wodurch die Blätter sich von selbst auseinan=
der lösen sollten. Dieser Versuch aber mißlung: denn die Hitze der Sonne
zog die Feuchtigkeit heraus, aber zugleich die Dinte mit, und die Schrift
wurde theils verworren, theils gänzlich unscheinbar, und diese Buchsta=
ben sahe man für Oscische Schrift an.

Endlich wurde ein Vorschlag, welcher aus Rom dem Hofe vorgelegt
wurde, gut und sicher gefunden, und man ließ den Erfinder unter einem
monatlichen Gehalte von dreyßig Ducati Napoletani, nebst freyer Woh=
nung und Besorgung des nöthigen Hausgeräths, aus Rom nach Portici
kommen. Dieser ist P. Antonio Piaggi, ein Genueser, von dem Orden
Piarum Scholarum, ein Mann von großem Talente, welcher die Stelle
eines Scrittore latino und Aufsehers der Miniaturgemälde in der Vatica=
nischen Bibliothec unter dem gewöhnlichen Gehalte der Scrittori, von funf=
zehen Scudi monatlich, versahe. Ueber die Gemälde wurde er wegen
seiner Geschicklichkeit im Zeichnen und auch in dieser Art Malerey gesetzet,
und es hat es nicht leicht jemand höher, als derselbe, gebracht in Nachah=
mung aller Art Schriften. Man zeigt in der Vaticana ein Blatt ver=
schiedener Schriften in allerley Sprachen von dessen Hand, unter welchen
die erste Seite eines kleinen Türkischen Gebethbuchs ist, die von dem un=
endlich klein und zierlich geschriebenen Originale daselbst nicht kann unter=
schieden werden: von dieser Art Schrift desselben siehet man auch ein Blatt

in

in der Königinn Zimmer auf dem Schloſſe zu Portici. Dieſer Mann über=
nahm alſo die ſo beſorgliche, peinliche und langwierige Arbeit, an welcher er
noch fortfähret, nebſt einem Gehülfen, welcher ſechs Ducati monatlich hat,
und ein jeder von ihnen arbeitet an einer beſondern Rolle Schrift.

Das Geſtell von Holz zu dieſer Arbeit gleichet in einiger Entfernung,
und bey dem erſten Anblicke einer Buchbinder=Preſſe, in welcher ein Buch
zum heften mit deſſen Riemen aufgeſpannet iſt. Es ruhet auf einem Fuße
mit einer ausgedreheten gewundenen Schraube, um jenes auf dieſem nach
Belieben zur Bequemlichkeit drehen zu können. Auf dieſem Schrauben=
geſtelle beweget ſich ein längliches Bret, auf welchem von jeder ſchmalen
Seite deſſelben ſich zween runde Stäbe mit gewundenen Schrauben erheben,
um ein oberes Bret vermittelſt derſelben, hinauf und herunter zu drehen.
In der Mitten des untern Bretes ſind in der Länge der Schriften, das iſt,
bey nahe einen Palm von einander entfernet, und von eben der Höhe, zwo
kleine ſtählerne Stangen mit Schraubenwerke ſenkrecht befeſtiget, welche
oben ein ſtählernes Blech, in Geſtalt eines halben Mondes beweglich haben,
in deren Hohlung die Rolle Schrift geleget wird; und dieſe Bleche ſind zu
mehrerer Vorſicht mit Baumwolle bewunden; dieſe Stäbe können unter
dem Brete höher und niedriger geſchroben werden. Außer dem ſchwebet
die Schrift in zwey Bändern eines kleinen Fingers breit, die an dem obern
Brete, welches verſchiedene lange offene Einſchnitte hat, ein jedes an
zween Wirbeln, wie die an Violinen ſind, hindurch, durch dieſe Einſchnitte
oben befeſtiget ſind, und vermittelſt der Wirbel angezogen und nachge=
laſſen werden können, damit die Schrift, die in denſelben hänget, nach
allen Seiten, ohne dieſelbe zu berühren, ſanft gewälzet und gedrehet
werde. Auf die Zwiſchenſtäbe der Einſchnitte dieſes obern Bretes ſind
noch andere kleinere Wirbel, ſeidene Faden zu drehen, deren Gebrauch
ich ſo gleich anzeigen werde.

Wenn nun eine Rolle Schrift zum Aufwickeln aufgehänget iſt, und
das äußerſte Ende gefunden worden, fängt man an, einen kleinen Fleck
einer Erbſe groß mit einem gewiſſen Leime durch einen ſanften Pinſel zu be=
ſtreichen, welcher die Eigenſchaft hat, los zu weichen und abzuſondern, und
zugleich

zugleich kleben macht.   Zu gleicher Zeit wird an das bestrichene Fleckchen
der unbeschriebenen äußern Seite des Papiers (denn diese Seite ist, wie
oben gesagt worden, leer, und die Schrift einwärts) ein Stückchen von einer
dünnen Blase in der Größe der bestrichenen Stelle, oder auch mehrere kleinere, geklebet, welches hilft das bestrichene Fleckchen Papier von dem nächsten
Blatte, so weit es bestrichen ist, loszuziehen.   Diese Blasen sind von Schwei-
nen oder auch Schafen, welche insgemein die Goldschläger gebrauchen, und
werden hier, so dünne sie immer seyn mögen, zu Fütterung dieses Papiers
von neuem in ihrer Dicke getheilet und von einander gerissen, und alsdenn
zum Gebrauche in ganz kleine Stückchen zerschnitten.   Auf diese Art fähret man fort, zu bestreichen und zu füttern, und wenn dieses der Länge der
Schrift nach, etwa einen kleinen Finger breit, geschehen ist, so werden an verschiedenen Orten mit eben dem Leime seidene Faden an der gefütterten Seite
angeklebet, und diese vermittelst der Wirbel, einer nach dem andern, ganz
gemach und sanft angezogen, wodurch sich der gefütterte Streifen Papier
von der Rolle vollends ablöset, und durch diese Faden in die Höhe gehalten
wird.   Diese Faden halten das abgelösete Papier beständig senkrecht, und
wenn endlich so viel von der Rolle Schrift abgelöset worden, daß es nöthig
ist, demselben mehrere Hältniß, als durch Faden geschehen kann, zu geben,
so wird das abgelösete durch einen der langen Einschnitte des obern Bretes
gezogen, und nach und nach, wie die Arbeit zunimmt, um einen runden beweglichen Stab oder Walze, die zu oberst des Gestelles liegt, herum gelegt,
auf Lagen von Baumwolle, so daß wenn die Schrift völlig aufgewickelt
worden, dieselbe sich um diese Walze herum geleget befindet.   Es bleiben
indessen die seidenen Faden allezeit nöthig: denn sie dienen allezeit, den kürzlich gefütterten Theil von dem nächsten Blatte absondern zu helfen.   Von
der Walze wird hernach die Schrift behutsam abgewickelt, ausgebreitet und
abgeschrieben.   In vier bis fünf Stunden Arbeit kann nicht mehr als ein
Finger breit längst der Rolle Papier gefüttert und abgelöset werden, und zu
einer Spanne breit wird ein ganzer Monat erfordert.   Dieses ist kürzlich,
und so viel ohne Abbildung des Werkzeugs geschehen kann, der ganze Pro-
ceß des Verfahrens.

                                                            Es

Es sind nächstdem auch die Schwierigkeiten bey dieser Arbeit zum deutlichen Begriffe von derselben anzuzeigen; und diese liegen nicht in der Natur des Papiers, sondern an dessen itziger Beschaffenheit. An sehr vielen Orten siehet dasselbe gegen das Licht besehen, wie ein zerrissener Lumpen aus, und dieses rühret von der Feuchtigkeit her, vornehmlich von denjenigen Wassergüssen, welche in Ueberschüttung dieser Stadt durch die Asche dieselbe zu gleicher Zeit überschwemmeten. Dieses Wasser ist in die Schriften hinein gedrungen, und hat sich in vielen verhalten, und mit der Zeit die Blätter mürbe gemacht und zerfressen. Dieser Schade äußert sich nicht vor der Aufwickelung; denn man könnte sonst Schriften suchen, die weniger gelitten. Die Blätter sind dermaßen dünne, daß, wo in einem eine Lücke ist, das folgende, welches unter demselben lieget, mit jenem nur ein einziges Blatt auszumachen scheinet, und die Lücke gleichsam vollfüllet. Daher geschiehet es, daß, wenn der Leim angestrichen wird, wo die Lücke ist (da dieselbe selten sichtbar wird) von dem unterliegenden Blatte so viel als bestrichen ist, losgerissen wird, und in die Lücke des oberen hinein tritt. Hierdurch wird also nothwendig eine Verwirrung, und das untere Blatt bekömmt, da wo es vielleicht ganz gewesen, eine Lücke oder Loch. Eben so gefährlich ist die Arbeit an den Fugen der aufeinander geleimten Stücke Papier: denn wenn diese Fuge durch das Anstreichen des Leims aufgelöset wird, so kann es leichtlich geschehen, daß der Leim durch die Fuge hindurch dringet bis an das folgende Blatt, und ein Stück von demselben an das obere, woran gearbeitet wird, anklebet, und dasselbe aus dessen Blatte losreißt. Man siehet aus diesem Berichte, daß es nicht allein schwer ist, geschwinde zu gehen, sondern daß auch nicht viel zu hoffen sey; wenigstens kann der Nutzen aus Schriften, wie die angezeigten sind, wenn sie auch nicht zerstümmelt und zerfressen wären, nicht groß seyn: denn wir haben mehr als eine Redekunst von den Alten, und die vom Aristoteles könnte uns statt aller dienen; an Büchern der Moral, und von Tugenden und Lastern fehlet es auch nicht; und auch hier haben die Schriften des Stagiriten den Vorzug vor allen.

Man wünschte Geschichtschreiber zu finden, wie die verlohrnen Bücher des Diodorus, die Geschichte des Theopompus und des Ephorus, und

M   andere

andere Schriften, als des Aristoteles Beurtheilung der Dramatischen Dichter, die verlohrnen Tragödien des Sophocles und des Euripides, die Comödien des Menanders und des Alexis, die Symmetrie das Pamphilus für die Maler, und einige Werke von der Baukunst: an einer hypochondrischen und zerstümmelten Klage wider die Music ist uns nicht viel gelegen. Man hätte daher gewollt, daß an statt die entwickelten zu endigen, da man den gemeinen Inhalt derselben gesehen, nur der Anfang allein von vielen Schriften aufgelöset und untersuchet worden wäre, bis man einige von nützlichem Inhalte gefunden hätte, und an diesen die Arbeit fortzusetzen, andere aber, bis man jene entwickelt, liegen zu lassen.

Die große und lange Erwartung der gelehrten Welt auf diese Schriften einiger maßen zu erfüllen, hatte der P. Antonio Piaggi den Vorschlag gethan, das Entwickelte nach und nach mit Scheidewasser in Kupfer zu ätzen und bekannt zu machen, damit sich die Sprachkundigen an Erklärung dieser Schriften machen könnten.. Er hatte auch eine Colonne der ersten Schrift selbst zur Probe geätzet, und seinen Obern vorgelegt; es wurde aber dieser Weg nicht beliebet, damit den Gliedern der Königlichen Academie, die sich hierzu tüchtig finden, dieses vorbehalten bleibe: so viel ich indessen habe erforschen können, ist weiter an Bekanntmachung derselben nicht gedacht. Gedachter Geistliche fähret fort, ohnerachtet er kein Griechisch verstehet, was er aufgewickelt hat, nachzumalen, und von dessen Abschrift wird es nachher ins Reine geschrieben.

Ich beschließe dieses Sendschreiben mit einer kurzen Anzeige von der Einrichtung des Herculanischen Musei zu Portici. Es ist dasselbe aus Mangel des Raums, und wegen der großen Menge von allerhand Art Entdeckungen getheilet, so daß die Gemälde in besondern Zimmern stehen, die mit dem eigentlichen Museo keine Gemeinschaft haben: dieses aber ist angeleget in dem ersten Gestocke eines Anhangs am Königlichen Schlosse, welcher einen viereckigten Hof einschließet. Diese Zimmer sind alle gewölbet, und anfänglich waren nur viere derselben besetzet, nebst zwo Vorrathskammern: itzo aber sind alle Zimmer des ersten Gestocks dieses Gebäudes auf drey Seiten um den Hof herum, welches siebenzehen sind, dazu eingeräumet.

Der

Der Eingang ist gegen Morgen und mit einer Wache besetzt; beym Eintritte zur Linken ist ein Zimmer des Königlichen Thürhüters, welcher ein großes eisernes Gitter mit vieler Arbeit von Erzt, eröffnet, um in den innern Hof zu kommen. Hier fällt das Pferd von Metalle zu erst in die Augen, welches gegen Abend gewandt ist, und an dieser Seite so wohl als zur rechten Hand stehen Statuen von Marmor, und zwischen denselben und an der linken Seite stehen alte Einfassungen von Brunnen, Altäre, Säulen, und verschiedene Werke von gebrannter Erde, als Glireria, Cornischen von gemeinen Häusern u. s. f. An eben dieser linken Seite und auch über dem Eingange sind alte Inschriften eingemauert. In diesem Hofe liegen auch die beyden Säulen von Marmor, von dem Grabmaale des **Herodes Atticus** und **der Regilla** mit der bekannten Inschrift, welche aus dem Pallaste Farnese zu Rom sind hierher gebracht worden; aber man findet hier keinen Platz, diese große Säule aufzurichten.

Ueber dem Eingange zu dem Museo selbst stehen folgende zween Verse in vergoldeten Buchstaben von Erzt, von dem gelehrten **Mazocchi** gesetzt:

HERCVLEAE EXVVIAS VRBIS TRAXISSE VESEVI EX
FAVCIBVS VNA VIDEN REGIA VIS POTVIT.

Ein witziger Neapolitaner sagte, man merke, daß der Verfasser dieses Distichon auf dem Nachtstuhle gemacht habe, und man stelle sich ihn in demselben mit Gebährden einer schweren Geburt vor, wie sie sich die Römer, nach dem Suetonius, in dem Gesichte des Vespasianus (nitentis) bildeten. Es verursachen diese Verse daher auch andern ein Grimmen, und das EX und die Verschmelzung des vorhergehenden Worts in dieselbe, bleiben zwischen den Zähnen hängen; das gestickte VIDEN schmeckt nach der Schulruthe. Unterdessen kann der Dichter wegen des EX ein paar Verse des Homerus anführen, welche mit ἐξ endigen. Es gefiel diese Inschrift einer Person, welcher man auch in Dingen, die sie nicht verstand, durchaus nicht widersprechen durfte, und da dieselbe mit diesem entschiedenen Urtheile dem Staats-Secretair Herrn Marchese **Tanucci** gezeiget wurde, zog er die Achseln, entwarf aber mit eben der Fertigkeit, mit welcher er einen Brief dictiret, folgende Inschrift:

Her-

Herculeae monumenta vrbis quo reddita fatis
Esse Tito credas, reddita sunt Carolo.

Der Eingang zum Museo selbst führet zu einer Windeltreppe, die diesem
Orte nicht sehr gemäß ist, und über dieselbe stehet eine andere etwas leib-
lichere Inschrift von dem Dichter der vorigen:

CAROLVS REX VTRIVSQVE SICILIAE PIVS FELIX AVGVSTVS
STVDIO ANTIQVITATVM INCENSVS QVIDQVID VETERIS GAZAE
EX EFFOSSIONIBVS HERCVLANENSIBVS POMPLIANIS STABIENSIBVS
CONTRAHERE TOT ANNIS IMPENDIO MAXIMO POTVIT
IN HANC MVSARVM SEDEM ILLATVM SVISQVE APTE PINACOTHECIS DISPOSITVM
VETVSTATIS AMATORIBVS EXPOSVIT ANNO CIƆ IƆCCLVIII.

Auf der Treppe stehen die sechs angezeigten weiblichen Statuen von Erzt.

Das erste Zimmer enthält vornehmlich Opfergefäße, und in der Mitten
stehen zwo runde marmorne Tische, und auf denselben die zween schönen Drey-
füße, nebst einem runden Focolare von Erzt, ein Zimmer mit Kohlen zum
Heizen oder zu anderm Gebrauche: es hängen auch daselbst die gemalten
Musen nebst dem Apollo, welche in dem zweyten Bande der Herculanischen
Gemälde gestochen sind.   In dem zweyten Zimmer sind vermischte Gefäße
zu verschiedenem Gebrauche, und der Fußboden zu demselben ist das schöne
Paviment aus der Herculanischen Villa.   In dem dritten und vierten
Zimmer ist das übrige von kleinem Geräthe aufgestellt, und das letzte Zimmer ist zugleich der Ort, wo an Aufwickelung der alten Schriften gearbeitet
wird.   Das fünfte Zimmer enthält die Brustbilder von Erzt, welche auf
niedrigen Schränken in den Zimmern umher stehen, nebst den Schränken
der alten Schriften, und der Fußboden in demselben ist ein altes Musaico
von dreyßig Römischen Palmen in der Länge und von sechzehen in der Breite,
und dieses ist zugleich das Maaß des Zimmers.   In dem sechsten Zimmer
stehen die alten Leuchter, und in einem zu demselben gehörigen Gewölbe nach
Art einer Küche gebauet, stehen und hängen die alten Küchengeräthe.   In
dem siebenten Zimmer stehen Werke von Marmor, und unter andern drey
viereckigte Gefäße, die rund ausgehölet sind, mit einem zierlich ausgearbeiteten Rande, welche zum Weihwasser in Tempeln dieneten: es stehet auch
hier die Hetrurische Diana.   In dem achten Zimmer stehen die drey schönsten

ften Statuen von Erzt, der Silenus, der junge schlafende Satyr und der Mercurius, nebst den schönsten vier Gemälden, welche zu Stabia an der Mauer angelehnet gefunden wurden. Das neunte Zimmer wird mit großen erhobenen Arbeiten von Gips und mit figurirten Stücken Musaico, die sich erhalten haben, ausgesetzet: unter den erstern ist eine heroische Figur, die sich auf einen ovalen Schild stützet, an dessen äußerm Rande ein Haken hänget, den Schild aufzuhängen, welches ich nirgendwo gefunden habe. In demselben Zimmer ist auch eine alte Nische von grobem Musaico, die man völlig hervorgezogen, angebracht; sie hält sechs Palmen und fünf Zolle in der Breite.

Die übrigen Zimmer sind noch nicht zu besondern Dingen bestimmet. In dem zehenten stehen einige erhobene Arbeiten in Marmor von schöner Arbeit: das eine stellet einen Satyr vor, welcher auf einem Esel mit einer Glocke am Halse reitet; auf einem Felsen stehet ein Herme eines Priapus, mit einem Horne des Ueberflusses, gegen welchen der Esel schreyet und sein Glied erhebet. Ein anderes im Herculano gefunden mit dessen alter Cornische umher, zeiget eine halb nackt weibliche Figur auf einem Sessel ohne Lehne, welche auf der linken Hand eine Taube hält, und mit der rechten mit derselben spielet; vor ihr stehet eine bekleidete weibliche Figur, welche die linke Hand auf einen Herme des Priapus geleget hat, und mit der andern ihr Kinn gestützt hält. Hinter jener Figur stehet ein bärtiger Indischer Bacchus auf einer runden Base, und hält eine Schaale in Gestalt einer Muschel, wie eine weibliche Figur auf der sogenannten Aldovrandinischen Hochzeit Salbe in eine solche Schaale gießt. Besonders merkwürdig ist Socrates, welcher auf einem Cubo sitzet, über welchen eine Löwenhaut geworfen ist, und hält mit der rechten Hand die Schaale mit der Cicuta oder dem Gifte, welchen er zu trinken verdammet wurde; über den Arm hält er in die Quere einen knotigten Stab geleget. Dieses Stück ist einen Palm und neun Zoll hoch oder breit, und wenig länger.

Neben dem ersten Zimmer sind zwo Vorrathskammern, ein Münzcabinet und eine Sammlung benöthigter Bücher für den Aufseher. Die vier ersten Zimmer haben die Aussicht in den Garten hinter dem Schlosse, und

M 3 auf

auf das ganz nahe Meer, wo sich die Spitze Pausilipo, die Insel Capri, Sor=
rento, und der ganze Meerbusen von Neapel zeiget: die letzten Zimmer
über dem Portale gehen auf die Straße.

Von den besten Statuen und Brustbildern hat man angefangen, Gips=
Abgüsse zu machen, welche nach Spanien geschickt werden, oder besser zu
reden, die Formen zu denselben. Die großen Statuen von Erzt und andere
in Marmor sind für die Gallerie bestimmet, die in demjenigen Theile des vier=
seitigen Schlosses angeleget wird, welches der vornehmsten Seite desselben
gegen über ist. Zu derselben sind umher prächtige Säulen von Giallo antico,
auch zwanzig von dem seltenen und kostbaren Verde antico oder Laconico,
alle aus einem einzigen Schafte, bestimmet, unter welchen sich vier befinden,
die im Pallaste Farnese zu Rom waren; die andern sind anderwärts in Rom
zusammen gebracht.

Zu Erklärung und Beschreibung aller dieser Entdeckungen ist von dem
itzigen Könige von Spanien eine Academie gestiftet, welche vor fünf Jahren
aus funfzehen Personen bestand, unter welchen der Canonicus Mazocchi ei=
ner der vornehmsten und ohne Widerspruch der gelehrteste ist. Diese Mitglie=
der versamlen sich wöchentlich einmal bey dem itzigen Staats=Secretair
Hrn. Marchese Bernard Tanucci, aus Florenz, welcher selbst an den Ausar=
beitungen dieser Academie viel Antheil hat und nimmt, wie mir dieser gelehrte
Minister selbst gesagt hat. Denn da die Erklärungen zu dem ersten Bande
ihm vorgeleget wurden, fand er dieselben so ausgedehnt und mit überflüßi=
ger zusammen gestoppelter Belesenheit überladen, daß er sich gezwungen
sahe, selbst Hand anzulegen und mit dem Messer zu arbeiten, um das Unnö=
thige wegzuschneiden, und das Wesentliche enger zusammen zu bringen,
und es ist dennoch wegzunehmen übriggeblieben.

Hochgebohrner Graf! aus diesem Sendschreiben, welches ich auf
dem Lande und auf einem der prächtigen Lusthäuser meines Herrn, und, ich
kann sagen, Freundes, des Hrn. Cardinal Alexanders Albani, zu Castel
Gandolfo, und folglich entfernt von Büchern, entworfen habe, kann mit
der Zeit eine ausführlichere Abhandlung werden: denn ich werde suchen,
diese Schätze von Zeit zu Zeit wiederum zu sehen, welches auch diesen
Herbst vielleicht geschehen wird.   Dieser

Dieser Aufsatz, sollte derselbe in einer fremden und den Herren von Trevoux verständlichen Tracht erscheinen, wird keine Gelegenheit geben können zu dem Vorwurfe *), welchen mir dieselben über die Beschreibung der Stoßischen geschnittenen Steine gemacht haben. Dieser betrifft die ihnen unbekannten Bücher, welche ich angeführet habe; es wäre vielleicht auch hier geschehen, wenn ich mich in Rom und in meiner Bibliothec befunden hätte. Gedachte Herren, welche sich zu Richtern über alle Art Schriften aufwerfen, können da, wo sie sind, nicht fähig seyn, über die von Alterthümern, sonderlich die in dem Sitze derselben ausgearbeitet sind, zu urtheilen. In Schriften von derjenigen Mode-Art, wie mes Pensées sind, haben keine angeführte Bücher Platz: aber wo man anderwärts bekannt gemachte, gut oder übel erklärte und erläuterte Denkmaale und seine Meynung über dieselben anzuführen hat, ist dieses unvermeidlich. Man hätte vielmehr bemerken sollen, daß dieses nebst der übrigen Belesenheit nicht mit dem Sacke, sondern mit der Hand sparsam ausgestreuet ist, und daß Materie vorhanden war, ein großes Werk in folio zu schreiben, wenn man sich nicht das Gesetz gemacht hätte, nichts mit zwey Worten zu sagen, was mit einem einzigen geschehen konnte. Hernach ist es ja nicht meine Schuld, daß die Herren Censores die Bücher, welche ein Antiquarius kennen muß, nicht haben noch kennen, eben so wenig als ich nicht Schuld habe, daß sie ihre geringe Belesenheit zu erkennen geben. Man wirft mir auch die nach dem Deutschen schmeckende französische Schreibart vor, welchem Tadel ich gleichwohl in der Vorrede durch offene Bekenntniß meiner wenigen Uebung in derselben zuvor gekommen war. Die Arbeit mußte in einer fremden Sprache entworfen werden, und hierzu wurde die französische aus vielen Ursachen für die bequemste gehalten: ich entwarf aus dem gröbsten, und ließ durch einen Sprachkundigen ausbessern, und in dieser Ausbesserung machte ich von neuem Aenderungen. Ich schäme mich nicht, zu bekennen, daß ich meiner eigenen Muttersprache nicht in ihrem völligen Umfange mächtig bin; und es hat mir hier an vielen Kunst- und Handwerks-Wörtern gefehlet, die ich leichter im Welschen hätte geben können.

Sollte

---

*) Mem. de Trevoux, l'an. 1760. mois Sept. p. 2119.

Sollte Ihnen, **Hochgebohrner Graf**, dieses Sendschreiben noch auf Ihren Reisen eingehändiget werden, so begleite ich es mit herzlichen Wünschen, daß die ewige Vorsicht Ihren Schritt auf allen Wegen richten möge, und Sie gesund und reich an Erfahrungen, nach wiederhergestelletem Frieden, in unser geliebtes Vaterland (welches auch das meinige durch den Aufenthalt und durch Wohlthaten geworden ist) mit Ihrem Patriotischen Begleiter zurück bringen möge, wo auch mein Fuß zu ruhen wünscht, und ich hoffe Antheil an der Zuneigung, deren Sie mich gewürdiget, zu behalten.

ΔΗΜΟCΘΕΝΗC

PROTOME ALR MVSEI HERCVL

Johann Winckelmanns

Nachrichten

von den neuesten

Herculanische

Entdeckungen

An

Hn. Heinrich Fueßli

aus Zürich

Te nihil impediat dignam Dis degere Vitam

Lucret.

Dresden

In der Waltherischen Hofbuchhandlung

1 7 6 4.

Johann Winckelmanns

Nachrichten

von den

neueſten Herculaniſchen Entdeckungen.

Mit Nachrichten von den Herculaniſchen Entdeckungen, und von denen, die in anderen benachbarten verſchütteten Orten gemacht ſind, verhält es ſich wie mit Carten von Ländern, die durch Kriege und Eroberungen mancherley Schickſale erfahren, und daher öfters erweitert und geändert werden müſſen. Denn vor zwey Jahren konnte ich vieles nicht wiſſen, weil es nicht entdecket war, und in dem bereits entdeckten konnte ich einiges überſehen, weil ich ehedem, da ich mich noch nicht entſchloſſen hatte, hierüber zu ſchreiben, von meinen Anmerkungen nur kurze Anzeigen machte, und dieſelben nicht an dem Orte ſelbſt, wie ſie erſcheinen konnten, ausführete; für dieſes Geſtändniß habe ich mich in gegenwärtigem Entwurfe zu verwahren geſucht. Denn da ich in verwichener Faſtenzeit eine dritte Reiſe nach Neapel that, in Geſellſchaft zweyer geliebten und gelehrten Freunde, Herrn D. Peter Dieterich Volckmanns, aus

A   Ham-

Hamburg, und Herrn Heinrich Fueßli, aus Zürich, habe ich meine Bemerkungen unverzüglich also aufgesetzet, wie ich gedachte, dieselben öffentlich mitzutheilen. Da ich nun itzo noch gar nicht bekannte Entdeckungen beybringe, so kann ich mir zu dem gütigen Beyfall, welchen das Sendschreiben scheinet erhalten zu haben, um so viel mehr in dieser Fortsetzung desselben Hoffnung machen.

Für die mir rühmliche Beurtheilung des Sendschreibens in der Bibliothek der schönen Wissenschaften, erkenne ich mich höchst verbindlich gegen den Herrn Verfasser des Auszugs aus meiner Schrift. Ich wünschte nur, daß derselbe, wie es nicht scheinet, Gelegenheit gehabt hätte, das Werk von den Herculanischen Gemählden zu sehen, weil er von dem Sendschreiben glaubet, man finde in demselben ansehnliche Supplemente zu jenem Werke, und manche Anmerkung, welche der Leser hier vergebens suchet. Es handeln aber die Verfasser des Werks von den Herculanischen Gemählden von nichts anderem, und ich habe in dem Sendschreiben kaum mit ein paar Worten ihre Gemählde berühret. Aus demjenigen, was derselbe hinzufüget, könnte es scheinen, man halte das Sendschreiben einiger maaßen für einen Auszug aus jenem Werke; es würde mir aber in dem Ueberflusse von Sachen, über welche ich schreiben könnte, nicht anstehen, Arbeiten von anderen ins Kleine zu bringen.

Diese Nachricht ist von neuen Entdeckungen der Städte Herculanum und Pompeji: denn das Nachgraben von Stabia hat man itzo liegen lassen, und ich merke hier nur bey Gelegenheit an, daß die Anzeige des Galenus von der Milchcur, welche die alten Römer zu Stabia gebrauchten, [a]) sich noch itzo bestätiget findet. Denn es wird die Milch der Kühe daselbst durch die Weide auf den nahe gelegenen Bergen besonders wohlschmeckend, und was aus derselben gemacht wird, wird zu Neapel den Milchspeisen von anderen Orten vorgezogen. Aus fol=

---

a) Organur. method. L. 5. p. 48. a. lin. 43. edit. Ald.

folgender daſelbſt entdeckten verſtümmelten Inſchrift erſehen wir, daß zu
Stabia ein beſonderer Tempel des Genius dieſes Orts geweſen:

```
            D·  D·
 :  -  -  ESIVS· DAPHNIS
 -  -  -  -  TAL· NVCERIAE· ET
 :·  -  -  AEDEM· GENI· STABIAR.
 -  -  -  S· MARMOR · EXATA
 -  -  -  DE· RESTITVIT
```

Von Pompeji iſt die eigentliche Lage durch folgende Inſchrift,
welche im Auguſtmonate 1763 entdecket worden, außer allem Zweifel
geſetzt. Denn da von dem Amphitheater dieſer Stadt-keine andere
Spur, als eine ovale Vertiefung, übrig iſt, ſo konnte vor dem Nachgraben daſelbſt die wahre Lage zweifelhaft ſeyn, und was man anfänglich entdecket hat, gab hiervon keinen hinlänglichen Beweis, welcher
durch dieſe Inſchrift, und durch die neueren Entdeckungen, welche ich mittheile, unwiderſprechlich wird:

```
EX· AVCTORITATE
  IMP· CAESARIS
  VESPASIANI· AVG·
  LOCA· PVBLICA· A· PRIVATIS
POSSESSA· T· SVEDIVS· CLEMENS
TRIBVNVS· CAVSIS· COGNITIS· ET
  MENSVRIS· FACTIS· REI
  PVBLICAE· POMPEIANORVM
    RESTITVIT
```

Ich bin den Hügel, welchen die Stadt ganz einnahm, und von
dem Meere eine Milie entfernet iſt, völlig umgangen, ſo daß ich von
dem Stadtthore angefangen, und an daſſelbe zurück kehrete, und dieſer
Umkreis beträgt 3860 ſtarke Schritte.

Was

Was ich von dem ehemaligen Capitolio zu Pompeji gedacht habe, hat der Herr Beurtheiler des Sendschreibens mit dem Amphitheater daselbst verwechselt: denn von dem Capitolio ist noch itzo gar keine Spur vorhanden.

Aus den neuesten Entdeckungen, welche seit zwey Jahren daselbst gemacht sind, ist sehr wahrscheinlich darzuthun, daß diese Stadt vorher, ehe sie unter dem Titus in dem Ausbruche des Vesuvius überschüttet worden, unter dem Nero durch ein Erdbeben, wovon die Scribenten melden, sehr übel zugerichtet sey. Diese Anzeigen geben die theils ausgeschnittenen Gemählde aus den Wänden einiger Zimmer, theils andere Gemählde, die noch itzo daselbst umher gehackt gesehen werden, welches von denjenigen geschehen ist, die diese Stücke haben aushauen und wegnehmen wollen. Eben solche Spuren sah man an einer Diana mit ein paar anderen Figuren, welche itzo abgenommen ist; es fehlete dieser Figur auch bereits der Kopf, welcher vor Alters aus der Mauer geschnitten war. Dieses ist nicht zu vermuthen, nachdem die Stadt verschüttet gewesen, sondern muß vorher geschehen seyn, nämlich da dieselbe im Erdbeben gelitten hatte. Diese Erfahrung veranlasset, zu muthmaßen, daß es mit vier zu Stabia entdeckten Gemählden, die bereits aus der Mauer geschnitten gefunden worden, und in der Geschichte der Kunst [a] umständlich beschrieben sind, eben diese Bewandniß habe; das ist, daß dieselben nicht anderwärts hergeholet sind, sondern an dem Orte selbst, wo sie waren abgenommen worden. Folglich wird auch Stabia zugleich mit Pompeji im Erdbeben gelitten haben, und diejenigen, welche gedachte Gemählde aus den Trümmern retten wollen, werden durch den Ausbruch des Vesuvius, welcher einige Jahre nachher erfolgete, überraschet, und in ihrer Absicht gehindert worden seyn. Ein anderes Gemählde, welches in dem zweyten Bande Herculanischer Gemählde [b] stehet, wurde zu Pompeji in einer Kammer an der Mauer mit einer Klammer befestiget gefunden, welches vielleicht an eben dem Orte aus einem

---

a) S. 269.   b) N. 28.

einem durch das Erdbeben zertrümmerten Gebäude abgenommen, und in ein anderes verſetzet worden.

Ein noch ſtärkerer Beweis für dieſe Meynung ſind die in den Pompejaniſchen Gebäuden mangelnden Thür=Cardini, nebſt den Platten von Erzt, worinn dieſelben ſich drehen, von welchen man in den Thürſchwellen von Marmor nur die Löcher fand, wo dieſelben eingeſetzet und gelöthet geweſen waren. Andere Cardini aber waren geblieben, und es fand ſich auch das verbrannte Holz von den Thüren, woran ſich noch die erhobenen viereckigten Felder von Holz, womit dieſelben beſchlagen waren, unterſcheiden ließen. Ja in einem unten beſchriebenen Gebäude daſelbſt, waren in dem innern Hofe deſſelben ſo gar marmorne Platten ausgehoben und fortgeſchaffet. Die Verſchüttung dieſer Stadt muß bey Nacht geſchehen ſeyn, wie man aus einem todten Körper ſchließen kann, welcher oberhalb der Gebäude, nebſt einer beſondern Lampe von Erzt, zu Anfang dieſes 1764 Jahres gefunden worden. Ich bedaurete in dem Sendſchreiben, nur acht Arbeiter getroffen zu haben, dieſe Stadt auszugraben; es ſind dieſelben aber itzo über dreyßig verſtärket.

Vorläufig merke der Leſer das Verhältniß des Neapelſchen Palms zu dem Römiſchen; jener hält vierzehen Römiſche Zolle, und iſt alſo zween Zolle größer, als der Römiſche Palm. Dieſer aber hat acht und einen viertel Zoll des Pariſer Fußes, und acht und drey viertel Zolle des Engliſchen.

Die Abſicht dieſer Nachrichten gehet auf drey Puncte, auf neu entdeckte Gebäude, auf Bildniſſe und auf Geräthe. Die Gebäude ſind theils öffentliche, theils Wohnungen, deren genaue Bezeichnung, welche ich zu geben ſuche, nicht wenig Licht ertheilen kann zu Verſtändniß alter Scribenten.

Ich fange an bey zwey öffentlichen Gebäuden, und dieſe ſind das Stadtthor von Pompeji, nebſt dem Zugange zu demſelben, und das Thea=

ter

ter der Stadt Herculanum. Dieses letztere Gebäude ist in dem Sendschreiben nur wie im vorbeygehen berühret; meine Bemerkungen aber
gehen vornehmlich auf dasjenige, wovon vor dieser Entdeckung kein deutlicher Begriff zu geben war; und dieses ist die Scena des Theaters, an
deren Entdeckung allererst vor zwey Jahren Hand geleget wurde. Wir
haben dieses dem unermüdeten Fleiße des zu Anfang dieses Jahrs verstorbenen Ingenieur-Majors Hrn. Carl Webers zu danken, welcher auf
eigenen Antrieb, und mehrentheils in Feyerabendstunden, die Scena aus-
graben ließ, und wir würden viel eher durch ihn Licht bekommen haben,
wenn diese Arbeit durch dessen vorgesetzten Obristen, welcher auf die Ehre dieser Entdeckung neidisch war, nicht mehrmal wäre untersaget worden. Es hatte Hr. Weber den Anschlag zu völliger Aufdeckung des
ganzen Theaters gemacht, so daß man es ganz außer der Erde gesehen,
und er hatte nach Cubic-Palmen ausgerechnet, daß so wohl die Arbeit,
die Lava zu sprengen, als die Kosten des Ankaufs der Häuser und Gärten, welche über dem Theater liegen, nicht über 25000 Scudi belau-
fen würden.

Dieses Theater hat Lucius Mammius auf eigene Kosten erbauet,
wie aus ein paar Inschriften zu schließen ist; die eine ist in dem Hofe
des Musei nebst andern Inschriften eingesetzet:

L · ANNIVS · L · F · MAMMIVS · RVFVS
IIVIR · QVINQ · THEATR · ORCH · · · ·

Es führen zu demselben vier und funfzig hohe Stuffen, welche neuerlich
von den Arbeitern in die Lava und in die gleichsam versteinerte Erde gehauen sind, und durch diese Stiege gelanget man oben auf die Höhe des
Theaters, welches so tief unter der Erde lieget.

Der Durchmesser dieses Theaters von einem Ende des Halbcirkels bis zu dem anderen Ende hält ohngefähr 208 Neapelsche Palmen,
und die Form desselben ist Römisch, die sich von dem Griechischen Theater durch die Orchestra unterscheidet. Die Orchestra ist der concentri-
sche Raum, welcher von dem Halbcirkel der Sitze umgeben ist, und war

in

in Römischen Theatern in der geraden Linie, welche von einem Ende oder
Horne des Halbcirkels bis zum anderen gezogen wird, eingeschlossen;
in Griechischen Theatern aber lief dieser Raum über den Halbcirkel
hinaus, und es war folglich die Griechische Orchestra größer, als die
Römische, weil jene bestimmt war, Tänze daselbst aufzuführen.   Die
Römische Orchestra aber war der Ort, wo in Rom die Rathsherren
und die Vestalen ihre Sitze hatten, wie Vitruvius dieses deutlich an=
zeiget. [a])   Die Stuffen in der Römischen Orchestra, sagt dieser Bau=
meister, sollen nicht weniger, als einen Palm, und nicht mehr, als einen
Fuß und sechs Zolle, hoch seyn; die drey Stuffen der Herculanischen
Orchestra sind wenig mehr als einen halben Römischen Palm hoch.
Folglich waren diese Stuffen nicht die Gesäße selbst, sondern im Halb=
cirkel gezogene Erhöhungen für Sessel angesehener Personen, welche
hier gesetzet wurden.   Des Vitruvius Maaß deutet eben diese Absicht
an, welches nicht die Höhe bequemer Sitze hat, und die Stuffen wur=
den niedrig gehalten, damit die Zuschauer der untersten Sitze in dem
Halbcirkel des Theaters über die Zuschauer in der Orchestra hinweg
sehen konnten.   In dieser Gegend ist die eine Sella Curulis von Erzte,
in dem Museo, gefunden worden, welches der Sitz des Prätors oder
des Duumvirs war, und stehen geblieben ist, da sich das Volk aus die=
sem Theater rettete, bey wahrgenommenem Ausbruche des Vesuvius.

Die Römische Orchestra erforderte einen niedrigen Palco, wo die
Schauspiele vorgestellet wurden, damit diejenigen, welche dort saßen,
in den Tänzen, die eben daselbst aufgeführet wurden, auch das Spielen
der Füße der tanzenden Personen bemerken konnten, und weil in der
Griechischen Orchestra keine Zuschauer saßen, konnte der Palco höher
seyn.   Nach dem Vitruvius soll derselbe nicht weniger, als zehen Fuß,
und nicht mehr, als zwölf Fuß, in der Höhe haben.   Die Höhe, oder
die vordere Seite des Palco, hieß ὑποσκήνιον, und war, wie Pollux
lehret, mit kleinen Statuen besetzt, das ist, die Statuen standen unter

dem

a) L. 5. c. 6. & 8.

dem Palco in Nischen. In dem Herculanischen Theater aber scheinen hier keine besondere Zierrathen gewesen zu seyn, wenigstens entdecket man itzo nichts an diesem Theile, wo man nicht annehmen wollte, daß, was von Figuren im Theater gewesen, bereits vor Alters heraus gezogen worden, wie uns die in dem Sendschreiben beygebrachte Inschrift lehret. a) Der Raum zwischen der Orchestra und dem Palco war mit gelben Marmor beleget.

Der Halbcirkel dieses Theaters hat eben so viel Stiegen zu den Sitzen, als Vitruvius angiebt, nämlich sieben, eine aus dem Mittelpuncte gezogen, und drey auf jeder Seite, in gleicher Weite eine von der andern, welches Bianchini in seinem Grundrisse des Theaters zu Antium nicht beobachtet hat. Die Stuffen dieser Stiegen sind halb so hoch, als die Stuffen der Sitze, zu welchen jene führen, so daß allezeit zwo Stuffen auf einen Sitz gerechnet sind. Die Sitze sind anderthalb Neapelsche Palmen hoch, und drey derselben breit, welches das allgemein angenommene Verhältniß der Maaße derselben ist. Da nun sieben Stiegen zu den Sitzen gehen, so sind folglich sechs Abschnitte von Sitzen, welche sich über der Orchestra an bis oben hinauf erheben, und weil diese aus dem Mittelpuncte des Halbcirkels gezogen, folglich unten viel enger als oben sind, das ist, keilförmig gehen, so hießen diese Abschnitte daher Cunei, Keile.

Die Verschiedenheit zwischen diesem Theater, und zwischen denen in Rom, auf welche des Vitruvius Anweisung gerichtet ist, bestehet in der Zahl und in den Reihen der Sitze. Denn in diesen waren drey Absätze oder Ordnungen, eine jede von sieben Reihen Sitze, von welchen die zwo unteren Ordnungen, oder die ersten vierzehn Reihen Stuffen den Rittern eingeräumet waren, auf den obersten Reihen Sitzen aber saß das Volk, und die hier nicht Raum hatten, standen auf dem oberen Gange des Halbcirkels.

Im

a) S. 16.

Im Herculanischen Theater erheben sich sechzehen Reihen Sitze unumterbrochen über einander, ohne Absatz oder Ruheplatz, doch so, daß über denselben noch drey andere Reihen Sitze sind, zu welchen man aber nicht von jenen Sitzen, sondern durch zwo große Stiegen gelangete, welche innerhalb des Gebäudes von beyden Enden des Halbcirkels in den obern gewölbeten Gang führeten, und aus demselben Gange gehet man von oben her durch sieben Thüren zu den sieben Stiegen zwischen den Sitzen, welches der einzige Weg war, zu den Sitzen zu kommen. Aus diesem Gange gehet man hernach durch zwo engere Stiegen innerhalb des Gebäudes zu gedachten drey obern Sitzen, welche an den gewölbeten Gang hinauf geführet sind, und durch vier Stiegen durchschnitten werden, die wie jene untere sieben Stiegen in die Stuffen oder Sitze selbst gearbeitet worden. Oben konnte nicht gleiche Anzahl von Stiegen seyn, wegen sechs Basamente zu eben so viel metalleuen Pferden, zwischen welchen die drey Reihen Sitze hinauf gehen. Von diesen Basamenten werde ich nachher Meldung thun.

In den Griechischen Theatern und zu Rom waren über jeder von sieben Reihen Sitze, eine höhere und breitere Stuffe, welche zum Ruheplatze und nicht zum Sitzen diente, und solche Absätze hießen διαζώματα, præcinctiones, welche sich aber in unserem Theater nicht finden, wo man nicht einen Raum von fünf Palmen breit, vor den drey oberen Stuffen, also nennen wollte. In dem Theater zu Pola in Dalmatien waren zwo Ordnungen, jede wie gewöhnlich von sieben Reihen Sitze, und eine præcinctio zwischen beyden.

Der gewölbete Gang, zu welchem die zwo gedachte Stiegen innerhalb des Halbcirkels der Sitze führen, war auf beyden Seiten so wohl, als auf dem Fußboden, mit weißem Marmor belegt, und bekam das Licht von außen her durch vier große offene Bogen, zwischen welchen fünf kleinere Oeffnungen oder Fenster von zween Neapelschen Palmen breit, in der Höhe stehen. Ueber und oben auf diesem Gange ist der offene Gang zu oberst des Halbcirkels.

B   Unten

Unten auf dem Boden des Halbcirkels ist ein doppelter gewölbeter Gang mit Pfeilern, wie in anderen Theatern, über welche die Sitze hinaufgeführet sind, und der äußere und breitere Gang hat offene Bogen, bis auf einen an beyden Enden des Halbcirkels, welcher in Gestalt einer Nische zugemauert ist.

Was ich itzo von den Sitzen des Theaters, von den Stiegen, welche zu denselben führen, von deren Höhe und Abtheilung, ingleichen von der Orchestra gesagt habe, war allgemein bekannt, und die Entdeckung des Herculanischen Theaters hat uns nur den Unterschied der Sitze in kleinen Theatern außer Rom, von denen in der Stadt selbst, gelehret, und die Herculanische Orchestra giebt uns einen deutlichern Begriff von der Beschreibung dieses Theils des Römischen Theaters im Vitruvius. Aber weder dieser Baumeister, noch andere Scribenten, die von Theatern reden, sonderlich Pollux, konnten verstanden werden, ohne Untersuchung desjenigen, was von der Scena des Herculanischen Theaters entdecket worden. Diejenigen, welche einen Plan von der Scena einiger in Trümmern übrig gebliebenen Theater geben, haben aus einigen Anzeigen mit Hülfe der Einbildung gearbeitet. Dieses weis ich gewiß von der Zeichnung der Scena des Theaters von Antium, welche der berühmte Bianchini seiner Erklärung der Inschriften in dem Grabmale der Freygelassenen der Livia beygefüget hat, die uns keinen Begriff giebt. Der Herr Cardinal Alexander Albani ließ im Jahre 1718 in den Trümmern dieses Theaters graben, und fand daselbst vier Statuen von schwarzem Marmor, einen Jupiter und einen Aesculapius, die itzo im Campidoglio stehen, einen jungen Faun und einen zerstümmelten Ringer mit dem Oelgefäße in der Hand, welche ergänzet gedachten Herrn Cardinals Villa zieren. Von den Trümmern der Scena ist itzo weiter nichts zu sehen.

Die Arbeit an der Scena des Herculanischen Theaters wurde vor zwey Jahren unternommen, und es waren damals die Stiegen sichtbar,

die

die zu der Scena führeten; von der Scena selbst aber war noch nichts ausgegraben.

Hier bekenne ich mich öffentlich meinem Freunde, dem Herrn Marchese Galiani, dem Verfasser der unvergleichlichen Italiänischen Uebersetzung des Vitruvius, verbunden, welcher mich nebst meinen Herren Reisegefährten in die unterirdischen Grüfte dieses Theaters führete, und uns nach dem von Herrn Carl Weber hinterlassenen Plan dieses Gebäudes, die Anlage desselben, sonderlich der Scena, mit derjenigen Deutlichkeit, die ihm eigen ist, zeigete. Denn ohne dergleichen Führer ist es unmöglich, da man aus einem engen Gange in den andern kriechen muß, sich einen Begriff nur von der Gegend, wo man ist, geschweige von der Anlage eines unbekannten Gebäudes, zu machen.

Dieses Theil des Theaters hat zwey Stücke, die Scena selbst, oder das Gebäude, welches die Scena zierete, und das Proscenium, oder Pulpitum, itzo Palco genannt, wo die handelnden Personen das Schauspiel vorstelleten; die Länge desselben im Herculanischen Theater ist hundert und dreyßig Palmen.

Die Scena, oder die Facciata der Scena, wie wir itzo reden würden, blieb beständig unverändert, und war der prächtigste Theil im Theater, so daß derselbe in großen Theatern insgemein aus drey Ordnungen Säulen eine über die andere bestand, und hier waren in dem berühmten Theater des Marcus Scaurus drey hundert und sechzig Säulen angebracht, woraus man sich von der Größe derselben Scena einen Begriff machen kann, welche größer gewesen seyn muß, als die vordere Seite unserer größten Palläste. Man verstehet also zugleich deutlicher, was Plinius von der übrigen Pracht der Scena dieses Theaters berichtet. Der untere Theil, oder die untere Ordnung, war von Marmor, der mittlere von Glas, und der oberste war vergoldet. Dieses war an der inneren Facciata der Scena und im Angesichte der Zuschauer. Maffei a) begreift nicht, auf was Art in der Scena gedachten Theaters so viel Säulen

a) Antiq. Gall. p. 161.

B 2

Säulen stehen können.   In dem vorderen Theater der Villa Hadriani zu Tivoli scheinet die Scena nur eine einzige Ordnung Säulen gehabt zu haben, und diese waren Dorisch von etwa vier Palmen im Durchmesser, wie verschiedene daselbst ausgegrabene Stücke anzeigen.   Jonische oder Corinthische Säulen schienen hier anständiger gewesen zu seyn.

An der Herculanischen Scena ist keine Säulenordnung, sondern Pilaster, und zwischen denselben Felder, und die ganze Facciata, welche in der Mitten eine Ausschweifung nach Art einer Nische machet, war mit Marmor bekleidet.   In derselben giengen, wie in allen Theatern, drey Thüren auf das Proscenium oder Palco; die größere und mittlere in gedachter Ausschweifung hieß die königliche Thüre, [a] und zwo Thüren auf den Seiten.   Durch die größere Thüre traten die Personen der vornehmsten Handlung auf den Schauplatz; durch die Thüre zur rechten Hand die Personen der zweyten Handlung, und durch die Thüre zur linken die Personen der niedrigsten Handlung.

Zwischen der großen Thüre und denen zur Seiten sind Nischen, in welchen vielleicht Statuen standen, von denen sich aber noch zur Zeit keine Spur gefunden hat.   Die zween Altäre, welche an der Scena standen, der zur rechten dem Bacchus gewidmet, und der zur linken derjenigen Gottheit, welcher zu Ehren, oder an deren Feste das Schauspiel aufgeführet wurde, [b] diese Altäre, sage ich, standen vermuthlich zwischen den Seitenthüren und zwischen der Thüre in der Mitten der Scena.

Das Proscenium, der Palco, hat auf jeder Seite eine Kammer, wo sich die handelnden Personen aufhielten, welches diejenigen Orte zu seyn scheinen, die Vitruvius Hospitalia nennet, Perrault aber nicht verstanden hat, und der Raum zwischen der Facciata der Scena und zwischen der äußeren Mauer der Scena war der Gang aus gedachten Kammern durch die drey Thüren, auf den Palco zu gelangen.

Zwi-

a) Vitr. L. 5. c. 6. Pollux L. 4. Segm. 124.
b) Poll. l. c. Segm. 123. Acron in Horat. L. 4. Od. 6.

Zwiſchen dieſen Kammern und der Scena iſt auf beyden Seiten des Palco ein länglicher Raum von etwa zehen Palmen breit. Dieſe Plätze nennet Vitruvius in verſuris, [a]) und durch dieſen Weg und durch die Thüre in dieſelben Plätze wurden die Maſchinen auf den Palco geführet. Dieſe Thüren dieneten zugleich für diejenigen Perſonen, welche die Nebenvorfälle des Schauſpiels vorſtelleten, ſo daß durch die Verſura zur linken Hand diejenigen auf den Palco traten, die aus der Stadt kamen, durch die Thüre zur rechten Hand aber, die aus dem Hafen angelanget zu ſeyn vorgaben. Hier ſind verſchiedene neuere Scribenten, unter anderen der ältere Scaliger, [b]) in große Verwirrung gerathen, welches der Leſer ſelbſt in deren Schriften prüfen mag.

In eben dieſen Plätzen (Verſuris) ſtanden mit den Ecken derſelben in gerader Linie die Maſchinen zu Veränderung der Scena, welche περίακτοι und ἐκκυκλήματα hießen. Dieſe waren dreyeckigt, und ſtanden, wie einige wollen, auf Rädern. [c]) Die in dem Herculaniſchen Theater aber dreheten ſich, vermittelſt eines runden Cardine, oder Bilico von Erzte, welcher auf einer eingelötheten Platte von Erzte lief, wie an den Thüren der Alten; und dieſes iſt der Grund von dem Worte Verſura, von Verſare, drehen, umdrehen. Dieſes iſt augenſcheinlich aus einem Cardine von vier Zollen eines Römiſchen Palms im Durchmeſſer, welcher an eben dem Orte, wovon die Rede iſt, gefunden worden; in demſelben ſtecket noch das verbrannte Holz von der mittlern Stange dieſer Maſchine. Es waren dieſelben vermuthlich mit Leinewand überzogen, auf welcher die Veränderung der Scena gemahlet war, ſo daß in weniger Zeit eine Leinewand abgenommen und eine andere an deren Stelle konnte befeſtiget werden.

In dem Herculaniſchen Theater ſtand in jeder von den Verſuris nur ein einziges ſolches Geſtell, wie man theils aus dem einzigen gefundenen Cardine, theils aber aus dem vorher angegebenen Raume

B 3

ſchlieſſen

a) L. 5 c. 7.   b) Poet L. 1. c. 21. p. 35.
c) Schol. Ariſtoph. Acharn. v. 407. Euſtath. ad Il. ζ'. p. 976. l. 15.

ſchlieſſen kann. Der dieſem gegen über ſtehende Raum (Verſura) iſt noch nicht ausgegraben, und es iſt alſo zu vermuthen, daß man auch hier einen Cardine finden werde.

Hier aber zeiget ſich eine nicht geringe Schwierigkeit wegen des engen Raums beſagter Plätze, wenn zu den Thüren derſelben die andern Maſchinen hineingebracht worden, wie ich zuvor aus angeführten Scribenten angezeiget habe. Denn die Geſtelle zu den Veränderungen der Scena ſtanden in den Verſuris den Thüren gegen über und vor denſelben, und es bleibt kein Raum, die Maſchinen vor jenen Geſtellen vorbey zu bringen. Noch eine andere Schwierigkeit findet ſich in Abſicht der Loge, die Pollux χλισίον nennet, [a) und welche, ſo viel man deſſen ſehr dunkele Stelle einſehen kann, über den Thüren geweſen, durch welche die Maſchinen auf das Theater kamen. Die Benennung dieſer Loge iſt von einem Gezelte oder Hütte hergenommen, wie eben dieſer Scribent zu verſtehen giebt, und auf einer erhobenen Arbeit in der Villa Pamfili mit einem Chor Tragiſcher Perſonen, iſt auf der Seite über einer groſſen Thüre eine Loge mit einem ſpitzigen Dache, nach Art der Schäferhütten vorgeſtellet, und aus derſelben ſehen drey kleine Figuren mit Larven vor den Geſichtern hervor. Wenn dieſe Loge aber über beſagten Thüren geweſen, hätten die dreyeckigten Maſchinen, die den Thüren gegen über ſtanden, verhindert, auf die Scena zu ſehen, und man würde den Endzweck dieſer Loge nicht einſehen können.

Auf beyden Seiten gedachter Thüren ſtanden einwärts zwo Säulen auf ihren Baſen, deren Gebrauch und Abſicht unbekannt iſt. Es müſſen aber dieſe vier Säulen an dieſen Thüren gewöhnlich geweſen ſeyn, weil Plinius von eben ſo viel Säulen aus Onyx in dem Theater des Balbus redet, [b) und auch in dem Theater zu Pola fanden ſich vier Säulen, welche itzo an dem Altare einer Kirche daſelbſt angebracht ſind. Für dieſe Säulen findet Maffei, welcher dieſe Nachricht giebt, keinen

Platz

---

a) l. c. Segm. 124. conf. Segm. 127.   b) l. 36. c. 11.

Platz in gedachtem Theater, [a]) und konnte dieses auch ohne die Herculanische Entdeckung nicht wissen. Es muß im übrigen der Grundriß,
welchen derselbe von der Scena des Theaters zu Orange giebt, nicht
richtig seyn, weil auf der Scena kein Platz ist, die Maschinen zu stellen,
das ist, es sind keine Versuræ daselbst. Eben diese Plätze sind auch in
mehrmal erwähntem Grundrisse des Theaters vom alten Antium nicht
angegeben.

Während der Veränderung der Scena wurde, wie auch itzo geschieht, der Vorhang (Aulaeum) herunter gelassen; dieser Vorhang
aber konnte nicht vor der ganzen Scena gezogen seyn, weil es nicht leicht
möglich ist, ein Tuch von hundert und zwanzig Palmen lang oder breit,
welches die Länge der Scena ist, aufzuziehen, wozu sich keine Walze
von solcher Länge halten kann. Es würde auch überflüßig gewesen
seyn, die Scena selbst zu verdecken: denn die Facciata derselben, als
ein festes Gebäude, änderte sich niemals, wie bereits gesagt ist; die Veränderungen geschahen nur auf der Seite der Scena, in Versuris, und
vor diesen Plätzen, und zugleich vor den dreyseitigen Gestellen zur Veränderung, muß der Vorhang herunter gelassen seyn. Dieses ist auch
zu schliessen aus einer alten Mahlerey des Herculanischen Musei, welche
in dem vierten Bande dieser Gemählde an das Licht treten wird. Es
ist daselbst ein Theatralisches Baugerüste vorgestellet, dergleichen verschiedene in den drey ersten Bänden vorkommen, die von der Art sind,
daß sie nicht im Werke hätten können ausgeführet werden, und also
fantastische Theater-Baustücke seyn müssen: Oben über dasselbe ist ein
Vorhang in die Höhe gezogen.

Einige Maschinen, als Kraniche, Figuren in die Luft zu heben,
wie wenn Bellerophon und Perseus aufgeführet wurden, und diejenigen, welche donnerten oder Feuer machten, und dergleichen, scheinen
hinter der Scena zwischen der inneren und äußeren Facciata ihren Platz
gehabt zu haben, und an diesem Orte war, wie Pollux sagt, [b]) die

Maschi-

---

a) Degli Anfiteat. L. 2. p. 333.　　　　b) l. c. Segm. 130.

Maschine zum Donner.   Andere Maschinen aber zur Erscheinung der
Götter waren über der Scena angebracht, und dieser Ort hieß daher
λογεῖον.

Noch ein paar Worte sind von dem, was auswärts an dem Theater bemerket wird, zu sagen.   An allen Theatern war hinter der Scena
ein Porticus, oder verdeckter Gang, angelegt, damit das Volk, wenn
ein Regen einfiel, sich unter demselben aufhalten konnte.   Dieser Porticus war an dem Herculanischen Theater, gegen das Forum der Stadt,
angebauet, und ruhete auf Dorischen Säulen, die gemauert und mit
Mörtel und Gypse übertragen waren; es halten dieselben zween Neapelsche Palmen im Durchmesser, und die Höhe derselben ist acht Durchmesser, welches über die gewöhnliche und vom Vitruvius vorgeschriebe-
ne Proportion dieser Säulen gehet.   Bis auf das Drittel derselben
sind platte Stäbe durch Einschnitte angedeutet, welche roth angestrichen
sind: das Obere der Säulen ist gereift nach Dorischer Art, aber weiß
gelassen und nicht angestrichen.   Diese Säulen sind zertrümmert und in
Stücken in den Grüften des Theaters zu sehen.   Die Decke dieses
Porticus war von Holz, und man sieht noch itzo Stücke von den ver-
brannten Balken; unter dem Portico war, wie unter der Scena, ein Gewölbe.

Von außen waren an den Pfeilern, zwischen den Bogen der offenen Gänge unter dem Halbcirkel, wenig erhobene Pilaster, nur von
Mörtel und Gypse gemacht, welche, wie das ganze Theater von außen,
roth angestrichen waren, und eben diesen Anstrich haben inwendig die
offenen Gänge unter den Sitzen.   Von den Pilastern zeiget sich hier
und da ein Stück in den Grüften.

Oben auf dem Theater standen zwischen den oberen drey Reihen
Sitzen, an beyden Enden des Halbcirkels, zwey längliche Basamente,
und zwey andere in der Mitten, folglich sechs derselben, alle von gleicher
Größe, zu eben so viel metallenen Pferden, aus welchen vor einigen

Jahren

Jahren ein ganzes zuſammen geſetzet iſt, und in dem Hofe des Muſei ſiehet.

Von Löchern zu Stangen, eine Decke über das Theater zu ſpannen, wie oben an dem Flaviſchen Amphitheater in Rom ſind, hat ſich hier keine Spur gefunden.

Auf dieſem Theater ſind nicht allein Stücke in Römiſcher Sprache, ſondern auch in Griechiſcher aufgeführet worden, wie eine Teſſera, oder kleines Täſelchen von Elfenbein mit dem Namen ΑΙСΧΥΛΟΥ vermuthen läßt.

Der Brunnen, welcher Gelegenheit zu Entdeckung des Theaters gab, fällt zwiſchen zwo Stiegen auf die Spitze des Halbcirkels.

Das zweyte öffentliche Gebäude, wovon ich Nachricht ertheile, nämlich das Stadtthor von Pompeji, iſt für eine ſehr erhebliche und merkwürdige Entdeckung zu halten, ſo wohl an ſich ſelbſt, als auch wegen des Zugangs zu demſelben. Dieſes Thor hat drey Durchgänge, den größeren Bogen in der Mitten, welcher zwanzig Römiſche Palmen weit iſt, und zween zur Seite, von neun Palmen weit, die enge und hoch ſind, nach Art der Bogen der alten Waſſerleitungen. Die Tiefe des Thors hält vier und zwanzig Palmen, und die Dicke der Pfeiler ſieben und einen halben Palm. Mitten in den Pfeilern iſt ein Einſchnitt oder Falz, wie an Thoren, in welchen ein Fallgatter herunter gelaſſen wird, und dieſe Thore wurden καταρράκται, ἐπιρράκτοι, Portæ pendulæ, recidentes genennet, wie auch die Thore zu Jeruſalem geweſen zu ſeyn ſcheinen: a) An einem alten Thore zu Tivoli ſieht man dieſes augenſcheinlich. Ganz beſonders iſt die Bekleidung dieſer Einſchnitte mit Gypſe, welches ſich mit Fallgattern nicht wohl reimet, weil man glauben ſollte, der Gyps würde durch das Aufziehen und Herunterlaſſen derſelben ſich in weniger Zeit abgeſtoßen haben. Dieſes äußere Thor hat ein anderes Thor von innen und von ähnlichem Gebäude; die Weite

C

von

a) Pſ. 24. v. 8. vid. Grotium ad h. L.

von einem zum anderen find ein und dreyßig Palmen; es war dieses
innere Thor aber noch unentdecket.

Von außen ist das Thor überweißet, und man sieht auf der
übertünchten Bekleidung der großen Quaderstücke, auf beyden Seiten
Inschriften mit rother Farbe gezeichnet, von welchen aber, außer Zahlen,
nicht viel kenntlich ist; und da der Kalk an vielen Orten abgefallen, so
ist nichts verständliches herauszubringen.   Ich habe indessen bemerket,
daß diese Inschriften über andere, welche vorher daselbst standen, gemah=
let worden, indem diese durch eine leichte Ueberweißung ausgelöschet wa=
ren.   Man erinnere sich der Inschrift einer Pachtung, die ich in dem
Sendschreiben angeführet habe, [a] unter welcher eine andere Inschrift,
die vorher auf dieser Mauer stand, hervor scheinet.   Es ist dieselbe nicht
gänzlich mit rother Farbe geschrieben, wie ich dort sage, sondern mit
schwarzen Buchstaben, und es ist nur die letzte Zeile derselben roth.

Durch diese Inschrift so wohl, als durch jene an dem Thore, wird
erläutert, was bisher nicht deutlich hat können angegeben werden, näm=
lich der Gebrauch bey den alten Römern, die Verordnungen des Prä=
tors in albo bekannt zu machen und anzukündigen, ehe der richterliche
Ausspruch geschah. [b]   Wenn Accursius hier eine weiße Wand ver=
standen, so wird dessen Meynung von den mehresten verworfen.   Ande=
re aber muthmaßen, diese Gewohnheit auch im Plautus angezeigt zu
finden, jedoch mit einigem Zweifel über der Richtigkeit des Textes, in
diesen Worten desselben:

Næ isti faxim nusquam adpareant,
    Qui hic *albo pariete* aliena oppugnant bona.
                                           Perf. Act. I. Sc. 2. v. 21.
wo die mehresten rete anstatt pariete lesen, und gleichwohl sagt Suidas
ausdrücklich, [c] daß eine weiße Wand zu Ankündigung bürgerlicher Ge=
schäffte gedienet habe.   Angezeigte Inschriften heben den Zweifel über

die

a) p. 41.   b) Heinec. Ant. Rom. Iurispr. illustr. p. 49.   c) v. λεύκωμα.

die Richtigkeit des angeführten Orts, und beweisen klärlich die Art, in welcher öffentliche Sachen überhaupt, als insbesondere die Verordnungen des Prätors, auf einer weißen Wand geschrieben und angekündiget worden, so daß eben dieselbe weiße Wand der beständige Ort zu diesem Gebrauche seyn konnte: denn man überweißete dieselbe jedesmal, wenn eine neue Ankündigung zu machen war.

Zu diesem Thore führete die gepflasterte Straße, von welcher ein beträchtliches Stück entdecket und geräumet worden. Es ist dieselbe fünf und zwanzig Römische Palmen breit, mit Erhöhungen von Werkstücken auf beyden Seiten für die Fußgänger, jede zehen und einen halben Palm breit, welche zu den beyden Eingängen zur Seiten des großen Bogens führen. Das Pflaster ist sehr ausgefahren, das ist, man sieht in den dicht an einander gefugten großen Steinen sehr tief eingeschnittene Gleise. Die Steine sind wahrhaftige Lava des Vesuvius, und von den Alten gebrochen, ohne die Art Steine zu kennen. Diese, als die gemeinste Art derselben, sieht, wenn sie geschliffen und geglättet ist, dem Sächsischen grauen Serpentine am ähnlichsten. Es finden sich aber mehrere Arten in kleinen Stücken, und man zählet an drey hundert verschiedene Vermischungen, von welchen besondere Sammlungen gemacht und verkauft werden.

Auf der linken Seite dieser Straße, und unmittelbar an dem Thore und an der Straße, stehet ein großes Basament aus Werkstücken von fünf und zwanzig und einem halben Römischen Palm in der Länge, und von dreyzehn und einem halben Palm in der Breite, welches geräumlich genug ist für eine Quadriga, die hier kann gestanden haben, wovon sich aber keine Spur gefunden hat. Denn da dieses Basament nicht über einen Palm unter der Erde stehet, und folglich was auf demselben gestanden, aus der Verschüttung hervorgeraget, so wird dasselbe weggeführet worden seyn.

Auf der rechten Seite der Straße stehen drey Grabmaale. Das mittlere, welches völlig entdecket worden, hatte eine besondere Bauart:

C 2   denn

denn es war von zwey gemauerten Vierecken eingeschloſſen, von welchen
das äußere viel längliche Oeffnungen nach Art der Schießſcharten hatte,
und die ganze Mauer war mit Gypſe überzogen.   In der Mitte ſtand
ein rundes Werk, welches das Grabmaal ſelbſt war: dieſes Grabmaal
aber iſt, ich weis nicht warum, nieder geriſſen worden.   Es war der
Mammia, einer Prieſterinn der Stadt Pompeji, errichtet, wie eine In=
ſchrift in großen Buchſtaben, von anderthalb Römiſchen Palmen lang,
zeiget, welche an der Lehne eines Sitzes in einem halben Cirkel von
Werkſtücken eingehauen iſt, und vor dem Grabmaale ſtand.   Die äu=
ßeren Enden dieſes Sitzes ſind nach Art der Löwentazzen gearbeitet,
und der Durchmeſſer dieſes Werks iſt an zwanzig Römiſche Palme, und
es ſcheinet gemacht zu ſeyn, vor dem Grabmaale an der Straße ſelbſt
zu ſitzen, und freye Luſt zu ſchöpfen.   Die Inſchrift, welche unabge=
ſetzt umher gehet, iſt folgende:

MAMMIAE· P· F· SACERDOTI· PVBLICAE· LOCVS· SEPVLTVRAE·
DATVS· DECVRIONVM· DECRETO

In anderen Inſchriften findet ſich zwar Sacerdos publica, aber mit
Beyſatz einer beſtimmten Gottheit, als der Ceres, [a] und nicht allge=
mein, wie hier geſetzet.   Vermuthlich iſt es gleichbedeutend mit Erzprie=
ſterinn in anderen Inſchriften, [b] und war etwa einerley mit Sacerdos
prima. [c]   Dieſer ganze Halbcirkel iſt von Pompeji weggeführet, und
in dem Hofe des Muſei zu Portici geſetzt.   Neben dieſem Sitze iſt ein
anderes jenem ähnliches Werk, aber ohne Inſchrift, auszugraben ange=
fangen.

Näher und unmittelbar am Thore ſtehet ein kleines Grabmaal, wel=
ches aus einem niederen offenen Bogen beſtehet, wo gegen dem Eingan=
ge über ein Cippus ſtand von ſieben und einem halben Römiſchen Palm
in der Höhe, mit folgender Inſchrift:

M· CE-

[a] Spon Miſc. ant. p. 338. 349.   [b] Grut. Iuſcr. p. 308. n. 4.
[c] Spanhem. Obſ. in Callim. hymn. Cer. v. 43. p. 691. 92.

M· CERINIVS

RESTITVTVS

AVGVSTAL· LOC· DDD·

Mitten in dieſem Grabmaale ſtand ein niedriger Altar mit vier ſogenann-
ten Hörnern, und mit dieſer Inſchrift:

M· CERINIVS

RESTITVTVS

AVGVSTALIS

LOCO· DATO·

D· D·

Beyde Stücke ſtehen in dem Hofe des Herculaniſchen Muſei.

Bey Gelegenheit dieſer Gräber wird nicht überflüſſig ſcheinen können, eines rund ummauerten Platzes zu gedenken, welcher zu Ende des
1763 Jahres, in der alten verſchütteten Stadt Velleja, im Herzogthum
Piacenza, ausgegraben worden.   Der Durchmeſſer dieſes eingeſchloſſe-
nen Platzes hält ohngefähr hundert Pariſer Fuß, und die Mauer, welche aus großen Quaderſtücken beſtehet, iſt etwa vier Fuß hoch.   Zween
Eingänge finden ſich einer gegen den andern über, doch ohne Spuren
von Thüren; ein dritter Eingang aber, welcher wie durch eine enge
Gaſſe zwiſchen zwo Mauren in dieſen Platz führet, hat eine Schwelle
zu einer Thüre.   Nahe an einem der anderen Eingänge iſt eine in Viereck gemauerte Art von Brunnen.   Dieſer Platz diente wahrſcheinlich
zu Verbrennung der Todten, und wird vermittelſt gedachten Zugangs
zwiſchen zwo Mauren mit einem Grabmaale verbunden geweſen ſeyn: es
hieß ein ſolcher Ort Vſtrina, oder Vſtrinum, καυσρα.   Derjenige,
wo der Körper des Auguſtus verbrennet war, lag in dem Umfange ſeines prächtigen Grabmaals mit eingeſchloſſen, und war, wie jener Platz,
rund; [a] zuweilen aber waren dieſe Plätze von den Grabmaalen abge-
ſondert.   Ein ſolcher, aber viereckter, Platz, mit niedrigen Mauren von

C 3   Quader-

[a] Strab. Geogr. L. 5. p. 236. C. edit. Par.

Quaderstücken umgeben, welche auch ehedem nicht höher gewesen, wie man an der Kappe dieser Mauren sieht, welche sich an einigen Orten erhalten hat; ein solcher Platz, sage ich, lieget nahe an der Appischen Straße, fünf Milien außer Rom, an einem Orte, welcher in der mitt=lern Zeit ad Statuarias hieß, und glaublich vor Alters gedienet hat, Todte daselbst zu verbrennen, [a]) weil um denselben herum Trümmer von alten Gräbern liegen.

Wenn die Nachricht von den öffentlichen Gebäuden dem Leser nicht unangenehm und unterrichtend ist, so wird auch dasjenige, was ich von den Pompejanischen Wohnungen anzeige, sich einigen Beyfall ver=sprechen können. Diejenigen, welche außer der Stadt entdecket wor=den, sind Villen oder Lusthäuser, und veranlassen allgemeine Anmer=kungen von den alten Villen überhaupt, und von denen an andern ver=schütteten benachbarten Orten, sowohl in Absicht der Lage, als der Bauart.

Die Lusthäuser der verschütteten Städte, die nicht auf einer Hö=he, wie die zu Pompeji lagen, waren am Meere gebauet, und in das=selbe hineingeführet, nicht bloß zur Lust, und um die kühle Luft der See besser zu genießen, sondern, wie es scheinet, auch zur Gesundheit. Die=ses zu glauben veranlassen mich die Trümmer von sechs oder sieben Lust=häusern zwischen dem Hafen vom alten Antium, und der Stadt Nettu=no, in einer Weite von anderthalb Milien, gelegen. Von diesen Gebäu=den liegen die Mauren zur Zeit der Fluth, welche in diesem Meere alle zwölf Stunden kommt, nicht über ein paar Palmen vom Wasser be=deckt, und in der Ebbe, Nachmittag und gegen Abend, auch in langen Tagen, bey der Sonnen Aufgang, kann man dieselben trocken umgehen. Es wäre noch itzo ein Plan von denselben aufzunehmen, so deutlich zei=get sich die Anlage derselben, sonderlich von einem Lusthause unmittelbar an dem alten Hafen von Astura, (acht Milien jenseit Nettuno) welches eine Villa gewesen, die für eine große Hofstadt geräumlich genug war.

Daß

a) Fabret. Inscr. L. 3. p. 176. n. 351.

Daß aber dieſe Gebäude auch vor Alters eben ſo weit im Meere gelegen geweſen, wird deutlich durch zwo dicke Mauren, welche als ein Damm von dem flachen und ſandigten Ufer bis an die Gebäude ſelbſt in das Meer hineingeführet ſind.   Die Abſicht der Anlage dieſer Luſthäu-ſer iſt ohne Zweifel die geſunde Luft, die durch das beſtändige Schlagen der Wellen beweget und dadurch gereiniget wird, und die Wirkungen des Mittagswindes weniger empfindlich machet ; wie denn diejenigen, welche auf dem Damme des Hafens zu Porto d'Anzo wohnen, keine Ungemächlichkeit in der großen Hitze empfinden, da hingegen die auf dem Ufer ſelbſt leben, ſelten im Sommer von Fiebern frey bleiben.   Die Villa des Cicero bey Aſtura lag im Meere, wie er ſelbſt ſagt, [a]) und Lucullus bauete bey Baja Wohnungen von ſeiner Villa bis in das Meer hinein, [b]) wie noch itzo die Trümmer im Waſſer bezeugen.

Das Luſthaus, welches im Herculano entdecket worden, lag an der See, und aus dem Garten führete ein langer Gang zu einer run-den Exedra, oder offenen Sommerſitze, welcher im Meere ſelbſt wird an-geleget geweſen ſeyn, wie man aus dem langen Gange ſchliessen kann. Dieſe Exedra lag auf einem Werke von fünf und zwanzig Neapelſchen Palmen hoch, und vier Stuffen höher, als der Gang zu derſelben.   Der Boden dieſes runden Platzes war mit einer ſechzehnfachen geometriſchen Roſe von keilförmig gehauenen Marmo Africano und Giallo antico wech-ſelsweiſe an einander geſetzt, beleget, in zwey und zwanzig Umkreiſen, ſo daß deſſen äußerer Cirkel aus ſechs und neunzig gleichſeitigen Dreyecken, wie alle anderen Steine deſſelben ſind, beſtehet, und das ganze Werk hält vier und zwanzig Römiſche Palmen im Durchmeſſer.   Da aber die Steine bis unmittelbar zum Mittelpuncte dieſer Roſe geführet un-endlich klein geworden wären, ſo iſt in der Mitten eine andere Art von Roſe angebracht, in deren Umkreiſe ſich die Steine der größeren Roſe endigen.

a) ad Attic. L. 12. ep. 19.
b) Plutarch. Lucull p. 947. l. 3. ed. H. Steph.

endigen.   Dieſes Werk dienet itzo zum Fußboden in dem zweyten Zimmer des Herculaniſchen Muſei.

Die Bauart der Villen war von großen Wohnungen in den
Städten ſelbſt nicht verſchieden; daher die Nachricht der Anlage von
dieſer auf jene zugleich kann gedeutet werden.   Ich bemerke hier nur
insbeſondere die Teiche und die offenen Waſſercanäle in dieſen Luſthäuſern, wovon ich in dem Sendſchreiben in den Anzeigen der Herculaniſchen Villa geredet habe.   Um die Mauer des Gartens war ein ſchmaler Waſſercanal umher geleitet, ſo wie in dem Hofe des Pallaſtes des
Alcinous an den Mauren umher Waſſer lief. *)   Das Waſſer in den
Villen der durch den Veſuvius verſchütteten Städte war vermuthlich
Regenwaſſer und in Ciſternen geſammlet, wenn an dieſen Orten, ſo wie
itzo, weder Quellen noch Flüſſe geweſen ſind, den Fluß Sarno bey Pompeji ausgenommen, welcher den Villen auf der Höhe kein Waſſer geben
konnte.   Von Teichen aus Regenwaſſer redet bereits der Pſalmiſt; b)
oder in den Luſthäuſern am Meere kann das Waſſer aus der See geleitet ſeyn, und Columella lehret, wie tief die Canäle zu graben ſind, um
Waſſer zu haben, c) daher auch die Teiche völlig ausgemauert zu ſeyn
pflegten. d)

Was insbeſondere die Luſthäuſer bey Pompeji betrifft, ſo ſind bisher zwey entdeckt.   Das erſte, welches man ausgrub, iſt entfernter von
der Stadt, als das andere, und war dermaßen übel zugerichtet, daß man
unterlaſſen hat, die Arbeit fortzuſetzen, und itzo ſind die Trümmer davon durch den geſunkenen und nachgefallenen Schutt mehrentheils wiederum bedeckct.   Merkwürdig aber war eine Kammer in dieſem Gebäude, von welcher die gemahlte Bekleidung der Mauren in kleine Stücken zerbrochen abgefallen war.   Die gemahlten Grottesken, die man
auf dieſen Stücken ſieht, ſind das vollkommenſte, was ich geſehen habe,
                                                               nicht

---

a) Hom. Odyſſ. η. v 129.   b) Pſ. 84. v. 7.
c) de re ruſt. L. 1. c. 17.   d) Pallad. de re ruſt. L. 1. c. 17.

nicht allein von alter, ſondern auch von neuer Arbeit, auch der ſchönſten in den Loggie des Raphaels, ſowohl von Erfindung und von Zierlichkeit, als von Ausführung.   Es ſind wahre Miniaturgemählde; die Blätter an dem Laubwerke ſind mit dem feinſten Geäder angegeben, und die Farbe iſt wie auf friſch geendigten Gemählden.   Es ſind einige hundert kleine Stücke zuſammen geleſen, welche, um ſie zu erhalten, ein jedes insbeſondere mit Gypſe auf Schiefer geleget worden, und ißo ſo gut, als möglich, zuſammen geſetzet werden.   Ueberhaupt kann man ſagen, daß die beſten Gemählde des Herculaniſchen Muſei zu Pompeji gefunden worden; und dieſes ſind die Tänzerinnen nebſt den männlichen und weib⸗ lichen Centauren, auf einem ſchwarzen Grunde.

Die zweyte Villa, welche näher an der Stadt gelegen iſt, war bey meinem Daſeyn noch nicht völlig entdecket.   Der innere Hof der⸗ ſelben iſt ein und dreyßig Neapelſche Palmen lang, und in zwey gegen über ſtehenden Zimmern an den Ecken dieſes Hofes ſind zwey herrliche Muſaiſche Werke gefunden, welche dieſe Entdeckung ſehr merkwürdig machen.   Das erſte Werk, welches daſelbſt den 28 April 1763 entde⸗ cket worden, iſt in der Geſchichte der Kunſt umſtändlich beſchrieben, und ich merke hier nur an, daß die Arbeit deſſelben nicht ſo unendlich klein iſt, daß man ein Vergrößerungsglas zu Betrachtung derſelben nöthig hätte, wie ſchriftliche und mündliche Nachrichten verſicherten; es reicht hingegen nicht völlig an die Feinheit der bekannten Tauben des verſtor⸗ benen Cardinals Furietti, welches Stück nebſt den Centauren deſſen Enkel beſitzet.   Das zweyte Muſaico lag, wie das vorige, in der Mitte des Eſtrichs von gröberem Muſaico, und wurde in meiner Gegenwart den 8ten Febr. 1764 völlig entdecket, ſo daß ich und meine beyden Her⸗ ren Gefährten die erſten waren, die es außer den Arbeitern geſehen.   Es hält in der Höhe einen Römiſchen Palm und zehn und einen halben Zoll, und in der Breite anderthalb Palmen, eine ſchmale Einfaſſung von weißem Alabaſter, in der Breite eines Daumes, mitgerechnet, wel⸗ che daſſelbe umgiebt, und mit dieſer Einfaſſung iſt das Muſaico in dem

D   Boden

Boden des Zimmers eingesetzet worden.　Es ist von eben dem Meister des vorigen gearbeitet, wie der Name desselben

ΔΙΟΣΚΟΥΡΙΔΗΣ ΣΑΜΙΟΣ ΕΓΟΙΗΣΕ

beweiset, welcher zu oberst desselben stehet, und stellet ebenfalls drey weibliche Figuren mit Comischen Larven vor dem Gesichte, nebst einem Knaben, vor.

　　Die erste Figur zur rechten Hand sitzet auf einem Stuhle ohne Lehne, welcher mit einem Teppiche von dreyfarbigen viereckten Würfeln in gelb, roth und Fleischfarbe, beleget ist, wovon lange Quäste an Schnüren herunter hängen.　Ueber dem Teppiche lieget ein gestreiftes Polster in eben den Farben.　Es höret diese Figur der neben ihr sitzenden aufmerksam zu, und scheinet beyde Hände in einander zu ringen, wie in Verwunderung oder Bestürzung zu geschehen pfleget.　Die zweyte Figur sitzet vor einem zierlichen Tische auf drey Füßen, auf welchem ein weißes Kästchen, und neben demselben eine Schale oder Crater stehet mit einem Fuße, welcher unten drey Löwentazzen hat; zur Seiten lieget ein Lorbeerzweig.　Es hat diese Figur ihr gelbes Gewand um sich geworfen, und saget etwas her, wie die Handlung der Hand ausdrücket.　Die dritte Figur mit der Larve einer alten Frau hält einen Becher in der Hand, und hat ihr gleichfalls gelbes Gewand bis auf den Kopf gezogen. Neben derselben stehet ein kleiner Knabe in einen Mantel gewickelt.　Unter den Figuren sind drey stuffenweis gesetzte Streifen, der obere mit abgezogenen Ochsenköpfen, die mit Nereiden mit zween Fischschwänzen, abwechseln; auf dem mittlern Streifen sind Greife, die einen runden Schild halten; der untere Streifen ist mit Eyerchen und mit senkrechten Stäbchen wechselsweis gezieret.　Diese Streifen sind nur von einer einzigen Farbe, und von der Art, die wir grau in grau nennen.

　　Bey Gelegenheit des Namens des Künstlers dieses Werks kann ich nicht unterlassen, anzumerken, daß der Name eines andern Dioscorides, welcher unter dem Augustus ein berühmter Künstler in geschnittenen Steinen war, zu manchen Betrügereyen Anlaß gegeben.　Dieses

ist

iſt noch neulich auf einem kürzlich entdeckten Cameo oder erhoben ge=
ſchnittenen ſchönen Kopfe des Caligula geſchehen, welcher in den Hän=
den Hrn. Thomas Jenkins, eines Brittiſchen Mahlers in Rom, iſt, wo
jemand den Namen des Dioſcorides einſchneiden laſſen, um den Preis
deſſelben zu erhöhen.   Es iſt auch für Anfänger gut zu wiſſen, daß die
Namen auf erhoben geſchnittenen Steinen gleichfalls erhoben und nie=
mals tief oder eingeſchnitten gefunden werden.

Das erſtere Muſaico, weil es an einigen Orten ausgebeſſert wor=
den, iſt bisher keinem Fremden gezeiget; es findet ſich auch an dem letz=
teren etwas nachzuhelfen.

Wir wiſſen, daß Kaiſer Claudius bey Pompeji eine Villa hatte,
wo ihm ein Sohn mit Namen Druſus ſtarb, welchen eine Birne erſtick=
te, die dieſes Kind in die Höhe warf, um dieſelbe mit dem Munde zu
fangen. [a]   Vermuthlich iſt eines von beyden gedachten Luſthäuſern
für dieſe Villa zu halten.

Nicht weniger Aufmerkſamkeit verdienen zweytens die zu Pompeji
ausgegrabenen Wohnungen in der Stadt ſelbſt, von welchen, da ſie völ=
lig vor Augen, eine genaue Anzeige kann gegeben werden, aus welcher
die Form alter Wohnungen deutlich begriffen wird.   Allgemein iſt zu
merken, daß die Wohnungen zu Pompeji ſowohl, als an anderen ver=
ſchütteten Orten, ins Gevierte gebanet ſind, ſo daß ſie einen inneren Hof
(Area, Cortile) einſchlieſſen, um welchen herum die Zimmer gehen.   In
dieſem Hofe gemeiner Wohnungen war oben und unter dem Dache ein
breiter Vorſprung von Brettern geleget, um unter demſelben vor der
Traufe bedeckt zu gehen.   Ein ſolcher innerer Hof hieß daher Implu-
vium, auch Atrium, von αἴθριον, ὑπαίθριον, unter freyem Himmel.

Bis itzo ſind allererſt zwo Wohnungen innerhalb des Thors, und
zur rechten Seite deſſelben und der gepflaſterten Straße entdecket, und
beyde nahe an dem Abhange des Hügels, auf welchem die Stadt lag,

und

_____

a) Lipſ. ant. lect. L. 2. c. 6.

und der Eingang in beyden ist von der Straße her.   Das erste Gebäude hat ein großes Thor von zehen Römischen Palmen weit, welches
unmittelbar in den innern Hof desselben führet.   Auf beyden Seiten
dieses Thors ist eine Thüre von fünf Palmen breit; die zur linken aber
ist zugemauret, und gleichet einwärts einer Nische.   Die andere Thüre
war der Aufgang in die oberen Zimmer, wie aus einigen Stuffen von
der Stiege deutlich erscheinet.   Diese Art Stiegen, welche durch eine Ne-
benthüre unmittelbar von der Gasse zu den obern Zimmern führen, sind noch
itzo sehr gemein in Italien.   Vor dem Thore sieht man eine große Cornische mit Zähnen von Gypse, in dem Schutte herabgestürzt liegen.

Der innere Hof, dessen Länge über einige siebenzig Römische Palmen betragen wird, ist ganz und gar mit einem zierlichen Estriche von
einer Art Kitt mit gestoßenem Marmor verbunden, und mit willführlich
eingesetztem vielfärbigen Marmor beleget, nach der Art wie in Venedig
die Fußboden der Zimmer in Pallästen zu seyn pflegen, und wie dergleichen in der Villa Albani sind.   Mitten in dem Hofe ist ein viereckter
Platz aufgerissen, welcher von einem verschränkten Zierrathe von Musaico
eingefasset ist, und man kann muthmaßen, daß daselbst Marmorplatten
gelegen, auf welchen eine Cisterne wird gestanden haben, wie ein kleiner
runder Brunnen von zween Palmen im Durchschnitte, in einem Ecke
dieses Vierecks wahrscheinlich machet; es ist derselbe mit kleinen Ziegeln
ausgemauret.   In dem inneren Hofe einer entdeckten Villa von Stabia,
war eine viereckte Cisterne, deren Dach auf vier gemauerten und über-
tragenen Säulen ruhete.

Aus dem Hofe gehet unmittelbar der Eingang in fünf Kammern,
auf der einen so wohl als auf der anderen Seite, und dem Thore des
Hofes gegen über sind drey andere Kammern, welche alle einen Fußboden von verschiedener Art Musaico und bemahlte Wände haben.   Die
zweyte Kammer zur linken scheinet ein Schlafgemach gewesen zu seyn,
welches man theils aus einer Hohlung unten in der Mauer, der Länge
des Bettes dadurch Platz zu machen, vornehmlich aber aus zwey Eisen,
welches

welches die Füße des Bettgestelles waren, schließen können.   Gedachte Hohlung ist roth angestrichen, wie die ganze Kammer unten umher. Die Länge derselben ist zwölf Römische Palme, und die Breite neun und einen halben Palm.

Diese Kammern sind alle ausgemahlet, und obgleich die besten Stücke für das Museum bereits ausgeschnitten waren, sind dennoch sehr angenehme und schöne Bilder übrig geblieben, unter welchen ich besonders zwo kleine jugendliche Larven in den Grottesken bemerkte.   Die Thürschwellen einiger Kammern sind so gar von weißem Alabaster.

Die zweyte Wohnung, welche unmittelbar an jener lieget, und mehrentheils ausgegraben ist, hat in einer Kammer schönere Mahlereyen übrig, als in jenen Kammern sind.   Es ist dieselbe mehrentheils gleichseitig von funfzehen Römischen Palmen lang und breit; die Länge hat nur vier Zolle mehr, als die Breite: die Hauptthüre dieser Kammer ist sechs Palmen weit. *Hier war die Diana, von welcher ich oben geredet habe, die man bereits vor Alters umher behauen hatte, um dieses Gemählde wegzunehmen; man sieht auch eben daselbst noch eine andere Figur in einem Felde der Wand mit Hieben umher.

Ueber diese Wohnungen finde ich folgende Anmerkungen zu machen.   Erstlich, daß alle Kammern gewölbet waren: die Gewölber aber sind, außer in Kellern, alle eingestürzt gefunden, und von den Thüren der Kammern entdeckte man nur verbranntes Holz.   Die Pfosten der Thüren aber (gli stipiti) waren niemals von Holz, wie sich Montfaucon einbildet; a) wie würden sich dieselben in gemauerten Häusern reimen?   In dem Gemäuer finden sich häufig Schlacken vom Vesuvius, und vielleicht würden auch in den Gewölbern Spuren davon seyn, wenn sich dieselben erhalten hätten.   Unterdessen meldet Vitruvius kein Wort von Erleichterung der Gewölber vermittelst der Schlacken, und Palladius ist der einzige, welcher von dieser Art zu bauen, Meldung thut: b)

D 3   denn

denn dieser lebete über hundert Jahre nach jenem, da nach dem großen Ausbruche des Vesuvius unter dem Titus die Schlacken bekannter geworden seyn.

Zweytens sieht man hier augenscheinlich, daß die schönsten und ganz bemahlten Zimmer, sowohl der Lusthäuser außer der Stadt, als der Wohnungen innerhalb derselben, kein anderes Licht bekommen, als allein durch die Thüre, welche daher ungewöhnlich breit und hoch zu seyn pfleget. Solchen Gebäuden konnte also der Nachbar das Licht nicht verbauen, welches in Rom die alte Verordnung ne luminibus officiatur untersagte.

Ich rede hier ausschließungsweise allein von den Pompejanischen Gebäuden: denn von Fenstern in anderen Häusern der Alten haben wir deutliche Anzeigen. Wir sehen aus einem Briefe des Cicero, [a] daß derselbe mit dem Atticus nicht einig war über die Weite der Fenster, welche ein Baumeister, mit Namen Cyrus, in einem Landhause, vermuthlich des Cicero, gemacht hatte. Laden aber (Sportelli) vor die Fenster von innen, um das Zimmer dunkel zu machen, welche in allen Zimmern in Italien gewöhnlich sind, scheinen die Alten nicht gehabt zu haben: denn Suetonius sagt, [b] Augustus habe, wenn er Mittagsruhe gehalten, die Hand vor die Augen gelegt, welches nicht nöthig gewesen wäre, wenn die Fenster einwärts Laden gehabt hätten. Eine stärkere Muthmaßung von dem, was ich glaube, sind die Fliegenwedel, wodurch sich diejenigen, die es haben konnten, bey der Mittagsruhe die Fliegen abkehren ließen: denn im Finstern sind die Fliegen ruhig. Dieser Muthmaßung scheinet die Beschreibung, welche Ovidius macht, von dem Lichte in seiner Kammer, da Corinna zu ihm kam, entgegen zu seyn: denn er sagt:

Pars adaperta fuit, pars altera clausa fenestræ:

Amor. L. 1. el. 5.

und

---

[a] ad Attic. L. 2. ep. 3.　　　[b] Aug. c. 78.

und es müßte auf einen Vorhang gedeutet werden, welcher halb vorgezogen geweſen.   Dieſe Stelle kann die obigen Nachrichten nicht ungül-
tig machen.   Von Vorhängen der Fenſter redet Juvenalis alſo ausdrücklich:

     — claude feneſtras,
Vela tegant rimas, junge oſtia, tollite lumen.

Sat. 9. v. 105.

Alles dieſes kann zu Verſtändniß einer Stelle des Apollonius von Rhodus dienen, über welche ſich niemand einen Zweifel hat einfallen laſſen.
Wenn dieſer Dichter die Unruhe beſchreibet, welche die in Jaſon verliebte Medea empfand, ſagt er, daß ſie die Nacht vor der angeſetzten erſten Unterredung öfters von ihrem Bette aufgeſtanden, um zu ſehen,
ob der Tag anbreche, und

Πυκνὰ δ' ἀνὰ κληῖδας λύεσκε θυράων:
Eröffnete oft die Schlöſſer ihrer Thüren:

Argon. L. 3. v. 821.

das iſt, ſie hatte nöthig, die Thüre ihres Zimmers zu eröffnen, um den
Morgen zu erblicken, weil daſſelbe ohne Fenſter war, wie die in den
Pompejaniſchen Gebäuden.   Es kann alſo das Zimmer, wo ihre Mäg-
de ſchliefen, kein Vorzimmer geweſen ſeyn, wie es könnte verſtanden
werden, ſondern muß neben jenem geſetzt werden.

  Drittens finde ich anzumerken, daß die Gebäude ſelbſt ſowohl als
die Kammern nicht alle ſymmetriſch ſind, wovon ich den Grund nicht
einſehen kann.   Man kann nicht ſagen, daß dergleichen Anlage blindlings gemacht worden, da die Linien des Fußbodens von Muſaico in
den Kammern in rechten Winkeln gezogen worden, wodurch die Ungleichheit der Kammern noch deutlicher wird.   Den Mangel der Symmetrie habe ich auch an anderen alten Gebäuden bemerket, und unter
anderen an den Trümmern des Theaters zu Albano, deſſen Bogen und
die Pfeiler zwiſchen denſelben nicht von gleicher Weite und Dicke ſind.

Es

Es sind so gar die Pilaster im Pantheon nicht von gleicher Breite, und einige Capitäler reichen nicht völlig an das Gebälke, welches die Säulen tragen sollen. Man bemerket auch an dem sogenannten Foro des Tempels des Serapis zu Pozzuolo, daß dessen Platz nicht völlig ein gleiches Maaß hat, und dieses ohne alle Ursache, weil nichts im Wege stand, die völlige Symmetrie zu erhalten.

Zum vierten habe ich bemerket, daß der Fußboden von Musaico in den Kammern einen sehr merklichen Abhang gegen die Schwelle der Thüre hat.

Die fünfte Anmerkung betrifft die Gemählde auf der Mauer, welche in den Pompejanischen Gebäuden nicht auf nasse, sondern auf trockene Gründe gesetzet sind, wie man augenscheinlich siehet an der Farbe, welche abgehet, wenn sie mit einem genetzten Finger gerieben wird. Es ist zu beklagen, daß diejenigen Gemählde, welche nicht beträchtlich geachtet werden, und nicht für das königliche Museum bestimmet sind, auf ausdrücklichen Befehl der königlichen Regierung zersetzet und verderbet werden, damit dieselben nicht in fremde Hände gerathen.

Der zweyte Punct dieser Nachrichten sind die Bildnisse, unter welchen ich Statuen, Figuren und Brustbilder begreife. Es sind zwar seit zwey Jahren keine beträchtliche Stücke von Bildhauerey entdecket worden: aber es verdienen einige, welche ich in dem Sendschreiben übergangen habe, angezeigt zu werden, und bey anderen, welche ich bereits bemerket habe, wird entweder eine genauere Beschreibung, oder eine Erläuterung nicht überflüßig scheinen können.

Von großen Statuen in Erzt, welches mehrentheils kaiserliche Bildnisse, aber von mittelmäßiger Arbeit sind, und von anderen in Marmor, die für die Gallerie im Schlosse zu Portici bestimmet waren, sind itzo achtzehen ergänzet. Die Säulen von gelbem Marmor zur Auszierung dieser Gallerie, sind nicht von Giallo antico, sondern es ist dieser gelbe Marmor bey Gesualdo in dem bergichten Apulien gebrochen,

und

und von dieſer Art ſind zwey und dreyßig Säulen daſelbſt aus einem einzigen Stücke. Da aber dieſes Theil des neuerbaueten Schloſſes einzufallen drohete, und deswegen auf Stützen geſetzet werden müſſen, iſt man genöthiget worden, dieſe lange Gallerie in fünf Zimmer zu theilen, folglich wegen des Verhältniſſes das Gewölbe zu erniedrigen, und gedachte Säulen nebſt denen von Verde antico ſind hier weiter nicht anzubringen.

Diejenigen weiblichen Statuen von Erzte, welche um einen Teich in einer Herculaniſchen Villa ſtanden, und itzo auf der Treppe zu dem Muſeo aufgeſtellet worden, ſind der Beſchreibung des Longus *) von Statuen der Nymphen ſehr ähnlich, und werden dafür zu halten ſeyn, da dieſe ſo wie jene um einen Teich ſtanden.

Der Unterleib des ſchönen betrunkenen Silenus von Erzte iſt wie ein Schlauch geſenkt, in den Schenkeln aber iſt die Eigenſchaft der Satyre oder Faune ausgedrücket in der Schnelligkeit des Gewächſes. Es fiel mir damals nicht bey, wo von der Statue des Sardanapalus geredet wird, die ſo wie der Silenus, über den Kopf ein Schnipchen ſchlägt: Plutarchus zeiget dieſes an in angeführter Stelle. b) Man kann ſagen, der Silenus ſey gelehrt, ſo wie der Mercurius ſchön heißen kann; doch iſt er nicht ſo ſchön, daß er eine Begeiſterung und eine Beſchreibung im erhabenen Stile hätte erwecken können, wie jemand von demſelben zu leſen gewünſcht hätte.

Seit zwey Jahren ſind zu Pompeji zwo weibliche bekleidete Figuren von gebrannter Erde, fünf und einen Römiſchen Palm hoch, entdecket, welche Tragiſche Larven vor dem Geſichte haben.

Unter den kleinen Figuren gab ich einigen Begriff von einem vermeynten Alexander zu Pferde in Erzt, nebſt einem anderen ähnlichen Pferde, aber ohne Figur; jenes verdienet eine genauere Beſchreibung.

E   Das

---

a) Paſtoral. L. 1. p. 6. edit. Hanov. 1608. 8.
b) de Fortit. Alex. II. p. 599. l. 19. edit. H. Steph.

Das ganze Werk hat einen Römischen Palm und zwölfthalb Zolle in der Höhe; das Pferd ist einen Palm und neun Zolle lang.   Der linke Arm der Figur, welcher mangelt, zog, wie man sieht, die Zügel an sich, um den Lauf des Pferdes einzuhalten; der rechte Arm ist erhaben, wie im Werfen eines Wurfspießes.   An dem Pferde fehlen die zwey hinteren Beine, das übrige ist völlig erhalten.   Die Zügel, die Zier= rathen auf der Stirne des Pferdes, an den Kinnbacken, welche παρήϊον beym Homerus heißen, das Gebiß und der Brustriem, (λέπαδνον) alles ist mit Silber ungemein zierlich ausgeleget, es sind auch die Augen des Pferdes, mit Andeutung des Sterns in denselben, von Silber ein= gesetzt.   Mitten auf dem Brustrieme, wo an Pferden auf erhobenen Werken und geschnittenen Steinen ein halber Mond zu hängen pfleget, ist ein schöner Kopf einer Bacchante mit Epheu bekränzt, erhoben in Silber gearbeitet, und an beyden Seiten dieses Riems sind Windungen oder Gelenke (gangheri) angedeutet, welches zeiget, daß ein solcher Brust= riem von Erzte gewesen.   Der vermeynte Alexander hat seinen kurzen Mantel (Chlamys) auf der linken Schulter mit einem silbernen platten Knopfe zusammen gehänget, und unter dem Mantel ist der Panzer. Unter der Brust gehet ein Band, um, wie es scheinet, den kurzen De= gen zu tragen, welcher unter der linken Brust herab hänget.   Die Bei= ne sind bekleidet mit geschnürten Halbstiefeln, (Cothurni militares) wie man dieselben an einigen Statuen bewaffneter Kaiser sieht.   Das Pferd, welches im Springen ist, ruhet auf einem Ruder, dessen Stange unter dem Bauche stehet, und das breite Ende auf der mit Silber eingelegten Base; dieses Ruder wird seine Bedeutung haben.

Eine Figur von Erzte, die dem schönen und kunstvollen Priapus in dem Herculanischen Museo völlig ähnlich ist, auch in der Größe, be= findet sich in dem Kitcherischen Museo des Collegii Romani zu Rom. Sie stellet einen Sänger vor, welcher mit eigenem Vergnügen auf der Leyer spielet, und einen Ring durch die Vorhaut seines Gliedes gezogen hat.   Es waren viel Sänger, wenigstens zur Zeit der Römischen Kai=

fer,

ſer, wie itzo, verſchnitten, [a] und Plautianus ließ dieſes auf einmal mit
hundert jungen Knaben, und mit verheyratheten Römiſchen Bürgern
machen, um der Plautilla, ſeiner Tochter und des Caracalla Gemahlinn,
als Sänger zu dienen. Insgemein aber wurde den Sängern, wie es
gedachte Figur hat, ein Ring angeleget, [b] aus eben dem Grunde, welcher das Verſchneiden zur Stimme gelehret.

Es verdienet auch der linke Arm bis an den Ellenbogen von einer
Statue in Erzte gedacht zu werden, welche einen Ceſtiarius vorſtellete,
das iſt, deſſen Hände mit Schlagriemen bewaffnet ſind. Von dieſer
Art Kämpfer geben uns Dichter und alte Denkmaale, ſonderlich eine
erhobene Arbeit in der Villa Albrovandini, einen hinlänglichen Begriff;
aber ſo deutlich, wie an obgedachtem Arme, zeiget ſich dieſe Bewaffnung
nirgend. Es iſt dieſelbe hier ein Handſchuh mit Fingern, welche nicht
bis an die Nägel reichen; im übrigen iſt derſelbe lang, wie ein Weiber-
handſchuh, und innerhalb der Hand aufgeſchlitzet. Das Ende deſſelben iſt
gegen den Ellenbogen zu unten mit einem Stück wolligten Schaffell einge-
faſſet, und beydes, ſowohl das Fell, als der Handſchuh, ſind mit Riemen
umwunden. Um die Hand herum und über die Knöchel iſt ein Riem von
Pfundleder vorgeſtellet noch breiter, als ein ſtarker Daum, vier bis fünf-
mal über einander gelegt, und von neuem wie mit dünnen Riemen feſt
umher zuſammen gebunden.

Von großen Bruſtbildern in Erzte ſind bis itzo ein und zwanzig
entdecket. Der ſchöne Seneca, deſſen ich in dem Sendſchreiben gedacht habe, könnte allein ein Zeugniß wider den Plinius geben, welcher vorgiebt, daß man unter dem Nero nicht mehr verſtanden habe, in
Erzt zu gießen. [c] Von dem ſchönen Barte des vermeynten Plato
könnte gelten, was der ältere Scaliger überhaupt von dem Barte ſagt,

C 2

daß

a) Heinſ. Introd. in Heſiod. c. 6. p. 14. ſeq. ed. Plantin. 1603. 4.
b) Celſ. de Medic. L. 7. c. 25. conf. Mercur. Var. Lect. L. 1. c. 19. Marſil. Cognat.
Var. Obſ. L. 2. c 8.
c) Geſch. der Kunſt, Th. 2. p. 396.

daß derselbe das schönste und göttlichste Theil des Menschen sey. a) Unter diesen Brustbildern ist besonders merkwürdig dasjenige, welches den Scipio Africanus mit beschornem Haupte, und mit einer angezeigten Wunde auf der linken Seite über den Schlaf in einem Creuzschnitte, vorstellet. Man sehe, was ich in der Beschreibung der geschnittenen Steine des Stoßischen Musei über ähnliche Köpfe gesagt habe, welche in Basalt und in Marmor zu Rom sind. In der kostbaren großen Sammlung geschnittener Steine des Prinzen Piombino zu Rom ist dieser Kopf mit eben der Wunde in Carniol geschnitten, und ein Cameo, welcher ehemals im Stoßischen Museo war, und nachher an Lord Forbich gekommen ist, gleichet jenem auch in der Wunde. Woher aber weis man, daß diese Köpfe den Scipio vorstellen? Diese Benennung hat der schöne Kopf von Basalt im Pallaste Rospigliosi veranlasset, weil derselbe zu Liternum, itzo Patria, wo der ältere Scipio Africanus auf seinem Landhause starb, gefunden worden, und aus diesem Grunde soll dieser Kopf besagten Scipio vorstellen. Ein Bildniß eines großen Mannes muß es seyn, weil es so oft wiederholet ist. Faber, welcher die Bildnisse berühmter Männer, die Fulvio Orsini gesammlet, mit dessen Erklärungen, aber unter seinem eigenen Namen, herausgegeben, deutet auf den Kopf von Basalt die Nachricht des Plinius, wo er sagt, daß der jüngere Scipio Aemilianus Africanus (Africanus sequens) sich alle Tage den Bart scheren lassen; damit aber diese Stelle zu seinem vermeynten Kopfe des älteren Scipio passen möchte, läßt er das Wort sequens aus. Es kann also, der Nachricht des Plinius zu Folge, besagter Kopf und die ihm ähnlich sind, vielmehr den jüngeren Scipio vorstellen, welcher vermuthlich das Landhaus des ältern Scipio besessen, und dieses sein Bildniß daselbst hinterlassen hat.

Die Inschrift des Namens des Künstlers Apollonius an einem andern dieser Brustbilder stehet in einer Reihe, wie ich dieselbe überschickte, und

a) in Arist. Hist. anim. L. 2. Sect. 21. p. 161.

und nicht in drey Reihen abgesetzt, wie es im Drucke erschienen ist. Ich merke auch bey Gelegenheit an, daß auf der 45 Seite des Sendschreibens an statt: Was kümmerts mich, dich muß gesetzt werden; welches vermuthlich ein Druckfehler ist.

Es ist auch eine schöne wohl erhaltene Vase von Marmor anzuführen, welche über drey Palme hoch ist, mit einem Bacchanale in flach erhobener Arbeit umher. Das besondere auf derselben ist eine Bacchante, die mit einem Knie auf einem Schlauche sitzet; dieses war eine Art von Tanz, welcher ἀσκολιάζειν hieß, nämlich auf aufgeblasene Schläuche springen.

Zu beträchtlichen Entdeckungen von Statuen und Bildnissen ist zu Pompeii, denen oben angegebenen Nachrichten zu Folge, wenig Hoffnung übrig, und eben so wird es sich mit anderen verschütteten Orten verhalten, wo nicht Landhäuser entdecket werden, wo man in Abwesenheit der Besitzer nicht Anstalt machen können, dergleichen zu retten, da der Unfall diese Orte betraf.

Hieraus wird begreiflich, was ich anderwärts gesagt habe, daß in und um Rom öfters mehr in einem Monate, als dort in einem ganzen Jahre gefunden wird. Seit meiner Rückkunft von Neapel, das ist, seit drey Monaten, da ich dieses schreibe, ist eins der größten und ältesten erhobenen Werke, die in der Welt sind, in Rom ausgegraben, welches itzo in der Villa des Hrn. Cardinal Alexander Albani stehet. Es stellet dasselbe in Figuren von Lebensgröße einen jungen Held vor, welcher nur wie mit einem leichten Hembe ohne Ermel bekleidet ist, und ein Pferd im Laufen einhalten will. Diese Figur schlägt auf einen andern jungen Held zu, welcher von dem Pferde gefallen scheinet, und mit der einen in seinem Gewande gewickelten Hand den Schlag abzuwehren suchet. Ueber der eigentlichen Bedeutung desselben habe ich noch nicht mit mir eins werden können, weil diese Vorstellung auf mehr als eine Begebenheit der alten Heldengeschichte kann gedeutet werden. Ich sage

der

der Heldengeschichte, welches widersprechend scheinen könnte, da im Homerus vom Reiten zu Pferde keine Meldung geschieht, und daher insgemein geglaubet wird, das Gefecht auf Wagen sey älter, als zu Pferde. Lucretius aber behauptet das Gegentheil, [a] wie es auch aller
Wahrscheinlichkeit gemäß ist. Ferner ist eine weibliche Figur im langen Kleide mit geraden Falten, halb so groß, als die Natur, im alten
Stil gearbeitet, aber ohne Kopf, eben daselbst gefunden worden. Buonarroti hält eine ähnliche Figur auf einer Münze [b] für eine Diana; es
könnte dieselbe die Auge, des Telephus Mutter, vorstellen. Auch diese
Figur hat gedachter Herr Cardinal an sich gebracht. Das merkwürdigste aber ist eine kürzlich zum Vorschein gekommene Venus, welche bereits erwähnter Herr Jenkins erhandelt hat, so vollständig erhalten,
daß ihr kaum ein Finger fehlet, und von so hoher Schönheit, daß sie alle Statuen dieser Göttinn, so gar die Mediceische, verdunkelt. Sie ist
in vollkommenem Gewächse von jungfräulicher Bildung, und der Kopf
hat den Reiz der Venus ohne Lüste, so daß dieselbe mehr Ehrfurcht, als
Begierde erwecket. Kann eine Venus der gepriesenen Kunst des Pra-
xiteles würdig geachtet werden, so ist es diese; denn höher kann die
Idee, welche mit Bildern aller möglichen Schönheit angefüllet ist, nicht
gehen. Inschriften und geschnittene Steine will ich nicht erwähnen,
weil diese nicht alle bekannt werden. Der schönste aber, welcher im
Junius gefunden worden, ist ein Cameo in einem Ringe zu fassen, mit
einem Bacchanale, und wird auf hundert Zechini geschätzet. Ich hoffe,
man werde mir diese Ausschweifung hier verzeihen.

Der vierte Punct dieser Nachrichten von den Geräthen, ist von
weitem Umfange, und ich will dieselben eintheilen in Geräthe, die zum
heiligen Gebrauche bestimmet waren, und in diejenigen, die zum gemeinen Gebrauche dieneten.

Von Geräthen der ersteren Art finde ich nur zwey Lectisternia
und Weihwassergefäße anzumerken. Die Bedeutung und den Gebrauch

des

---

a) L. 5. p. 206. lin. 4. edit. Parif. 1744, 12.   b) Obf. sopra alc. Medagl. d'Anton. Pio.

des Lectisternii setze ich bey dem Leser voraus: das größere Herculanische ist von Erzte, von fünf Römischen Palmen hoch, von vier Palmen
lang, und drittehalb breit; die oberen Stäbe an der vorderen Seite desselben ruhen auf zween schönen Pferdeköpfen, die an der hinteren Seite aber auf Schwanenköpfen.   Das kleinere, ebenfalls von Erzt, hat
die Gestalt eines Bettgestells nach alter Art mit vier Säulen, und würde ohne dessen muthmaßlichen Gebrauch, als ein Spielzeug für Kinder
angesehen werden können.   Wir wissen, daß in jedem Hause die Pena-
tes besonders verehret wurden, und daß für dieselben besondere Aedicu-
la oder Capellen gebauet waren.

Die Gefässe zum Weihwasser (Aquaminaria, περιῤῥαντήρια)
sind ebenfalls in bürgerlichen Wohnungen gefunden: denn die Römischen Familien hatten eine jede ihre eigene sacra privata, einen heiligen
Heerd, wo Feuer unterhalten wurde, ihre Altäre, ja so gar besondere
Festtage, und einige hielten eigene Hauspriester. [a] Es sind diese Gefäße theils von Erzte, theils von Marmor; das größte von Erzte ist eine zierlich gearbeitete runde Schale, von vier Palmen im Durchmesser,
inwendig in der Mitten mit silbernem Laubwerke ausgeleget, und stehet in
dem ersten Zimmer des Musei.   Von dieser Schale hat sich das Fuß-
gestell nicht gefunden; andere kleinere von Erzte aber haben dasselbe, und
die größte von diesen ist mit zwo Handhaben.   Die von Marmor sind
inwendig wie gereifte Muscheln etwa von zween Palmen in ein Viereck
gearbeitet, und standen auf säulenmäßig gereiften Gestellen ebenfalls
von Marmor, wie eins derselben, welches sich erhalten hat, auf die übrigen muthmaßen läßt: denn die alten waren sehr einförmig in ihren
Arbeiten.   Es hat sich auch ein Heft oder Griff von Erzt von einem
Sprengwedel gefunden, wie derselbe auf einigen erhobenen Werken, und
namentlich unter dem Portico des Pantheon, und an der Architrave der
drey Säulen von dem Tempel des Jupiter Tonans, vorgestellet ist.

Die

a) Reinef. Inscr. Class. 5. n. 53

Die Geräthe zum gemeinen Gebrauche bringe ich unter drey Claſ-
ſen, von welchen in der erſten diejenigen angezeiget werden, die zum Leben nöthig ſind, und zur Bequemlichkeit erdacht worden; die zweyte Claſſe begreift diejenigen, die zum Spiele und zum Schmucke gehören, und
die dritte die Geräthe der Schreiberey und die alten Schriften.

In der erſten Claſſe fange ich an bey dem Küchengeräthe, und
merke an, daß viele von Erzte inwendig verſilbert ſind, ſonderlich von
derjenigen Art mit einem breiten Griffe oder Stiele, welche wir Caſſerole
nennen, auch andere Gefäße von Kupfer, in welchen gekocht wurde.
Die Verſilberung iſt eine weiſe Vorſicht wider den Grünſpan, welcher
ſich an Erzt und Kupfer anſetzt, und ſchädlich, ja tödtlich ſeyn kann.
Dieſer Gebrauch, die Küchengeräthe von Kupfer zu verſilbern, iſt zu
unſeren Zeiten, ſonderlich in Engelland, wieder aufgekommen.   Es finden
ſich auch in dem Muſeo eine Menge derjenigen Formen, welche zu Tor-
tenbacken dieneten, und theils die Geſtalt einer gereiften Muſchel, theils
eines Herzens haben.   Das beſonderſte von dieſer Art Geräthe, iſt ein
ſehr zierliches metalenes Gefäß, Waſſer zu ſieden, welches mit unſeren
Theemaſchinen eine große Verwandſchaft hat.   Innerhalb des Gefäßes
ſtehet ein Cylinder von etwa vier Zolle im Durchſchnitte, oben mit einem beweglichen Deckel, in welchen Kohlen geſchüttet wurden, ſo daß
die Aſche durch einige Löcher fallen konnte: in dem Raume um den Cylinder wurde das Waſſer durch eine Art von einem kleinen angelötheten
Trichter gegoſſen.   Es haben ſich auch andere dergleichen Gefäße, aber
zerſtückt, gefunden, deren Cylinder unten einen Roſt hatte zum Abfalle
der Aſche, dergeſtalt daß die Stäbe des Roſtes hohle Röhren ſind,
um das Waſſer im Cylinder vermittelſt derſelben circuliren zu laſſen.
An dieſen Gefäßen ſtehet der Hahn etwas erhaben von dem Boden, um
das Waſſer, wenn es einen Satz gemacht, zurück zu halten, und der
angeſetzte weiße Letten in dieſen Gefäßen iſt zugleich ein Beweis von dem

Gebrau-

Gebrauche derſelben. -An dem Hofe des Auguſtus war eine beſondere Perſon über das Getränk aus warmem Waſſer beſtellet. [a]

Unter den vielen daſigen Gefäßen von Glas können vielleicht auch Nachtgeſchirre ſeyn, wie es einige ſcheinen, welche bey den Alten, ſo wie noch ißo mehrentheils in dieſen Ländern, von Glas waren, wie wir auch ſchließen können aus dem, was Theodorus Metochites von der Ungleichheit der beyden Söhne und Nachfolger des Veſpaſianus ſagte; er verglich dieſelben mit einem Becher und mit einem Nachtgeſchirre, die aus einerley Glaſe gemacht waren.

Die Form der Löffel in dieſem Muſeo zeiget ein anderer ebenfalls alter Löffel beym La Chauſſe. [b]

Eine Lampe, welche ein nacktes Kind hält, [c] erläutert eine Stelle des Lucretius und des Virgilius, wo von jugendlichen männlichen Figuren geredet wird, welche Lampen halten, das Haus zu beleuchten, [d] und zugleich eine alte Inſchrift, wo zween Cupidines cum ſuis lychnuchis erwähnet werden. [e] Oben auf einer ähnlichen gedreheten Säule, wie diejenige iſt, die neben dem Kinde ſtehet, hat Bartoli [f] brennendes Feuer vorgeſtellet, wo eine Lampe hinzuſetzen war. Das ſchifförmige Gefäß, Oel in die Lampen zu gießen, hieß infundibulum, und ein dem Herculaniſchen ähnliches in dem Muſeo des Collegii Romani, iſt in der Beſchreibung deſſelben in Kupfer geſtochen. [g]

Von hohen Leuchtern von Erzt, oder Trägern der Lampen, befinden ſich in dem Herculaniſchen Muſeo ſechs und ſiebenzig, und der größte iſt achtehalb Römiſche Palme hoch, wie ich angezeiget habe. An einem einzigen dieſer Leuchter iſt der Stab viereckt, und oben unter dem Teller, wo die Lampe ſtand, ſind zween Köpfe des Mercurius und des Perſeus

gegen

a) Spon. Miſc. ant. p. 206.
b) Muſ. Rom. Sect. 3. Tab. 7.
c) Sendſchr. p. 50.
d) Lucr. II. v. 24. Virg. Aen. I. v. 726.
e) Grut. Inſcr. p. 77. n. 3.
f) Lucern. Part. I. tab. 19.
g) Bonan. Muſ. Kirch. Claſſ. I. Tab. 4. n. 10.

gegen einander, (Capita jugata) welche beyde ihren geflügelten Hut ha=
ben, und Perſeus hält das ihm gewöhnliche Schwerdt mit einem krum=
men Haken, wie die Haken an einigen alten Lampen, den Dacht aus=
zuſterlen, ſind, a) und vielleicht iſt dieſes Werkzeug der Grund von dem
allegoriſchen Bilde des Perſeus an dieſem Leuchter. Harduin würde
den Plinius beſſer erkläret haben, wenn er einen Leuchter, auch nur
in Kupfer geſtochen, in dem Muſeo des La Chauſſe, oder ſonſt wo an=
gebracht, anſehen wollen. Denn wenn deſſen Scribent ſagt, daß die
Künſtler der Inſel Aegina ſuperficiem candelabrorum, das iſt, die
platten Teller der Leuchter, welche voll von zierlichem Schnitzwerke zu
ſeyn pflegen, beſonders ſchön gearbeitet, ſo wie die zu Tarent die Schäf=
te oder Stäbe derſelben, (ſcapos) b) ſo hat ſich der Erklärer hier Wand=
leuchter vorgeſtellet mit Armen wie Zweige geſtaltet, nach der itzigen
Mode.

Bey den Wagſchalen habe ich mich in dem Sendſchreiben geirret:
denn es finden ſich einige mit zwo Schalen, wie man dergleichen auf Mün=
zen und auf anderen Denkmalen vorgeſtellet ſieht. c) Einige derſelben
ſind ſo klein, daß ſie für Goldwagen können gehalten werden. Auf dem
angeführten Gewichte von Bley iſt der erſte Buchſtab des Worts HA=
DEBIS halb getheilt ⊣, nach Art des getheilten griechiſchen H, aus deſſen
rechter Hälſte ⊢ der Spiritus aſper gemacht worden, ſo wie aus der
linken ⊣ der Spiritus lenis.

Ein Degen mit einer eiſernen Klinge iſt etwas über drey Römi=
ſche Palme lang, und die Scheide iſt mit platten großen Nägeln beſchla=
gen, wie der Degen des Agamemnons war, und derjenige, welchen He=
ctor dem Ajax ſchenkete. d) Dieſe Nägel erinnern mich an andere
große Nägel in dem Muſeo, womit die Thüren von Erzte beſchlagen
waren, von welchen einige an drey Seiten des Baſaments, worauf das

Pferd

---

a) Bartol. Lucern. P. 2. tab. 31. P. 3. tab. 20.　　b) Plin. L. 34. c. 6.
c) Gori Muſ. Etr. T. 2. tab. 165.　　d) Il. λ'. v. 29. ή. v. 303.

Pferd von Erzte ſtehet, und zwar in den Ecken zur Zierrath eingelöthet worden. Die Köpfe der Nägel an der Thüre des Pantheon halten an fünf Römiſche Zolle im Durchmeſſer. Dieſe Nägel wurden von ihren künſtlich ausgearbeiteten Köpfen Clavi capitati genennet, [a] und Bentley will, [b] daß dieſe Köpfe auch Vertices geheißen. Philander glaubt, [c] daß Clavi muſcarii beym Vitruvius dergleichen Nägel ſeyn, welcher Meynung auch andere beypflichten. Muſcarium heißt beym Plinius [d] der ausgebreitete Kopf einiger Blumen und Kräuter, welcher den Saamen enthält; dieſes Wort heißt beym Dioſcorides [e] Σκιά-διον, ein Schirm, und weil einige Fliegenwedel etwa dergleichen Form können gehabt haben, ſo macht man eine Muthmaßung auf gedachte Bedeutung. Die Geſtalt eines wirklichen Schirms, nach Art eines Pilzes, hat der Kopf eines Nagels von Erzte in dem Muſeo des Collegii Romani, welcher von beſonderer Deutung war: denn es ſind längſt dem vierecken Stiele deſſelben verſchiedene eingegraben, und auf der einen Seite lieſt man IAω CABAωϴ. Ich habe indeſſen einen Kopf von einem großen Nagel von Erzte geſehen, worauf eine Fliege erhoben gearbeitet war; dieſer wurde von dem P. Paciaudi für den Hrn. Grafen Caylus gekauft.

Merkwürdig ſind verſchiedene Werkzeuge der Wundarzney, welche den unſrigen völlig ähnlich, und von ungemein ſauberer Arbeit ſind. Einige derſelben ſteckten in einer runden Röhre von Kupfer mit ihrem Deckel, in der Dicke eines Fingers, unter welchen die Sonde ſpiralmäßig mit Silber eingeleget iſt. Das beſonderſte iſt eine dünne Röhre in Verhaltung des Urins zu gebrauchen, welche von eben der Form iſt, wie die unſrigen ſind.

Es fehlet auch nicht an geometriſchen Werkzeugen, als Fußmaaßen, welche zuſammen geſchlagen werden, und Cirkeln von verſchiedener

F 2 Größe,

a) Var. de R. ruſt. L. 2. c. 9.   b) Not. ad Hor. L. 3. Carm. 24. v. 6.
c) Annot. ad Vitruv. L. 7. c. 3. p. 275.   d) L. 12. c. 57.   e) L. 3. c. 55.

Größe, unter welchen eine Art von Verticalcirkel zu merken ist. Die=
ser Cirkel hat, wie gewöhnlich, vier Spitzen, welche zwo Verticalische
Oeffnungen machen, eine größere und eine kleinere, so daß diese halb so
groß, als jene ist, und die Hälfte derjenigen Linie anzeiget, welche mit
der grössern Oeffnung gemessen wird.

In der zweyten Classe von Geräthen zum Spiele und zum Schmu=
cke sind nur wenige und einzelne Anmerkungen zu machen. Wenn
Flötenstücke von Horn oder Elfenbein auf eine Röhre von Erzte geste=
cket wurden, scheinet es sich auf diesen Vers des Horatius in der Dicht=
kunst zu beziehen:

Tibia non, ut nunc, orichalco vincta —

Bey der Tessera mit dem Namen Aeschylus [a]) habe ich zu erin=
nern, daß über dem Namen des Dichters die Römische Zahl XII. und
unter demselben eben dieselbe Zahl im Griechischen IB. stehet. Auf einem
anderen Täfelgen von gleicher Größe stehet das Wort HMEP · · · und
oben die Zahl XI. und unten eben diese Zahl im Griechischen IA.

Von Würfeln aus Knochen gemacht findet sich eine ziemliche An=
zahl, welche die Augen gesetzt haben wie unsere Würfel. Wie gemein
das Spiel gewesen mit dem Fersenknochen von Zickeln, oder mit demje=
nigen, welcher das Gelenke zwischen der Klaue und dem Beine macht,
(Talus, *ἀςράγαλος*) zeiget die große Menge, welche im Herculano
gefunden ist. Hardion hat in seiner Abhandlung über die Gewinn=
spiele der Alten [b]) weder die Lage dieses Knochens, noch die Thiere, von
welchen er genommen wurde, angegeben; es haben ihn alle Thiere mit
gespaltenen Klauen. Der große Casaubonus hat diese Spielknochen mit
Würfeln vermischet, [c]) und glaubt, man habe, wie diese, also auch je=
ne aus Bechern geworfen. Die Art, mit denselben zu spielen, war zwey=
fach; die gemeinste Art scheinet dem Spiele der Kinder in Deutschland
                                                                    ähnlich

a) Sendschr. p. 58.   b) Mem. de l'Acad. des Inscr. T. 1.
c) ad Theophr. Char. c. 5. p. 53. ed. Needh.

ähnlich gewesen zu seyn, welche kleine glatte Steine oben von der flachen Hand in die Höhe werfen, um im währenden Wurfe und Falle derselben einen oder mehrere kleine Steine zu fassen, und jene unmittelbar nachher in der Luft wieder zu fangen. Eben so spielen zwo Mädgen mit gedachten Knochen auf dem auf Marmor gezeichneten Gemählde mit dem Namen des Künstlers Alexanders von Athen. Die zweyte Art war, diese Knochen wie Würfel aus der Hand zu werfen, wo eine jede Seite des Knochens eine gewisse Zahl bedeutete: so spielen zwey Kinder in Marmor, welche Lord Hope vor zwey Jahren in Rom erstand, von welchen dasjenige, welches den Gewinst hat, auf dem Sockel sitzet voller Fröhlichkeit; das verspielende aber stehet betrübt. Es könnten diese zwey Kinder die Liebe und den Ganymedes vorstellen, welche Apollonius mit Knochen spielen läßt, [a]) und dessen Beschreibung ist jener Vorstellung in Marmor völlig ähnlich. Der Verfasser besitzet einen Astragalus von Carniol gearbeitet.

Das Maaß des Discus [b]) habe ich itzo genauer genommen; der Durchmesser desselben hält zehen Zolle eines Römischen Palms, und drey Minuten in der Dicke; das länglich runde Loch in der Mitten ist dritthalb Zoll lang, und man kann zum Werfen zween Finger hineinlegen. Ein solcher Discus mit einem Loche ist auf einer gemahlten Vase zu Neapel vorgestellet. [c])

Was die Spiegel von Erzte betrifft, so waren dieselben schon in den ältesten Zeiten aus dieser Materie gemacht, welches diejenigen Spiegel beweisen, die von den Jüdischen Weibern zusammen gebracht wurden, woraus Moses das Gefäß zum Abwaschen gießen ließ. [d]) Einen runden Spiegel mit einem Deckel sieht man auf einer Hetrurischen Begräbnißurne von Volterra, welche nebst anderen von dem Hrn. Cardinal Alexander Albani der Vaticanischen Bibliothek geschenket worden.

F 3　　　　　　　　　　　　Die

a) Argon. L. 2. v. 117.　　　　b) Sendschr. p. 59.
c) Gori Muf. Etr. T. 2. tab. 159.　d) Exod. c. 38. v. 8.

Die dritte Classe der Geräthe begreift so wohl Feder und Dinte, als vornehmlich die alten Schriften.

Ich habe in dem Sendschreiben auf der 85 Seite gesagt, daß die Feder in dem Museo ohne Spalte ist: es kann aber die Spalte durch die Versteinerung unsichtbar geworden seyn: denn daß der Schnabel an den Federn der Alten eine Spalte gehabt, beweisen einige alte Sinn=schriften mit ausdrücklichen Worten. a) Die Gestalt des Schnitts der Feder zeigte sich auch schon vor dieser Entdeckung an derjenigen Feder, welche eine von den dreyen Parcen hält auf einer Begräbnißurne in dem Pallaste der Villa Borghese, die den Tod des Meleagers vorstellet. In einer sehr unrichtigen Zeichnung dieses Werks hat man jener Parce, so wie ihren beyden Schwestern, kurze Stäbe in die Hand gegeben. b)

Insgemein waren die Schreibfedern der Alten nicht aus Bux=baum, wie es die Herculanische scheinen könnte; es würde auch der Schnabel aus diesem Holze nicht nachgeben; sondern ihre Federn waren aus Rohr geschnitten, welches mit dem Papiere selbst aus Aegypten kam; das beste Rohr zu diesem Gebrauche war in der Insel Gnidus, welche daher bey den Dichtern die Rohrreiche Insel genennet wurde. Man findet noch itzo eine Art von dünnem und feinem Rohre sowohl hier, als bey Neapel, woraus sich Federn schneiden lassen, und ich selbst, wenn ich mich zuweilen auf dem Lande ohne Schreibezeuge gefunden, habe mich dergleichen Rohr zum schreiben bedienet. Es hätte also der ge=lehrte Cuper aus dem, was man vor den Herculanischen Entdeckungen wissen konnte, sich einen richtigern Begriff von den Federn der Alten machen sollen; er glaubt, es seyn dieselben nicht aus Rohr geschnitten, sondern eine Art Binsen gewesen, womit man nach Art der Sinesen, wie mit einem Pinsel, geschrieben habe. c)

Von

a) Anthol. L. 1, c. 18. p. 23. L. 5. p. 445. l. 19. & 30. p. 446 l. 29. ed. H. Steph. Anson. ep. 7. v. 49.
b) Gronov. Thes. Ant. Gr. Vol. I. tab. Mmm.   c) Lettr. de M. Cuper 12.

Von der Dinte der Alten glauben einige, daß es diejenige sey, von welcher Persius redet, nämlich der schwarze Saft des bekannten Fisches Sepia, welcher auf der Rückseite verschiedener Syracusischen Münzen abgebildet ist.   Eine ähnliche Art von Fischen, Lolligo genannt, heißt itzo Pesce Calamaro, von dem schwarzen Safte, den er hält.

— Hic nigræ succus Lolliginis, hæc est
Aerugo mera.

Hor. L. I. Sat. 4.

Unterdessen war der Gallapfel den Alten bekannt, und hieß κηκίς, galla atramentaria. [a])   Die itzige Neapolitanische Dinte ist aus Kienruß, Honig und Gummi zubereitet, wird in kleinen Schachteln verkauft, und wird zum Gebrauche mit Wasser flüßig gemacht.

Zuletzt finden sich Erinnerungen und Anmerkungen zu machen über die alten Herculanischen Schriften.

Von dem Namen des Aegyptischen Schilfs, βύβλος, worauf geschrieben wurde, ist durch Aenderung eines Buchstabens ein Buch, βίβλος genennet worden.   Zuweilen aber findet sich dieses Wort in seiner ursprünglichen Schreibart, wie es folgende Inschrift hat, die im Jahre 1758 an einem Orte, La Colonna genannt, etwa zwölf Milien von Rom gelegen, nebst der schönen und einzigen Statue Kaisers Domitianus in der Villa Albani, entdecket wurde.

ΑΛΣΟΣ ΜΕΝ ΜΟΥΣΑΙΣ ΙΕΡΟΝ
ΛΕΓΕ ΤΟΥΤ ΑΝΑΚΕΙΣΘΑΙ
ΤΑΣ ΒΥΒΛΟΥΣ ΔΕΙΞΑΣ ΤΑΣ ΠΑΡΑ
ΤΑΙΣ ΠΛΑΤΑΝΑΙΣ
ΗΜΑΣ ΔΕ ΦΡΟΥΡΕΙΝ ΚΑΝ ΓΝΗΣΙ
ΟΣ ΕΝΘΑΔ ΕΡΑΣΤΗΣ
ΕΛΘΗ ΤΩ ΚΙΣΣΩ ΤΟΥΤΟΝ ΑΝΑ
ΣΤΕΦΟΜΕΝ.

„Sage

a) Scalig. not. in Copam, p. 260.

„Sage, daß dieſer Wald den Muſen gewidmet iſt, und zeige die Bü
„cher bey den Platanen, und daß wir dieſelben verwahren, und wenn
„ein wahrer Liebhaber derſelben hier kömmt, denſelben mit Epheu krönen.

Daß auch die dünne Haut, welche unter der Rinde den Stamm
der Bäume bekleidet, zum Schreiben dienen können, iſt außer dem la-
teiniſchen Worte Liber, welches dieſe Haut bedeutet, wahrſcheinlich aus
Kleidern von ſolcher Baumhaut (εἵματα ἀπὸ ξύλων) welche die In-
dianer in dem Heere des Xerxes trugen; denn ſo verſtehe ich den Hero-
dotus. [a])   Eben dieſer Scribent merket an, [b]) daß βίβλοι von den
älteſten Joniern δίφθέρα, d. i. Haut, genennet worden, weil ſie, wie
er ſagt, aus Mangel des Aegyptiſchen Papiers, ſich der Häute von Ziegen und Schafen bedienet, und viele Völker, fährt er fort, ſchreiben
noch itzo auf Häuten.

Plinius redet nur von Schriften auf Papier, welches gefüttert
war, das iſt, deſſen rückwärts angefügtes Blatt der Länge nach an ein
anderes, welches in der Breite lag, oder umgekehrt, angeleimet war, ſo
daß die Fäſerchen des oberen und des unteren Blattes kreuzweis giengen.
Von dieſer gefütterten Art ſind einige Diplomata in der Vaticaniſchen
Bibliothek, wo auch andere von den Exarchen zu Ravenna ausgeſtellet
aufgehalten werden, welche Maffei beſeſſen, und dieſelben in der Diplo-
matiſchen Geſchichte erläutert hat.   Eins derſelben, welches acht Palme
lang iſt, hat ſein beſonderes verſchloſſenes Behältniß.   Das Papier deſſelben iſt von groben Fäſerchen, welche die Dicke eines ziemlichen Zwirn-
fadens haben.   Von eben dieſer Gattung, und wie dieſe gefüttert, ſind
noch einige Urkunden in dem Archive zu Ravenna aufgehalten.   Es
finden ſich aber nicht in gedachter Bibliothek die auf Pergamen geſchriebenen Reden des heiligen Auguſtinus, welche hier und da mit Blättern
von Aegyptiſchem Papiere durchſchoſſen waren, wie Mabillon berichtet,
der dieſes Werk in der Bibliothek des Präſidenten Petau geſehen, die

von

a) L. 7. p. 258. l. 6.   b) L. 5. p. 194. ed. H. Steph.

von der Königinn Chriſtina gekauft wurde, und nachher der Vatica=
na iſt einverleibet worden. Es wird dieſe Handſchrift nebſt vielen anderen
entwendet ſeyn, ehe dieſer Schatz aus Schweden nach Rom gebracht
worden.

Die Herculaniſchen Schriften, deren Papier einfach und nicht ge=
füttert iſt, beweiſen, daß man aus des Plinius Beſchreibung der Zube=
reitung des Papiers zu Schriften, wo nur allein des gedoppelten Pa=
piers gedacht wird, einen irrigen Schluß gemacht haben würde, wenn
man geglaubet hätte, daß die Alten auf kein einfaches Papier geſchrieben.
Das einfache Papier aber war zu dünne, um auf beyden Seiten zu
ſchreiben, und wenn dieſes geſchehen ſollte, wird das Papier haben müſ=
ſen gefüttert werden, wie man ſich das Papier der hundert und ſechzig
Bücher Commentariorum electorum vorzuſtellen hat, welche der äl=
tere Plinius hinterließ, die auf beyden Seiten geſchrieben waren. *) War
nur eine Seite beſchrieben, und die Schrift hatte ferner keinen Gebrauch,
ſo dienete die ledige Rückſeite zu erſten Entwürfen der Gedanken oder
zu Anmerkungen, welche daher Adverſaria genennet wurden, weil ſie in
adverſa parte, auf der umgekehrten Seite des Papiers, verzeichnet wa=
ren. Man gab auch dergleichen auf einer Seite beſchriebenes Papier
den Kindern, um ſich in Schreiben zu üben. b) Das Papier war, wie
Plinius nebſt dem Auſonius und Caſſiodorus meldet, ſchneeweiß. Unter
denen, welche irrig glauben, daß das Papier von dem Stamme eines
Baums genommen worden, iſt auch Ritterſhauſen. c)

Von dem Leime, mit welchem die Stücke Papier auf einander ge=
leget wurden, hat das vorderſte der an einander geleimten Blätter den
Namen πρωτόκολλον bekommen, wo die Aufſchrift eines Buchs ge=
ſetzt

a) Plin. Jun. L. 3. ep. 5.   b) Horat. L. 1. ep. 20.   c) Obſ. ad Phædri fab. p. 50.

G

setzt war, so wie das letzte Blatt eben daher ἐχατόκολλον hieß. [a]
Wenn eine Rolle Schrift auf solche Art geleimet war, wurde dieselbe
beschnitten, [b] welches sich an den Herculanischen Schriften nicht undeutlich entdecket. Das Werkzeug zum Beschneiden hieß Sicila, und im
Griechischen σμιλαχαρτότομος.

So wie die Röhre, oder das Stäbchen, um welches eine Schrift
gewickelt wurde, weil es in der Mitten lag und hervorragete, der Nabel
genennet wurde, eben so hatte diese Benennung die Erhobenheit auf dem
Mittel der Schilder. [c]

Im Aufwickeln der Rollen Schriften pflegte man das eine Ende
mit dem Kinne zu fassen und zu halten, [d] aber man konnte nicht zu
gleicher Zeit lesen, wie der angeführte Dichter hier verstanden wird. [e]
Denn auf diese Art aufgewickelt, stand die Schrift allezeit in der Quere;
sondern man hielt das eine Ende unter dem Kinne, um gerade aufzuwickeln, und das aufgewickelte hernach in seiner gehörigen Richtung zu lesen.
Mit dem Papiere unter dem Kinne konnte man weder die Herculanischen
Schriften lesen, welche Colonnenweis in der Breite des Papiers geschrieben
sind, noch angezeigte Urkunden, deren Schrift in der Länge heruntergehet.

Die blinden Linien, welche gezogen wurden, um gerade zu schreiben, hießen ἄλοκες, wie uns Hesychius lehret. In den Anmerkungen
zu diesem Scribenten wird dieses Wort erkläret Lacunæ inter scriben-
dum in cera seu cortice currente stilo exaratæ, welches nicht die richtige Bedeutung des Worts ἄλοκες in der Schreiberey gebraucht seyn
kann, und auch dem ursprünglichen Sinne desselben, wo es Furchen
heißt, zuwider ist.

Von

a) Salmas. de usur. p. 415.　　　b) Lucian. adv. indoct. c. 3.
c) Nonn. Dionys. L. 40. p. 511. l. 9.　d) Martial. L. 1. ep. 67.
e) Schwarz. Diss. de ornam. libror. §. 19.

Vom Philodemus, dessen Schriften die ersten sind, welche aufgewickelt worden, führet Laertius das zehnte Buch von der Vereinigung
der Weltweisen an. Es schrieb derselbe, wie sein Meister Epicurus, von
der Redekunst und von der Musik, als welcher sich wider diese erkläreten.
Es untersagte derselbe alle Unterredung von der Musik über Tische, und
räth den Königen, an ihren Tafeln lieber alle mögliche Possen zu dulden,
als musikalische Untersuchungen. *)

Wenn wir von dem Werthe der Philodemischen Schriften in Absicht der Schreibart, aus derjenigen, die dem Epicurus und dem Metrodorus eigen war, schließen können, so würde in jenen nicht viel Zierlichkeit zu suchen seyn. Denn wir wissen, daß Epicurus auf die Wahl, Ordnung und Verbindung der Worte und der Ausdrücke gar nicht bedacht
war, und daß er gelehret habe, die Natur mache im Reden alles, und
die Kunst nichts: daher derselbe auch die Zierlichkeit im Reden seinen
Schülern untersagte, so wie er mit Verachtung von den Wissenschaften
allgemein soll geurtheilt haben. Die Rede vom Epicurus erinnert mich
an folgende nicht bekannt gemachte Inschrift in der Villa Albani, welche
wahrscheinlich von Personen dieser Secte zugethan abgefasset und gesetzet
worden:

PRIMAE
POMPEIAE
OSSVA· HEIC
FORTVNA· SPONDET· MVLTA
MVLTIS· PRAESTAT· NEMINI· VIVE· IN DIES
ET· HORAS· NAM· PRORIVM· EST· NIHIL
SALVIVS· ET· EROS· DANT

G 2   Nach)

a) Plutarch. ἐν τῷ ζ. ἐπ ὅλου κατὰ Ἐπικ. p. 2009. l. 25. ed. H. Steph.

Nach Aufwickelung der vier ersten Schriften, nämlich des Philo=
demus, wurde Hand an die fünfte geleget, an welcher sich der Anfang
der an jenen mangelt, erhalten hat, und es entdecket sich der Name des
Scribenten, ΦΑΝΗΑC, welches entweder der Landsmann des Theo=
phrastus Eresius und Mitschüler desselben seyn kann, der, wie dieser, über
Pflanzen und Gewächse schrieb, [a] oder der Stoische Philosoph und Schü=
ler des Posidonius, welcher, wie Laertius angiebt, περὶ Ποσειδωνείων χο-
λῶν geschrieben hat. Der Name von beyden aber findet sich anderwärts
mit einem Jota, und nicht, wie hier, mit einem Η geschrieben. Nach der
Aufschrift oder dem Titel dieser Rolle ist das Papier in der Länge eines
Palms unbeschrieben. Diese Schrift aber hat viel gelitten, und giebt ei=
nen muffigten Geruch von der Feuchtigkeit, welche ein Blatt an das an=
dere angeklebet hat; aus dieser Ursache wurde die Fortsetzung der Ent=
wickelung dieser Schrift untersaget, und man hat sich an eine andere ge=
macht, an welcher der Anfang mangelt; von derselben aber, da sie noch
nicht aufgewickelt ist, kann weder der Verfasser, noch der Inhalt, ange=
geben werden, bis man an das Ende gelanget, wo die Aufschrift pfleget
wiederholet zu seyn.

Die Königliche Academie der Gelehrten, die zu Erklärung dieser
Schriften und anderer Entdeckungen gestiftet wurde, ist itzo ein Name oh=
ne Bedeutung; es haben auch die Versammlungen seit geraumer Zeit
aufgehöret, nachdem einige Mitglieder gestorben, und andere abwesend sind.
Die Erklärungen der Gemählde sind überdem niemals unter die Academi=
sten ausgetheilet gewesen, sondern es hat nur ein einziger Gelehrter, Pas=
quale Carcani, Königlicher Secretair, daran gearbeitet, welcher dafür
eine Pension von zweyhundert Scudi geniesset. Seit der Abreise des Kö=
nigs von Spanien aus Neapel hat derselbe alle Posttage etwas von seinen
Erklärungen der Gemählde einzuschicken, welches auch der Aufseher des
Musei thut, wenn etwas, es mag noch so klein seyn, entdecket wird, nebst ei=
ner beygefügten Zeichnung.

Itzo

---

a) Casaub. in Athen. L. 2. c. 12.

Itzo werden die Statuen und Bruſtbilder gezeichnet, und man glaubt, es werden die noch übrigen Gemählde zurückbleiben, um in dem fünften Bande bey den Statuen anzufangen; die gröſste Erwartung aber gehet auf die Gefäße und Geräthe.

Der Reiſende, welcher dieſe Schätze zum erſtenmal ſieht, damit er betrachte, und ſo oft er kann, den Beſuch des Muſei wiederhole, ſoll hier, wie nach jedesmaliger Betrachtung von Alterthümern und Kunſtwerken, folgenden Vers der Pythagoráer, welchen ſie ſich alle Abend vorhielten, auch ſich vorhalten:

Πῆ παρέβην; τί δ᾽ ἔρεξα; τί μοι δέον ἀκ ἐτελέσθη;

Leipzig

gedruckt bey Bernhard Christoph Breitkopf und Sohn.

1 7 6 4.

Versuch

einer

Allegorie,

besonders

für die Kunst.

+++++++++++++++++++++++++++++++++

ὧδε ἐγράψαμεν, καθόσον ἦν ἐφικτόν.

Theophr. Eref. de fign. pluv.

Der Königlichen Groß-Britannischen

Gesellschaft der Wissenschaften

auf der berühmten

Universität zu Göttingen

zugeeignet.

Dresden, 1766.

In der Waltherischen Hof-Buchhandlung.

Vorrede.

Mit keiner meiner Schriften bin ich furchtsamer gewesen, als mit dieser, hervorzutreten, weil ich meine Absicht nicht erreichen können, und befürchte die Erwartung derselben erfüllet zu haben. Denn ich kan kein Repertorium liefern auf alle Fälle für diejenigen welche allegorische Bilder suchen, sondern ich gebe, was ich von alten und von einigen neueren Bildern gefunden, und eine Anleitung andere aus alten Nachrichten zu ziehen.

In Absicht der Bilder aus Schriften und aus anderen Denckmalen der Alten glaube ich das möglichste geleistet zu haben, und so unvollständig diese Sammlung auch geachtet würde, kann dieselbe diejenigen die zugleich mit mir an Ausführung eines ähnlichen Unternehmens gedacht haben, unterrichten, daß es schwer sey, etwas vollständiges zu geben; und aus diesem Grunde habe ich nicht länger anstehen wollen zu erscheinen. Diejenigen welche sich zeitiger als es mir gelungen ist, in dieses Feld wagen können, das ist, welche auch in dieser Absicht alle und jede alte Scribenten lesen, werden das was von mir übergangen worden, hinzuthun.

Der zuverläßigste Weg unbekannte allegorische Bilder zu finden, ist die Entdeckung alter Denckmale; es erfordert aber Zeit, bis sich viele von denselben gesammlet haben, und folglich bleibet die Bereicherung der Allegorie aus noch nicht entdeckten Schätzen für unsere Nachkommen.

Wenn die Kunst mehr als bisher geschehen ist, der Gelehrten, ja selbst der Alterthumskündiger Absehen gewesen wäre, würde die Allegorie aus den in neueren Zeiten entdeckten alten Wercken nicht wenig erweitert worden seyn. Es wurden aber, da man vor zweyhundert Jahren anfieng, doch nur gelegentlich, nach alten Schätzen in Rom zu geben, verstümmelte und mangelhafte Wercke nicht geachtet, und ohne weitere Untersuchung zu Kalck verbrannt, welches Unglück sogar ziemlich erhaltene große Wercke betraf, von denen Pirro Ligorio in seinen Handschriften in der Vaticanischen

Bibliothec verschiedene nahmhaft machet. Die Gelehrten waren auch nur aufmercksam auf dasjenige, wo die Gelehrsamkeit offenbar war, und das Licht welches aus Betrachtung der Kunst entstehen kann, gieng ihnen nicht auf.

Ich spreche indessen niemanden die Hofnung ab, an bekannten Werken der alten Kunst neue Bemerkungen auch zur Allegorie zu machen; diese aber sind nur in scheinbaren Kleinigkeiten zu finden, über welche der Liebhaber und der Künstler selbst hinweg zu sehen pfleget. Zwo von solchen Bemerckungen, und zwar über die Ohren an alten Köpfen, die ich hier mittheile, können zu ähnlichen Betrachtungen Gelegenheit geben, und die zwote könnte zur Allegorie dienen.

Die Erste Bemerkung betrift ein vermeintes Kennzeichen der Köpfe von Göttinnen aus den Ohren, welche der gelehrte Buonarroti gemacht zu haben glaubete (a). Dieser Mann welcher mehr als andere vor ihm über Wercke der alten Kunst, insbesondere wo es auf Gelehrsamkeit ankommt, eine sorgfältige Untersuchung gemachet, setzet als untrüglich, daß nur allein die Bildniße der Göttinnen Ohr-Gehenke gehabt haben, oder durchgebohrte Ohren, dieselbe anzuhängen, wovon derselbe an denen welche Kayserinnen und andere Frauen, so wohl von Marmor, als auf Münzen und in geschnittenen Steinen vorstellen, bis auf die Gemahlinn des Theodosius, keine Spur gefunden hat. Dieses verstehet sich nicht von allen und jeden Köpfen der Göttinnen; denn es findet sich das Loch in den Ohren nur an einzelnen Bildern derselben. Folglich könnte man nach diesem Ausspruche, wo ein alter weiblicher Kopf eine gewisse Idealische Schönheit und Löcher in den Ohren hat, denselben einer Göttinn zueignen, da an einigen Köpfen, sonderlich der Livia, welche eine hohe Schönheit hat, der Unterschied zwischen der Menschlichen und der Göttlichen Bildung zweifelhaft seyn könnte. Diese Bemerckung schien mir bey dem ersten Anblicke wichtig, wurde aber vernichtet, da ich mir einiger Köpfe von bestimmten Personen erinnerte, die das Ohr-Läppchen durchboret haben. Von solchen Köpfen sind im Campidoglio Antonia, die Gemahlin des Drusus (b) und ein Brustbild einer betagten Frau von späterer Zeit, wie man aus dem Haar-Putze schliessen kan, nebst einigen anderen Köpfen, deren ich mich izo nicht entsinne.

Die

(a) Osserv. sopra alc. Vetri, p. 154.   (b) Mus. Capitol. T. 2. tav. 8.

Die zwote Bemerkung betrift eine besondere Form der Ohren.
Es sind die Ohren überhaupt, wo sie unbedeckt erscheinen, mit grossen Fleisse von den alten Künstlern ausgearbeitet worden, so daß
man mit Zuversicht aus einem Stücke eines verstümmelten Kopfs,
an welchem nichts als das Ohr erhalten wäre, auf den ehemaligen
Werth des Kopfs schliessen kan, und an Köpfen, wo es zweifelhaft
scheinen könnte, ob sie alt oder neu sind, oder an denen welche von
neuen überarbeitet worden (Teste ricaminate) entscheidet allezeit das
Ohr. In dem ersten Falle zeuget ein schönes Ohr von dem wahren Alterthume: Denn die neueren Künstler haben an Köpfen, die
zu Ergänzung aller Statuen gemacht worden, sich nicht die Mühe
genommen, das Ohr wie die Alten thaten, auszuarbeiten, da die
Zeichnung dieses Theils eine der schwersten am ganzen menschlichen
Körper ist: Im zweyten Falle aber kann man aus dem Ohre sehen,
ob die übrige Arbeit im Gesichte mit dem alten Ohre übereinkomme.

Hier aber rede ich von einer besonderen Form der Ohren an
einigen Statuen und Köpfen, sonderlich an den mehresten Köpfen
des Hercules. Diese Ohren sind klein, platt an dem Kopfe gedru-
cket, und der knorbliche Gang oder der Flügel des Ohrs, und besonders derjenige Theil, welcher Anthelix heißt, ist wie bewachsen
oder geschwollen, wodurch die Oefnung des Ohrs enge wird, und
es sind wie Einschnitte innerhalb an dem Rande der Oefnung. So
gestalte Ohren hat die Statue des Hercules von vergoldeten Ertzte,
im Campidoglio, eine Statue desselben in der Villa Medicis, und
eine andere im Pallaste Mattei, und von dessen Köpfen, einer im
Campidoglio, ein anderer in der Villa Albani, zwey Capita jugata
desselben in eben der Villa, ein anderer Kopf bey dem Bildhauer
Cavaceppi, und einer welcher im Pallaste Salviati war.

Eben solche Ohren hat eine von den beyden Colossalischen Statuen des Castor und des Pollur auf dem Campidoglio (denn der
Kopf der anderen Statue ist neu,) und die Statue eines nackten
Ringers in der Villa Medicis, welcher von oben her Oel über sich
ausgiesset. Ferner haben so gestalte Ohren eine junge Heroische
Statue mit ihrem eigenem und einem der schönsten Köpfe aus dem
Alterthume, in der Villa Albani, und eine dieser ähnliche, aber
noch nicht ergäntzte Figur, bey gedachten Bildhauer, ingleichen
ein jugendlicher Kopf einer bestimmten Person mit Blättern, wie
es scheinet, vom Pappelbaume, welche Wein-Blättern gleichen,

* * *

und

und daher ist dieser Kopf in der Beschreibung des Musei Capitolini
ein Bachus genennet (a). Eben daselbst ist mit solchen Ohren ein
Kopf mit Tannen-Laub bekränzt, welcher folglich von einer Statue
eines Siegers in den Isthmischen Spielen seyn muß, wo ein solcher
Kranz der Preis war.

Ich schließe hieraus da eine von gedachten Statuen der Dioscu-
rer, auf dem Campidoglio (als welche sich im Ringen berühmt gemacht, und daher die Gymnastischen Spiele in ihrem Schutze hatten) nebst dem Ringer in der Villa Medicis, Ohren von gedachter
Form haben, daß diese den Ringern eigen gewesen, und daß auch
hieraus der Grund zu nehmen sey von eben solchen Ohren des Hercules, welcher von den mehresten für den Stifter der Olympischen
Spiele gehalten wird, und dieselben mit eigenen Proben seiner
Stärcke und Geschicklichkeit einweihete.

Da aber die Statue eines Ringers von schwarzen Marmor,
mit einem Oel-Fläschgen in der Hand, in der Villa Albani, ingleichen eine erhoben gearbeitete Figur eines andern Ringers, mit dem
Schabe-Zeuge (Strigilis) und mit dem Oel-Fläschgen, in eben der
Villa, (b) nicht Ohren von beschriebener Form haben, so müssen
diese nur besonderen Ringern eigen gewesen seyn. Diese waren vermuthlich die Pancratiasten, welche rungen und zugleich auf einander schlugen, das ist, in alle Wege ihren Gegener zu überwältigen
suchen, welches das Wort Pancratiastes sagen will, und in eben
dieser Bedeutung wurden dieselben πάμμαχοι genennet. (c) Als
Pancratiastes erhielt Pollur den Preis in den ersten Pythischen
Spielen bey Delphos, und da dieser vornehmlich sich in Ringen
hervorthat, so wie Castor in Fahren, so ist zu glauben daß jener allein solche Ohren hatte, und daß also mehrmahl gedachte Statue
auf dem Campidoglio Pollur vielmehr als Castor sey. Hier könnten die beyden Ringer in der Gallerie zu Florenz angeführet werden; es ist aber aus den Köpfen derselben nichts zu schließen, weil
dieselben zwar alt sind, aber nicht zu den Figuren gehören, wie
man aus einem alten Kupfer dieses Gruppo ersiehet, welches ehe
dasselbe ergänzet worden, gestochen ist, mit dieser Unterschrift:
"Die ringenden Söhne der Niobe"; woraus ich schließe, daß dieses
Werk nebst andern Figuren der Niobe, in der Villa Medicis, an
einem

(a) Mus. Capit. T. I. tav. 48.   (b) S. im dritten Cap. Ringer.   (c) Plut. Eutych
p. 269. l. 2. ed. Bas. 1534.

einem und eben demselben Orte gefunden worden. Denn die Fabel
sagt, daß einige von den Söhnen der Niobe von den Pfeilen des
Apollo erleget worden, da sie sich auf der Palästra im Ringen
übeten.

Ich glaube also das Kennzeichen und den Unterscheid der Köpfe
der Pancratiasten von anderer Ringern durch diese Bemerkung fest
gesetzt zu haben, welches durch einige bisher nicht verstandene Anzeigen alter Scribenten kann erläutert werden, so wie diese wechselsweis durch jene Bemerkung Licht bekommen.

Philostratus wenn er seinen Palamedes eine Beschreibung der
Gestalt des Hectors in den Mund leget, giebt ihm besondere Ohren
(ὦτα κατεαγώς ἦν) (a) die zerbrochen oder zerschlagen gewesen, nicht
wie er sagt, vom Ringen auf der Palästra, als welches bey den Völ-
ckern in Asien nicht üblich war, sondern im Kampfe mit Ochsen.
Was hier ὦτα κατεαγώς heißt, nennet eben der Scribent in der Beschreibung das Nestors mit gleich bedeutenden Worten ἀμφι
παλαίςραν αὐτῷ πεπονημένα τὰ ὦτα, (b) die auf der Palästra durchgearbeitet waren, das ist durch Schläge mit der Faust, vor welche man
sich in spätern Zeiten mit ἀμφωτίδες verwahrete, die von Ertze waren.
Ungereimt aber scheinet mir der Gegensatz beym Hector, daß er solche Ohren nicht auf der Palästra, sondern in dem Kampfe mit Ochsen bekommen, wo dieses nicht möglich ist, wie ein jeder einsiehet,
und auch Vigenere in den Anmerkungen zu dessen französischen Uebersetzung des Philostratus angezeiget hat. (c) In dieser Absicht, glaube
ich, hat der letzte Uebersetzer in der Leipziger Ausgabe dieses Scribenten sich mit einem allgemeinen Ausdrucke zu helfen gesuchet, in
dem er ὦτα κατεαγώς ἦν gegeben hat, Athletico erat habitu.

Ein Pancratiaste mit solchen Ohren heißt beym Lucianus
ὠτοκάταξις (d) und mit einem gleich bedeutenden Worte beym Diogenes Laertius ὠτοθλαδίας (e) wenn er von dem Philosophen Lycon
redet, welcher ehedem ein berühmter Ringer war. Dieses letztere
Wort wird vom Hesychius, Suidas und vom Eustathius (f) erkläret, τὰ ὦτα τεθλασμένα, das ist, gepreßte und zerquetschte Ohren,
kann also nicht von verstümmielten Ohren verstanden werden, wie
Daniel

(a) Heroic. c. 12. p. 722.　　(b) Ibid. c. 3. §. 3. p. 698.　　(c) p. 795.
(d) Lexiph. p. 828. ed. Graev. Pollue. Onom. L. 2. Segm. 83.　　(e) L. 5.
Segm. 67.　　(f) In Iliad. φ. p. 1324. l. 37.

Daniel Heinſius hier das Wort καταγνυσθαι, κατεαγως erkläret: (a)
Denn von Menſchlichen Körpern gebraucht heißt daſſelbe zerſchlagen, wie beym Ariſtophanes, jemanden den Kopf derbe zerſchlagen, (b) und zuweilen, zerſetzen, zerſchneiden. (c)   Salmaſius
führet gedachte Stelle des Diogenes an (d), und hält ſich lange
bey dem Worte εμπινης auf; aber das ſchwerere Wort ωτοθλα-
διας übergehet derſelbe mit Stillſchweigen: Es konnte aber dieſer Gelehrte ſo wenig, als Menage in ſeinen Anmerkungen über
den Laërtius völliges Licht geben, ohne der von mir gemachten
Bemerkung.

        Philoſtratus hat ſich wahrſcheinlich der Redensart des Plato
bedienet da wo dieſer dem Socrates durch dem Charicles ant-
worten läſſet: Sage mir Charicles, redet ihn Socrates an,
ob die Athenienſer durch den Pericles beſſer gemacht worden,
oder vielmehr durch ihn faul und geſchwätzig geworden? Wer
wird dieſes ſagen, erwiedert ihm Charicles,   auſſer diejenigen
welche die Ohren zerſchlagen haben?   (τῶν τα ωτα κατεαγοτων
ἀκόυεις ταυτα (e).   Das iſt, Leute welche nichts anders wiſſen,
als ſich in den Gymnaſien zu balgen; und man könnte glauben,
daß hier die Spartaner gemeinet ſeyn, welche die Künſte und
Wiſſenſchafften, die Pericles zu Athen in Flor brachte nicht auf
gleiche Weiſe ſchätzeten, und vornemlich Leibes-Uebungen trieben! Serranus hat dieſes überſetzet: "Dieſes ſagen diejenigen
"welche die Ohren von ſolchem Gewäſche angefüllet haben" (Haec
audis ab iis qui fractas obtuſaſque iſtis rumoribus aures habent. (f)
Meine Muthmaſſung in Abſicht der Spartaner gründet ſich auf
eine andere Stelle des Plato in deſſen Geſpräche Protagoras genannt, wo unter den Kennzeichen der Spartaner, welche dieſelben von anderen Griechen und ſonderlich von den Athenienſern
unterſchieden, von jenen geſaget wird; οι μεν ωτα καταγνυνται
welche ſich die Ohren zerſchlagen, und dieſes haben die Ueberſe-
ſetzer, ja ſo gar Meurſius (g) von eigenem zerſchneiden der Ohren
verſtanden, (aures ſibi concidunt:) Ein franzöſiſcher Ueberſetzer die-
                                                                ſer

(a) Not. in Horat. ep. 1. v. 30. p. 92. ed. Elzer. 1629. 8.   (b) Acharn. v. 1165.
    (c) Aretaeus Cappad. p. 129. l. 28. ed. Oxon. 1723.   (d) Ad Tertull. de
Pall. p. 233.   (e) Gorg. p. 329. l. 16.   (f) p. 295. l. 25.   (g) Miſcel.
Lac. L. 1. c. 17. p. 81.

fer Stelle ist dem wahren Sinne näher gekommen, wenn er sagt: ils se froissoient les oreilles (a). Ferner hat Meursius nebst anderen darinn geirret, daß sie das nachstfolgende ἱμάντας περιελίττονται "sie umbinden sich mit Riemen," auf die Ohren gedeutet, als wenn die Spartaner dieselben, nach dem Zerschneiden mit Riemen umwunden: Dieses ist von Schlag-Riemen (Caestibus) zu verstehen, welche sie sich um die Hände wickelten. Als ich auf die Form der Ohren aufmercksam war, fiel mir ein, daß Ptolemäus Hephästion beym Photius vorgiebt, (b) Ulysses sey zu erst Utis (Οὖτις) genennet worden, und dieses von seinen grossen Ohren; es muß diese Sage aber von wenigen angenommen seyn: An den Köpfen des Ulysses in Marmor sind wenigstens die Ohren von gewöhnlicher Größe und Form.

Da es nun bisher geschehen, daß wenn alte Köpfe gezeichnet worden, man auf die Ohren wenig oder gar nicht Achtung gegeben hat, und diese nach Belieben gebildet und ausgeführet worden, so kann die Bemerkung von den Ohren der Pancratiasten den Zeichner so wohl, als den Liebhaber der Alterthümer und die Scribenten über dieselben aufmercksam machen.

Ferner kann diese Bemerkung auch in der Allegorie ihren Nutzen haben. Denn wenn bildlich angedeutet werden sollte, daß die ältesten Griechen nur allein auf Leibes-Uebungen Preise und Belohnungen gesetzet haben, könnte dieser Gedanke in dem Brustbilde eines Pancratiasten (bequemer als in einer Statue wegen des Gruppirens) welcher von der Figur Griechenland (S. Eilfte Cap.) gekrönet wird, zum Theil vorgestellet werden. Das Zeichen einer Palästra bey den Griechen könnte ein solches Brustbild über dem Eingange eines Gebäudes seyn, u. s. f.

Ich begreife wohl, daß wenn in dieser Schrift das Absehen allein auf die Kunst gegangen wäre, ich theils vieles unberühret lassen,

---

(a) La Nauze Mem. sur l' état des Sciere. chez les Laced. dans les mem. de l'Acad. des Inscr. T. 19. p. 170. (b) Nov. hist. L. 5. ap. Phot. Bibl. p. 244 l. 5. ed. Aug. Vind. 1601.

laſſen, manches auf verſchiedene Art als es geſchehen iſt, anzeigen
können, und die ganze Einrichtung wäre alsdenn anders zu entwerfen geweſen; da aber die Künſtler insgemein ihre Gedancken
einem Gelehrten mitzutheilen Gelegenheit haben, ſo bin ich bey
dem anfänglichen Entwurfe geblieben, in Hofnung einer mehreren Nutzbarkeit, welche ich wünſche erreichet zu haben.   Rom,
den erſten Jenner, 1766.

Verſuch

Versuch
einer Allegorie
besonders für die Kunst.

Dieser Versuch einer Allegorie bestehet aus eilf Capiteln.
Das Erste handelt von der Allegorie überhaupt; Das
Zweyte von der Allegorie der Götter; Das Dritte von
bestimmten Allegorien, vornehmlich allgemeiner Begriffe; Das
Vierte von Allegorien die von Begebenheiten und von Eigenschaf-
ten und besondern Früchten der Länder genommen sind; Das
Fünfte von Allegorien der Benennungen der Sachen und Personen; Das Sechste von Allegorien, in der Farbe, in der Materie,
an Geräthen und Gebäuden; Das Siebente von zweifelhaften
Allegorien; Das Achte von erzwungenen und ungegründeten Erklärungen der Allegorien; Das Neunte von verlohrnen Allegorien;
Das Zehende von einigen guten und brauchbaren Allegorien der
Neueren, und das Eilfte enthält einen Versuch von neuen Allegorien aus dem Alterthum. Der Entzweck der Wissenschaft ist, wie
die Alten sagen, das Mangelhafte auszufüllen, und dieses ist auch
meine Absicht gewesen.

Das

Das erſte Capitel.
Von der Allegorie überhaupt.

Die Allegorie iſt, im weitläuftigſten Verſtande genommen, eine An=
deutung der Begriffe durch Bilder, und alſo eine allgemeine Spra=
che, vornehmlich der Künſtler, für welche ich ſchreibe: Denn da die Kunſt,
und vornehmlich die Mahlerey eine ſtumme Dichtkunſt iſt, wie Simoni=
des ſagt, ſo ſoll dieſelbe erdichtete Bilder haben, das iſt, ſie ſoll die Ge=
danken perſönlich machen in Figuren.   Die eigentliche Bedeutung des
Worts Allegorie, welches die älteren Griechen noch nicht kannten, iſt, et=
was ſagen welches von dem was man anzeigen will, verſchieden iſt, das
iſt, anders wohin zielen, als wohin der Ausdruck zu gehen ſcheinet, auf
eben die Art wie wenn ein Vers eines alten Dichters in ganz verſchiedenen
Verſtande angewendet wird.   In folgenden Zeiten aber iſt der Gebrauch
des Worts Allegorie erweitert, und man begreift unter Allegorie alles was
durch Bilder und Zeichen angedeutet und gemahlet wird; In ſolchem Ver=
ſtande hat Heraclides Ponticus in der Aufſchrift ſeiner Abhandlung von den
Allegorien des Homerus dieſes Wort genommen, und dieſer Bedeutung zu
folge iſt die Abhandlung einer Allegorie eben das, was andere Iconologie
nennen (a).

Ein jedes allegoriſches Zeichen und Bild ſoll die unterſcheidenden Ei=
genſchaften der bedeuteten Sache in ſich enthalten, und je einfacher daſſelbe
iſt, deſto begreiflicher wird es, ſo wie ein einfaches Vergrößerungs-Glas
deutlicher als ein zuſammengeſetztes die Sachen vorſtellet.   Die Allegorie
ſoll folglich durch ſich ſelbſt verſtändlich ſeyn, und keiner Beyſchrift vonnö=
then haben; es verſtehet ſich jedoch dieſe Deutlichkeit Verhältnißweiſe.
Dieſes iſt der allgemeine Begriff von der Allegorie und von ihrer erforder=
ten Eigenſchaft, und dieſe ſowohl als jene werden in dieſem Capitel deutli=
cher erkläret, ſo daß zuerſt von der Allegorie der Alten ſonderlich der Grie=
chen, und hernach von der Allegorie der neueren Scribenten und Künſtler,

ingleichen

(a) Conf. Scalig. Poet. L. 3 c. 53.

ingleichen von neuen Bildern überhaupt gehandelt wird. Es hat also dieses Capitel zweene Abschnitte.

Die Natur selbst ist der Lehrer der Allegorie gewesen, und diese Sprache scheinet ihr eigener als die nachher erfundene Zeichen unserer Gedanken: denn sie ist wesentlich, und giebt ein wahres Bild der Sachen, welches in wenig Worten der ältesten Sprachen gefunden wird, und die Gedanken mahlen, ist unstreitig älter als dieselben schreiben, wie wir aus der Geschichte der Völker der alten und neuen Welt wissen. Einige bildliche Benennungen sind Ländern und Gegenden von ihrer Gestalt gegeben (a), wie der älteste Namen der Insel Sardinien Ichnusa (Ἰχνοῦσα) zeiget, weil die erste Schiffahrende sich dieses Land als eine menschliche Fußsohle (Ἴχνος) vorgestellet hatten (b); einige Vorgebürge in Sicilien und ein anderes in Pontus hiesen Widderköpfe, weil sie denselben ähnlich schienen (c). Zuweilen ist zweifelhaft, ob die Benennung oder das Zeichen der Sache älter sey, wie an dem Gestirnen auf den Hörnern des Ochsen im Thierkreise, welche in Gestalt eines Griechischen Υ stehen, und Ὑάδες genennet wurden, weil sie auf Regen deuteten, wenn sie auf unsern Horizon erscheinen.

Die in Bildern redende Natur und die Spuren von bildlichen Begriffen erkennet man so gar in dem Geschlechte der Worte, welches die ersten Benenner derselben mit den Worten verbunden haben. Das Geschlecht zeuget von einer Betrachtung der wirkenden und leidenden Beschaffenheit, und zugleich des Mittheilens und des Empfangens, welches man sich Verhältnißweise in den Dingen vorgestellet, so daß das Wirkende in männlicher Gestalt und das Leidende weiblich eingekleidet worden. Die Sonne hat in den alten und in den mehresten neuen Sprachen eine männliche Benennung, wie der Mond eine weibliche, weil dort Wirkung und Einfluß erkannt worden, hier aber Annehmen und Empfängniß, und daher haben Aegypter, Phoenicier, Perser, Hetrurier und Griechen die Sonne männlich und den Mond weiblich gebildet. In der deutschen Sprache ist in beyden Worten das Gegentheil, wovon ich den Grund anzugeben andern überlasse. So

A 2　　　　　　　schei=

(a) Eustath. Schol. in Dionys. Perieg. v. 156.　(b) Pausan. L. 10. p. 836. l. 20.
(c) Dionys. Perieg. v. 90. 153. 312.

scheinet Gott, der Tod, die Zeit und andere Begriffe mit dieser Betrachtung des Wirkens und Einflußes in den alten Sprachen männlich benennet zu seyn. Die Erde hat eine Benennung weibliches Geschlechts und ist in weiblicher Gestalt gebildet, weil dieselbe den Einfluß des Himmels und die Witterung empfängt, und nur durch Mittheilung wirket. Es ist also hieraus zu schließen daß die ältesten Zeichen der Gedanken muthmaßlich bildliche Vorstellungen derselben gewesen.

Unter den Egyptern, welche, wie die Griechen sagen, die Allegorie erfunden haben, war dieselbe allgemeiner als unter andern uns bekannten Völkern, und sie hieß ihre heilige Sprache, in welcher die verständlichen Zeichen, das ist, die Bilder der Dinge, die ältesten scheinen. Diese Zeichen aber haben sich nur in Schriften späterer Zeiten angemerket erhalten, und finden sich, so viel man einsehen kann, nicht auf ihren alten Denkmaalen, als welche wie P. Kircher (a) anmerket, nicht über dreyhundert Zeichen enthalten, so wie die Sinesische Sprache etwa zweyhundert und vierzig Radical-Zeichen hat (b). Zeichen von dieser Art sind zween Füsse in Wasser, welche bedeuteten, was wir einen Gerber nennen: Zween Füsse die auf dem Wasser gehen, waren ein Sinnbild der Unmöglichkeit, und das Feuer bildete ein Rauch, welcher in die Höhe stieg (c). Der Elephant mahlete die Furchtsamkeit und die Bestürzung, weil dieses Thier sich vor seinen eigenen Schatten scheuen soll, aus welcher Ursach man dasselbe bey Nacht durch Wasser und über Flüsse führet. Ein Mensch der sich selbst übels thut, wurde in dem Bilde des Bibers vorgestellet, weil derselbe wie man irrig glaubte, sich seine Hoden abbeiset, und dadurch andern Thieren im Wasser, die jenes um eben dieses Theils willen nachfolgen, entgehet (d). Hierher gehöret der Löwe, als ein Bild der Wachsamkeit, weil man vorgegeben, er schlafe mit offenen Augen, daher auch Löwen von Stein in dieser Bedeutung an dem Eingange ihrer Tempel standen. Das Auge bedeutete die Vorsicht, und eine Hand und Flügel an dasselbe, die Geschwindigkeit des Verstan-

(a) Oedip. T. 3. p. 556.   (b) Freret Reflex. sur les princip. de l'art d' écrire, dans les Mem. de l'Acad. des Inscr. T. 6. p. 622. T. 18. p. 426.   (c) Horapol. Hierogl. L. 1. c. 65. L. 2. c. 16.   (d) Ibid.

ſtandes begleitet von der Ausführung eines Entwurfs (a). Dieſem Bilde
iſt es ergangen wie dem Heil. Moritz auf Münzen der Stadt Halle im
Magdeburgiſchen, in deſſen Figur man ſich eine Fledermaus vorgeſtellet,
und die Münzen daher Fledermäuſe genennet (b); Jenes haben die Antiquarii vor einen Priapus angeſehen. Der Cynocephalus konnte auf aegyptiſchen Waſſer-Uhren ein bedeutendes Bild ſeyn, weil dieſes Thier alle
Stunden ſein Waſſer laſſen und bellen ſoll.

Sehr viel Zeichen aber, die nachher um dieſe Sprache räthſelhaft zu
machen, erfunden worden, müſſen wie die Pythagoriſchen Symbola (c),
welche von jenen entlehnet geglaubet wurden, nicht das nächſte Verhältniß
zu ihren Begriffen gehabt haben. Von dieſer Art ſcheinen diejenigen, welche auf den Egyptiſchen Denkmaalen erhalten ſind, und von andern wiſſen
wir es, wie z. E. die Zunge iſt, deren Zeichen ein Topf war (d), oder der
Fiſch als ein Bild des Haſſes (e), ingleichen der Roßkäfer und der Geyer,
den Vulcanus anzudeuten, und jene Thiere umgekehrt geſetzet, die Pallas (f),
ferner die weibliche Natur durch einen Triangel vorgeſtellet (g), in welchem
Zeichen dieſelbe auf den Säulen, die Seſoſtris in den Ländern ſetzen ließ,
welche er nicht durch Waffen bezwungen, angezeiget geweſen ſeyn wird. Es
iſt auch die Bedeutung der Schlange an den Mützen der Könige und Prieſter in Aegypten, welche Diodorus giebt (h), ſehr weit hergeholet; ſie ſoll
nemlich anzeigen, daß ein jeder welcher der Verrätherey überführet worden, ſo gewiß mit dem Tode ſelle beſtraft werden, als wenn er von einer
giftigen Schlange wäre gebißen worden. Eben ſo wenig finden wir das
Verhältniß einer Strauß-Feder mit dem Begriffe der Billigkeit, welchen
dieſe Feder auf dem Haupte der Iſis geben ſoll (i). Ich mache in meinen
alten Denkmaalen eine Iſis bekannt mit einer Krone von gerade aufſtehen-

A 3 den

(a) Clem. Alex. Strom. L. 5. p. 671. l. 1. L. 7. p. 853. l. 11. ed Rob. Steph. conf. Deſcr. des
Pier. gr. du Cab. de Stosch. p. 2.   (b) Weſtphal. de Conſuet. ex ſacco etc.
(c) Plutarch. de Is et Oſir. p. 679. l. 23. ed H. Steph.   (d) Horapol. L. 1. c. 27.
Caſaub. ad Theophr. Char. c. 7. p. 74.   (e) Plutarch. l. c. p. 648. l. 13.
(f) Horapol. l. c. c. 12.   (g) Euſeb. Praep. Eu. l. 3. p. 60. l. 22. conf. Euſtath. in Hom. p. 1539. l. 33. ed Rom.   (h) l. 3. p. 145. ed Wech.   (i) Horapol. L. 2. c. ult.

den Strauß=Federn, welche uns nach jener Bedeutung derſelben ein Bild der Gerechtigkeit giebt: denn Jſis iſt die Göttinn der Gerechtigkeit (a). Es iſt daher mehr als wahrſcheinlich, daß die gegenwärtigen Hieroglyphen größtentheils eben ſo willkührliche Zeichen ſind, als die älteſten Buchſtaben der Sineſen, zu welchen nach dem Vorgeben die Gelehrteſten dieſer Nation, die Spuren verſchiedener Vögel die dieſe mit dem Füſſen im Sande gelaſſen, das Modell geweſen ſeyn ſollen, wie ſie denn auch ihre älteſten Buchſtaben Nachahmung der Vögel=Spuren nennen.

Gedachte Dunkelheit der mehreſten Hieroglyphen war daher Urſach daß ſich dieſe ſymboliſche Sprache, da Egypten nicht mehr von Königen ihrer Nation beherrſchet wurde, verlohr. Man kann aber von denenjenigen Obeliſken, an welchen keine Hieroglyphen eingehauen ſind, wie der auf dem Platze der St. Peters=Kirche, und ein kleinerer vor St. Maria Maggiore ſind, nicht ſchließen, daß dieſelben nach der Eroberung von Egypten gemacht worden. Denn der erſte hatte vermuthlich Hieroglyphen auf Tafeln von Ertzt eingeſchnitten, welche an dem unterſten Theile deſſelben befeſtiget waren, wie vier und zwanzig viereckte Löcher anzeigen, die durch Blumen= Kränze und durch Adler von Ertze verdecket worden; die Vertiefung aber in dem Steine an der Stelle wo gedachte Tafeln werden angefugt geweſen ſeyn, iſt noch ſichtbar. Das untere Ende eines zerſtümmelten Obeliſks zu Alexandrien hat ebenfalls Löcher an den vier Ecken deſſelben, wie mir der berühmte Ritter Wortley Montagu berichtet, welche in eben der Abſicht eingehauen zu ſeyn ſcheinen.

Die Erklärung der Hieroglyphen iſt zu unſern Zeiten ein vergebener Verſuch, und ein Mittel lächerlich zu werden. Kircher lehret uns in ſeinem aegyptiſchen Oedipus voll von tiefer Gelehrſamkeit, faſt nichts was zur Sache gehöret, et hunc tota armenta ſequuntur. Es iſt auch dem Aler. Gordon, welcher einer von dem letzten iſt, die ſich hier gezeiget haben, mit ſeinen Erklärungen einiger Bilder auf gemahlten Mumien, nicht viel beſſer gelungen. Auch Norden hat hier ſeine Wiſſenſchaft zeigen wollen; er gedenket eines hieroglyphiſchen Zeichens auf der Stirne der ſo genannten hei-

. ligen

(a) Plutarch. de Is. et Oſir. p. 627. l. 15.

ligen Heuschrecke (a), sagt aber nicht, was es vorstelle. Was die aegyptischen Götter betrift, deren Geheimniß auch durch den schwarzen Stein ihrer Bilder vorgestellet werden soll (b), so ist die Allegorie der mehresten bekannt, und von alten und neuen Scribenten berühret, welche ich daher mit
Stillschweigen übergehe: Denn die Absicht dieses Versuchs ist die Allegorie der Griechen, deren Werke und ihre Nachahmung unserer Künstler Au-
genmerk seyn soll.

Unter den Griechen wurde von den ältesten Weisen, nach Art der Aegypter, die Wissenschaft in die Bilder-Sprache eingekleidet, welches das
Wort ὑπογράφειν ausdrücket (c), und es verhüllete sich dieselbe, wie die
homerische Pallas, in Nebel, um sich schätzbar zu machen; Aus eben der
Ursach bedieneten sie sich nicht gemeiner Ausdrücke, sondern sprachen gleichsam durch Räthsel, und die Dichtkunst selbst ist, wie Plato sagt (d) räthsel-
haft. Von dieser Art Bilder war der Jupiter des Orpheus, welcher beyde
Geschlechter hatte, anzudeuten, daß er ein allgemeiner Vater sey; ja Pam-
pho ein Dichter fast von gleichem Alter, stellet den Vater der Götter vor in
Pferde-Mist gewickelt (e), vermuthlich anzuzeigen, daß derselbe allenthalben,
auch in der unwürdigsten Materie zugegen sey. In solche Räthsel wurden
nicht allein Begriffe sondern auch Geschichte verstecket, welche schwer zu
entwickeln sind, wie dieses unter vielen andern Fabeln, an der von den
Harpyen kann erkannt werden (f).

Endlich da unter den Griechen die Weisheit anfieng menschlicher zu
werden, und sich mehreren mittheilen wollte, that sie die Decke hinweg, unter welcher sie schwer zu erkennen war, sie blieb aber verkleidet, doch ohne
Verhüllung, so, daß sie denen, welche sie suchten und betrachteten, kenntlich war, und in dieser Gestalt erscheinet sie bey den bekannten Dichtern,
und Homerus war ihr höchster Lehrer, welches der einzige Aristarchus unter den Alten dem Homerus abgesprochen hat (g). Seine Ilias sollte ein

Lehr-

(a) Voy. en Egypt. Vol. I. tab. 32. n. 1.   (b) Eusep. Praep. Eu. L. 3. p. 60. l. 12.
(c) Casaub. in Strab. p. 25. A. edit. Par.   (d) Alcib. II. p. 231. l. 14. ed Basil. 1534.   (e) Ap. Philostr. Heroic. p. 693. l. 11. ed Lips.   (f) Banier
Myth. T. 6. p. 407.   (g) Eustath in Il. α. p. 40. l. 28. E΄. p. 614. l. 5.

Lehrbuch für Könige und Regenten, und seine Odysea eben dasselbe im häus-
lichen Leben seyn; der Zorn des Achilles und die Abentheuer des Ulysses sind
nur das Gewebe zur Einkleidung. Er verwandelte in sinnliche Bilder die
Betrachtungen der Weisheit über die menschlichen Leidenschaften, und gab
dadurch seinen Begriffen gleichsam einen Körper, welchen er durch reizende
Bilder belebete. Es wäre zu wünschen, daß alle homerische Bilder sinnlich
und figürlich zu machen wären, welches Verlangen nur erwächst, wenn ich
dessen Mercurius heimlich schleichen sehe, wie einen Westwind in den heisse-
sten Tagen, oder wie ein Nebel ziehet (a), und wenn ich mir die Iris, welche die Göttin der Geburth zur Niederkunft der Latona geholet hatte, nebst
dieser (b), ingleichen die Juno und Pallas, um heimlich den Griechen bey-
zustehen (c), wie mit Tauben-Füssen gehend mir vorstelle, oder wenn Apollo
geschwinde wie der Gedanke schreitet (d). Was vor ein grosses Bild giebt
Thetis, die gleich dem Nebel sich aus dem Meere erhebet (e). Nach Art
der alten Dichter verkleideten auch die ersten Philosophen ihre Meinungen,
sonderlich diejenigen, mit welchen sie sich nicht offenbar wagen wollten, in
Bilder; was Newton Attraction nennet, hieß Empedocles Liebe und Haß,
welches dessen Principia der Bewegung der Elementen waren. Ja selbst die
Anklagen neuer und besorglicher Lehren wurden aus Behutsamkeit unter Bilder eingegeben, wie Cleanthes, des Zenons Schüler und Nachfolger wider
den Aristarchus von Samos verfuhr, welcher von jenem beschuldiget wurde,
der Vesta die gebührende Ehrfurcht nicht bezeiget, und dieselbe in ihrer Ruhe
gestöhret zu haben. Der wahre Sinn dieser Anklage aber war, nach dem
Plutarchus (f), daß er die Erde aus dem Mittelpuncte unsers Weltgebäu-
des weggenommen, und sie um die Sonne drehen lassen.

Die ältesten Künstler der Griechen entwarfen ihre Bilder mehr nach
der Deutung als wechselsweis, das ist, die Begriffe der Schönheit wurden
den symbolischen Vorstellungen an denselben nachgesetzt, zu der Zeit, da die
Schönheit noch nicht der höchste Entzweck ihrer Künstler war. Von dieser
Art Allegorie war die Furcht mit einem Löwen-Kopfe auf dem Kasten des
Cypselus

(a) Hymn. Merc. v. 147.   (b) Hymn. Apol. v. 114.   (c) Il. E. v. 778.   (d) Hymn.
Apol. v. 186.   (e) Il. Av. 359.   (f) De facie in orbe Lunae. v. Menag. Obf.
in Diog. Laert. L. 8. Segm. 85.

Cypselus zu Elis (a), und ein Jupiter aus Holz, welchen Sthenelus sollte
aus Troja entführet haben; dieser hatte ein drittes Auge auf der Stirne (b),
anzudeuten, daß er sehe, was im Himmel, auf der Erde und im Meere vor-
gehe, und in Creta war Jupiter ohne Ohren, seine Herrschaft über alle
Dinge, wie Plutarchus sagt (c), oder vielmehr seine Allwissenheit abzubilden, als der nicht nöthig hat zu hören. In diesen Zeiten wurde auch
Bachus mit dem Kopfe eines Ochsen gebildet (d), und wie man aus einem
Gesange der Einwohner zu Elis urtheilen kann, werden die Figuren desselben auch Ochsen-Füsse gehabt haben (e). Olympus, welchen Marsyas
die Music gelehret, besang den vielköpfigten Apollo (f). Eben so alt scheinet das Bild der Gerechtigkeit ohne Kopf zu seyn (g). Die ältesten Figuren hetrurischer Gottheiten wären, nach Gori Meinung, diejenigen, welche
keine beygelegte Zeichen haben (h), dieses Vorgeben aber hat nicht den mindesten Grund, wenigstens kann dieses von den ältesten Figuren griechischer
Gottheiten nicht gesaget werden. Die dunkelsten Mythologien und Allegorien finden sich auf den ältesten hetrurischen geschnittenen Steinen, wie unter andern eins der schwersten Bilder auf einem Scarabeo im Stoßischen Museo zeigen kann (i), und man kann als eine Erfahrung annehmen, daß die
geschnittenen Steine von der schönsten Arbeit und aus der besten Zeit allezeit
leichter als die ältesten Steine zu erklären seyn.

Als hernach die Kunst eine schöne Gestalt bekommen hatte, war Homerus die vornehmste Quelle, aus welcher die Künstler schöpfeten, und sie
blieben mehrentheils bey der Fabel dieses Dichters, so, daß uns igo außer
ein paar Werken, die Geschichte Alexanders des Grossen vorstellen, (wie
eine Schale ist, deren Trebellius gedenket, wo um das Bildniß des Alexanders in der Mitten dessen Thaten auf dem Rande gearbeitet waren) (k) kein
einziges übrig ist, wo eine Geschichte aus Zeiten, die nicht mehr mit Erdich-
tungen

(a) Pausan. L. 5. p. 425. l. 13.   (b) Id. L. 2. p. 165. l. 39.   (c) De IC & Osir.
p. 679. l. 16. (d) Ibid. p. 649. l. ult. (e) Id. ΚΕΦ. ΚΑΤΑΓΓ. ΕΛΛΗΝΙΚΑ. p. 533. l. 11.
(f) Id. de Music. p. 2076. l. 25.   (g) Eratosth. Cataster. c. 9.   (h) Muf.
Etr. T. 1. p. 108.   (i) Defcr. des Pier. gr. p. 287.   (a) In trig. tyran. in Quieto.

B

tungen geschmücket worden, abgebildet ist, und man kann, wann ein dunkles und unbekanntes Bild zu erklären vorkommt, als einen Grundsatz voraussetzen, daß man es in der Zeit der Fabel, oder in der heroischen Geschichte zu suchen habe. Der Grund, warum sich die Künstler der Alten auf solche Vorstellungen und Bilder eingeschrenket, kann aus folgenden Worten des Horatius genommen werden:

-- Tuque
Rectius Iliacum carmen deducis in actus,
Quamsi proferres ignota indictaque primus,

Art Poët. v. 128.

Verschieden ist es mit öffentlichen Werken römischer Geschichte, wo entweder gegenwärtige oder kurz vergangene Thaten und Begebenheiten vorgestellet sind, oder andere aus der ältesten Geschichte dieses Volks zurück gerufen und auf ihren Denkmalen erneuert worden, wie auf einem Medaglione des Antoninus Pius der Augur Navius, welcher vor dem Könige Tarquinius Priscus einen Wetzstein zerschneidet (a), und auf einem anderen Medaglione eben dieses Kaysers, Horatius Cocles, der in der Tiber schwimmet (b). Also war auf einem alten Grabmaale ausser Rom ein Gallier von einem römischen Reuter übermannet, vorgestellet (c), und aus der neueren griechischen Geschichte waren die aus dem Tempel des Apollo zu Delphos verjagte Gallier auf dem einem Schlage der Thüren des Tempels des Apollo auf dem Palatino in Elfenbein geschnützet, auf dem andern Schlage aber die Fabel der Niobe (d). Ich bin aber dem ohngeachtet zweifelhaft über einen anderen Medaglione der älteren Faustina, auf welchem Marcus Cariolanus an der Spitze seines Heers wider die Römer fechtet, nebst dessen Mutter Veturia und Frau Volumnia, die ihm mit ihren Kindern entgegen gehen; ich habe diese Münze nicht gesehen, aber auch Vaillant nicht, der sie anführet (e). Es sind indessen auf verschiedenen römischen Münzen Bilder aus der griechischen Fabel-Geschichte, wie Theseus, der Ueberwinder eines Centaurs auf einem Medaglione Kaysers Antoninus Pius. (f).

Dieser

(a) Vaillant Num. Imp. max. mod. p. 122.   (b) Venuti Num. Alban. Vatic. tab. 23.
    (c) Sueton. Ner. c. 41.   (d) Propert. L. 2. el. 23. v. 9.   (e) L. c. p. 133.
    (f) Ibid. p. 126.

Dieſer bewieſenen Erfahrung zufolge verrathen diejenigen, die in Erklärung erhobener Arbeiten und geſchnittener Steine ihre Zuflucht zur wahren Geſchichte und ſonderlich zu der römiſchen nehmen, ihre geringe Einſicht. Ein unerfahrner Ausleger alter Bilder machet aus dem Opfer der Polyxena an dem Grabe des Achilles eine Lucretia, und aus dem Pyrrhus einen Tarquinius (a); Diomedes mit dem Haupte des Dolon iſt bey ihm Dolabella mit dem Haupte des Trebonius, eines von den Verſchwornen wider den Julius Cäſar (b). Ein anderer erkläret den Streit des Achilles mit dem Agamemnon über die Briſeis, auf der Begräbniß-Urne Kayſers Alexander Severus, im Campidoglio, von dem Sabiner Raube, und den Priamus, welcher zum Achilles kommt, den Körper des Hectors auszulöſen, auf der hinteren Seite eben dieſer Urne, hat er vor einen Prieſter angeſehen, der dem Achilles, welchen er einen todten oder ſterbenden Sieger nennet, die Hand küſſet (c).

Eben dieſer von mir feſtgeſetzte Grundſatz erweckte mir den erſten Zweifel über die Auslegung eines vermeinten Schildes (Clypeus Votivus) von Silber in dem Muſeo des Königs von Frankreich, auf welchem man, nach der Erklärung des Spons (d), nicht zweifelt, die Enthaltſamkeit des Scipio Africanus vorgeſtellet zu finden, da ihm nach der Eroberung von Carthagena eine ſchöne Perſon unter den Gefangenen gebracht wurde, und man behauptet, der Schild ſey von eben derſelben Zeit, und bey dem Uebergange über die Rhone, in dieſem Fluſſe, wo er gefunden worden, verlohren. Dieſes vorgegebene Alterthum ſprechen der Arbeit die Bogen auf Säulen ab, welche allererſt in dem Verfalle der Baukunſt im Gebrauche kamen, und wider die Erklärung iſt die Haupt-Perſon und eine andere Figur, welche nach Art der Helden halb und ganz nackend ſind. Ich meines theils glaube, es ſey hier die Ausſöhnung des Achilles mit dem Agamemnon gebildet, welcher ihr die Briſeis wiederum zurück giebt. Der ſitzende nackte Held, welcher mit beyden Händen ſein rechtes Knie umfaſſet hat, ſcheinet entweder Diomedes oder Ulyſſes; denn beyde hinketen noch damals von

B 2 ihrer

(a) Il P. Scarfò. v. Deſcr. des Pier. gr. &c. p. 396. (b) Ibid. p. 366. (c) Indice Capitolino p. 5. giunto alla Deſcriz. delle Pitture di Roma di Fil. Titi, Rom, 1763, 8. (d) Recherch. d'antiq. Diſc. 1. l'Hiſt. de l'Acad. des Inſcr. T. 9. p. 154.

ihrer Wunde (a): die Aussöhnung geschahe, da Thetis dem Achilles die vom Vulcanus gearbeitete Waffen gebracht hatte, welche nebst anderen Waffen zu dessen Füssen liegen. Den ersten Zweifel erregete eben dieser Grund-satz wider die Abbildung auf einem vorgegebenen alten Schilde in dem Wood-wardischen Museo in Engeland, deren Inhalt unter dem seltenen Kupfer desselben von dem bekannten Paul van Gunst gestochen, in folgender Un-terschrift erkläret worden: Clypeus antiquus exhibens Romam a Gal-lis Duce Brenno captam & incensam. Auri pro Capitolio redi-mendo pacti pensationem, adventum Camilli, fugamque Gallo-rum. Aedificia varia publica, equites, pedites, galeas, saga, ca-ligas, ephippia, clypeos, gladios, pila & vexilla, omnia mirâ opificis arte elaborata. Ex Museo Woodwardiano. Wem dieses Kupfer zu Gesichte kommt, kann das vermeinte alte Werk ungezweifelt vor neu halten, und dieses aus mehr als aus einem Grunde, welche hier anzu-geben nicht der Ort ist. Nachdem ich dieses geschrieben hatte, finde ich daß das angeführte Kupfer dieses Schildes ins kleine gebracht, mehr-mal erschienen, und daß das vorgegebene Alterthum dieses Werks viele Vertheidiger gefunden, unter andern den berühmten Dodwel, welcher ei-ne besondere Abhandlung über dasselbe geschrieben (b). Alle diese Ge-lehrten aber sind keine zuverläßige Richter, wo es auf die Kunst und auf die Zeichnung ankommt, und ich kann allezeit meine Meinung behaupten, worinn bereits ein anderer Gelehrter mit mir einig ist (c).

Verschiedene Bilder die aus dem Homerus und aus andern alten Dich-tern von Künstlern gezogen und entworfen worden, haben zu anderen aus jenen hergeleiteten Bildern Anlaß gegeben. Von dieser Art ist die Liebe, die auf einem Wein-Gefässe (Amphora) zur See fähret (d), welches Bild vom Hercules hergenommen scheinet. Dieser Held schiffete nach der In-sel Erytha bey Spanien, auf einem Schiffe oder Gefäße (wie auch die
Welschen

(a) Il. 'T, v. 48. (b) Dodwelli de Parma equestri Woodward. Differtatio. (c) De Boze dans la Diff. de M. Mélot. für la prife de Rome par les Gaulois. v. dans les Mem. de l'Acad. des Infcr. T. 15. p. 16. (d) Muf. Flor. Gem. tab. 77. Defc. des Pier. gr. &c. p. 140. feq.

Welſchen zu reden pflegen) λέϐης genannt (a); da nun dieſes Wort auch
ein irdenes Gefäß, oder von anderer Materie, bedeutet, ſo haben andere
Dichter den Hercules auf ſeinen großen Becher dieſe Schiffart halten laſ=
ſen (b), und endlich wurden daher große Säufer, Ruderer der Becher
(ἐρέται κυλίκων,) genennet, Euſtath. in Il. Φ. p. 1243. l. 17.
Andere wollen, daß dieſe Allegorie wechſelsweis von dem Wort Σκύφος,
Kahn, und von dem einen Pferd des Neptuns, welches dieſen Namen
hatte, entſtanden ſey (c).

Von allgemeinen Begriffen, wie Tugenden und Laſter ſind, waren
in den älteſten Zeiten der Griechen wenige bildlich zu machen, da in der
Sprache ſelbſt keine Zeichen ſolcher Begriffe waren, wie wir aus dem Ho=
merus wiſſen. Zu den Zeiten dieſes Dichters war ſelbſt der allgemeine Be=
grif der Tugend nicht bekannt, und das griechiſche Wort, welches dieſelbe
nachher bedeutete, iſt bey ihm nur von Tapferkeit zu verſtehen (d), ſo wie
das Wort Weisheit eine eingeſchrenkte Bedeutung hatte, nemlich die Ge=
ſchicklichkeit in mechaniſchen Dingen. Da ferner überhaupt bey den alten
in ihren beſten Zeiten nur heroiſche Tugenden, das iſt, diejenigen, welche
die menſchliche Würdigkeit erheben, geſchätzet wurden, andere hingegen
durch deren Uebung unſere Begriffe ſinken und ſich erniedrigen, nicht ge=
lehret noch geſuchet wurden, ſo hat man dieſe um ſo viel weniger auf öf=
fentlichen Denkmaalen vorgeſtellet. Denn die Erziehung der Alten war
der unſrigen ſehr entgegen geſetzet, und da dieſe, wenn ſie gut ſeyn ſoll,
vornemlich auf die Reinigkeit der Sitten fällt, und die Ausübung der
äuſſeren Pflichten der Religion beſorget, ſo war jene bedacht, das Herz
und den Geiſt empfindlich zu machen gegen die wahre Ehre, und die Ju=
gend zu einer männlichen großmüthigen Tugend zu gewöhnen, welche alle
kleine Abſichten, ja das Leben ſelbſt, verachtete, wenn eine Unternehmung
der Größe ihrer Denkungs=Art nicht gemäß ausfiel. Bey uns wird die
edle Ehrbegierde erſticket und der tumme Stolz genähret.

B 3

Dieſe

(a) Athen. Deipn. L. 11. p. 469. D.   (b) Macrob. Saturn. L. 3. c. 21. conf. Hadr.
Jun. Animadv. L. 2. c. 3. p. 66.   (c) Hiſt. de l'Acad. des Inſcr. T. 7. p. 42.
(d) S. im dritten Cap. Tapferkeit.

Dieſe Betrachtung allein hätte Zweifel erwecken ſollen wider die Richtigkeit einer ſilbernen Münze Kayſers Hadrianus, auf welcher eine weibliche ſitzende Figur die Hand ausſtrecket, und in der linken einen langen Zepter hält, mit der Umſchrift: PATIENTIA AVG. (a) Dieſe Inſchrift iſt vermuthlich durch Verfälſchung und Aenderung einiger Buchſtaben aus CLEMENTIA AVG. gemacht. Ein Theil der Pflichten der Geduld, nach dem neuen Begrif dieſer Tugend, war unter der Mäßigkeit (εγκρατεια, σοφρωσυνη) begriffen, und wurde in derſelben gelehret: die Cyniker

    --- quos duplici panno *patientia* velat

waren die erſten und einzigen die durch eine niederträchtige Geduld ſich zu erheben ſuchten.

Von der chriſtlichen Demuth hatte das Alterthum noch weniger Begrif, weil dieſelbe in der Selbſtverläugnung und alſo in einer gewaltſamen und mit der menſchlichen Natur ſtreitenden Faſſung beſtehet. Es ſagen ihre großen Männer das Gute von ſich mit eben der Zuverſicht mit welcher ſie es von anderen ſagen, weil ſie glaubeten, der Menſch müſſe ſich ſeines Werths bewußt ſeyn, um ſich vor der Niederträchtigkeit zu verwahren. Die Demuth der Alten gieng nur bis zur Beſcheidenheit, welche ohne Schminke ſeyn ſollte, dahingegen jene faſt beſtändig von der Verſtellung begleitet und von dem Stolze ſelbſt verlarvet wird.

Unter die Tugenden, welche die Alten nicht bildlich gemachet haben, ſcheinet auch die Beſtändigkeit zu ſeyn, welche vornehmlich durch den chriſtlichen Begrif der Beſtändigkeit im Guten allgemeiner gefaſſet worden, und daher als eine beſondere Tugend unter den Neueren ihr eigenes und bekanntes Bild erlanget hat.

Einige andere allgemeine Begriffe, als die Glückſeeligkeit, und das, was die Griechen Ἡδονή nennen, ſind weder ehemahls bildlich vorgeſtellet worden, noch überhaupt bildlich zu machen, weil das Höchſte, wie Plato ſagt, kein Bild hat. Denn ἡδονή, welche einige mit ἐπαρσις ψυχῆς, "das Erheben der Seele" erklären (b), iſt von weit höherem Verſtande, und in einem ganzen Umfange genommen, nach den Epicurus, die ungeſtöhrte

---

(a) Vaillant Num. Imp. eur. & arg. p. 415.   (b) Salmaſ. in Epiſtet. p. 51.

ftöhrte Ruhe des Geiftes, und derjenige Stand, wohin alles Wirken der Menfchen gerichtet feyn foll, kann alfo mit der Glückfeeligkeit gleichbedeu= tend gehalten werden.   Aus eben dem Grunde kann, nach der Meinung eines alten Philofophen (a), die Glückfeeligkeit fo wenig als Gott gelobet werden: denn löblich find Sachen wegen ihres guten Endzwecks, wie die Tugend, welche wirkend ift; aber Gott und die Glückfeeligkeit find ohne Entzwecke, weil fie felbft die höchften Entzwecke find.

Ich bin alfo der Meinung, daß der allgemeine Begrif der Tugend weder von den alten Künftlern in einem deutlichen Bilde vorgeftellet wor= den, noch von uns könne gebildet werden, und eben fo verhält es fich mit der Bosheit dem Gegentheil der Tugend.   Aus einem ähnlichen Grunde find diejenigen Gemüths=Bewegungen, die auf kein Individuum insbefon= dere, fondern auf viele ihre Abficht haben, fchwerer zu bilden.   Von die= fer Art ift der Haß nach dem Ariftoteles (b); der Zorn hingegen, welcher auf eine beftimmte Perfon gerichtet ift, kann theils ohne fymbolifches Zei= chen in der handelnden Figur felbft, theils auffer der Handlung in einem eigenen Bilde deutlicher als der Haß ausgedrucket werden.   Die Verfchie= denheit der Vorftellung folcher Bilder lieget auch in ihrer Natur felbft: denn da, wie der angeführte Scribent fagt, der Zorn, fich empfinden zu laffen, fuchet, dem Haffe aber nichts daran lieget, fich zu äuffern, fo ift auch daher, da diefer verdeckt und jener offenbar ift, einer bildlicher als der andere zu machen.

Es find auch einige Tugenden in deutlichere Bilder zu bringen als es mit deren Gegentheile gefchehen kann, wie es die Gerechtigkeit in Verhältniß gegen die Ungerechtigkeit ift, und hier kann der Grund feyn, weil das Gu= te einfacher ift als das Böfe und fich beftändig gleich ift, da das Böfe nie= mals mit fich felbft einig feyn kann, und folglich nicht fo leicht als jenes in ein einziges Bild zu faffen, oder durch einzelne Zeichen kann bedeutet werden. Sollte fich aber das Gegentheil von dem was ich fage in Vorftellung ande= rer Lafter zeigen, indem die Unmäßigkeit und Schwelgerey leichter als die Mäßigkeit und die Ueppigkeit als die Enthaltfamkeit gebildet zu werden fchei=
nen

(a) Paraphraf. Nicom. Ariftot. L. 1. c. 18.   (b) Rhet. L. 2. c. 4.

nen könnten, ſo würde die Urſach ſeyn, weil gedachte Tugenden weniger
ſichtbar ſind und ſeyn können, als ihr Gegentheil.　Denn dieſe ſind Aus-
ſchweifungen, die der Kunſt, wie es ſchreckliche Thaten dem Dichter ſind,
vortheilhaft ſeyn können, und wie alles übertriebene leichter auszudrücken
und nachzuahmen iſt, als dasjenige was ſich wenig äuſſert und nicht beſonders
bezeichnet iſt, welches ſich in Abbildung der Aehnlichkeit der Perſonen
zeiget.

　　Bilder von Laſtern finden ſich auf übrig gebliebenen alten Denkmaalen
gar keine, weil die Werke der Kunſt der Tugend nicht dem Laſter geweihet
ſind, und weil ſonderlich der höchſte Grad des Laſters der Vorſtellung in edlen Bildern, welche allezeit die Kunſt ſuchen ſoll, widerſpricht:　Die Bilder einiger Laſter bey alten Dichtern, wie der Neid iſt beym Ovidius, ſind
mahleriſch geſchildert, würden aber kein Vorwurf eines edlen Pinſels ſeyn.

　　Von anderen Bildern allgemeiner Begriffe, die von den Alten erfunden und angenommen worden, ſind einige nicht beſtimmt genug, und andere
auf römiſchen Münzen können eher auf andere Dinge, als auf das was ſie
vorſtellen ſollen gedeutet werden.　Von dieſer Art iſt die Ewigkeit mit zwey
Fruchthörnern in dem linken Arme und mit einer Schale in der rechten
Hand: eben ſo iſt es mit der Frölichkeit unter dem Bilde der Ceres, welche
anderwärts in der rechten Hand einen Kranz hält und in der linken ein Ruder, ingleichen mit der Göttinn der Jugend, welche durch die Schale in ihrer Hand nicht kenntlich genug iſt.　Man könnte eben dieſes ſagen von der
Ehre mit einem Zepter und mit einem Fruchthorne auf Münzen des Gal-
ba(a), und auf andern Münzen, ingleichen von dem Adel als einer ſtehenden weiblichen Figur mit einem Spieße in der rechten Hand, nebſt der Inſchrift: NOBILITAT (b).　Wer würde in einer alten gemahlten Handſchrift die Wahrheit, welche nebſt der Gerechtigkeit über dem Throne Kayſers Nicephorus ſitzet, blos an ihrem Zepter kennen, wenn nicht der Name
über dieſelbe geſetzet wäre (c)?　Eben ſo ein unbeſtimmtes Bild iſt die Erfindung in dem uralten geſchriebenen Dioſcorides in der kayſerlichen Bibliothec

---

(a) Triſtan. Comment. hiſt. T. I. p. 257.　　(b) Vaillant. Num. Imp. aur. & arg.
p. 187.　　(c) Montfauc. Biblioth. Coislin. p. 136.

ther zu Wien, welche die Wurzel Mandragora, die diese Figur in der Hand hält, nicht deutlich bezeichnet.

Einige Bilder finden sich sonderlich auf Münzen, welche allegorisch scheinen, von denen uns aber die Deutung unbekannt ist. Auf silbernen Münzen der Stadt Metapontum in Groß-Griechenland, in dem reichen Museo des Duca Caraffa-Noya zu Neapel ist eine Korn-Aehre, und auf dem einem Blatte an dem Stengel derselben, stehet bald ein Greif, bald eine Zange, oder eine Maus, ein Dreyfuß, eine Larve, ein Ochsen-Kopf, ein Heu-Pferd, eine Nacht-Eule, eine Käale, ein Adler und ein Frucht-horn. Auf silbernen Münzen der Stadt Locri in eben dem Lande und Museo stehet neben dem Kopfe der Pallas bald ein Satyr, bald Mercurius, oder ein Caduceus, bald ein Schild, ein Sistrum, zuweilen das Eisen von einem Spieße, eine Tragische Larve; auf anderen Münzen siehet man neben dem Kopfe gedachter Göttinn ein wildes Schwein, einen Delphin, auch einen Crater. Wenige von diesen Zeichen sind auf die Pallas zu deuten; vielleicht ist aber unter den anderen keine besondere Deutung verborgen, wo man nicht in denselben eine Aufspielung auf den Namen des Münzmeisters annehmen will, und es kann auf diesen Münzen geschehen seyn, was noch jetzo in den Werken der Künstler geschiehet, Neben-Zeichen nach Willkühr anzubringen, so wie es die Katze ist in der Madonna des Raphäls in der Königlichen Gallerie, zu Neapel, welches Stück daher Madonna della gatta heißt, obgleich die Katze, man weis nicht wie hinein gesetzet ist.

Es sind auch die Verzierungen alter Gebäude in Gips-Arbeit und in Gemählden nicht beständig allegorisch, wenigstens nicht in den Pompejanischen Gebäuden. In einigen Gebäuden aber haben die Bilder eine Beziehung auf den Ort, und Hyllus den die Nymphen entführen, mitten an der in Gips gearbeiteten Decke, in dem so genannten Bade der Agrippina zu Baja, kann nebst den Nereiden in anderen Feldern, dieser Decke, auf die ehemahlige Bestimmung dieses Gebäudes gedeutet werden. Bey den halben Figuren, welche wie aus Pflanzen hervorwachsen, ist mir eingefallen,

C

len, daß Plato den Menſchen ein himmliſches Gewächs nennet (a); worauf
vielleicht dieſer Einfall der alten Mahler in ihren Verzierungen deuten könnte.   Eben dieſes iſt von den erhobenen Arbeiten auf vielen Begräbniß-Urnen der Alten zu beweiſen, deren Vorſtellung nicht allezeit eine Deutung
auf den Stand der verſtorbenen Perſonen gehabt haben kann, welches aus
einigen Inſchriften, die zu den Figuren geſetzet ſind, erhellet: denn viele
von ſolchen Urnen ſcheinen vorher auf den Kauf gemacht zu ſeyn.   Die
Bildhauer waren aufmerkſam nur fröliche Bilder zu wählen, und verſchiedene Inſchriften auf Begräbniß-Urnen würden auch dergleichen erfordern,
wie diejenige iſt, wo man einen Muſicus und Dichter von ſich ſelbſt ſagen
läſſet, daß er mit ſchönen Weibern ein Gewerbe und Handel getrieben habe (b).   An der ſchönſten alten Baade-Wanne in der Welt von einem
ſchwarzgrünlichen und ſchneeweiß gemiſchten aegyptiſchen Granite in der
Villa Albani, halten zwo Löwen-Köpfe Ringe, und innerhalb derſelben,
hänget ein Epheu-Blatt; es glaubte daher jemand, es ſey dieſes Werk
den Bacchus gewidmet geweſen, mit welchem gleichwohl ſolche Wannen
nichts zu ſchaffen haben.

Man ſetze alſo nicht voraus, daß der alten Künſtler Abſicht in jedem
Bilde auf Lehre und Unterricht gegangen: man würde ſonſt aus der Menge auf dem Kaſten des Cypſelus zu Elis ein ganzes Syſtema der Moral zu
ziehen haben.   Eben ſo wenig als ich glaube, daß Annibal Caracci an die
Allegorien gedacht habe, die Bellori in ſeinen Gemählden der Gallerie im
Pallaſte Farneſe finden will (c).   Man macht es wie der Herausgeber des
in Gothiſchen Buchſtaben gedruckten Romans der Roſe lehret; er ſagt: es
könne dieſer Roman moraliſch und myſtiſch ausgeleget werden, wenn auch
dieſes nicht die Abſicht des Verfaſſers geweſen ſeyn ſollte.   Es wird z. E.
in des Protogenes Gemählde, welches der Satyr hieß, ein Rebhun auf
einem Cippo (d), keinen allegoriſchen Gedanken enthalten haben.   Ich
merke hier an, daß dieſes Gemählde mit dem Jalyſus von eben gedachten
                                                        Künſtler

(a) Plutarch. Περ τυ μι κραν ἐμε τον τον Πυθ: p. 712. l. 5. conf. Ζηνιτη. p. 1348. l. 29.
p. 1349. l. 4.   (b) Fabret. Inſcr. c. 10. p. 704. Montfauc. Palæogr. gr. L. 2.
c. 7. p. 170. Icriz. ant. del Card. Paſſionei, p. 143.   (c) Vite de' Pitt. p. 42.
(d) Strab. L. 14. p. 652. C.

Künstler insgemein als eins und eben dasselbe angeführet wird, wie die Verfasser der allgemeinen Geschichte thun (a), in deren Anzeige irrig Saturnus an statt Satyr gesetzt worden.

Alles was von alten Allegorien in Figuren erscheinet, ist von zwo Gattungen, und diese Bilder können theils als abstracte theils als concrete Bilder betrachtet werden. Abstracte Bilder nenne ich diejenigen, die ausser der Sache auf welche sie sich beziehen angebracht sind, so daß sie nicht als mitwirkende Bilder zu Bedeutung eines anderen Bildes dienen, sondern obgleich allezeit in Beziehung und Ausspielung auf etwas ausser denselben, dennoch vor sich bestehen, und diese wären in engen Verstande Sinnbilder zu nennen, und sind dasjenige, was man sonst E̶̶̶̶ata nennet. Concrete Bilder hingegen würden diejenigen heißen, die theils in Figuren theils in anderen Zeichen mit denjenigen Bildern verbunden sind, auf welche jene eine Beziehung haben.

Von der ersteren Art sind die mehresten Bilder auf Münzen, sonderlich griechischer Städte, es mögen dieselben aus einer einzigen Figur oder aus mehreren bestehen. Diese Allegorien sind wie ein augenblicklicher Punct in einem Gemählde vorgestellet, und wie hier voraus gesetzt wird, daß das Gedächtniß der anschauenden Personen das Vorhergehende und Nachfolgende derselben Geschichte bey sich ergänze, so wird dort erfordert, daß das beziehende Bild auf diejenige Sache, auf die es sich beziehet, führe, und da die Beziehung ein nahes Verhältniß, um verständlich zu seyn, haben soll, so folget, daß diese Allegorien nicht weit hergeholet seyn müssen. Dieses Verhältniß aber war bey den Alten nicht eben dasselbe worinn wir uns jetzo befinden, und was jenen bekannt war, kann uns dunkel seyn; wenn aber von neueren Bildern geredet wird, so gilt was ich sage. Concrete Bilder sind vornemlich auf öffentlichen römischen Werken und Münzen angebracht, und leichter als jene zu verstehen und zu erfinden. Eine solche Allegorie ist in der Villa Albani eine Anrede (Allocutio) Kaysers Lucius Verus, welcher auf einem Sugesto sitzet, und von der Diana und von dem Frieden begleitet ist. Es hat aber die Anwendung und der Gebrauch dieser Bilder seine Einschränkung, und wenn in einer griechischen und

(a) Hist. Univ. T. 5. p. 392.

C 2   römischen

römischen Begebenheit wahre Figuren mit allegorischen Gottheiten können begleitet seyn, kann dieses in neueren Geschichten in wenigen Fällen geschehen, und Rubens ist billig getadelt worden, daß er dem Mercurius mit dem Caduceo in der Hand den Cardinälen von der Königin Maria von Medicis eine Bothschaft bringen lässet. Diese Allegorie ist nicht weniger schlecht angebracht, als von Sannazaro in seinem Gedichte, von der Geburth der gebenedeieten Jungfrau der Gott Proteus, durch welchen der Dichter das Geheimniß der Menschwerdung verkündigen lässet.

In dieser Abhandlung übergehe ich mit Fleiß gewisse bekannte Symbola von Ländern und Städten, weil man dieselbe in allen Münz-Büchern mit leichter Mühe ▉▉▉ kann; Z. E. den Scorpion als ein Zeichen von Africa(a), ingleichen der Comagener(b), den Storch oder Ibis von Aegypten, den Palmbaum von Phönicien, von welchem Baume (Φοῖνιξ) oder vielmehr von der Frucht desselben dieses Land benennet war; es ist auch das Cameel als ein Symbolum von Arabien bekannt (c). Ich merke auch diejenigen Provinzen nicht an, die in ihren Figuren durch keine besondere Zeichen kenntlich gemacht sind, wie es Gallien und Britannien auf kayserlichen Münzen sind. Hier aber kann ich die allegorischen Bilder verschiedener Städte in Asien nicht unberühret lassen und namentlich zwölf oder vierzehn derselben, die durch den Kayser Tiberius, da sie in einem Erdbeben übel zugerichtet waren, wiederum hergestellet wurden, und zu Bezeugung ihrer Dankbarkeit ein öffentliches Denkmaal aufrichteten, welches auf dem Platze zu Pozzuoli stehet. Es hat Lorenz Theodor Gronovius nach einer fehlerhaften Zeichnung des Bulifon über dasselbe geschrieben(d), welcher also nichts anders als ungegründete Muthmassungen geben können.

Die erste weibliche Figur zur rechten Hand, welche die Stadt Hyrcania vorstellet, hat einen dem Petasus des Mercurius ähnlichen Hut; von dem Namen der Stadt ist nur der erste Buchstab H übrig. Die zwote Figur von Apollonia trägt einen Vogel in der Hand. Die dritte der Stadt Ephesus,

(a) Vaillant Num. Imp. arg. p. 19.   (b) Noris Epoc. Syro-Maced. p. 109.
(c) Havere. Num. Reg. Christ. tab. 10. n. 7.   (d) Marm. Laf. Tiber. erect. in
Gronov. Thes. A. Gr. T. 7. p. 433.

Ephesus, nemlich Diana, hat einen Thurm auf dem Haupte, aus welchem verschiedene Thiere hervorspringen, wie sie an den Statuen der Ephesinischen Diana gebildet sind, welche man vor Flammen angesehen hat, und Gronov meinet, es sey dieses der Brand des Tempels, welchen Herostratus ansteckete. In der linken Hand hält dieselbe zwo Korn-Aehren und Mohn-Häupter, und setzet den linken Fuß auf eine tragische bärtige Larve. Die vierte Myrina stützete den linken Ellenbogen auf einem Dreyfuße, von welchem jetzo nur noch die obere Pfanne zu sehen ist, und hielt in der linken Hand einen Myrthen-Zweig, wie auf einer Münze von Myrina(a), in Deutung auf den Namen dieser Stadt. Die fünfte Cibyra ist eine Amazone, mit einem runden Schilde an dem Arme, welches zu merken ist, weil der Schild dieser Kriegerinnen insgemein eine andere und bekannte Form hat; in der andern Hand hält sie einen Spieß. Vermuthlich war der Grund von diesem Bilde, weil die Stifterin dieser Stadt eine von den Amazonen zu seyn, vorgegeben wurde, wie wir es von der vorhergehenden Stadt Myrina(b), und von Smyrna (c) wissen, auf deren Münzen das Bild einer Amazone stehet. Von jemand welcher nach dem Kupfer geurtheilet, ist diese Figur von einem jungen Kriegs-Held angesehen(d). Die mittlere Figur auf der rechten Seite dieses Basaments hält einen Delphin in der Hand. Man vergleiche mit dieser richtigen Anzeige die angeführte Abhandlung des Gronovius, ingleichen die Erklärung eben dieses Werks beym Montfaucon(e), welche nach eben der fehlerhaften Zeichnung gemacht nicht besser seyn konnte, um diese Ausschweifung zu entschuldigen.

Ich will mich auch nicht aufhalten bey verschiedenen Bildern der Alten, die zwar angenehm und theils witzig sind, aber keinen merkwürdigen Begriff in sich enthalten, wie die Liebe in unendlich verschiedenen Vorstellungen, auf geschnittenen Steinen erscheinet.

C 3

Zu

Zu bedauren iſt, daß in der Allegorie eben das geſchehen zu ſeyn ſcheinet, was wir in anderen Wiſſenſchaften beklagen können, denen es in der
Ueberſchwemmung der Barbarey ergangen, wie wenn Flüſſe ausbrechen,
wo das leichte und ſchlechte oben ſchwimmet, und das ſchwere und wichtige
zu Boden ſinket.　Denn an ſtatt wenig bedeutender Bilder, welche ſich erhalten haben, werden vermuthlich ſehr viele von groſſer Deutung, und die
theils unentbehrlich geweſen wären, verlohren gegangen ſeyn.　Allein es
iſt eben ſo wenig erlaubt, dieſen Mangel mit eigenen Gedanken abzuhelfen,
als dem Mangel einer Sprache durch neugemachte Worte, wenn wir dort,
wie hier, wollen verſtanden werden: denn unſere Zeiten ſind nicht mehr allegoriſch wie das Alterthum, wo die Allegorie auf die Religion gebauet und
mit derſelben verknüpft, folglich allgemein angenommen und bekannt war.
Vergebens iſt alſo die Hoffnung derjenigen, welche glauben, es ſey die Allegorie ſo weit zu treiben, daß man ſo gar eine Ode würde mahlen können:
dieſes würde ſelbſt den alten Künſtlern nicht gelungen ſeyn, und ein ſolches
Gemählde würde mehr Erklärung als alle Oden des Pindarus nöthig haben.　Ich ſtelle mir daher mit dem Herrn Graf Caylus als unmöglich vor (a),
daß das Gemählde des Parrhaſius, welches das athenienſiſche Volk bilden
ſollte, alle die zwölf verſchiedenen und einander entgegen geſetzten Eigen-
ſchaften deſſelben, die Plinius angiebt, ausgedrücket habe, und daß dieſes
nicht anders als durch eben ſo viel Symbola habe geſchehen können, wodurch
eine unbeſchreibliche Verwirrung entſtanden wäre.　Ich behaupte dieſes jedoch mit der Einſchrenkung, wenn man es von einer einzigen Figur verſtehen
will: in einem groſſen Gemählde von vielen Figuren iſt die Möglichkeit anzugeben.

Nach der Erklärung über die Allegorie der Alten in dem erſten Abſchnitte dieſes Capitels, iſt in dem zweyten Abſchnitte deſſelben von der Allegorie der neueren zu reden, welches geſchiehet theils in Beurtheilung der
Schriften über dieſelbe und in Anzeigung unrichtiger Begriffe und des mangelhaften Urtheils neuerer Künſtler in ihren eigenen allegoriſchen Bildern,
　　　　　　　　　　　　　　　　　　　　　　　　　　　theils

(a) Mem. de l'Acad. des Inſcr. T. 25. p. 164.

theils in Anschlägen zu neuen Allegorien und in Erinnerungen über die Ge=
danken zu diesen Bildern und über die Ausführung derselben.

Was zum ersten die Beurtheilung der Schriften von der Allegorie be=
trift, so ist dieselbe sehr leicht zu machen und einzusehen: denn die Anzahl
derselben ist nicht groß, und diese Schriften sind bekannt. Die drey Hel=
den in dieser Wissenschaft sind Pierius Valerianus, Cäsar Ripa und Johann
Bapt. Boudard, welche beyde letzteren insbesondere für Künstler arbeiten wol=
len, und ihre Werke sind Iconologien betittelt.

Pierius nennet sein Buch Hieroglyphica, weil eine seiner vornehmsten
Absichten war, die Symbolischen Zeichen der Aegypter, mehr aber diejeni=
gen, die sich in alten Schriften als auf Werken der Kunst erhalten haben,
zu erklären. Ausser diesen hat er einige Bilder der Griechen aus ihren Scri=
benten gesammlet, aber aus alten Denkmaalen ist nichts bey ihm zu finden,
und was er anzeiget, ist mehrentheils auf seichte Muthmassungen gegründet,
und was gut ist, verliehret sich unter einen unnöthigen Gewäsche, um ein
großes Buch zu schreiben.

Diesen Scribenten legte Cäsar Ripa zum Grunde, und führete durch
und über denselben sein Gebäude auf. Die Belesenheit in seiner Iconolo=
gie ist mehrentheils aus jenem entlehnet; das übrige ist theils aus Büchern
die von Sinnbildern handeln, als Alciatus, Typotius u. s. f. genommen,
ein großes Theil aber ist auf seinem eigenen Grunde oder vielmehr in seinem
Gehirne erwachsen. Seine Bilder sind dergestalt erdacht und entworfen,
als wenn keine alte Denkmaale in der Welt wären, und man solte glauben,
er habe weder von Statuen, noch von erhobenen Werken, noch von Mün=
zen und geschnittenen Steinen Nachricht gehabt. Seine Bilder sind höch=
stens bey Illuminationen und wenige in Gemählden, anzubringen. Man
könnte viele Einfälle desselben nicht lächerlicher erdenken, und ich glaube
wenn ihm z. E. das welsche Sprichwort, in ein Sieb pissen, das ist, ver=
gebliche Dinge thun, eingefallen wäre, er würde auch dieses figürlich gema=
chet haben.

Boudard ist ein Franzos und Bildhauer des Infanten und Herzogs
zu Parma, und dessen Iconologie verdienet kein geneigter Urtheil; denn

es

es iſt dieſelbe von eben dem Schlage. Dieſes Werk iſt im Jahre 1759. in
drey Bänden in groß Quart Franzöſiſch und Italiäniſch zugleich abgefaſſet,
an das Licht getreten, und enthält wenig ſelbſt erfundene Bilder; die meh=
reſten ſind aus dem Ripa genommen, und in lang geſpaltene Figuren nach
neuer Tracht, und in dem Mode=Stiel gezeichnet, eingekleidet. Wenige
ſeiner Bilder, die aus dem Alterthume genommen ſind, hätten durch eine
Erklärung brauchbarer gemacht werden können, wie der glückliche Ausgang
(Bonus Eventus) iſt (a), welcher in der Figur eines jungen Menſchen
mit Mohn=Häuptern und Korn=Aehren in der einen Hand, und mit einer
Schale in der anderen, vorgeſtellet war. Hier hätte ſollen angezeiget wer=
den, daß der Mohn und die Aehren auf den reichen Ausfall der Saat in
der Erndte deuten, und die Schale auf den guten Ausbruch des Weinbaus
in der Weinleſe. Ich übergehe andere Fehler dieſes Iconologiſten, die=
derſelbe im Abſchreiben begangen; z. E. daß er die Oreaden, oder Nym=
phen der Diana, allezeit Orcaden nennet (b); es ſcheinet auch derſelbe kei=
nen Begrif vom Sphinxe gehabt zu haben (c). Oft hat dieſer Copiſt über
ſeine entlehnete Bilder nicht nachgeleſen: denn da er das Fieber mahlet (d),
in einer weiblichen Figur, welche Dampf aus dem Munde bläſet, und auf
einem Löwen lieget, hat er nicht beobachtet, aus was Urſache der Löwe in
das Bild des Fiebers hinein kommt. Er ſagt der Löwe ſey ein Attribut des
Fiebers, weil er melancholiſch iſt; er hätte wiſſen und ſagen ſollen, darum,
weil die alten Naturkündiger vorgeben, der Löwe ſey mit dem Fieber, und
ſonderlich mit dem viertägigen befallen.

Was auſſer gedachten Iconologien etwa nützliches über die Allegorie be=
merket worden, iſt allgemeine, welches, wie in allen Dingen, leichter zu
ſagen als das einzelne anzugeben iſt. Da nun das Allgemeine vornemlich
für den Verſtand, das Einzelne aber mehr für die Ausführung iſt, und aus
dieſem nicht aus jenem die Anwendung gezogen wird, ſo iſt der Kunſt kein
großer Vortheil aus ſolchen allgemeinen Betrachtungen erwachſen.

Aus einer Arbeit, wie des Ripa ſeine iſt, die einen ſo allgemeinen
Ruf erlanget hat, und gleichſam der Künſtler Bibel geworden iſt, kann der

Schluß

(a) T. 1. p. 199.   (b) T. 3. p. 7.   (c) Ibid. p. 149.   (d) T. 2. p. 11.

Schluß auf dem Genius und den Geschmack derselben Zeit gemachet werden, und man kann glauben, daß auch die damaligen Künstler nicht besser gedacht haben, und hier hat sich zum Nachtheil der Kunst gezeiget, daß die Menschen insgemein ihrem eigenen Dünkel mit Hintansetzung fremder Einsicht folgen wollen. Zu Raphaels Zeit und in dem goldenen Alter der Kunst wurden die Bilder in Verzierungen aus alten Denkmaalen genommen, wie theils die Figuren in Gips in den offenen Gängen des vaticanischen Pallastes, theils die Gemählde der Zierrathen an eben dem Orte beweisen. Nach dieser Zeit zeichnete und bildete man vielmals, ohne auf die Alten zu denken und zu sehen, und so gar bekannte Bilder aus der Fabel wurden nicht wie sie erdichtet sind, vorgestellet, weil das Alte verlegen und verächtlich schien. Lanfranc fand es besser, den Ulysses auf allen Vieren kriechend und mit einem Schöps=Felle behängt, aus der Höhle des Polyphemus entkommen zu lassen, welches Gemählde in dem Pallaste Borghese ist, als nach dem Bilde des Homerus, wie er sich unter dem Bauche eines großen Widders anhängete, und also in Marmor in der Villa Pamfili und in der Villa Albani zu sehen ist. Einige Künstler haben Bilder aus dem Alterthume angebracht, aber ungereimt, wie das Bild der Theologie ist, in Gestalt der Diana, mit der Ueberschrift: THEOLOGIA, an dem Grabmaale Pabsts Sixtus IV. von Erzt in der St. Peters Kirche zu Rom, wovon der Grund nicht anders als lächerlich seyn kann.

Da nun nicht leicht ein Ort in der Welt mehr als Rom, Materie zu eigenthümlichen Allegorien geben kann, die in und an öffentlichen Gebäuden anzubringen sind, so muß man sich über die Finsterniß in der Kunst überhaupt, und auch in diesem Theile derselben, zu den Zeiten des großen Sixtus V. wundern, wo man so schlechte Anwendung und Ausführung allegorischer und sonderlich solcher Bilder gemacht hat, die von Rom selbst genommen werden. Der erste große Saal der vaticanischen Bibliothec ist damals völlig vom Grunde an, ausgemahlet worden, aber so, als wenn man die Mahler aus den äussersten Nordischen Grenzen kommen lassen, die nie etwas schönes von alter und neuer Kunst gesehen, noch sonst den geringsten Begriff

D   von

von alten Bildungen, Gebräuchen oder Trachten gehabt, und da man Bil=
der gesuchet, die auf den Ort zielen können, so hat man zum Glücke die
vom Augustus in dem Tempel des Apollo auf dem Palatino errichtete Bib=
liothec angebracht, aber des Augustus Bildung ist so angegeben, als wenn
man den Ninus oder den Sesostris mahlen wolte, von welchen wir keine
Bildnisse haben, und in Rom sind mehr als hundert alte Köpfe des Augu=
stus.　Neben dieser Bibliothec hätte man die Ulpische vorstellen sollen, wel=
che Trojanus in seinem Foro angeleget, welches Gemählde durch dieses Kay=
sers bekannte Bildnis und durch dessen übrig gebliebene Säule mitten im
Foro sehr kenntlich gewesen wäre.　Zunächst hätte angedeutet werden kön=
nen, wie Domitianus diesen Bücher=Schatz von da weg genommen und in
seine Bäder versetzet, wo ebenfalls das Bildnis dieses Kaysers und die noch
stehenden Bäder die Sache allen Verständigen vor Augen geleget hätten.　Die
vom Ptolemäus zu Alexandrien in dem Museo gestiftete Bibliothec scheinet
eine Gesellschaft von Rabbinern aus Cracau oder aus Prag, und der Kö=
nig siehet einem von den Weisen aus Morgenlande in Albrecht Dürers Holz=
schnitte in allen ähnlich.　Ja selbst zu meiner Zeit da an der Fontana Trevi
in einem von den zwey großen erhobenen Werken sollte vorgestellet werden,
daß Marcus Agrippa dieses Wasser nach Rom gebracht, hat man nach Be=
dünken einen Marcus Agrippa gemacht, ohne sich zu bekümmern, wie dersel=
be ausgesehen: oder zu wissen, daß dessen Bild in Marmor im Campidag=
lio und auf tausend Münzen stehet.　Er scheinet völlig gewafnet, als wenn
ihm der Plan dieser Wasserleitung vorgeleget worden, da bereits das Sig=
nal zur Schlacht bey Actium gegeben war.　An statt des Helms sollte er ei=
ne Corona Classica tragen, die aus kleinen Schiff=Schnäbeln zusammen=
gesetzet war, als der erste unter den Römern und unter allen Völkern, wel=
cher dieses Ehrenzeichen erhalten.

　　　Das zweyte Stück des zweyten Abschnitts dieses Capitels ist bestimmet,
Anschläge zu neuen Allegorien zu geben, und hernach Erinnerungen über die
Gedanken dieser Bilder, und über die Ausführung derselben.　Mein An=
schlag bleibt vornemlich eingeschränkt in Allegorien aus dem Alterthume,
welches

welches uns neue Bilder geben muß, und ich schlage zu denselben drey Wege
vor, von welchem der erste ist, alten Bildern eine neue Bedeutung zu ge=
ben, und bekannte Allegorien in neuem und eigenem Verstande zu gebrau=
chen, und in diesem Verstande gehöret die Hälfte des Bildes dem, der es
neu anwendet. Es kann sich hier verhalten wie mit Anwendung eines Ver=
ses aus einem alten Dichter in einem neuen und unerwartetem Verstande,
wo vielmals der zweyte Gebrauch desselben schöner ist, als der Gedanke des
Dichters selbst.

Der zweyte Weg ist, Allegorien aus Gebräuchen, Sitten und Sprich=
wörtern des Alterthums, wenn dieselben nicht sehr unbekannt sind, zu zie=
hen. Man könnte auf diesem Wege gewisse besondere Begriffe sinnlich vor=
stellen; z. E. ein Ding, welches nehmen kann, wer es zuerst findet, (quod
cedit primo occupanti) sagten die Griechen Sprichworts-weise Σῦκον
ἐφ’ Ἑρμῇ, weil sie die erste Feige, welche abgebrochen wurde, vor ein
Bild des Mercurius legeten, welche nehmen konnte, wer nur wollte. Nach
dem Sprichworte Ἁγνότερος πηδαλίου „reiner als ein Steuer-Ruder“ (a)
(weil es beständig von den Wellen gewaschen wird) könnte zum Ausdrucke
der Reinigkeit der Sitten auch ein Ruder dienen. Es könnten solche ge=
lehrte Bilder an einem Orte, wie Rom ist, in einem gemahlten Zimmer
als abstracte Bilder angebracht und hernach in Kupfer gestochen leicht be=
kannt gemachet werden, und einen allgemeinen Gebrauch erlangen. Zu
Bildern auf einem und dem andern Wege sind im letzten Capitel Vorschlä=
ge gegeben und Exempel angezeiget.

Der dritte Weg zu neuen Allegorien ist die alte so wohl heroische als
wahre Geschichte, aus welcher ähnliche Fälle auf die vorzustellende
Begebenheit oder die auf den Ort, wo sie stehen sollen, ein Absehen haben,
angebracht werden; es muß jenes Bild aber entweder ein einziger Fall seyn,
welcher nicht seines gleichen hat, oder es muß die Haupt-Figur des Bildes
aus alten Denkmaalen bekannt seyn. Ein einziger Fall ist der auf Hetru=

D 2

rischen

(a) Suid. Ἁγνότερος.

rifchen Begrábniß-Urnen vorgeftellete Athenienfifche Held Echetlus, der in
der Schlacht bey Marathon eine groffe Niederlage der Perfer mit einem
Pfluge machte, welcher ihm an ftatt der Waffen diente. Einzig ift auf ei=
nem gemahlten Gefäße in der Vaticanifchen Bibliothec die Gefchichte des
Thefeus, welcher mit dem Pirithous den Sinnis züchtigte auf eben die Art,
wie derfelbe andere gepeiniget hatte; das ift, fie binden ihn an einem ge=
krümmeten Baum, um denfelben nachher aufwerts fchnellen zu laffen, und
diefes könnte ein Bild der Wiedervergeltung mit gleichem Maaße in einer
ähnlichen Begebenheit feyn. Von eben der Art ift die Begebenheit des
edlen Meffeniers Ariftomenes, dem der Preis in der Tapferkeit in der
Schlacht bey Ithome, im erften Meffenifchen Kriege, welchen ihm Cleon=
nis ftreitig machen wollte, von dem Könige zuerkannt würde, der Preis be=
ftand in der ganzen Rüftung acht von ihm erlegter Spartaner, die er auf
der Schulter davon trug, und über diefes den Cleonnis felbft, welcher fehr
verwundet war und nicht gehen konnte (a). Dergleichen Bilder finden fich
nicht wenige. Ift aber die Gefchichte zur Allegorie nicht von diefer Art,
und die Gefichts-Bildung der Perfonen nicht bekannt, wird die Vorftellung derfelben, wie das Begräbniß des Phocion in einer Landfchaft des älteren Pouffin fchwer zu errathen feyn. Von dem Gegentheile will ich hier
ein Exempel geben.

Da der Herr Cardinal Alexander Albani ein Zimmer des Pallaftes in
feiner Villa von Rom nicht mit müffigen und leeren Landfchaften wollte aus=
mahlen laffen, wurden in denfelben Gefchichte und zwar Römifche ange=
bracht, die vornemlich auf das Landleben und auf groffe vollendete Gebäude
deuten können. Die Gemählde in den Landfchaften und Ausfichten find folgende. Das eine ift Scipio Africanus, welcher in feiner Villa bey Liternum am Meere von Räubern angefallen wurde, die fich ihm zu Füffen werfen, da er fie anredete: Scipio ift aus verfchiedenen Köpfen kenntlich. Das
zweyte ift der Conful und Redner Quintus Hortenfius, wie er die Ahorn=
Bäume

(a) Boivin Diff. fur un fragm. de Diodore de Sicile, dans les Mem. de l'Acad. des Infcr.
T. 2. p. 81.

Bäume seiner Villa vor Rom mit Wein begießet, welches er alle Tage mit eigener Hand zu thun pflegte: Das Brustbild mit dessen Namen ist in eben dieser Villa. Das dritte Gemählde ist Lucullus, bey welchem sich der grosse Pompejus und Cicero des Morgends eben denselben Tag zum Essen einladeten, um jenen in Verwirrung zu setzen. Er ließ ihnen aber wider ihr Erwarten die Wahl, auf welchem seiner nahen Landhäuser es ihnen am gefälligsten sey, und da dasjenige, welches Apollo hieß, vorgeschlagen wurde, that Lucullus nichts weiter als ein Mittags-Essen ankündigen: denn dessen Landhäuser waren so eingerichtet, daß die Kosten einer Mahlzeit daselbst auf einen bestimmten Fuß gesetzt waren, und er bloß nöthig hatte sagen zu lassen, daß er zum Essen kommen wollte. Des Pompejus und des Cicero Bildnisse sind bekannt; das Brustbild, welches diesen vorstellet in dem Pallaste Mattei, hat den wahren alten Namen auf dem Fuße desselben eingehauen. Das vierte Gemählde stellet den Marcus Agrippa vor, welcher Rom mit prächtigen Gebäuden auszierete und mit Wasserleitungen versahe, und dieser übersiehet mit einem Baumeister den Plan einer Wasserleitung: Der beynahe Colossalische Kopf desselben von Marmor ist im Campidoglio. Das fünfte Gemählde ist Virgilius, welcher dem Augustus und der Livia auf einem Landhause die Aeneis vorliefet. Das sechste ist Seneca, Agrippina und der junge Nero. Das siebende ist der Abschied der Königin Berenice vom Titus, welches zu einer besonderen Deutung von mir gewählet wurde. Das achte Gemählde ist Hadrianus mit einem Plan seiner Villa bey Tivoli in der Hand, und neben ihn stehet Antinous, auf dessen Achsel sich der Kayser lehnet.

Zuletzt sind in diesem zweyten Stücke Erinnerungen über die Gedanken zu neuen Bildern und über die Ausführung derselben zu geben. Die vornehmsten erforderlichen Eigenschaften dieser Bilder sind die Einfalt, die Deutlichkeit und die Lieblichkeit, und in diesen dreyen Begriffen sind die Erinnerungen, die ich zu geben habe, enthalten.

Die

Die Einfalt bestehet in Entwerfung eines Bildes, welches mit so wenig Zeichen als möglich ist, die zu bedeutende Sache ausdrücke, und dieses ist die Eigenschaft der Allegorien in den besten Zeiten der Alten.   In spätern Zeiten fieng man an viele Begriffe durch eben so viel Zeichen in einer
einzigen Figur zu vereinigen, wie die Gottheiten sind, die man Panthei
nennet, welche die Attributa aller Götter beygeleget haben.   Die Einfalt
ist in Allegorien, wie Gold ohne Zusatz, und der Beweis der Güte derselben, weil sie alsdenn viel mit wenigen erklären; wo das Gegentheil geschiehet, ist es mehrentheils ein Zeichen undeutlicher und unreifer Begriffe.   Die
beste und vollkommenste Allegorie eines Begriffes oder mehrerer, ist in einer
einzigen Figur begriffen und vorzustellen: Denn alsdenn ist dies in allen
möglichen Fällen anzuwenden.   Es ist aber dieses schwer, ja in den mehresten verlangeten Bildern unmöglich.   Die Sehnsucht nach dem Vaterlande
ist ein edles Bild in der Figur des Ulysses, welchen den in Ithaca aufstei-
genden Rauch von ferne zu sehen wünschete; dieser Held ist aus alten Werken kenntlich zu machen, aber dieser Begrif ist nicht in dessen Figur allein
zu bilden.   •

Durch die Einfalt entstehet die Deutlichkeit, welche jedoch Verhält-
niß-weise zu nehmen ist, und man kann nicht fordern, daß einem ganz un-
gelehrten Menschen ein Gemählde bey dem erſten Anblicke völlig verſtändlich werde.   Deutlich aber wird das allegorische Bild seyn, wenn es eine
nahe Beziehung auf das Abzubildende hat, wie ein paar weiße Rüben sind,
die Guido in seiner schönen büssenden Magdalena im Pallaste Barbarini
angebracht hat, ihr strenges Leben zu bezeichnen.

Lieblich sollen die Bilder seyn, dem Entzwecke der Kunst gemäß, welche zu ergötzen und zu belustigen suchet.   Die Lieblichkeit aber beſtehet in der
Wahl solcher Bilder, die nichts unanständiges, häßliches und fürchterli-
ches haben, und es soll überhaupt beobachtet werden, was in der Geschichte
der Kunst von Vorstellung der Leidenschaften gesaget worden.   Will man
mit dem Ergötzen das Lehren in der Kunst verbinden, so gilt auch hier, was
                                                              jener

jener Spartaner sagte, daß das Lehren sey, das Gute den Knaben ange=
nehm zu machen: Denn so wie das Auge sich von strahlenden Farben ab=
wendet, und sich im Grünen erquicket, eben so ist es auch mit dem Ver=
stande. Die Kunst aber ist in ihren Bildern verschieden von der Dichtkunst,
und kann die schrecklich schöne Bilder, die diese mahlet, nicht mit Vortheil
ausführen. Die wütende Nothwendigkeit (saeva necessitas) des Hora=
tius würde also im Bilde vorgestellet, unser Gesicht abwenden, wie von
dem Anblicke eines wütenden Menschen, und die dichterische Zwietracht
des Petronius kann eben so wenig als die Gorgonen des Aeschylus und die
Teufeleyen des Miltons in der Mahlerey erscheinen, wovon man sich über=
zeugen kann durch die Vorstellung, was solche Bilder des Brittischen Dich=
ters vor eine Wirkung auf dem Theater machen würden. Eben dieses gilt
von der Beschreibung der Wuth des Krieges beym Virgilius

— furor impius intus
Saeva sedens super arma, & centum vinctus ahenis
Post tergum nodis, fremet horridus ore cruento. Aen. I. v. 298.

und wenn einige Erklärer desselben glauben, daß der Dichter sein Absehen
auf den vom Apelles gemahlten Krieg gehabt, welches Werk Augustus
in seinem Foro aufstellen lassen, so ist dieses in seiner Maaße zu verstehen.
Bey späteren Römischen Dichtern finden sich noch mehr Bilder, die in der
Mahlerey nicht mit gutem Erfolge können ausgeführet werden. Von die=
ser Art ist die Beschreibung des Zorns beym Prudentius

Stat procul Ira tumens, spumanti fervida rictu,
Sanguinea intorquens suffusa lumina felle.

dieses sollte unseren Mahlern und Bildhauern eine Vorschrift seyn, welche
bey Figuren und Statuen der Heiligen alle ihre Kunst anzubringen suchen
in Vorstellung der Ketzerey zu den Füssen derselben, und ihre Absicht ist
hier die äusserste Häßlichkeit, so daß derjenige, welche andere in der fürch=
terlichen und häßlichen Gestalt übertrift, Meister scheinet: In der St. Pe=
ters Kirche ist ein solches Bild mehr als einmal angebracht. Es würde ja
eben den Begrif geben, die Ketzerey in einer schönen weiblichen Figur vor=
zustellen,

zuſtellen, die ſich entweder voller Schaam zur Erden bäuget, oder voll Bit=
terkeit auf andere Mittel denket.   Die Künſtler ſollten mit dem Democri=
tus, um Erſcheinung angenehmer Bilder bitten (a).   In Abſicht der An=
ſtändigkeit unterrichtet uns ſelbſt die Fabel, und Marſyas, welcher das
Flötenſpielen an der Pallas unanſtändig fand, weil es das Geſicht aufblä=
het, giebt uns zu erkennen, daß alles, was der ſchönen Natur nachtheilig
ſeyn kann, in Bildern vermieden werden müſſe.   Dieſer Lehre zuwider iſt
eine nackte Wahrheit in Lebens=Gröſſe in der Villa Mattei von einem Künſt=
ler des vorigen Jahrhunderts gearbeitet, welche die Haut unter dem Her=
zen aufgeſchlitzet hat, und dieſen Schlitz mit der einen Hand von einander
hält, gleichſam das Herz durch dieſe Oefnung ſehen zu laſſen.   Mit dem
übertriebenen Ausdrucke verhält es ſich in gewiſſer Maaße, wie mit dem
Geſichte eines Kranken, welches, wenn es, nach dem Hippocrates, ſich
ſehr ungleich iſt, ein übeles Zeichen giebt, und hier kann die Wahrheit
des Bernini zum Exempel dienen.   Dieſes ſind Erinnerungen nicht allein
über neue Bilder, ſondern auch über die Ausführung der Alten.

(a) Euſeb. Praep. Ev. p. 122. L 2.

Das

Das zweyte Capitel.
Von der Allegorie der Götter.

Die Allegorie der Götter welche in der Wissenschaft der verschiedenen Vorstellung derselben und der ihnen beygelegten Zeichen bestehet, ist wie dem Gelehrten, also dem Künstler nöthig, ja unentbehrlich, nemlich theils Bilder aus der Fabel oder aus der Heldenzeit zu entwerfen, theils Bilder allgemeiner Begriffe aus derselben zu ziehen oder zusammen zu setzen, und die häufigste Gelegenheit zu Anwendung dieses Theils der Allegorie, findet sich in Verzierungen.

Ich bin aber nicht gesonnen, eine vollständige Abbildung der Götter zu geben, sondern nur diejenige, welche selten ist, und von wenigen oder einzelnen alten, und von noch wenigern oder von niemand neuerer Scribenten angezeiget worden, wovon man sich in Lesung der Mythologien und anderer Bücher, wie Vessius von der Idololatrie ist, überzeugen kann. Ich übergehe sonderlich Egyptische Gottheiten, theils weil die Bilder derselben bekannt sind, eine Isis ausgenommen, auf deren Kopfe ein Sperber sitzet (a), theils weil sie in der schönen Allegorie keinen Platz finden, und ich merke hier nur einen kleinen vierseitigen Grabstein eines Priesters der Isis an, wie folgende Inschrift auf demselben anzeiget, PL AFTORIVS· R⊕DO· SACERDOS· ISIARIVS· Von dieser Art zu schreiben durch Buchstaben innerhalb anderer gesetzt, welche in spätern Zeiten in Gebrauch kam, kann folgende noch nicht bekannt gemachte Inschrift in der Villa des Herrn Card. Alex. Albani gemerket werden:

```
D· IVLI⊕· P̣LODORO· M· M
L· LEG· II· PARTH· QVI· VIXIT· A
NN· XLI· M· V· D· XV· MILITA
BIT· ANN· XXIII· AVRELIA· H
ERAIS· CONIVNX·        ⌀
     ET· IVLIVS· ALEXANDE
R· F· FILIVS·  ⌀· B· M· F·
```

Auf

(a) Hist. de l'Acad. des Inscr. T. 14. p. 8.

E

Auf der einen Seite gedachten Grabsteins, stehet ein Anubis mit dem Caduceo in der einen Hand, welches bekannt ist, und in der andern Hand hält derselbe ein paar Korn-Aehren, als etwas was ich in Bildern dieser Gottheit nirgend gefunden habe; dieser Marmor befindet sich bey dem Bildhauer Cavaceppi.

Ehe ich von der Allegorie einer jeden Gottheit insbesondere rede, erinnere ich, daß sich die mehresten mit dem Blitze der dem Jupiter eigen ist, finden, welches ich in den Denkmaalen des Alterthums weiter ausführe. Eben so gemein sind Flügel und Zepter, welche in den allerältesten Zeiten der Griechen sowohl als der Hetrurier mehreren Gottheiten, als nachher geschehen, gegeben worden, und die Spartaner gaben allen männlichen sowohl als weiblichen Gottheiten einen Spieß, weil sie dieselben alle kriegerisch haben wolten(a). Es ist auch die Schale (Patera) dem Jupiter, Apollo, Mercurius, Aesculapius und der Ceres nebst der Hygiäa gemein, und Korn-Aehren werden unter anderen weiblichen Gottheiten, auch der Aſträa oder der Gerechtigkeit gegeben(b). Es findet sich so gar der Aegis auſſer dem Jupiter und der Pallas, auch der Juno(c), und dem Apollo(d), beygeleget, und einige Zeichen sind Gottheiten und Tugenden gemein, wie die Lilie ist in der Hand der Juno, der Venus und zugleich der Hofnung. Einige Zeichen der Götter finden sich in Schriften, aber nicht an übrig gebliebenen Bildern derselben; wir haben z. E. keinen Vulcanus mit einem Löwen, keine Juno mit einem Lamme, keinen Mars mit einem Geyer(e), und keine Ceres mit einem Schlüßel auf der Schulter(f). Unter den Göttinnen hat nicht Juno allein ein Theil ihres Gewandes bis auf den Kopf hinauf gezogen, wie insgemein die Antiquarii bemerken, sondern auch Ceres auf Münzen von Palermo, und Proserpina auf Münzen von Sardes(g), ja so gar eine Venus zu Sparta, Morpho genannt(h), und in diesem Verstande ist das Wort καλύπτρα beym Pausanias zu nehmen.

Vom

(a) Plutarch απιφθεγμ. λακ. p. 425. l; 16.　　(b) Arat. Phaenom. v. 93. 94. 101.
(c) Valer. Flac. Argon. L. 5. v. 287.　　(d) Euſtath. ad Il. 6. p. 1014. l. 1.
(e) Banier Mythol. T. 1. p. 458.　　(f) Callimach. hymn. Cer. v. 45.
(g) Harduin Num. pop. p. 441.　　(h) Pauſ. L. 3. p. 246. l. 22.

Vom Saturnus den älteſten der Götter merke man das einzige übrig gebliebene Werk, wo ihm Rhea einen in einem Tuche eingewickelten Stein reichet; dieſes iſt ein vierſeitiges Baſament im Campidoglio (a).

Jupiter findet man in den beſten Zeiten der Kunſt niemals mit Flügeln, wie ihn die Hetrurier vorſtelleten, und man ſiehet ihn ſo und dabey bekleidet auf einer alten Paſte eines hetruriſchen Steins, wo er zur Semele kommt (b). Auf griechiſchen Werken iſt dieſe Gottheit zuweilen ohne dem gewöhnlichen Zeichen derſelben, dem Blitze, mit einem Fruchthorne, aber ohne Früchte, in dem linken Arme und mit einer Schale in der rechten Hand, in Geſtalt eines Genius, vorgeſtellet, als der Geber aller Güter (c), ja wir finden ihn mit Blumen gekrönet (d), die Quelle der Fröhlichkeit in ihm abzubilden. In ganz alten Zeiten wurde er, wie Bachus, mit beyderley Geſchlecht vorgeſtellet (e), und in Carien trugen deſſen Bilder an ſtatt des Zepters und des Blitzes, ein Beil, und dieſer Jupiter hatte den Beynamen λαϐραδʼα (f) oder nach dem Strabo λαϐρανδὴς oder λαϐρανδηνος (g). Noch eine andere Leſart dieſes Beynamens findet ſich auf einem kleinem Altare in dem Muſeo zu Oxford, wo ein Beil ſtehet und unter demſelben (h)

$$ \Delta IO\Sigma \ \Lambda ABPAYN $$
$$ \Delta OY $$
$$ KAI \ \Delta IO\Sigma \ ME\Gamma IC $$
$$ \Sigma TOY $$

zuweilen hält Jupiter das Bild des Sieges in der rechten Hand (i). Zu den Füſſen einer Statue deſſelben etwas über Lebensgröße, in der Villa Borgheſe lieget ein Reh unter dem Adler: dieſes iſt ein homeriſches Bild, und deutet auf das Zeichen, welches Jupiter dem Agamemnon gab durch einen Adler mit einem jungen Rehe in den Klauen, der es bey dem Altare dieſes Gottes fallen ließ. Wenn Jupiter auf einem Wagen fuhr, ſtand

E 2   die

(a) Doni Inſcr. T. I. tab. I.   (b) Deſcr. des Pier. gr. du Cab. de Stoſch, p. 53. N. 135.   (c) Ibid. p. 46. N. 79.   (d) Pauſan. L. 5. p. 439. l. 12. (e) Orph. ap. Euſeb. Praep. Ev. L. 3. p. 61. l. 16.   (f) Plutarch περφ. Ελλην. p. 538. l. 6.   (g) L. 14. p. 659. A.   (h) Marm. Oxon. ed. rec. P. 2. tab. 5.   (i) Euſeb. l. c. p. 62. l. 4.

die Victoria hinter ihm, und hielt die Zügel, oder fuhr (a). Der Kranz des Jupiters pfleget Lorbeer zu seyn (b), wie er auf einen vierseitigen Basamente in der Villa Albani stehet. Von einem Wiesel zu den Füssen eines Jupiters S. im fünften Capitel.

Apollo ist zuweilen mit einer Schale in der Hand, auf Münzen, vorgestellet (c), und er hält einen Myrthen=Zweig, wie an dessen Figuren in der Insel Lesbus gewöhnlich war (d), weil dieses Gewächs zur Wahrsagerey beförderlich gehalten wurde; es war daher in Athen jemanden der vor Hunger Lorbeer=Blätter kauete, der Name θαύμαϛισ, das ist, der Wahrsager des Gottes, nemlich des Apollo gegeben (e). Eins und das andere Geschlecht in Apollo ist in dessen sitzenden Figur auf einer silbernen Münze des dritten Antiochus in Syrien, durch die auf dem Wirbel des Kopfs gebundene Haare angedeutet, wie an einer Statue im Campidoglio (f), und an ein paar dieser ähnlichen Statuen in der Villa Medicis, als welches ein Gebrauch und Kennzeichen unverheyratheter Mädgens war. Ein Apfel in dessen Hand deutete auf den ältesten Preis in den pythischen Spielen, welches ein Apfel war. Apollo auf einem Schwane in die Luft getragen, wie ihn eine Münze zeiget (g), ist ein seltenes aber schönes und bedeutendes Bild. Auf Münzen der Stadt Thessalonich setzet Apollo sich selbst einen Lorbeer=Kranz auf (h), als Sieger in dem Wettstreite mit dem Marsyas. Auf einem geschnittenen Steine reichet ihm Themis eine Schale mit Ambrosia (i), welches Bild aus dem Homerus genommen ist (k): der Stein war bekannt (l), aber die Erklärung habe ich zuerst gegeben. Es findet sich auf einer Münze Apollo mit Hirschen und Hunden (m), und in solcher Gestalt wurde derselbe Αγοραιος (n) oder Αγρευς (o) der Jäger genannt: aber der Vaticanische Apollo kann kein Jagd=Apollo seyn, wie Spence nennet (p). Der Hirsch

auf

(a) Eurip. Ion. v. 1528. Non. Dionys. L. 2. p. 50. l. 21.　　(b) Phurnut. de nat. Deor. c. 9. p. 152.　　(c) Vaill. Num. Imp. arg. p. 27. Num. aer. p. 74. 96. (d) Schol. Nicand. Ther. v. 613.　　(e) Aristoph. Eq. v. 1265. Athen. Deipn. L. 12. p. 551. A.　　(f) Muſ. Capit. T. 3. tav. 15.　　(g) Hard. Num. p. 237.　　(h) Wilde Num. n. 72. p. 104.　　(i) Deſcr. des Pier. gr. de Stosch, p. 191.　　(k) Hymn. Apoll. v. 124.　　(l) Maffei Gem. T. 2. n. 45.　　(m) Hard. Num. p. 131.　　(n) Pauſan. L. 1. p. 98. l. ult. (o) Plutarch. Εϱωτιϰ. p. 1348. l. 25.　　(p) Polymet. Dial. 8. p. 87.

auf einem Altare, nebst anderen dem Apollo beygelegten Zeichen ist die Nymphe Arge, welche in einen Hirsch verwandelt wurde, da sie im Nach=setzen sich rühmete denselben zu erreichen, wenn das Thier auch der Sonne gleich laufen könnte (a). Plutarchus gedenket eines Apollo mit einem Hahn auf der Hand, die Sonne anzuzeigen, deren Aufgang der Hahn meldet (b). Woher der Bär genommen ist, auf welchen Apollo einen Fuß gesetzet hat, auf dem Tittel=Kupfer zum siebenden Bande der griechischen Alterthümer des Gronovius, habe ich nicht finden können. Eine Maus neben dem Kopfe des Apollo auf Münzen der Insel Tenedus (c) bedeutet dessen Beyna=men Σμινθεὺς von Σμίνθαι, welches in der cretischen Mundart Mäuse heißt, weil Apollo aus gedachter Insel die Mäuse verbannet haben soll (d). Zu Delus stand Apollo mit einem Bogen in der rechten Hand, und auf der linken Hand standen die drey Gratien, von welchen jede ein musicalisches Instrument hielt; die eine die Flöte, die andere die Syrinx, und die in der Mitten die Leyer: diese Statue wurde geglaubet von der Zeit des Hercules zu seyn (e). Der Delphin an den Dreyfüssen des Apollo ist ein bedeuten=der Zierrath der Verwandlung desselben in diesem Fisch; kann auch auf die vorgegebene Liebe des Delphins zur Music deuten. Mit einer Phrygischen Mütze aber ist Apollo niemals vorgestellet, und solche Zöpfe auf den Ecken des Deckels einer Begräbnis=Urne die in Frankreich dafür gehalten wor=den (f), sind Larven welche sich nicht selten auf eben der Stelle an ähnlichen Denkmaalen finden.

Aesculapius, der Sohn des Apollo, hat mehrentheils ein Diadema um das Haupt, wie Helden und Könige, zuweilen einen Kranz von Lor=beeren (g), und die ältesten Künstler bildeten ihn ohne Bart; in allen übrig gebliebenen Bildern aber ist er bärtig. Die beste Statue desselben stehet in der Villa Farnese, mit dem Deckel von dem Dreyfusse des Apollo zu dessen Füssen. Neben einen Aesculapius stand ein Hund (h), weil er soll von ei=

E 3   ner

(a) Hygin. fab. 205.   (b) περὶ τῦ μὴ χρᾶν ἔμ. νῦν τὸν πυθ. p. 712. l. 15.
(c) Golz. Graec. Insl. tab. 13.   (d) Plin. L. 5. c. 39.   (e) Plutarch.
Music. p. 2081. l. 4 et 11.   (f) De Boze Descr. d'un Tombeau ant. dans
les Mem. de l'Acad. des Inscr. T. 4. p. 661.   (g) Descr. des Pier. gr. du
Cab. de Stosch, p. 223.   (h) Pausan. L. 2. p. 173. l. 2.

ner Hündin gesäuget seyn; man könnte auch sagen, weil das Lecken der
Hunde in Wunden vor heilsam gehalten wird (a). Ein seltenes Zeichen
desselben ist die Schildkröte auf einem geschnittenen Steine (b) als ein
von den Alten vermeintes Mittel in vielen Krankheiten (c). Auf einem
kleinen Altare dieser Gottheit unter den Alterthümern Herrn Adam, Königl. Großbrit. Baumeisters, sind auf der einen Seite zwo Jackeln: denn
es wurden an dessen Festen eine Menge Jackeln angezündet (d). Telespho-
rus, dessen Begleiter in vielen von dessen Bildern, hieß im Leben Evame-
rion, und wurde von der Stadt Pergamus zu erst göttlich verehret (e).

Von den Musen und Begleiterinnen des Apollo finde ich folgendes zu
bemerken. Die alten Dichter kleideten dieselbe in gelb (f), wie die Pallas (g), und auf verschiedenen erhobenen Arbeiten, ingleichen auf einer Statue im Campidoglio (h) haben dieselben Federn auf der Stirne stecken, welche sie den Sirenen aus den Flügeln zogen, zur Strafe über den Wettstreit
im Gesange, in welchem sich diese mit jenen eingelassen hatten. Eustathius
sagt (i), die Musen hätten eine jede dieser Federn mit einem Bande zusammen gebunden, und als einen Kranz aufgesetzet, welches sich aber in alten
Denkmaalen nicht findet. Ein neuer Bildhauer aber, Ercole Ferrata,
welcher die Köpfe der Musen, die der Königin Christina waren, ergänzet
hat, ist übel berichtet worden, wenn er das Gegentheil von jenem Vorgeben gemacht, und der Terpsichore allein Federn an dem Kopfe gesetzet, und
den anderen Musen nicht. Phurnutus giebt den Musen Kronen von Palmen (k), welche niemand bisher auf alten Werken bemerket hat. Diese
Krone aber ist deutlich an einer Figur auf dem alten Gemählde, welche unter dem Namen der Aldrovandinischen Hochzeit bekannt ist: denn sie ist
grün, und man siehet, es sind Blätter von Palmen, und sind, wie Apulejus diese Kränze beschreibet, zackigt (l). Da nun diejenige Figur mit
einem Diadema, welche neben ihr stehet, und eine Leyer spielet, ebenfalls
eine

(a) Aelian. Hist. anim. l. 8. c. 9.   (b) Descr. etc. p. 224.   (c) Plin l. 32.
c. 14.   (d) Aristid. Orad. de concord. p. 304. Tom. 2.   (e) Pausan.
L. 2. p. 137. l. 15.   (f) Μῶσαι κροκόπεπλοι, Alcman.   (g) Eurip.
Hecub. v. 466.   (h) Mus. Capit. T. 3. tav. 39.   (i) ad Il. ά p. 85.
l. 38.   (k) de nat. deor. c. 14. p. 161.   (l) Metam. L. 11. p. 389.

eine Muse seyn wird, so wird jene mit der Krone die Clio vorstellen, welcher Hesiodus den Rang vor anderen Musen giebt, und es erscheinet dieselbe hier gleichsam als Königinn derselben.　　In einem ungedruckten Schreiben des unsterblichen Peiresc an den berühmten Commendator dal Pozzo vom Jahre 1629. finde ich gelehrte Muthmaßungen über die Krone dieser Figur, welche jenem einem Kranze aus Palm-Blättern am ähnlichsten scheinet, und er hätte mit den Anzeigen des Phurnutus und des Apulejus entscheiden können.　　Hierdurch erklären sich andere Figuren in Marmor mit ähnlichen Kränzen; Drey derselben stehen auf einem dreyseitigen Fuße von einem alten Leuchter in der Villa Borghese, und drey andere jenem ähnliche Figuren auf einem ähnlichen aber kleinern Werke in der Villa Albani, welches ehedem im Pallaste Giustiniani war; ingleichen zwo Figuren, welche tanzen, in letzt gedachter Villa.　　Montfaucon, welcher in gemeldetem alten Gemählde, dessen Inhalt die Vermählung des Peleus und der Thetis scheinet, die Hochzeit eines vornehmen Römers vorgestellet finden will (und warum? weil es auf dem Grunde der ehemaligen Gärten des Mecänas entdecket worden) nimmt die gekrönte Muse vor die Regina sacrorum der Römer (a).　　Es können den Musen auch Flügel gegeben werden, welche sie sich machten, da Pireneus, König von Phocis dieselben eingeschlossen halten wollte.　　Melpomene die insgemein mit einer Käule gebildet wird, den Inhalt der Tragödien aus der Zeit der Helden vorzustellen, deren gewöhnliche Waffen eine Käule war, diese Muse, sage ich, stehet auf einem Steine des Musei zu Florenz mit einem Lorbeer-Blatte in der Hand: die Bedeutung kann die dichterische Begeisterung seyn.　　Auf ein paar erhobenen Werken im Pallaste Mattei, wo die Musen vorgestellet sind, hält Thalia eine Comische Larve, und vier anderen Musen sind Tragische Larven zugegeben.　　Meine Muthmaßung ist, daß diese vier Musen die vier wesentlichen Theile vorstellen, welche Aristoteles der Tragödie giebt (b), nemlich die Anzeige des Inhalts, die Sitten, die Gedanken und der Ausdruck.

Mercurius hat nächst dem Apollo, mehr als andere Gottheiten, beygelegte Zeichen.　　Unter denen, welche er in der Hand hält, und überhaupt
scheinet

(a) Ant. expl. T. 3. p. 221.　　　(b) Poet. c. 7.

ſcheinet das älteſte Zeichen deſſelben ein bloſſer Stab, wie die Herolde beym
Homerus tragen, welches das Amt des Mercurius bey andern Göttern war,
und es hat ſich das Bild deſſelben noch jeßo mit gedachten Zeichen auf geſchnittenen Steinen erhalten.　　Mit einer Schale in der Hand ſtellet derſelbe den Mundſchenken der Götter vor, welche Stelle er der Hebe abtrat,
und dieſer wurde jene Bedienung genommen, und dem Ganymedes gegeben.　　Mercurius hatte dieſes Amt als Herold der Götter: denn die Herolde (κηρυκες) beym Homerus ſchenkten allezeit den Wein ein.　Dieſer
Bedienung heißt derſelbe in einer Inſchrift meneſtrator (a), und κάμιλος,
κασμιλος (b).　　Die Bedeutung des Beutels in ſeiner Hand iſt bekannt.
Mit einer Wage, die er hält, als Vorgeſetzter derſelben, findet er ſich ſelten (c), noch ſeltener aber mit einer Harke, (raſtrum) und dieſes nur auf
ein paar Münzen; die eine hat die Inſchrift: SAECVLO FRVGIFE-
RO; die andere SAECVLO FOECVNDO (d).　Unter den ſeltenen Zeichen deſſelben ſind auch Mohn-Häupter in der linken Hand, und in der rechten ein Horn, aus welchem er die Träume gießet (e).　Eine einzige Statue deſſelben in der Villa Negroni hält eine Leyer, welche er aus einer Schildkröte verfertigte.　　Auf dem Haupte hat er zuweilen an ſtatt des geflügelten
Huts, einen Helm (f), wie an einer Statue zu Elis (g): Mit einem Helme war Mercurius bewafnet, da er wider die Titanen ſtritte (h).　In einem Kopfe von Marmor iſt Mercurius an ſtatt des Huts mit der Schale
einer Schildkröte bedecket, welches ich bey Gelegenheit eines geſchnittenen
Steins des Stoſſiſchen Muſei, wo er eine Schildkröte auf der Achſel träget, angezeiget habe (i).　Neben ihn ſtehet zuweilen ein Hahn, welchen
Lucianus auf die Vielredenheit deutet (k): zuweilen ein Widder, welcher
auf denjenigen abzielen kann, dem Mercurius das Fell abgezogen, und aus
deſſen Wolle er erfunden, einen Faden zu ziehen und zu drehen, und das
erſte

(a) Spon Miſc. p. 91. n. 2. 　　　　　(b) Freret Rech. ſur les Cabires, dans l'Hiſt. de
l'Acad. des Inſcr. p. 17. 　　　　(c) Deſcr. des Pier. pr. etc. p. 91. 　　　　(d) Vaillant Num. Imp. aer. p. 110. 116. 　　　　(e) Hom. Odyſſ. ἀ v. 138. Deſcr. des
Pier. gr. etc. p. 95. n. 408. 　　　(f) Ibid. p. 93. n. 405. 　　　　(g) Pauſan. L. 5.
p. 449. l. 22. 　　　　(h) Apollod. Bibl. L. 1. p. 10. b. 　　　　(i) Deſcr. des Pier.
gr. etc. p. 96. n. 413. 　　　　(k) Gall. p. 106. ed Graev.

erſte Gewand zu weben (a); oder der Widder kann auch denjenigen andeuten, in welchem ſich Mercurius verwandelte, um die Penelope zu genieſſen (b). Als einzig iſt anzuſehen eine kleine Figur des Mercurius in
Ertzte (c), der noch ein Kind ſcheinet, mit einem Gewande, welches unter
dem rechten Arme über die linke Schulter geworfen iſt; auf der Schulter
hänget ein kleiner Köcher. Der Köcher bedeutet vermuthlich denjenigen,
welchen Mercurius, da er noch ein Kind war, dem Apollo entwendete (d),
welches dieſen zu lachen bewegete, da er wider ihn aufgebracht, wegen der
ihm heimlich entführten Rinder, ihn mit Pfeilen zu ſchieſſen drohete, und
merkete, daß jener ihm auch ſo gar den Köcher genommen hatte (e). Das
beſonders geworfene Gewand kann die Windeln (σπάργανον) bedeuten, die
er, nach dem Homerus unter dem einen Arme (f) über die Schulter (g)
warf, da ihn Apollo fortſchleppete, ihm die geraubten Rinder zu zeigen,
eben ſo, wie es dieſe Figur vorſtellet. Wenn die Figuren des Mercurius
ſitzend vorgeſtellet werden, iſt es allezeit auf einem Felſen, wie viele geſchnit-
tene Steine, ja ſelbſt die ſchöne Statue deſſelben von Ertzte in dem Herculaniſchen Muſeo beweiſen; nirgend aber findet ſich derſelbe auf einem Würfel oder Cubo ſitzen, wie Galenus anzeiget (h).

Bachus hat ein Gewand von Purpur in dem Gemählde des Philo-
ſtratus, wo er zur Ariadna kommt (i), und auf zwey Herculaniſchen Gemählden (k); ein ſolches Gewand giebt ihm auch eine unlängſt bekannt gemachte Inſchrift (l), als eine Deutung auf die Farbe des Weins. Bewafnet und in völliger Rüſtung erſcheinet derſelbe auf dem oben angeführten Baſamente in der Villa Albani, wie er in ſeinem Feldzuge nach Indien
war, und mit einem Kranze von Lorbeer-Blättern, zum Zeichen der daſelbſt
erhalte-

(a) Tertull. de Pall. c. 3. p. 14.
Ev. p. 78. ed. Par. 1690.
(d) Philoſt. Icon. L. 1. n. 26.
in Merc. v. 388.   (g) v. 306.
p. 75.   (i) Icon. L. 1. p. 786. l. 22.
(l) d' Orville Animad. in Charit. p. 385.

(b) Nat. Com. Myth. L. 5. c. 6. Huet. Demonſtr.
(c) Hiſt. de l'Acad. des Inſcr. T. 12. p. 258.
(e) Horat. L. 1. Od. 10. v. 11.   (f) Hymn.
(h) Hadr. Iun. Animadv. L. 2. c. 4
(k) Pitt. Erc. T. 2. tav. 13. 16.

F

erhaltenen Siege, wie Tertullianus lehret (a), und dieser Kranz wurde ge=
nannt Corona Magna. Aufferordentlich ist ein kleiner Bachus von Erzte,
auf dessen Achseln ein geflügelter Genius, mit einem langen Gänse=Halse
auf dem Haupte, kniet, und ihm aus einem Gefäße etwas in dem Mund
gießet (b). Diesen Genius deutet Gori auf das flüßige Element, vermöge
des Halses eines Thiers welches das Wasser liebt, und er glaubet mit dem
Buonarroti (c) daß hier Bachus gebildet sey, wie er sich aus Furcht vor
dem Lycurgus bey der Thetis im Meere verborgen hatte. Einzig ist Ba=
chus welcher eine Amazone erleget hat, auf einer Münze der Insel Samos (d),
und Plutarchus ist der einzige Scribent der dieselbe erkläret (e), und uns
die Ueberlieferung hinterlassen hat von der Flucht der Amazone aus der Ge=
gend von Ephesus nach Samos, wohin Bachus dieselben verfolgete. Un=
ter den seltenen Vorstellungen in welchen sich Bachus nicht mehr findet, ist
diejenige wo er eine Fackel in der Hand hielt, so wie er der Ceres leuchtete,
da diese ihre entführte Tochter Proserpina suchte (f). Den Wagen dessel=
ben ziehen Tieger und Pardel, weil dieses Thier einen beständigen Durst
hat (g), und sehr begierig ist nach Wein (h). Die Bänder (Lemnisci)
an dem Thyrsus pflegen eine Art langer und enger Schläuche zu seyn, wie
ich anderswo erinnert habe (i).

Mars mit einer Peitsche findet sich nur auf einigen Münzen (k), als
ein Rächer; auf anderen Münzen mit dem Spieße und mit dem Caduceo (l),
weil er Krieg und Frieden in seiner Hand hat. Zuweilen erscheinet er auf
einem zweyspännigen Wagen, welcher von dem Schrecken und der wirken=
den Furcht, die seine Söhne waren (m), gezogen wird. Aber mit Fesseln
an den Beinen, wie er von den ältesten Griechen pflegte gebildet zu wer=
den (n), ist derselbe nur in einer einzigen Figur im Pallast Borghese vorge=
stellet,

(a) De coron. milit. p. 124. C. ed. Rigalt. Par. fol.   (b) Gori Muf. Etr. tab. 54.
(c) Off. fop. alc. Vetri, p. 238.   (d) Vaillant Num. Muf. de Camps, p. 114.
(e) Κιφαλ. Ελλην. καταγε. p. 541. l. 7.   (f) Paufan. L. 1. p. 6. l. 35.   (g) Vit.
Ifidor. ap. Phot. Bibl. p. 557. l. 29.   (h) Oppinn. Cyneg. L. 3. v. 80.   (i) Defcr. des P. gr. etc. p. 232.   (k) Vaill. Num. Imp. arg. p. 7. 12. 23.   (l) Ibid.
p. 20.   (m) Hom. Il. i. v. 299.   (n) Paufan. L. 3. p. 244. l. 14.

stellet, und zwar mit einem Ringe an einem Beine. Die Fabel sagt, er sey von den gewaltigen Riesen, den Söhnen des Aloei, gebunden gewesen.

Neptunus ist gewöhnlich auf einem Wagen von Meer-Pferden gezogen; auf einem Steine des Stossischen Musei aber (a) stehet er auf einem Wagen von vier wirklichen Pferden gezogen, und entführet die Amymone, die er in den Armen hält. Sein dreyzackigter Zepter soll nach dem Plutarchus (b) das dem Neptunus zugefallene dritte Loos, das Meer, bedeuten; es ist dieser Zepter aber nichts anders als ein Fischer-Werkzeug, womit diese die grossen Fische, sonderlich den man Spada nennet, fangen und tödten, und hieß Fuscina, wie noch jetzo. In der linken Hand hält Neptunus zuweilen ein Aplustre (c). Eins von dessen Zeichen ist ein Pferd, wovon die Ursach aus der Fabel bekannt ist (d). An einem Gefässe von Ertze in dem Herculanischen Museo, an welchem ein Pferd den Henkel macht, so daß die vorderen Füsse auf dem Rande des Gefässes liegen, kann dasselbe bedeuten, daß das Gefäß bey Opfern dieser Gottheit gebraucht worden. Auf dem Pferde hat sich ein Delphin um den Trident gewunden (e). Einen Delphin hält Neptunus, weil er durch denselben die Amphitrite, die sich vor dessen verliebten Verfolgungen verbarg, entdeckte (f). Wo ein Knabe mit einer Schale in der Hand neben denselben stehet, kann dieser den Pelops bedeuten, der bey dem Essen, welches dessen Vater Oenomaus zu Sippylum den Göttern gab, Mundschenke war, und vom Neptunus wegen seiner Schönheit entführet wurde (g). Was ἱππόκαμπτος ist, welches, nach dem Strabo (h), eine Statue des Neptunus in der Hand hielt, wissen wir nicht eigentlich: einige meinen, es könne vielleicht einen Pferdezaum bedeuten; wir finden ihn aber auf keinem alten Denkmaale mit diesem Zeichen. Von dieser Gottheit merke ich zugleich an, daß sich nur eine einzige grosse Statue desselben zu Rom erhalten hat, welche in der Villa Medicis stehet. Ich hänge hier die Amphitrite an, die mit einem See-Krebse

F 2   auf

(a) Descr. des P. gr. p. 105. n. 452.   (b) De Is. et Osir. p. 679. l. 20.   (c) Gorl. Dactyl. T. 1. n. 25.   (d) Pausan. L. 7. p. 577. l. 5.   (e) Bayardi Cat. Mon. Ercol. p. 213. n. 302.   (f) Theon. Schol. Arat. Phaenom. p. 139. l. 35. ed. Bas. 1536. 8.   (g) Pind. Olymp. I. v. 71. Philostr. Icon. L. I. p. 789. l. 12. (h) L. 8. p. 590. l. 14.

auf dem Haupte gebildet wurde, wie dieselbe also auf Münzen der Bruttier (Abruzzo) erscheinet. Auf einer Begräbniß-Urne in der Villa Borghese, die den Fall des Phaeton vorstellet, hat Amphitrite, die das Meer bedeutet, an jeder Seite oben auf dem Haupte eine von den Scheeren dieses Krebses. Auch Flüsse sind mit Krebs-Scheeren am Haupte gebildet, wie sonderlich der Fluß Jordan auf Christlichen Denkmaalen (a).

Pluto findet sich nirgend mit einem zweyzackigten Zepter, wie ihn die Neueren vorstellen, sondern allezeit mit einem Zepter, welchen Pindarus eine Ruthe nennet (b), womit er den Seelen in seinem Reiche ihren Ort anweiset. Er hatte ein rothes Gewand, als eine Deutung auf das Licht der Sonnen, wenn dieselbe schön untergehet (c).

Vulcanus wurde mit einem himmelblauen Hute gemahlet, als eine Deutung auf den Himmel, dessen Feuer in seiner Hand war (d): dieser Hut ist eyförmig, wie vermuthlich die Handwerker vor Alters bey der Arbeit trugen. Besonders ist eine Münze des Kaysers Claudius Gothicus, wo Vulcanus mit dem Ambosse, mit der Zange und dem Hammer ist, nebst der Inschrift: REGI ARTIS (e), welches sich auf das Münzwesen beziehet, als dessen Vorsteher Vulcanus hier angegeben zu seyn scheinet. Auf einem alten Werke in der Villa Negroni, auf einer Urne im Campidoglio, und auf einer erhobenen Arbeit in der Villa Borghese arbeitet er mit den Cyclopen, seinen Gesellen; es haben diese aber beyde Augen. Die Gesellschaft der Faune, worin er sich auf einer erhobenen Arbeit des Cardinals Polignac befand, hat jemanden nicht ohne Grund Zweifel wider dessen Alterthum erwecket (f). Sein eigenes Opfer waren die von Feinden erbeutete Waffen und Geräthe, welche in Brand gestecket wurden, wie Tarquinius Priscus nach dem Siege über die Sabiner und Marcellus über die Carthaginenser bey Nola thaten (g). Cabirus, des Vulcanus Sohn, träget einen Hammer auf Münzen der Stadt Thessalonich (h).

Hercules

(a) Aringh. Rom. Subter. T. 1. L. 2. c. 10. p. 305. Ciampin. Vet. Monum. T. 2. p. 78. (b) Olymp. 9. v. 51. (c) Eufeb. Praep. Evang. L. 3. p. 68. L 24. (d) Ibid. p. 67. l. 38. (e) Hist. de l'Acad. des Infcr. T. 12. p. 308. (f) Spence's Polymet. Dial. 7. p. 80. (g) Liv. L. 1. c. 37. L. 23. c. 46. (h) Conf. Freret Recherch. fur les Cabires, p. 9.

Hercules giebt denen, welche die Fabel-Geschichte abhandeln, ein reiches Feld, für die Allegorie aber wenig: denn dessen Zeichen sind insgemein die Löwenhaut, und entweder die Käule, oder Bogen und der Köcher. In zwey Bildern allein ist Hercules mit Blättern von Pappel-Bäumen (populus) welcher ihm heilig war, gekrönet; das eine sind zween Köpfe (Capita jugata) eines jungen Hercules in der Villa Albani, welche durch gedachte Blätter kenntlicher werden; das andere ist eine Herma von Probierstein in der Villa Negroni. Man sehe die vorgegebene Deutung hiervon zu Anfang des achten Capitels. Unter den seltenen Bildern desselben ist ein betrunkener Hercules zu zählen, auf einem geschnittenen Steine des Königlichen Farnesischen Musei zu Neapel; aber noch seltener ist dessen Figur in eben der Stellung, wie er sein Wasser lässet, in der Villa Albani. Ein anderer Hercules schöpfet Wasser an einer Quelle, welche seltene Vorstellung, ausser dem Scarabeo, welchen Buonarroti besaß, auch auf einem anderen Scarabeo in dem Museo des Duca Caraffa Noja, zu Neapel, gearbeitet ist: das Wasser läuft, wie gewöhnlich, an dem alten Brunnen, aus einem Löwen-Kopfe, und der Name des Hercules ist mit dessen ersten Buchstaben, von der rechten zur linken geschrieben, ◁ƎΗ angezeiget. Ein ähnliches Bild ist unter den Arbeiten des Hercules auf einer grossen Vase von Marmor in der Villa Albani, welche etliche dreyßig Palmen im Umkreise hält, vorgestellet; es lieget aber hier eine bärtige Figur eines Flusses, und könnte den Fluß Alpheus bedeuten, welchen der Held in die Ställe des Augias hinein leitete, um dieselbe zu reinigen. Eine schöne jugendliche heroische Statue im Pallaste Farnese, mit einer Wunde in dem rechten Schenkel, könnte den Hercules vorstellen, welcher eben so verwundet zu Tegea stand (a): Diese Wunde hatte derselbe in dem Gefechte mit den Söhnen des Hippocoons bekommen. Der lateinische Uebersetzer setzet an statt des Worts Wunde, (ich sehe nicht, warum?) Narbe von einer Wunde; die Wunde an der Statue ist annoch vom Blute triefend vorgestellet. Da aber weder das Gesicht, noch die übrige Figur einen Hercules ankündiget, könnte es wahrscheinlicher Theseus seyn, welcher in der Eroberung von

F 3   Aphidna,

(a) Pausan. L. 8. p. 708.

Aphidna, wo er mit dem Pirithous die Helena entführete, an eben dem Schenkel verwundet wurde (a). Es wurde auch Telephus in dem Schenkel von dem Wurfspieße des Achilles verwundet, und nach dem Ptolomäus Hephästion auch Paris von dem Menelaus (b). Pompejus und Sertorius wurden ebenfalls mit einem Wurfspieße in einen Schenkel geschossen (c); jene Statue aber ist, wie gesagt, heroisch, und kann diese beyden Römer nicht vorstellen. Eine der Arbeiten des Hercules sind die Hesperischen Aepfel, die von einer Schlange bewahret wurden, und hier ist merkwürdig, in der Villa Borghese und in dem Pallaste Albani, den Obertheil dieser Schlange in weiblicher Figur mit einem schönen jungfräulichen Gesichte zu sehen, deren Untertheil, der Schwanz, sich um den Baum jener Aepfel gewunden hat. In der Villa Albani ist der Obertheil dieser Schlange eben so gebildet, der Untertheil aber ist kein Schwanz einer Schlange, sondern endiget sich, in Gestalt der Titanen, in zwo Schlangen, deren Köpfe das Ende machen. Einzig ist ein Hercules über Lebens-Größe in der Villa Este zu Tivoli, nebst dem Arcadischen Hirsche, aus welchem in der Ergänzung ein Rehe gemacht ist. Diese Seltenheit ist zu verstehen von einer Statue: denn in erhabener Arbeit findet sich Hercules mit dem Hirsche häufig.

Von Castor und Pollux kann ich nicht unterlassen anzumerken, daß ihr Raub der beyden Töchter des Leucippus, Phoebe und Elaira, welche mit dem Lynceus und mit dem Ibas, zween Söhnen des Aphareus versprochen waren, auf einer Begräbnis-Urne in der Villa Medicis vorgestellet ist, welches Werk alle Antiquarii auf den Sabiner Raub deuten. Pollux hat auf einer Hetrurischen Patera von Ertze, einen Schwan neben sich, als ein Bild der Verwandelung des Jupiters, da er zur Leda, dessen Mutter, kam, und durch Schwäne sind beyder Figuren, auf den Sessel des alten Gemähldes im Pallaste Barbarini, welche die Roma vorstellet, angedeutet (d). Beyder Statuen und Figuren pflegten Kränze von Rohr zu haben,

(a) Schol. in Hom. Il. γ. v. 144.   (b) Ap. Phot. Bibl. p. 250. l. 22.   (c) Appian. B. Civ. L. 1. p. 222. l. 39. p. 206. l. 28. ed. Rob. Steph.   (d) La Chauss. Mus. Rom. p. 120.

haben, wie der Scholiast des Aristophanes bemerket (a); an bekannten Figuren derselben aber habe ich dieses nicht wahrgenommen.

Die Liebe ist auf unendliche verschiedene Art vorgestellet. Eins der gelehrtesten Bilder ist dieselbe mit einem Gebunde Schlüssel in der Hand, auf einem Steine des Stossischen Musei (b), als Herr des Schlaf-Gemachs der Venus, wie Euripides sagt (c): in dieser Gestalt hieß die Liebe κληδοῦχος, Claviger. Es wurde die Liebe auch mit Zeichen aller oberen Götter gebildet, als Herr von allen, wie zwölf Amorini auf einem noch nicht bemerkten erhobenen Werke im Pallaste Mattei zeigen: der erste von denselben träget die Käule des Herculeſ auf der Achsel, und der zweyte den Hammer des Vulcanus; die Liebe, als Jupiter, stehet in der Mitten herrisch auf einem Cippo gelehnet, mit dem Blitze in der Hand. Die Liebe ist der Geselle der Musen, der Gratien und der Venus, wie Plutarchus sagt (d).

Unter den Göttinnen hat Cybele den ersten Platz, und Mohn-Häupter, wie verschiedene andere Göttinnen, nach dem verbesserten Texte des Phurnutus, wo an statt καρδίαν, das Herz, κωδίαν, der Mohn, gesetzet wird (e): Nach der alten Lesart dieses Scribenten, wäre das Herz der Cybele, als ein Zeichen der Fruchtbarkeit zugegeben gewesen, welches nicht zu reimen war. Die übrig gebliebenen Statuen dieser Göttin aber halten keinen Mohn, welches auch nicht zu suchen ist, da sehr wenig Statuen alte Hände haben. Ich will hier nur die Peitsche der Cybele anführen, die ihr auf mehr als einem erhobenen Werke gegeben ist. In die Stricke derselben, und ihrer Priester, waren zuweilen die Knöchel des Fusses von Thieren, und ich glaube, von jungen Ziegen, eingeflochten; dieses ist dasjenige Glied des Beins, welches Talus, ἀςράγαλος heißt, und diese Peitschen hiessen daher ἀςραγάλωτοι μάςιγες (f). Eine solche Peitsche hält eine Cybele von erhobener Arbeit im Campidoglio, welche diejenigen ihres Irthums

(a) In Nub. v. 1002. (b) Descr. des Pier. gr. etc. p. 137. (c) Hippolyt. v. 538. (d) Ἐρώτ. p. 1350. l. I. (e) Falconet Diff. sur la pierre de la mere des Dieux. dans les Mem. de l'Acad. des Infcr. T. 23. p. 230. (f) Hadr. Iun. Animadv. L. 2. c. 4 p. 67.

thums überführen kann, die hier Spiel-Würfel (Talos) verstanden haben (a), und erkläret zugleich eine Stelle des Diogenes Laertius (b), die bisher nicht verstanden ist. Denn da Arcesilaus über einen jungen Menschen, welcher unbesonnene Reden führete, sagte: Ου ληψεται τις, τατον αστραγαλω; welches ohne allen Begriffe übersetzet ist: Nullusne hunc talo excipiet? so hat dieser Philosoph verdeckt sagen wollen: "Ist denn niemand, der diesen „Menschen die Peitsche giebt"? Diese Auslegung könnte ich, wenn es nöthig wäre, mit andern Stellen erweisen. Die schönste Statue der Cybele ist sitzend, in dem Päbstlichen Vaticanischen Garten, und hält keine eigentliche Peitsche, sondern einen kurzen Griff, an welchem drey kleine Ketten hängen, jede mit einem Glöckgen, die auf ihrem Schenkel erhoben gearbeitet liegen.

Juno mit einem Spiesse hieß Curitis, von einem Sabinischen Worte, welches Spieß bedeutet; so vorgestellet aber siehet man sie nicht in Marmor. Auf einigen Münzen stehet ein Hirsch neben ihr (c), weil ihr dieses Thier besonders gewidmet war. Noch seltener aber ist Juno Martialis mit einer Schmiede-Zange, welche sie mit beyden Händen vorwärts gefasset hält, auf einem Etrurischen Altare in der Villa Borghese: Man sehe, was ich über diese Juno anderwerts gesaget habe (d). Zu den Füssen einer Juno zu Argos lag eine Löwenhaut (e), und ein Gelehrter machet hierüber die Anmerkung, daß die Alten zu den Füssen der Bilder ihrer Gottheiten, die von ihnen besiegten Ungeheuer vorzustellen pflegen (f). Beym Homerus richtet Hebe den Wagen zu, auf welchem Juno fähret (g).

Pallas, welche neben dem Throne des Jupiters zugleich mit der Juno stehend gebildet wurde, begleitet diese auch billig hier. Das Bild derselben zu Troja (Palladium) hielt in der rechten Hand ihren Spieß, und in der linken eine Spindel, so wie man dieselbe auf einer späteren Münze von Troja zu sehen glaubet (h). Es war derselben anfänglich eine Krähe,

vor

(a) Boldet. Off. sopra i Cimet. de SS. Mart. p. 510. b.　　(b) L. 4 segm. 34.　　(c) Vaill. Num. Imp. aur. et arg. p. 377.　　(d) Pref. à la Descr. des Pier. gr. p. 14. (e) Tertull. de coron. mil. p. 124. B.　　(f) La Cerda Comm. in Virg. Aen. L. 2. v. 225. p. 182.　　(g) Il. i v. 721.　　(h) Hist. de l'Acad. des Inscr. T. 5. p. 265.

vor der Eule, zugegeben (a). An einer herculanischen Statue von Marmor in Lebens=Grösse, und im ältern Griechischen Stile gearbeitet, hat Pallas ihren Aegis mit Riemen an den Hals gebunden, und über den linken Arm zur Wehre geworfen, eben so wie die Griechen zur Zeit des Trojanischen Krieges ihre Schilder trugen, da innerhalb derselben die Bequemlichkeit der Rieme, den Arm hinein zu stecken, noch nicht erfunden war, welches zu Erläuterung des Suidas (b) hätte können angeführet werden. Im Gefechte wurde der Schild gedrehet, daß er den linken Arm bedeckete, und ausser dem Gefechte hieng derselbe am Halse auf dem Rücken (c). Wenn Pallas einen Oliven=Zweig hält (d), deutet es auf den Sieg über den Neptunus, in Absicht des Namens welcher der Stadt Athen sollte gegeben werden. Der Sphinx auf ihrem Helme bedeutet die Klugheit. Mit einer Schlange kommt ihr der Name Hygiäa, oder Paeonia zu, welches so bekannt ist, daß mich wundert wie Gronov eine solche Figur derselben für eine Tirce nehmen können (e). Wenn auf der einen Seite atheniensischer Münzen ein Ochsen=Kopf mit Bändern ist, deutet es auf das Opfer dieser Göttinn, welches eine Kuh war, wie wir aus dem Homerus wissen. Unter ihren seltenen Bildern ist diejenige auf einer alten Paste des Stossischen Musei, welche auf zwo Flöten spielet (f), wie sie auch in einer Statue vorgestellet war, und die musicalische Pallas genennet wurde, sonderlich weil sich die Schlangen an ihren Aegis bewegten, wenn jemand in der Nähe auf der Flöte spielete (g). Eben so selten ist die mechanische Pallas, die bey dem Baue des capuanischen Theaters auf einer erhobenen Arbeit zu Capua zugegen ist (h). In der verstümmelten Figur einer Göttinn auf einem herculanischen Gemählde, die einen Bogen und Pfeile hält, ist man geneigt, den Köcher auf der Schulter derselben für eine Trompete anzusehen, um eine Pallas heraus zu bringen, welche den Beynamen Σάλπιγξ, "die Trompete,"

. (a) Antigon. Hist. mirab. c. 12. (b) υ᾽Αημας. (c) Herodot. L. I. p. 44. l. 10. (d) Bellor. Lucern. P. II. tav. 37. (e) Thes. Ant. Gr. Vol. 2. tab. 6. (f) Descr. des Pier. gr. etc. p. 65. N. 211. (g) Plin. L. 34. c. 19. §. 15. p. 123. ed. Par. 1685. (h) Mazoch. de Amphit. Camp. c. 8. p. 161.

G

pete," hatte (a). Ihr Kleid ist roth und ihr Mantel oder Gewand welches sie über sich geworfen hat, ist auf alten Gemählden insgemein gelb, wie es sich auf denen in der Vaticanischen Bibliothec erhaltenen Copien einiger Gemählde aus den Bädern des Titus zeiget, und eine so wohl als die andere Farbe kann auf das Feuer deuten: denn Pallas wurde vor ein Bild des Aetherischen Feuers gehalten (b).

Ceres hat zuweilen einen Korb (καλάθ⊙) auf dem Haupte (c), und vielleicht sind zwo schöne weibliche Figuren, in der Villa Negroni, die Körbe auf dem Haupte tragen, und Cariatiden scheinen, Statuen der Ceres. Diese Göttinn stehet auf einem Steine des Stoßischen Musei auf einem Wagen von zween Elephanten gezogen (d). Auf einem anderen geschnittenen Steine ist neben der Ceres eine Ameise, die eine Korn-Aehre fort schleppet. Diejenige Ceres welche die Amme, κουροτρόφ⊙, zugenamet wurde, glaubet man in einer Figur beym Spon zu finden, und andere wollen daß dasjenige was diese Figur in ihrem Gewande eingewickelt hält, ein junger Löwe sey (e). Ceres und Vesta werden von einigen vor eben dieselbe Göttinn gehalten (f). Den Triptolemus ihren Sohn vermeinet jemand auf der schönen farnesischen Schale in dem königlichen Museo zu Neapel zu sehen; was er hält, scheinet ein Sack (g). Auf einer Begräbnis-Urne stehet derselbe auf einem Wagen von zwo Schlangen gezogen (h).

Der einzige alte Kopf der Diana in Marmor zu Rom, an welchem sich der alte halbe Mond erhalten hat, stehet auf einer Figur derselben in der Villa Borghese. Von der Diana Taurica S. im fünften Capitel. Ihre Oreaden oder Nymphen, unter welchen Opis die bekannteste ist, haben, wie Diana auf dem Kasten des Cypselus (i), lange Adler-Flügel: Diese halten die Pferde ihres Wagens, da sie herunter steiget, den schlafenden Endymion zu küssen, auf einer Urne im Campidoglio und auf erhobener Arbeit in der Villa Borghese. Der ältere Scaliger giebt vor, daß diese

(a) Pitt. Erc. T. 1. p. 24. N. 19. Eustath. ad Il. ϑ'. p. 1139. l. 53.　(b) Eustath. Il. ά. p. 123. l. 17.　(c) Descr. des P. gr. etc. p. 67. n. 223.　(d) Ibid. p. 69. (e) Gronov. Praef. ad T. 4. Ant. Gr. p. 9.　(f) Phurnut. de nat. deor. c. 28. p. 206.　(g) Barthelemy Explic. du Mosaique de Palestr. p. 10.　(h) Montfauc. Ant. expl. T. 1. pl. 45.　(i) Pausan. L. 5. p. 422. l. 27.

diese Nymphen, zum Unterschied von ihrer Göttinn, den Köcher nicht auf der Schulter sondern an der Seite tragen (a), welches aus alten Denkmaalen nicht zu erweisen ist; ja die Oreaden haben nirgend Köcher. Unter den Nymphen der Diana waren auch die Dryaden, das ist, die Beschützerinnen der Wälder, sonderlich der Eichen. Eine Dryade ist vorgestellet auf einem herculanischen Gemählde (b), deren Untertheil ein Laubwerk ist, und in der einen Hand hält sie eine Axt. Die bekannteste unter denselben hieß Phigalia (c).

Die Göttinn Vesta findet sich auf einer Lampe von Ertze, mit einer brennenden Fackel in der rechten Hand, welche sie als einen Spieß hält, und mit einer Schale in der lincken (d). Eben so stehet dieselbe auf einer Münze Kaysers Vespasianus; auf anderen Münzen hält dieselbe insgemein eine Lampe, das immerwährende Feuer anzudeuten. Auf einem runden Werke im Campidoglio, welches in meinen alten Denkmaalen gestochen ist, ist dieselbe die einzige unter den Göttinnen, die einen langen Zepter hält

Venus wurde gebildet mit einer Taube auch bey den Hetruriern, weil, nach dem Aristophanes die Verliebten das Vogelwerk liebeten (e), wie sie auf dem angeführten Altare in der Villa Borghese stehet, ingleichen mit einem Fecher und mit einem Apfel, und dieses, weil der Apfel, welchen der Verliebte seiner Liebsten zuwarf, eine Liebes-Erklärung war (f). Mit einer Blume, welches eine Lilie scheinet, die ihr angenehm war (g), findet sie sich seltener, und nur auf zwey Werken in Marmor, nemlich auf dem kurz zuvor gedachten runden Werke im Campidoglio, und auf einem der zween schönen Leuchter im Pallaste Barberini. Es war ihr auch der Haase, aus bekannten Ursachen, besonders gewidmet (h). Auf einigen Steinen hält Venus einen Apfel und einen Spieß, aber umgekehrt, mit der Spitze unterwerts, vermuthlich anzudeuten, daß sie Zwistigkeiten hege, die aber nicht zum Blutvergiessen kommen sollen (i). Auf einer Münze der In-

G 2

sel

(a) Ap. la Cerda Com. Virg. Aen. I. 504. p. 97. C.   (b) Pitt. Erc. T. I. tav. 48.
(c) Pausan. L. 8. p. 680. l. penult.   (d) La Chausse Muf. Rom. Sect. 5. tab. 7.
(e) Suid. v. Ασι τοῖς ἐρῶσι ευνίομεν.   (f) Plut. Epigr. ap. Diog. Laert. L. 3.
Sect. 32.   (g) Athen. Deipn. L 15. p. 682. F.   (h) Philostr. Icon. L. 2.
p. 772.   (i) Descr. des Pier. gr. etc. p. 117. N. 558.

ſel Cythera ſtehet Venus mit einem Bogen in der linken Hand und in der rechten mit einem Apfel und mit einem Pfeile (a); Harduin will dieſes auf die bewafnete Venus deuten (b). Sappho mahlet die Venus auf einem Wagen von Sperlingen gezogen (c), welches Bild ſich in der Kunſt nicht findet. Die himmliſche Venus hat ein Diadema wie die Juno, wodurch ſie ſich von der Venus Aphrodite unterſcheidet. Es ſind dergleichen beſonders gefundene Köpfe, wie in der Villa Borgheſe, eins Juno getauft; aber das liebäugelnde (τὸ ὑγρὸν:) in der Geſtalt und in dem Blicke der Augen, machet die Venus vor der Großheit der Augen der Juno kenntlich. Die himmliſche Venus glaubet man auch unter den herculaniſchen Gemählden in einer ſchönen bekleideten Figur zu finden, welche in der rechten Hand einen Zweig mit zween Aepfeln, und in der linken einen Zepter hält (d). Venus findet ſich auf geſchnittenen Steinen auf einem Bocke reiten; der Beyname Epitragia aber ſcheinet derjenigen Venus eigen zu ſeyn, die auf einem See-Bocke ſitzet, welches Bild, auſſer verſchiedenen in erhobener Arbeit, in zwo ähnlichen kleinen und ſehr wohl erhaltenen Figuren in der Villa Albani zu ſehen iſt. Wo ein neuerer Scribent, deſſen Name mir entfallen iſt, Nachricht von einem weiſſen Schleyer der Venus gefunden, iſt mir nicht bekannt; in alten Gemählden wenigſtens iſt keine bekleidete Venus, die dieſes zeigen könnte. Von dem Gürtel der Venus habe ich in der Geſchichte der Kunſt geredet, wo es mir nicht beygefallen iſt, eine Venus mit zween ſichtbaren Gürteln, in der Villa Eſte zu Tivoli anzumerken.

Die Gratien und Geſpielinnen der Venus finden ſich bekleidet allein auf dem mehrmals angeführten Hetruriſchen Altar in der Villa Borgheſe. Die größten unbekleideten freyſtehenden Figuren derſelben und halb Lebens-Gröſſe ſind im Pallaſte Ruſpoli. Da man anfieng die Gratien nackend zu bilden, war zuweilen zwiſchen ihnen und den dreyen Parcen, welche ſich wie jene auf einigen Münzen die Hände geben (e), kein Unterſchied, als daß dieſe bekleidet ſind (f). Zu Elis hielt eine von den Gratien eine Roſe,

die

(a) Golz. Graec. Inſ. tab. 3.   (b) Num. pop. p. 270.   (c) Ap. Dionyſ. Halic.
de compoſ. verb. p. 40. l. 4.   (d) Pitt. Erc. T. 1. tav. 24.   (e) Spanhem.
Preuv. des Remarq. ſur les Ceſars de Iulien, p. 59.   (f) Artemidor. Oneirocr. L. 2. c. 49.

die andere einen Spiel-Knochen (Talus) und die dritte einen Myrthen-Zweig (a): die Rose und die Myrthe, als Zeichen der Venus deuten auf die Schönheit, der Knochen auf die spielende Jugend, welche die unschuldige Gratie besitzet. Auf einem geschnittenen Steine, welchen ich in den alten Denkmaalen beybringe, sind nur zwo Gratien, die der Venus die Haare aufsetzen, und zwo Gratien waren den ältesten Griechen nur bekannt. In ihrem Gefolge waren auch die Göttinnen der Jahrs-Zeiten (Ὧραι) welchen die Athenienser gekochtes und nicht gebratenes Fleisch zum Opfer brachten, um dieselben hierdurch allegorisch zu bitten, die brennende schwüle Hitze von ihren Feldern abzuhalten (b).

Die Göttinn der Ueberredung, Suada, Πειθώ, welche ebenfalls eine Gefolginn der Venus ist, und von einigen vor ihre Tochter gehalten wurde (c), war vom Phidias an der Base des Throns des Olympischen Jupiters gearbeitet, wie dieselbe die Venus krönete (a), und Pitho und die Gratien wurden neben der Venus gesetzt, dadurch anzuzeigen, daß eine der andern in der Liebe die Hand biethen sollen (e). Es hat sich das Bild dieser Göttinn auf einem erhobenen Werke in dem Museo des Duca Caraffa Noja zu Neapel erhalten, welches Venus und die Helena beyde sitzend, und den Paris nebst einem geflügelten Genius, oder die Liebe, stehend vorstellet, mit beygefügten Griechischen Namen der Figuren, den Genius ausgenommen. Auf einem Cippo hinter der Helena sitzet eine kleine Figur, die mit der rechten Hand ihr Gewand, welches über den Kopf geworfen ist, zurück nimmt, und über dem Gewande, auf dem Haupte etwas einen Modius (κάλαθος) ähnliches stehend hat; Neben ihr sitzet eine Taube: Ueber ihr stehet das Wort ΠΕΙΘΩ. Dieses Bild aber scheinet das Gebildete nicht deutlich genug auszudrücken. Das Werck selbst ist in Kupfer gestochen, und wird nebst anderen alten Werken in der Sammlung besagten Liebhabers der Alterthümer zu seiner Zeit an das Licht treten.

Nemesis auch Adrastea genannt (f), die Göttinn der Vergeltung guter und böser Handlungen wird insgemein mit einem Rade zu ihren Füßen,

G 3

(a) Pausan. L. 6. p. 514.   (b) Athen. Deipn. L. 14. p. 656. A.   (c) Procl.
in Hesiod. p. 30. á l. 39.   (d) Pausan. L. 5. p. 403. l. 8.   (e) Plutarch. γαμ. παραγ. p. 239. 240.   (f) Harpocrat. Lex. v. Αδραστ.

sen, und mit einer Schleuder gebildet. Das Rad hat dieselbe als die Göt=
tinn des Glücks unter einem anderen Namen, und die Schleuder, anzu=
deuten, daß sie die Missethäter von ferne erreichen könne (a): So erschei=
net dieselbe auf Münzen. Auf geschnittenen Steinen stehet sie mit vorwerts
gesenktem Haupte und hält in der rechten Hand einen Zweig, und mit der
linken ihr Gewand über der Brust, aber etwas entfernt von derselben, er=
haben. Dieser gebogene Arm bildet das Maaß von dem Ellenbogen bis
an das erste Gelenk der Finger, welches die Griechen πυγὼν nennen, als
eine Deutung auf die gerechte und ausgemessene Vergeltung aller Thaten.
Ihr Blick in ihren Busen, welchen ein Theil des Gewandes macht, wenn
sie dasselbe vor der Brust gegen das Gesicht in die Höhe hebet, giebt einen
Begriff der Untersuchung der geheimsten Dinge, und in dieser Absicht nen=
net Hesiodus dieselbe eine Tochter der Nacht (b). Sie ist daher auf einer
Münze Kaysers Hadrianus mit einem Finger auf dem Munde vorgestellet.
Der Zweig, welchen sie hält, ist von Buchen (μελία) ihre Härte und die
Unbeweglichkeit in Schlüssen über Vergeltung und Strafen anzudeuten (c).
In dieser Bildung stehet Nemesis von Marmor in der Villa Albani, als
die einzige bekannte Statue derselben in der Welt. Man sehe im neunten
Capitel meine Muthmassung über die Figuren der Aethiopier auf einer Schale
in der Hand der Nemesis des Phidias. Diejenige geflügelte weibliche Fi=
gur, welche auf einem Herculanischen Gemählde die vom Theseus verlasse=
ne Ariadna zu trösten scheinet, und mit ausgestrecktem Arme auf das abse=
gelnde Schif zeiget, in der Erklärung dieses Gemähldes aber nicht bestim=
met worden, ist vermuthlich Nemesis (d). Die auf dem Wirbel ihres
Haupts gebundene Haare hat man irrig vor einen Helm angesehen.

Das Kennzeichen der Isis ist, wie Philostratus bemerket (e), ein
ungebundenes Haar, welches von den Seiten=Haaren, die in ungeflochte=
nen Strippen über die Achsel herunter hängen, zu verstehen ist: denn die
hinteren Haare sind insgemein zusammen gebunden, wie unter anderen eine

Isis

(a) Buonar. Oss. sop. alc. Med. p. 223.   (b) Theog. v. 223.   (c) Descr.
des Pier. gr. etc. p. 294 seq.   (d) Pitt. Erc. T. 2. tav. 15.   (e) Epist.
26. p. 925. l. 20.

Ifis in der Villa Albani zeiget.   Dieses aber ift auf keine Egyptiſche Iſis zu deuten, welche niemals die Haare alſo hängen hat, ſondern muß von Figuren dieſer Göttinn im griechiſchen Stil gearbeitet, und ſo wie ſie in Rom verehret wurden, verſtanden werden.   Es iſt aber auch dieſes von gedachten Scribenten angegebene Kennzeichen ganz und gar nicht unterſcheidend, und es hat ſich derſelbe geirret: denn alle Göttinnen im älteren griechiſchen Stil haben die Haare auf angezeigte Art über die Achſel herab hängen.

Eine der jüngſten und ſpäteſten Göttinnen iſt Ino, Tochter des Cadmus, Königs zu Theben, welche den Bacchus erzogen, und unter dem Namen Leucothea von den Griechen verehret wurde.   Ihr Kennzeichen iſt eine königliche Haupt-Binde, wie uns Clemens von Alexandrien lehret (a), und eben hierdurch iſt mir die einzige Statue derſelben über Lebens-Größe in der Villa Albani kenntlich geworden.   Es träget dieſe ſchöne Figur den jungen Bacchus auf dem linken Arme, und hat ein doppeltes Diadema; das eine welches das gewöhnliche Band iſt, womit die Haare gefaſſet ſind; das zweyte iſt nur allein über der Stirne etwa zween Finger breit ſichtbar, und das übrige dieſes Bandes lieget unter die herüber geſchlagenen Haare bedecket.   Dieſe Binde muß beym Homerus verſtanden werden, und iſt diejenige welche Leucothea dem Ulyſſes zuwarf, und die dieſer ſich unter der Bruſt band, durch deren Kraft er im Schiffbruche ſein Leben rettete (b): denn dieſe Binde war das einzige, was Ino aus ihrem ſterblichen Stande behalten hatte.   Dieſes hat kein Ausleger des Homerus berühret noch verſtanden.   Gedachte Statue iſt diejenige welche ich in der Geſchichte der Kunſt, ehe ich durch die Anzeige des Clemens belehret wurde, irrig unter dem Namen einer Juno Lucina angegeben habe.   Es wird daher auch Ino oder Leucothea ſeyn, welche Maffei eine Rumilia nennet (c): denn dieſe Figur iſt jener Statue ähnlich; nur das zweyte Diadema iſt nicht ſichtbar.

(a) Admonit. ad gent. p. 38. l. 24. edit. Colon.   (b) Odyſſ. E. v. 346. 373.
(c) Gem. T. 1. n. 75

Das

Das dritte Capitel.

Von bestimmten Allegorien, vornehmlich allgemeiner Begriffe.

Jm vorigen Capitel bin ich die ganz bekannte Vorstellung der Götter und ihre gewöhnliche Zeichen theils übergangen, theils habe ich einige, um der Verbindung willen mit anderen Bildern, nur berühret; hier aber thue ich das Gegentheil, und ich habe gesucht, alle nutzbare Allegorien zu sammlen, diejenigen ausgenommen, welche ich bereits im ersten Capitel als bekannt und also hier überflüßig angezeiget habe. Ich übergehe auch hier einige Bilder, die sich der Vorstellung eines jeden darbiethen, wie die Furcht auf Römischen Münzen ist, und eben so habe ich keine mystische Bilder angeführet, so wohl der ganz alten als der späteren Zeiten des Alterthums, weil der Künstler wenig Gebrauch von denselben machen kann. Von dieser Art ist das Ey in dem geheimen Gottesdienste des Bacchus, als eine Deutung dessen, der alles zeuget und in sich begreifet (a). Dergleichen Zeichen sind auf den Bildern des Mithras, und auf Gelübden, wie die sogenannten gelobten Hände (Manus votivae) von Erzte sind, angebracht, welche Gemächte sind aus Zeiten, da die Religion der Griechen und Römer im weitgesuchten Aberglauben anderer Völker umnebelt war. Ueber dergleichen Dinge ist viel zu sagen, aber wenig nützliches, und von einigen dieser Zeichen, wie von einer Art eines kleinen Eymers über ein Gefäß, auf einer solchen Hand von Erzte, in dem Museo des Duca Caraffa Noja, zu Neapel, wird schwerlich ein Grund anzugeben seyn.

* *

Der Abend fähret in weiblicher Gestalt, und als Diana oder der Mond gebildet, auf einem mit zween Ochsen bespanneten Wagen, welche Berg abgehen, auf einer grossen Begräbniß-Urne in der Villa Pamfili, wo Diana zum Endymion kommt. Auf Münzen von Delos fähret Diana eben=

(a) Plutarch. συμπός. εγρθθλ. L. I. probl. 3. p. 1130. lin. penult.

ebenfalls mit Ochſen (a), welche ihr auch einige Dichter geben (b): die
Ochſen zielen vielleicht auf das poetiſche Wort Βύλυτος, der Abend (c),
nemlich die Zeit, da man die Ochſen ausſpannet. Insgemein gehen die
Pferde der Sonnen oder des Tages Berg auf, und die Pferde der Diana,
oder des Abends Berg unter: ſo ſind beyde vorgeſtellet an dem Bogen des
Conſtantinus, und auf einer erhabenen Arbeit in der Villa Borgheſe. Phidias hatte dem Monde an der Baſe des Olympiſchen Jupiters Mauleſel
gegeben (d).

Abgaben, Erledigung derſelben, (Immunitas) wird auf Münzen der
Städte, die dieſes Vorrecht genoſſen, durch ein Pferd auf der Weide vorgeſtellet, welches frey und ſicher graſet (e).

Der Ackerbau als eine edle Beſchäftigung der Seele, worinn dieſelbe vornehmlich Muſſe und Ruhe zum Denken findet (f), iſt auf einem geſchnittenen Steine, in den Zeichnungen des bekannten Ghezzi in der Vaticaniſchen Bibliothec, in der Pſyche abgebildet, die ſich auf eine Hacke (bi-
dens) ſtützet.

Der Adel findet ſich zum erſten male auf Münzen des Commodus in
einer ſtehenden weiblichen Figur mit einem Spieſſe in der rechten Hand vorgeſtellet.

Africa iſt bekannt in dem Bilde des Scorpions und in einer weiblichen Figur, deren Haupt mit dem Felle des Kopfs eines Elephanten bedecket iſt; unbekannter aber iſt Atlas, welcher die Zeichen des Thier-Kreiſes
betrachtet, und wie eine Africa, mit gedachtem Felle, nebſt dem gewöhnlichen Rüſſel und den Zähnen dieſes Thiers vorgeſtellet iſt, anzudeuten, daß
dieſer König und Erfinder der Aſtronomie in Africa geherrſchet habe. Dieſes Bild findet ſich auf einem ſeltenen, ja einzigen Medaglione in dem ehemaligen Muſeo der Königin Chriſtina, jetzo des Prinzen Bracciano zu
Rom (g).

Die

(a) Golz. Graec. tab. 7.　　(b) Auſon. Epiſt. ad Paullin. v. 652. Prudent. in Sym-
mach. v. 444.　　(c) Hom. Il. π΄. v. 779. Od. i. v. 58.　　(d) Pauſan. L. 5.
p. 403. l. 13.　　(e) Vaillant Num. Colon. T. 2. p. 21. 66. 318.　　(f) Muſon
ap. Stob. Serm. 54 p. 370. l. 27.　　(g) Bianchini Iſtor. Vniv. p. 306.

H

Die Artzney-Wissenschaft glaubt Pausanias (a), sey auf dem Kasten des Cypselus in dem Tempel der Juno zu Elis, an zwo weiblichen Figuren durch Mörsel und Stössel vorgestellet, welche jene halten.

Eines Augurs Sinnbild war eine Henne, weil aus der Art das Korn zu nehmen, welches ihr vorgesetzet war, geweissaget wurde, und dieses Zeichen sahe man auf einem Begräbniß-Steine des Marcus Plautus, welcher Consul und Augur zugleich war (b).

Die Beredsamkeit will man durch eine Biene angedeutet finden (c), weil Homerus vom Nestor sagt, daß aus dessen Munde eine Rede floß, die süsser als Honig war (d), und Theocritus giebt daher seinem Thyrsis einen Mund voll von Honig (e).

Die Betrübniß und den Kummer bildet die Stellung einer sitzenden Figur, die mit beyden Händen ihre Knie umfasset hat (f); so war Hector vom Polygnotus in seinem grossen Gemählde zu Delphos vorgestellet (g).

Die Billigkeit (Aequitas) auf Münzen hält in der rechten Hand eine Wage, und in der linken einen langen Stab, welches kein Zepter sondern eine Maaß-Ruthe (pertica) ist, eine richtige Ausmessung anzuzeigen.

Die Stadt Carthago setzte einen Pferde-Kopf auf ihren Münzen, auch auf denen, die in Sicilien mit grosser Kunst gepräget sind, als ein Bild des Namens Cacabe, wie Carthago eigentlich hieß; denn dieses Wort heißt ein Pferde-Kopf (h).

Ein Römischer Censor ist vorgestellet mit einem kleinen Gefässe voll Weih-Wasser in der einen Hand, und mit einem Oel-Zweige in der andern, denn alle fünf Jahre, nach geendigter Schatzung (Census) weiheten die Censors das Volk ein, und dieses geschahe durch Opfer eines Stiers und einer Sau, Suovetaurilia genannt, und zugleich wurde das Volk mit Weih-Wasser vermittelst eines Oel-Zweiges besprenget (i).

Colo-

(a) L. 5. p. 422. l. 19.   (b) Grut. Inscr.   (c) Havercamp. Comm. in Morel. Thes. T. 2. p. 418.   (d) Hom. Il. á. v. 249.   (e) Idyl. I. v. 146. (f) Hippocrat. in Symbol. ap. Fustat. L. 3. p. 642. Vales. in Ammian. L. 29. c. 2. p. 560. a.   (g) Pausan. L. 10. p. 875. l. 6.   (h) Agost. Dial. 6. (i) Spanhem. Diss. de praest. Num. T. 2. p. 101.

Colonien sind auf Münzen durch eine Biene abgebildet, weil die Bienen, wenn der Stock zu stark ist, die überflüßigen ausschicken, so wie nach dem Aelianus die volkreichen Städte zu thun pflegten (a).

Die Comoedie oder die Muse Thalia, hält einen Stab, welcher an dem unteren Ende sich krümmet, und war derjenige Hirtenstab, welchen die Griechen λαγώβολος nennen, das ist, womit man nach Hasen wirft.

Ein Dichter wurde durch eine Leyer angedeutet, welche Hesiodus an seiner Statue auf dem Berge Helicon, auf den Knien stehen hatte (b). Auf dem Grabe des Orpheus waren Nachtigallen mit ihren Jungen, als ein Bild des süssen Gesanges desselben vorgestellet (c). Auch der Pegasus und ein Kopf des Bacchus werden für Symbola eines Dichters gehalten (d). Ein schlechter Dichter wurde durch eine Grille oder Heupferd (Cicada) gebildet (e).

Den jungen Eheleuten verordnete Solon vor der ersten Braut-Nacht eine Quitte zu essen, um hierdurch anzuzeigen, wie Plutarchus meinet (f) daß die Annehmlichkeit der Stimme und des Mundes solle mit einander übereinstimmen; bitter seyn, aber auch süß, das ist, wie ich es verstehen kann, die Stimme der Braut, die ihre Jungferschaft einbüset, wird kläglich seyn, aber ihr Mund süß, und eben so solle in der folgenden Ehe, das Süsse das Herbe vergüten.   Diese Stelle ist, wie klärlich erhellet, von niemanden verstanden, weil der Text vor verfälscht zu achten ist, ohngeachtet alle Handschriften der Vaticanischen Bibliothec mit dem gedruckten übereinkommen; an statt πρώτην setze ich πικρὸν: denn ohne diese Aenderung findet keine Vergleichung auf die Eigenschaft der Quitte statt, als welche dem Geruche angenehm und dem Geschmacke herbe ist;   Wenigstens kann πρώτην hier nichts bedeuten.   Daß hier entgegen gesetzte Eigenschaften dieser Frucht gemeinet seyn, zeigen die symbolischen Gebräuche der Griechen in Heyrathen, die Plutarchus unmittelbar nachher anführet, welche ebenfalls Gegensätze enthalten.   In Böotien wurde der Braut ein Kranz aus einer

H 2   Art

(a) Hist. anim. L. 5. c. 13.   (b) Pausan. L. 9. p. 768.   (c) Ibid. p. 769. l. 6.
(d) Le Beau Med. de restit. Dans les Mem. de l'Acad. des Inscr. T. 24. p. 228.
(e) Lucian. Pseudol. p. 162. T. 3. edit. Reitz. Casaub. in Athen. L. 15. c. 8. p. 609.
l. 29.   (f) Γαμικ παραγγ. p. 240. l. 1.

Art von Dornen aufgesetzet, die eine süsse Frucht gaben, als ein Gleichniß-Bild, daß derjenige Gemahl, welcher den ersten Widersinn und die anfäng-liche scheinbare Abneigung der Braut sich nicht irren lässet, ein vergnügtes gesellschaftliches Leben zu hoffen habe. Eben dahin zielen die eigenen Ver-gleichungs-Reden des Plutarchus, welches Gegensätze sind, wie die Ver-gleichung von unreifen Trauben auf reife, u. s. f. Ist es mir erlaubt, die Wahrheit zu sagen, so kann ich nicht leugnen, daß mir des Plutarchus Aus-legung gar nicht gefällt, und ich finde in derselben keinen gesunden Verstand: Die Deutung der Quitte scheinet überhaupt ein Symbolum und eine Erin-nerung des Mißvergnügens und der Frölichkeit in der Ehe zu seyn; die Ver-liebten warfen in Spielen einander Quitten zu (a).

Die Einigkeit, die Eintracht und die Uebereinstimmung zweyer Re-genten ist durch zwo Leyern abgebildet, auf einer Münze des Nerva, nach-dem er den Trajanus zum Sohn angenommen hatte (b). Eben diese Ein-tracht zwischen den Vespasianus und den Titus wird beym Philostratus mit der Harmonie einer Leyer verglichen (c). Ich habe daher in meinen Denk-maalen des Alterthums eine Leyer auf die Eintracht ehelicher Liebe gedeutet, in einem erhobenen Werke, welches die Geschichte der Phädra und des Hippolytus vorstellet, wohin ich künftig den Leser verweise, da ich mich ohne Kupfer nicht deutlich erklären würde. Mein Grund sind die Stellen alter Scribenten, wo die Harmonie der Leyer von der Uebereinstimmung mit sich oder mit anderen gebrauchet wird; als diejenige, wo Callicles beym Plato (d) sagt: Meine Leyer wird viel eher übel gestimmet seyn, als ich mit mir selbst. Auf Römischen Münzen sind insgemein zwo in einander gelegte Hände das Bild der Eintracht, mit dem Worte: CONCORDIA.

Die Erde ist in einem alten Gemählde, welches den Kampf des Her-cules mit dem Antäus vorstellet, in einer weiblichen Figur gebildet, die auf einem Felsen sitzet (e). Sie erscheinet also in diesem Gemählde, weil sie die Mutter des Antäus war, welcher, so oft er die Erde berührete, neue

Kräfte

(a) Athen. Deipn. L. 3. p. 81. D.   (b) Tristan. Comment. hist. T. 1. p. 368.
(c) Vit. Apollon. L. 6. c. 14.   (d) Gorg. p. 316. l. 28.   (e) Sepolcr.
de' Nason. tav. 13.

Kräfte bekam. Eben so ist auf einer alten Paste (a) in der Figur der Themis bloß durch einen Felsen, auf welchen sie sitzet, angedeutet, daß sie eine
Tochter der Erde sey. Die Zeit der Erndte wurde in dem Thier-Kreise durch
das Zeichen der Jungfrau mit einer Korn-Aehre in der Hand bezeichnet,
weil vermuthlich in den ersten Zeiten, da die Constellation erfunden worden,
die Erndte mit gedachtem Zeichen eingetroffen seyn muß (b). Auf einem
grossen Cameo des Königl. Musei zu Paris, hält die Jungfrau in dem
Thier-Kreise ein Einhorn umfasset, ihre Reinigkeit anzuzeigen; denn die
Alten gaben vor, daß das Einhorn, von wilder Natur, allein durch eine
reine Jungfrau könne gegriffen und gehalten werden (c).

Die Erinnerung mahlet auf geschnittenen Steinen eine Hand, die
ein Ohr-Läppchen berühret, mit dem Worte MNHMONEYE: denn die
Alten rühreten das Ohr dererjenigen Personen an, denen sie bezeugen wollten, daß sie wünschten, in ihrem Gedächtnisse zu bleiben (d). Auf der
Vergötterung des Homerus im Pallaste Colonna ist die Erinnerung in einer jugendlichen weiblichen Figur vorgestellet, die das Kinn mit der einen
Hand stützet, welches insgemein im ernstlichen Nachdenken zu geschehen
pfleget; es ist also dieses Bild nicht deutlich und bestimmt genug.

Die Ewigkeit bildet der Phönix auf einer Griechischen Münze Kaysers Antoninus Pius, mit der Beyschrift ΑΙΩΝ, "die Zeit, die Ewigkeit" (c), vermuthlich anzuzeigen, daß das Gedächtniß eines so gütigen Regenten nimmer vergehen wird (f). Von alten Werken in Marmor ist eine Begräbniß-Urne, wo dieser erdichtete Vogel auf einem Haufen Holz stehet (g), das einzige, welches mir bekannt ist. Auch der Elephant auf
Münzen bedeutet die Ewigkeit wegen seines langen Lebens, und der Hirsch
aus eben dem Grunde (h). Die Schlange auf der Erd-Kugel in der Hand
des Genius auf dem Basamente zu der Säule Kaysers Antoninus Pius
giebt den Begriff der ewigen Herrschaft des Römischen Reichs.

H 3   Die

(a) Descr. des Pier. gr. etc. p. 198.   (b) Hist. de l'Acad. des Inscr. T. 25. p. 206.
(c) Ibid. T. 26. p. 484.   (d) Plin. L. 11. c. 103. Descr. des Pier. gr. etc. p.
516.   (e) Jobert Science des Med. T. 1. p. 148.   (f) Conf. Ign. Braccii
Phoenix in Num. et gem. Rom. 1637. 4.   (g) Fabret. Inscr. p. 378.   (h) Spen-
hem. Obs. in Callim. hymn. Dian. p. 208.

Die Festigkeit wurde durch Knöcheln angedeutet, das ist, durch denjenigen Knochen, wodurch der Fuß mit dem Beine verbunden ist, welcher Malleolus oder Talus, und Griechisch σφυρον`, αϛράγαλος heißt. Hiervon sind die Redensarten επι σφυρον ορθον ανέϛη, beym Callimachus (a), und recto talo stare, beym Horatius (b) genommen. Auf dergleichen vier Stücken von Ertzt stand und stehet noch jetzo der Obeliscus des Neocorus auf dem Platze der St. Peters-Kirche; es sind diese Astragali aber durch vier Löwen von Ertzte bedecket, oder vielmehr bekleidet, weil man in diesen Thieren das Wapen Pabsts Sixtus V. anbringen wollte (c). Es haben also diese Löwen einige Bedeutung, die man in den Schildkröten von Ertzte, auf welchen ein kleiner Obeliscus in der Villa Medicis stehet, nicht finden kann. Vielleicht hat derjenige, welcher dieselben angegeben hat, Nachricht gehabt von der grossen Schildkröte der Indianer, die dem Elephanten zur Base dienet, auf dessen Rücken die Erdkugel ruhet. Der berühmte Peiresc, welcher glaubte, daß man die Knöchel von Ertzt weggethan habe, gab sich viel Mühe, Nachricht einzuziehen, was mit denselben vorgenommen worden, wie ich dieses aus etlichen seiner ungedruckten Briefen an den bekannten Menetrier, vom Jahre 1634. in der Bibliothec des Herren Cardinals Alex. Albani, ersehe. In einem andern Schreiben desselben an den Commendator del Pozzo giebt| er diesem Nachricht von einem silbernen Gefässe, und von einer Lampe, mit beygefügter Zeichnung, welche in der Provence gefunden worden, und auf drey solchen Knöcheln stand. Eben diese Lampe ist aus anderen Handschriften dieses grossen Mannes von Montfaucon (d) vorgestellet; es giebt aber dieser das besondere derselben nicht, und vermuthlich, weil der Boden der Lampe nicht besonders gezeichnet war; er hat auch nicht gewußt, daß es eine Lampe sey.

Flüsse, welche nicht unmittelbar in das Meer, sondern in andere Flüsse fallen, sollen, wie einige Scribenten vorgeben, ohne Bart vorgestellet seyn, zum Unterschiede der anderen, welches keinen Grund hat.

Auf

(a) Hymn. in Dian. v. 128.   (b) L. 2. ep. 1. v. 176.   (c) Discorso sopra il nuovo ornato della Guglia di S. Pietro, Rom. 1723. fol.   (d) Ant. expl. T. 2. P. 1. pl. 81.

Auf einer grossen Urne von Marmor in der Villa Borghese, wo der Fall des Phaeton abgebildet ist, lieget der Fluß Po ohne Bart. Herr Jenkins, ein brittischer Mahler zu Rom, besitzet einen schönen weiblichen Fluß von Marmor, der vielleicht den Fluß Porpax bey Segesta in Sicilien vorstellet, welcher weiblich gebildet wurde, so wie die Agrigentiner ihrem Flusse die Gestalt eines schönen Knabens gaben (a); beyde aber ergossen sich unmittelbar in das Meer. Von Flüssen mit Krebs-Scheeren am Haupte, S. im vorhergehenden Cap. Amphitrite.

Die Freygebigkeit der Regenten an die Unterthanen deutet eine Tafel des Congiarii an.

Das Zeichen der Freyheit ist der Hut, welchen daher auch einer von den Mördern des Cäsars auf einer Stange trug (b). In Marmor erhoben gearbeitet befindet sich die Figur der Freyheit mit dem Hute, welcher so wie hier als auf Münzen spitzig zuläuft, in der Villa Negroni, und diese ist die einzige Figur derselben in Stein, die mir bekannt ist.

Der Friede ist eine weibliche Figur mit einem Caduceo auf einem erhobenen Werke in der Villa Albani. Mit einer umgekehrten Fackel ist dieselbe bekannt; es ist aber auch Pallas also vorgestellet in dem Museo Nani zu Venedig, mit der Inschrift auf dem Sockel der Figur: ΑΘΗΝΑ ΕΙΡΗΝΟΦΟΡΟΣ, "die Frieden bringende Pallas" (c). Es findet sich der Friede auf Münzen von Terina in Groß-Griechenland (d), und auf einer kleinen silbernen Münze des Claudius und des Vespasianus, mit grossen Flügeln, wie der Sieg. Tristan hat auf der letzten Münze eine Bulla auf der Brust des Friedens finden wollen (e), worinn er sich scheinet geirret zu haben, wenigstens ist dieselbe auf gedachter Münze in dem Museo des Herrn Cardinals Alex. Albani nicht zu sehen. Vaillant hat auf einer andern Münze eben so irrig gesehen, wie dieses von einem gelehrten Münzverständigen angemerket ist (f). Die unblutigen Opfer dieser Göttinn sind durch Schenkel eines Thiers auf einem Tische angezeiget (g). Den Ueberfluß, welchen

---

(a) Aelian. Var. hist. L. 2. c. 3.   (b) Appian. B. Civ. L. 2. p. 250. l. 53.   (c) Paciandi Monum. Pelopon. T. 1. p. 35.   (d) Golz. Magn. Graec. tab. 23.   (e) Com. hist. T. 1. p. 284.   (f) Le Beau Sec. Mem. sur les Med. de restit. dans les Mem. de l'Acad. des Inscr. T. 21. p. 369.   (g) Tristan Ibid. p. 297.

welchen der Friede hervorbringet, stellet ein Caduceus zwischen Korn-Aeh-
ren auf Münzen vor (a). Ein gleichbedeutendes Bild war die Statue des
Friedens mit dem jungen Pluto in den Armen (b). Der Friede, beym
Petronius, verbirget das Haupt im Helme, und gehet aus der Welt, das
ist, sie ziehet das Visier des Helms über das Gesicht. Ein Friedens-
Schluß kann, wie ein jeder weiß, durch den Tempel des Janus, dessen
Thüren verschlossen wurden, vorgestellet werden.

Die Fröhlichkeit (Euphrosyne) war eine von den Gratien, und hält auf
einer Münze in der linken Hand einen langen Stab, und in der rechten einen Blumen-Kranz (c). Auf einem geschnittenen Steine ist dieselbe durch
ein sitzendes Kind abgebildet, welches in der rechten Hand eine Weintraube hält, und in der linken eine Ente, welche vielleicht als ein Wasser-Vogel das Wasser vorstellen soll, und auf Wein mit Wasser gemischet deutet;
Unter der Figur stehet das Wort HILARITAS.

Das Bild der Fruchtbarkeit sind Mohn-Häupter wegen der Menge
ihres Saamens (d); es deutet auch hierauf ein Stier und ein Gersten-
Korn auf Münzen der Stadt Posidonia, jetzo Pesto (e).

Der Frühling unter den vier Geniis der Jahrs-Zeiten auf einer erhabenen Arbeit im Pallaste Mattei, trägt in der einen Hand einen Blu-
men-Strauß, und in der anderen ein junges Lamm, weil in dieser Zeit die
Schafe werfen. Plutarchus führet als eine lächerliche Allegorie des Früh-
lings die Frösche an (f). Auf einer Begräbniß-Urne hält der Frühling,
als ein Kind, in der einen Hand eine Biene, weil dieses die Zeit derselben
ist, und in der andern einen Pfau, auf die Schönheit der Blumen in dieser Jahrs-Zeit zu deuten (g).

Die Furcht war vom Polygnotus in seinem grossen Gemählde zu Delphos durch eine Hand, die eine Figur sich vor das Gesicht hielt, ausgedrücket. Aeschylus giebt der Furcht den Beynamen, die Straubhaarige,
(Ορθότριξ Φόβος) welches in der Furcht aber mehr ein inneres Gefühl,

als

(a) Spanh. de praeſt. Num. T. 1. p. 158.   (b) Pauſan. L. 1. p. 19. l. 20.   (c) Triſtan. l. c. p. 434.   (d) Euſeb. Praep. Ev. L. 3. p. 66. l. 12.   (e) Mazoch,
ad Tab. Heracl. p. 506. conf. n. 18.   (f) περί τ. μηχρ. ελ. τω τ. Πλ. p. 712.
l. 17.   (g) Bottari Roma Sotter. T. 1. alla Preſaz.

als eine äussere sinnliche Erhebung der Haare ist, und ein widriges Bild geben würde.

Das Bild der Gelegenheit, das ist, der Anwendung der sich uns anbietenden vortheilhaften Umstände, ist bekannt. Insgemein ist die Gelegenheit eine weibliche Figur; Lysippus aber hatte dieselbe zu Sicyon in Gestalt eines jungen Knabens gemacht, welcher Flügel an den Füssen hatte, und mit den äussersten Zehen auf einer Kugel stand, in der rechten Hand hielt derselbe einen blossen Degen, und in der linken einen Zaum, an den Seiten des Haupts hatte er lange Haare, hinten aber gar keine (a).

Die Gerechtigkeit eine Tochter (b) und Beysitzerinn des Jupiters (c), ist in einigen Bildern auf Münzen bekannt; es ist aber insgemein nicht bemerket, daß derselben auch Flügel gegeben worden (d). Es kann die Gerechtigkeit auch eine Palme halten, und wird ihr vor Alters beygeleget seyn, wie man aus angeführten Scribenten schliessen kann (e). Es muß dieselbe auch mit einer Käule vorgestellet seyn, welche ihr Euripides giebt, und aus einigen Anzeigen anderer Scribenten scheinet dieselbe ein Auge in der Hand gehalten zu haben (f). Ausserordentlich ist eine Korn-Aehre in der Hand dieser Figur (g), auf den Ueberfluß, welchen der Friede wirket, zu deuten. Wenn die Alten auf ihren Zeptern oder Stäben einen Storch schnitzeten, und unten einen Hippopotamus, soll es andeuten, daß die Gewaltthätigkeit der Gerechtigkeit unterworfen sey (h): denn bey den Aegyptern war der Hippopotamus ein Bild der Gewaltthätigkeit, und stand in dieser Bedeutung an dem Portico eines Tempels zu Sais, weil man vorgab, er tödte seinen Vater, und thue seiner Mutter Gewalt an (i).

Die

(a) Himer. ap. Phot. Bibl. p. 605. l. 1. Callistr. Stat. 6.   (b) Aesch. sept. cont. Theb. v. 668.   (c) Liban. Orat. de Assessor. p. 196. l. 22. ed. Lutet. conf. Plat. Leg. L. 4. p. 543. l. 4. ed. Bas.   (d) Aeneae Sophist. Epist. penult. p. 428.   (e) Jo. Sarisber. Polycrat. L. 5. c. 6.   (f) Plutarch. Symp. VII. Sap. p. 280. l. 30. (g) Eratost. Cataster. c. 9.   (h) Schol. Aristoph. v. 1354.   (i) Plutarch. de Is. et Osir. p. 648. Vit. Isidor. ap. Phot. Bibl. p. 557. l. 30.

J

Die Geringſchätzung war eine Hand, die ein Schnipgen ſchläget, wie es die Statue des Sardanapalus machte, anzudeuten, daß das Leben nicht einmahl ein Schnipgen wehrt ſey (a), und eben dieſes macht ein alter Satyr von Ertzt in dem Herculaniſchen Muſeo.

Der Geſang und deſſen Lieblichkeit iſt auf einem Mörſel-förmigen Ge-fäſſe von Silber in gedachtem Muſeo, wo die Vergötterung des Homerus gebildet iſt, über der Figur deſſelben durch Schwäne zwiſchen Blumen-Kränzen vorgeſtellet.

Die Geſchwätzigkeit iſt in einer alten Sinn-Schrift durch einen Specht angedeutet (b).

Das Glück hält in der einen Hand ein Steuer-Ruder, und in der anderen ein Frucht-Horn. Das Ruder bedeutet die Reichthümer, welche durch die Schiffahrt kommen: denn die Alten löſeten das Ruder von ihren Schiffen ab, und hängeten es auf im Rauche, wenn der Herbſt kam, und das Meer ſtürmiſch wurde; das Ruderanlegen war eine Anzeige des Früh-lings. Daher ſagt Heſiodus, wenn Pandora nicht erſchienen wäre, hätte man müſſen die Ruder beſtändig im Rauche hängen laſſen, und die Arbeit der Ochſen und Eſel wäre verlohren geweſen; das iſt, es würde weder Schiffahrt noch Acker-Bau getrieben worden ſeyn, welches die zwo Quellen des Reichthums ſind (c).

Die Glückſeeligkeit bildet auf Münzen ein Schiff mit vollen Se-geln (d); die Glückſeeligkeit der Zeiten, vier Kinder, welche die vier Jahrs-Zeiten vorſtellen (e).

Ein Grabmaal kann, wo der Raum mangelt, blos durch eine Säule mit einem Gefäſſe oder Urne auf derſelben, angezeiget werden, wie ein Grabmaal war, deſſen Pauſanias gedenket (f), und wie insgemein das Grab des Patroclus auf geſchnittenen Steinen angedeutet worden (g). Ein ſchönes Bild zu einem Begräbniß-Denkmaale iſt auf einer alten Paſte Pſy-che,

---

(a) Plutarch. de fort. Alex. II. p. 599. l. 19. Athen. Deipn. L. 12. p. 530. E.   (b) An-thol. L. 3. c. 12. ep. 17. l. 1.   (c) Conf. Heinſ. Introd. in Heſiod. c. 11. p. 26. ed. Plant. 1603. 4.   (d) Harduin Num. pop. p. 257.   (e) Triſtan T. 1. p. 730   (f) L. 9 p. 769 l. 13. conf. Plutarch. Eꝗuꝛıx. p. 1354 l. 24 (g) Deſcr. des Pier. gr. etc. p. 377. N. 258.

che, die mit gestütztem Haupte an dem Fuße eines Grabmaals sitzet und weinet. Es ist daſſelbe in der Geſtalt eines kleinen offenen Tempels auf Säulen, und ſtehet auf einem erhabenen Baſamente; innerhalb deſſelben ſcheinet als eine Statue der Gottheit, das Bild des Verſtorbenen zu ſtehen. Es hat auch das Grab des Lazarus auf einer alten Chriſtlichen Begräbniß-Urne die Geſtalt eines kleinen Tempels (a).

. Der Herbſt in einer kleinen Herculaniſchen Figur von Ertzt hält in der rechten Hand eine Weintraube, und in der linken einen Haaſen. S. Jahrs-Zeiten.

Ein Herold wird durch einen Caduceus bezeichnet, welchen Aethalides, der Herold der Argonauten trug, da er an die Lemniſche Weiber abgeſchicket wurde (b).

Die Herrſchaft war durch ein Diadema bedeutet in einem alten Gemählde, welches vor unſerer Zeit noch in den Bädern des Titus zu ſehen war, und mit den wahren Farben gezeichnet, nebſt anderen daſelbſt gefundenen Gemählden, in der Vaticaniſchen Bibliothec aufbehalten iſt. Juno reichet dieſes Diadema dem Paris, und verſpricht dieſem in dem Bande eine groſſe Herrſchaft, wenn er ſie für die ſchönſte erklären würde. Dieſes Band hat an beyden Enden zwo Schnüre zum binden, und iſt roth, wie die Binden waren, die den Siegern in den vom Aeneas angeſtellten Spielen, um das Haupt gebunden wurden (c), und von dieſer Farbe waren die Bänder des Krantzes von Pappel-Blättern beym Theocritus (d). Insgemein aber waren die Königlichen Haupt-Binden von weiſſer Farbe (e). In den Heroiſchen Zeiten und beym Homerus hieß die Haupt-Binde ςρόφιον (das Wort ςρόφος findet ſich nicht bey dieſem Dichter) (f) die nachher Diadema genennet wurde, und ich begreife nicht, wie Spanheim kühnlich vorgeben kann, daß der Gebrauch Binden um das Haupt zu tragen allererſt von den Nachfolgern Alexanders des Groſſen von den Perſiſchen Königen angenommen worden (g).

J 2 Die

(a) Bottari Roma Sotter. T. I. tav. 37. p. 149.   (b) Apollon. Argon. L. 1. v. 642.
(c) Aen. L. 5. v. 268.   (d) Idyl. 2. v. 120.   (e) Plut. Repl. L. 10. c.
15. Appian. B. Civ. L. 2. p. 246. l. 14.   (f) Euſtath. in Il. σ. p. 1166. l. 38.
(g) De praeſt. Num. T. 1. p. 545.

Die Hitze im Mittage ist auf zwey erhabenen Werken im Pallaste Mattei (*a*) durch den Prometheus abgebildet, welchen die Thetis mit einer brennenden Fackel berühret, die Hitze anzudeuten, die diese Göttinn überfiel, und verursachete, daß sie durch den Peleus übermannet wurde (*b*), nachdem sie ihm vorher in Gestalt verschiedener Thiere, welche sie annahm, entwischet war. Prometheus bedeutet auch die Sonne, wie uns Sophocles lehret (*c*), welcher ihn den Beynamen Titan giebt, und dieses noch deutlicher zu bestimmen, hält Prometheus dort in der einen Hand ein Stunden-Glas, (Clepsydra) welches unseren Sand-Uhren völlig ähnlich ist.

Die Hoffnung hält auf Münzen, sonderlich auf einer Griechischen Kaysers Domitianus (*d*), eine Lilie in der Hand, weil dieses eine der ersten Blumen ist; die Blume aber und die Blüthe verspricht Frucht, folglich giebt die Blume die Hoffnung des Genusses.

Die Huldigung eines Prinzen an einem anderen, den jener vor seinen Oberen erkennet, ist auf einer Münze Kaysers Gordianus angedeutet, wo der von ihm in seine Staaten eingesetzte König Abgarus an seine Krone rühret, und den Zepter sinken lässet.

Die Jahrs-Zeiten sind insgemein Genii, deren Kennzeichen bey jeder Jahrs-Zeit besonders angegeben sind; auf einer Begräbniß-Urne aber in der Villa Albani, welche die Vermählung des Peleus und der Thetis vorstellet, erscheinen dieselben in Poetischen Bildern und in weiblichen Figuren, aber ohne Flügeln, als Göttinnen der Stunden, der Schönheiten und zugleich der Jahrs-Zeiten, so daß sich in den Stuffen des Alters dieser Figuren der Fortgang der Zeit im Jahre zeiget. Diese Gottheiten bringen ihre Gaben zu gedachter Vermählung, und der Winter, welcher mehr als die anderen bekleidet ist, gehet voran, weil diese Jahres-Zeit für die bequemste zum heyrathen von den Alten gehalten wurde (*e*). Es trägt diese Figur einen Hasen und einen Wasser-Vogel an einer Stange, und schleppet einen Frischling nach sich. Der Herbst mit Zügen einer jüngeren Person,

son, und leichter als jene bekleidet, hält eine Ziege bey dem vordern Beine, und träget Früchte in einem Korbe. Der Sommer ist sehr leicht bekleidet, und hält einen Kranz, und der Frühling mit Zügen und Gebehrden eines unschuldigen Mädchens hält in ihrem Gewande vor der Brust ausgeschaalte Erbsen, als Früchte dieser Jahrs-Zeit.

Eine Insel bildet auf Münzen von Lesbus mit dem Kopfe des Commodus, eine Nymphe, welche halb im Wasser ist (a).

Iris stehet in einem alten Gemählde über einen Regenbogen, mit einem Korbe voll von Früchten und Blättern auf dem Haupte, und hält einen Stab, als ein Zeichen, daß sie der Götter-Bothe ist.

Judäa ist auf einer Münze Kaysers Hadrianus in drey Kindern angedeutet, welche die drey Provinzen dieses Landes, Judäa, Galiläa und Peträa anzeigen (b).

Das Bild der Jugend ist Hebe, die bey den Römern Juventas heißt, welche auf Münzen eine Libation aus einer Schale auf einen Altar gießet. Auf einer Münze des Marcus Aurelius wirft dieselbe, an statt der Ausgießung, etwas in das Feuer, welches Tristan für die ersten Bart-Haare hält (c): denn wenn Jünglinge diese besagter Gottheit brachten, hieß man es Juvenalia. Auf einem Medaglione Kaysers Hostilianus hält dieselbe in der rechten Hand einen Zweig, und mit dem linken Arme stützet sich dieselbe auf eine Leyer, vielleicht auf die Fröhlichkeit der Jugend zu deuten (d).

Das Kinderspiel bedeuteten die Spiel-Knochen; daher der Parthische König Phraates dem Könige in Syrien Demetrius, welcher einige mahle aus einer anständigen Verwahrung entkommen, und allemahl wiederum eingeholet worden war, goldene Spiel-Knochen als einen Vorwurf seines kindischen Leichtsinnes überschickete.

Die Klugheit wird im Ulysses und in anderen Helden, durch die Pallas, welche sie begleitet, gebildet. Die Klugheit und ein geschwinder Verstand scheinet an den Musen, durch Flügel an ihrem Haupte angezeiget zu

J 3

seyn,

(a) Buonar. Off. in alc. Med. p. 100.   (b) Harduin. Hist. Aug. ex Num. p. 762. A.
(c) Com. hist. T. 1. p. 627.   (d) Num. Muf. Pifan. tab. 62. n. 3.

seyn (a), welches auf Münzen Königs Seleucus wahrscheinlicher durch die=
selbe, als die Tapferkeit, wie andere wollen (b), angedeutet worden.   Der
Pegasus auf Münzen Königs Hiero zu Syracus kann vielleicht eben diese
Deutung haben, sonderlich daß derselbe schnell gewesen in Ausführung sei=
ner Anschläge.   Es können aber die Flügel am Haupte auch anders ausge=
leget werden (c), und Pindarus krönet den Asopichus einen Sieger im
Stadio, mit Flügeln (d).   Dem See=Krebse auf dem Haupte der Amphi=
trite auf Münzen der Bruttier, (Abruzzo,) wird auch die Deutung der Klug=
heit beygeleget, welche Auslegung zu weit geholet scheinet, wie ich im ach=
ten Capitel anmerke.

Der Krieg, als der Entzweck des Friedens, ist im Mars vorgestellet,
welcher mit der rechten Hand einen Spieß hält, und in der linken einen
Caduceus (e).   Die Liebe oder die Neigung zum Kriegs=Wesen ist auf ei=
nem geschnittenen Steine sehr natürlich durch die Liebe selbst gebildet, wel=
che einen Helm hält.

Der Künstler Kennzeichen ist auf alten Denkmaalen eine Mütze, wel=
che eine fast Conische Form hat, wie Vulcanus dieselbe träget.   Die
Spitze derselben pfleget zuweilen nach Art der Phrygischen Mütze, jedoch
weniger als diese, vornen herüber gebogen zu seyn, wie an dem Vulcanus
auf einer Begräbniß=Urne im Campidoglio (f).   Eben so ist die Mütze des
Dädalus gestaltet auf einer erhobenen Arbeit im Pallaste Spada, welche
die Fabel dieses Künstlers und der Pasiphae Königinn in Creta vorstellet.

Land=Straßen.   Anlegung oder Ausbesserung derselben ist auf Kay=
serlichen Münzen durch eine weibliche Figur angedeutet, die ein Rad hält,
welches auch auf einer französischen Schau=Münze angebracht ist (g).

Das Lauber=Hütten=Fest der Juden ist auf Münzen Königs Hero=
des Agrippa durch ein Gezelt in Form eines Sonnen=Schirms vorgestel=
let (h).

Liebe.

(a) Gori Obs. in Monum. ant. p. xciv.   (b) Wise Num. Bodlej. tab. 2. n. 7.
(c) Beger. Thes. Br. T. 1. p. 269.   (d) Olymp. 14. v. ult.   (e) Veil-
lant Num. Imp. arg. p. 20.   (f) Bartoli Admir. tav. 80.   (g) Med.
de Louis XIV. fol. 110.   (h) Wilde sel. Num. n. 31. p. 42.

Liebe. Die Harmonie und Uebereinstimmung in derselben könnte auf einem geschnittenen Steine, die Liebe, welche eine Leyer stimmet, vorstellen (a). Das Bild der Liebe der Eltern gegen die Kinder, und folglich der Obern gegen die Unterthanen, und wechselsweise, ist ein Storch (b), und einige wollen in dem Griechischen Wort ϛοργή, welche die Zuneigung auch eines Thiers gegen das andere bedeutet (c), die deutsche Benennung dieses Thiers finden. Jetzo ist der Storch zwar kein Phönix und ein ganz unbekannter Vogel in Italien, wie Muratori glaubet (d); doch ist er selten, ob er gleich ehemahls, wie in Deutschland und andern Ländern jenseit der Alpen, gemeiner war. Der Storch ist nicht verschieden von dem Ibis wie es scheinen könnte, wenn die Scribenten diesen Vogel, wo von Aegypten die Rede ist, allezeit bey dessen fremden Namen nennen.

Die **Luft** kann Juno abbilden (e), und wenn dieselbe von den Göttinnen der Jahrszeiten auferzogen vorgegeben wird (f), soll dieses vermuthlich die verschiedene Beschaffenheit der Luft in den vier Jahrszeiten anzeigen.

Die **Macht** und **Gewalt** wurde durch Hörner angedeutet, und dieses Symbolische Zeichen siehet man bereits auf einer der allerältesten Münzen von Athen an dem Kopfe des Cecrops (g). Es waren die Hörner daher ein Zeichen der Königlichen Würde, und in dieser Absicht war Astarte oder Venus bey den Phoeniciern gehörnet (h).

Eines **Mitregenten** Bild glaubt Tristan in dem Pollux nebst dem Castor auf einer Münze Kaysers Maximinus, wo zugleich das Brustbild seines Sohns ist, zu finden (i); weil diesem die Königliche Würde mitgetheilet wurde, so wie Pollux dem völligen Genusse der Unsterblichkeit entsagte, um dieselbe mit seinem Bruder Castor zu theilen.

Die **Music** ist auf Münzen der Messenier in Arcadien, wo dieselbe mehr als unter allen Griechen, nach dem Zeugnisse des Polybius, geübet wurde,

---

(a) Descr. des Pier. gr. &c. p. 143.　(b) Vaill. Num. Imp. aur. & arg. p. 13. 358.
Spanh. de praest. Num. T. 1. p. 171.　(c) Salmas. in Epist. p. 288.　(d) Antich. d'Ital. Diss. 23. p. 18.　(e) Cic. de nat. deor. L. 2. c. 26.　(f) Pausan. L. 2. p. 140. ad fin.　(g) Huym. Thes. Brit. T. 2. p. 161.　(h) Euseb. Praepar. Ev. L. 1. p. 28. l. 8.　(i) Com. T. 2. p. 446.

wurde, durch ein Heupferd (Cicada) angedeutet (a). Die Muſic als eine Artzney in Kranckheiten, ſonderlich des Gemüths, und als ein Mittel der Geſundheit, kann auch im Apollo mit der Leyer vorgeſtellet ſeyn. Es iſt bekannt, daß man insgemein vorgiebt, es ſey für den Stich der Tarantulen kein Kraut noch Pflaſter ſo heilſam, als die Muſic, und zwar diejenige, welche ausdrücklich in dieſer Abſicht geſetzet worden. Es hat aber Serrao, ein berühmter Artzt zu Neapel, in einer beſonderen Abhandlung die Betrügerey derjenigen dargethan, welche ehemahls und noch itzo dieſen Stich auf gedachte Art zu heilen vorgeben.

Auf Müntzen bedeuten die drey Moneten (Dea Moneta) die drey vornehmſte Metalle zum Prägen, und da die Figur in der Mitten, welche das Gold iſt, nach Art der Jungfrauen, die Haare auf dem Scheitel gebunden hat, ſo könnte dieſes ſcheinen, die unverfälſchte Reinheit dieſes Metalles bildlich zu machen (b). Andere aber deuten die mittlere Figur, weil ſie gröſſer zu ſeyn pfleget als die beyden anderen, auf das Ertzt, welches mit einer gröſſeren Wage als das Gold gewogen wird (c).

Die Nachläßigkeit oder Sorgloſigkeit ſtellete der Mahler Socrates vor in einem ſitzenden Menſchen, welcher ein Seil von Schilf (Spartum) drehete, und ein Eſel neben ihn fraß es ab, ſo wie es fertig war, ohne daß ſich der Arbeiter rührete (d).

Die Nacht hält über das Haupt ein fliegendes Gewand voll Sterne, wie diejenige Figur auf einem geſchnittenen Steine iſt, welche Maffei eine Göttin der Stunden nennet (e), und eine ähnliche Figur, deren fliegendes Gewand blau iſt, die eine umgekehrte Fackel hält, mit der Ueberſchrift ΝΥΞ, "die Nacht," bringet Montfaucon bey aus einem Gemählde einer alten Handſchrift (f). Auf einer erhobenen Arbeit im Pallaſte Albani, welche den entdeckten Ehebruch der Venus mit dem Mars vorſtellet, hält die auf dem Bette ſitzende Venus mit beyden Händen ein fliegendes Gewand über ſich, vermuthlich anzudeuten, daß dieſe Begebenheit bey der Nacht geſchehen.

(a) Golz. Graec. tab. 11. n. 5.   (b) Buonar. Oſſ. ſop. alc. Med. p. 246. Il med. ſop. alc. Vetri, p. 207.   (c) Hiſt. de l'Acad. des Inſcr. T. 12. p. 306.   (d) Plin. L. 35. c. 11. Pauſan. L. 10. p. 868.   (e) Gem. T. 1. n. 85.   (f) Palaeogr. Graec. p. 13.

schehen. Auf einem anderen nicht mehr vorhandenen Werke eben dieses
Inhalts, ist die Nacht in entkleideter weiblicher Figur mit langen Flügeln,
wie die Flügel der Fledermäuse gestaltet, und mit einer Fackel in der Hand,
gebildet.

Die Natur erscheinet auf der Vergötterung des Homerus als ein
kleines Kind, von etwa vier bis fünf Jahren, ohne andere beygelegte
Zeichen.

Der Nil und dessen Ueberschwemmung bis an sechzehen Füsse, welche
die größte Fruchtbarkeit beförderte, wurde in eben so viel Kindern auf der
Figur dieses Flußes angedeutet, wie Plinius und Philostratus berichten (a),
und eben so viel Kinder sassen auf dem Colossalischen Nil im Belvedere, von
denen sich die mehresten erhalten haben, und das oberste sitzet auf dessen
Achsel, die übrigen Stuffen-weis von den Füssen an über die Schenkel hinauf. In dem Gemählde beym Philostratus saß das oberste Kind auf dem
Kopfe dieses Flusses. In einer kleinen Figur des Nils, in der Villa Este
zu Tivoli, zählet man dreyzehen Kinder; von welchen das oberste, wie an
der Statue im Belvedere, auf der Achsel sitzet, vielleicht gemacht zum Andenken einer Ueberschwemmung von solcher Höhe. Füsse (πήχεις) nenneten die Egypter wie Himerius anzeiget (b), den Wachsthum dieses
Flusses.

Pietas oder die Ehrfurcht gegen die Götter in engerem Verstande dieses Worts, ist auf Kayserlichen Münzen, ohne Figur bloß durch Opfer-
Geräthe vorgestellet.

Der Regen wird in dem Jupiter Pluvius gebildet, und dieser unterscheidet sich, durch die Plejaden, oder durch das Sieben-Gestirne, welches um ihn herum gesetzet ist (c): denn der Regen ist häufig, wenn diese
Gestirne sichtbar werden, und wenn sie sich nicht mehr zeigen. Die Fabel
sagt, die Plejaden seyen Tauben gewesen, die den Jupiter als ein Kind in
der Höhle des Gebürges Ida mit Ambrosia genähret haben, und deswegen

(a) Icon. L. 1. c. 5.   (b) Ap. Phot. Biblioth. p. 605. l. 7.   (c) Tristan. Com.
hist. T. 2. p. 250.

K

gen zur Belohnung unter die Gestirne versetzet worden, Vorbothen zu seyn, des Frühlings und des Winters. Es findet sich auch auf einer Münze ein Jupiter, aus dessen linken Hand Regen herab fällt, und in der rechten Hand hält er den Blitz (a).

Der Wunsch einer glücklichen Reise ist auf einem Cippo im Campidoglio, in einer sitzenden weiblichen Figur mit einer Palme in der linken Hand gebildet, die sich mit diesem Arme auf einem Rade lehnet, und in der rechten eine Peitsche hält, mit der Ueberschrift: SALVOS IRE (b).

Das Bild eines gerechten Richters ist an einer sitzenden Senatorischen Statue in der Villa Borghese, der dreyköpfigte Cerberus, neben dessen Stuhle, in Deutung auf den Aeacus in der Höllen. Richter, die sich nicht bestechen liessen, waren zu Theben in Aegypten durch Figuren ohne Hände abgebildet (c).

Das Zeichen der alten Ringer war ein Oel-Fläschgen, (λήκυθος) wie dieses eine nackte Statue eines Ringers von schwarzen Marmor in der Villa Albani zeiget; es beweiset auch dieses eine Griechische Inschrift auf dergleichen Person, wo gesagt wird, daß er arm gestorben, und nichts als ein Oel-Fläschgen mit aus der Welt genommen habe (μονολήκυθος) (d). Das Fläschgen gedachter Statue ist einer Schieß-Granate völlig ähnlich, und hat keine gedruckte und linsen-mäßige runde Form, wie einige derselben nach des Apulejus Anzeige (e) werden gewesen seyn; woher sich Casaubonus eingebildet, daß alle Oel-Fläschgen linsen-förmig rund gewesen (f). Eine andere schöne Figur eines Ringers von erhobener Arbeit in gedachter Villa hält in der linken Hand ein Oel-Fläschgen an einem Bande, welches die Form einiger Gläser von Crystal hat, worinn Weiber Ungarisch Wasser bey sich zu tragen pflegen, und in eben der Hand hält derselbe ein Schabe-Zeug (Strigilis) als zwey Zeichen, die beym Plutarch einen Ringer bedeuten, welcher sich gebadet und gesalbet hat (g). Diese Figur hat, wie

wenn

(a) Spon. Misc. ant. p. 76.   (b) Montfauc. Ant. expl. T. 2. pl. 98.   (c) Plutarch. de IL et Osir. p. 632. l. 21.   (d) Athen. Deipn. L. 10. p. 414. E. (e) Florid. 9. p. 777. ed. in us. Delph.   (f) In Theophr. Char. c. 5. p. 54. (g) Πῶς ἄν τις διακρ: τὸν κόλακα. p. 103. l. 16. περὶ ἀοργησ: p. 821. l. 12.

wenn sie aus dem Bade gekommen wäre, den Mantel über den blossen Leib nachläßig umgeworfen, so daß die Brust unbedeckt ist.

Die Römische Herrschaft der Welt ist auf dem grossen Agathe in dem Schatze von St. Denis zu Paris in der Figur des Aeneas vorgestellet, welcher als der Stifter des Römischen Reichs dem vergötterten Augustus die Welt=Kugel vorträget (a).

Der Ruf oder das Gerücht hat bey den Dichtern lange Flügel, die unterwerts voll Augen sind (b).

Das Bild der Ruhe und des Friedens ist auf alten Christlichen Grab=Steinen eine Taube mit einem Oliven=Zweige im Schnabel, als eine Deutung auf die Taube des Noa. Die Ruhe des Körpers ist in stehenden auch in sitzenden Figuren (c) durch einen Arm auf das Haupt gelegt, bezeichnet, welches die Bedeutung dieses Standes an einem kleinen und an einem grössern Apollo in der Villa Medicis, an zween Statuen desselben im Campiboglio (d), in der Villa Borghese, und im Pallaste Farnese, auch an andern Figuren ist.

Die Schamhaftigkeit ist eine Gemüths=Bewegung, die sonderlich dem jugendlichen Alter eigen ist; daher wir, nach dem Aristoteles (e), dieselbe an der Jugend schätzen, an alten Leuten aber nicht: folglich ist dieselbe auch durch jugendliche Figuren vorzustellen. Auf Münzen ziehet die Schamhaftigkeit einen Schleyer vor das Gesicht. Es gieng dieselbe, wie Hesiodus dichtet, nebst der Nemesis, welche Ovidius Asträa nennet, aus der Welt, wegen Ungerechtigkeit und wegen der Laster der Menschen, und also ist dieselbe geflügelt auf einer erhobenen Arbeit von gebrannter Erde gebildet, welche in meinen Denkmaalen des Alterthums erscheinet.

Den beissenden Scherz mahleten Wespen auf dem Grabe des beissenden Dichters Archilochus (f), weil dieses Insect nur stechen kann, und zu nichts anders zu nutzen scheinet, und noch stechen und Schmerzen erregen kann, ob es gleich einen ganzen Tag von einander geschnitten gelegen.

K 2   Das

(a) Tristan. Com. hist. T. 1. p. 104.   (b) Virg. Aen. l. 4 p. 180. seq.   (c) Pitt. Erc. T. 2. tav. 2. 11.   (d) Mus. Capit. T. 3. tav. 13.   (e) Ethic. ad Nicom. L. 4. c. 9. p. 76. ed. Wech. 1577. 4.   (f) Anthol. L. 3. p. 271. l. 31. ed. H. Steph.

Das Schickſal, welchem die Groſſen ſo wohl als die Niedrigen in der Welt unterworfen ſind, iſt ſinnreich auf einem geſchnittenen Steine des Stoſſiſchen Muſei angedeutet (a). Lacheſis, eine von den Parcen mit einer Spindel in der Hand, an welcher ſie den Lebens-Faden der Menſchen ſpinnet, ſitzet auf einer Comiſchen Larve, welche, da das menſchliche Leben eine Schaubühne iſt, die niedrigen Spiele auf derſelben bedeutet; vor derſelben ſtehet eine Tragiſche Larve, welche die höheren Spiele des Lebens anzeiget, weil die Tragödie mit Helden zu thun hat. Noch ſchöner aber iſt ein Homeriſches Bild von dem Schickſale der Menſchen auf einer Hetruriſchen Patera von Ertze, auf welcher mit einiger Veränderung das Geſchick des Achilles und des Hectors vom Jupiter abgewogen wird, und da des letzteren ſeines überwichtig war, wurde deſſen Tod beſchloſſen, und Apollo, welcher ihn bisher geſchützet hatte, entzog ſich demſelben.

Die Schiffahrt wurde, unter anderen Bildern, durch die Iſis vorgeſtellet, die mit beyden Händen ein aufgeblaſenes Segel hält, ſo wie ſie ſonderlich auf Münzen von Alexandrien mit dem Pharus ſtehet. Die Vorbedeutung einer glücklichen Schiffahrt war ein Delphin (b), daher auch die Schiffe der Alten Delphine zum Zeichen hatten (c), und die Liebe, die auf einem Delphine reitet, auf einem Cameo der Gr. Cheroffini zu Rom, hat zur Inſchrift das Wort ΕΥΠΛΟΙ, welches vermuthlich ἐυπλοια heiſſen ſoll, das iſt, die glückliche Schiffahrt (d).

Der Schlaf iſt in einer Figur, die in den Armen des Morpheus lieget, gebildet: ſo ſchläfet Endymion, der Geliebte der Diana, auf dem Berge Latmus, auf zwo Begräbniß-Urnen im Campidoglio. Morpheus iſt insgemein als ein betagter Mann vorgeſtellet, mit zween groſſen Flügeln auf der Schulter, und mit zween kleinen Flügeln am Haupte. In der Villa Albani ſtehet derſelbe an einer kleinen Ara, beyde Hände eine über die andere auf einem Cippo gelegt, und auf dieſelbe das Haupt, und ſchläft. Es wird auch der Schlaf durch einen jungen Genius vorgeſtellet, welcher ſich auf einer umgekehrten Fackel ſtützet, wie er alſo mit der Ueberſchrift:

SOMNO,

(a) Deſcr. des Pier. gr. etc. p. 85.   (b) Phile hiſt. 65.   (c) Turneb. Adverſ. L. 2. c. 22. p. 58.   (d) Deſcr. des Pier. gr. etc. p. 139.

SOMNO, auf einem Grab-Steine in dem Pallaste Albani stehet, nebst dessen Bruder, dem Tode, mit dem Homerus zu reden, und eben so abgebildet stehen diese zweene Genii an einer Begräbniß-Urne in dem Collegio Clementino zu Rom.   Man findet eben diesen Genius liegend und die Flügel eingezogen, mit Mohn-Häuptern in der Hand, auf einer Urne in der Villa Pamsili.   Dem Schlafe, als einem Freunde der Musen, wurde zugleich mit diesen geopfert, auf einem Altare zu Troezene (a).

Die See-Macht wurde vorgestellet durch einen Zierrath auf dem Hintertheile der Schiffe, welcher Apluftre, ἄφλαϛα hieß (der Zierrath auf dem Vordertheile hieß τα κόρυμβα) (b).   In dieser Bedeutung findet sich dieser Zierrath fast auf allen Münzen von Tyrus, und die von Panäus, dem Bruder des Phidias in einem Gemählde persönlich gemachte Insel Salamis, scheinet es in eben der Bedeutung gehalten zu haben (c).   Durch eben dieses Zeichen in der Hand der Odyssea auf der Vergötterung des Homerus im Pallaste Colonna, werden des Ulysses grosse Reisen zur See angedeutet.   Einen Sieg zur See scheinet auf Münzen des Sextus Pompejus eine Scylla, die mit dem Ruder die Wellen schläget, anzudeuten, und vermuthlich den Sieg desselben über den Cäsar Octavius in der Meer-Enge von Sicilien (d); diese Deutung wird durch eine Griechische Inschrift bestätiget (e).

Die Seele ist bekannt in ihrem Bilde, welches ein Schmetterling ist, und ich merke nur an, daß sich vermeinte Köpfe mit Schmetterlings-Flügeln finden, weil Plato zuerst von der Unsterblichkeit der Seele geschrieben hat (f).   Die Betrachtung eines Philosophen über die Unsterblichkeit der Seele ist auf einer alten Paste des Stoßischen Musei durch einen Schmetterling abgebildet, welcher auf einem Todten-Kopfe sitzet, über welchen ein sitzender Philosoph denket.   Diese Betrachtung hebet an bey der Auflösung des Körpers, welche nach dem Plato, der wichtigste Vorwurf des Denkens eines Weisen seyn soll (g), und Cicero sagt, das ganze Leben eines

K 3   Weisen

(a) Pausan. L. 2. p. 184. l. 15.   (b) Tzetz. in Lycoph. v. 295.   (c) Pausan. L. 5. p. 402. l. 8.   (d) Le Beau I. Mem. sur les Med. restit. dans les Mem. de l'Acad. des Inscr. T. 21. p. 351.   (e) Anthol. L. 4. c. 10. ep. 2. p. 321. (f) Athen. Deipn. L. 11. p. 507. E.   (g) Gorg. p. 320. l. 23. ed. Basil. 1534.

Weisen sey die Betrachtung des Todes (*a*); den Sitz der Seele aber setzet Plato in dem Haupte (*b*). Die Reinigung der Seele durch Feuer, ist an einer kleinen Begräbniß=Urne in der Villa Mattei durch die Liebe mit einem Schmetterlinge in der Hand vorgestellet, dem er eine brennende Fackel mit der andern Hand nahe hält. Eine beseelte oder belebte Comische Larve auf einem geschnittenen Steine scheinet ein Schmetterling anzudeuten, welcher in dem Mund derselben hinein flieget; es erscheinet derselbe in meinen Denkmaalen des Alterthums.

Die Sicherheit auf einer Münze des Nero, hat das Haupt und das Ohr auf die rechte Hand geleget, und der eine Fuß ist müßig ausgestrecket (*c*). Auf einer andern Münze stehet die Sicherheit mit dem linken Ellenbogen auf einem Cippo gestützet, und die rechte Hand über das Haupt geleget (*d*), welches auch ein Bild der Ruhe giebt, wie kurz zuvor gedacht ist. Andere Bilder der Sicherheit auf Münzen sind weniger bedeutend, als jene zwey angeführte.

Der Sieg ist auf Münzen der Stadt Terina, wie gewöhnlich, Weiblich, und halb nackend sitzend, mit einem Caduceo in der Hand (*e*). Auf einem Herculanischen Gemählde hält die Victoria in der rechten Hand einen Kranz von Eichen=Laub, und in der linken einen Schild (*f*). Ein zuversichtlicher Sieg ist durch eine schlafende Victoria auf einer Münze Kaysers Philippus vorgestellet; welches Bild eine Aehnlichkeit hat mit einem Gemählde, auf welchem dem Atheniensischen Feldherrn Timotheus sein blindes Glück im Kriege vorgerücket wurde, da man ihn schlafend abbildete, während daß das Glück Städte mit einem Netze fieng (*g*). Ein glorreicher Sieg, und welcher besungen wird, oder besungen zu werden verdienet, scheinet angedeutet zu seyn durch eine geflügelte Victoria, die einer Muse eine Libation machet, das ist, die aus einem Gefässe Wasser oder Wein in eine Schale in der Hand einer Muse mit der Leyer ausgießet, wie dieses Bild auf mehr als einem alten Werke in der Villa Albani vorgestellet ist.

Eins

(*a*) Tusc. qu. L. 1. c. 30.   (*b*) Diog. Laert. Plat. p. 205.   (*c*) Tristan. T. 1. p. 659.   (*d*) Agost. Dial. p. 48.   (*e*) Golz. Magn. Gr. tab. 23.   (*f*) Pitt. Erc. T. 2. tav. 40.   (*g*) Plutarch. Syl. p. 830. L. 22.

Eins derselben stehet über der Vorrede zur Geschichte der Kunst des Alterthums.

Der Sommer ist unter den vier Göttinnen der Jahrs-Zeiten auf einem runden Basamente in jetzt gedachter Villa, im Laufen, und mit zwo
brennenden Fackeln in den Händen, vorgestellet, welche sie gerade in die
Höhe hält.   In einem Grabmale ausser Rom, wo die Figuren der Jahrs-
Zeiten von Gips waren, trug der Sommer ein Klee-Blatt, und der Winter einen Tann-Zapfen (a).

Ein Bild der Sonne war ein Hahn auf dem Schilde einer Statue
des Jdomeneus, Königs zu Creta, weil derselbe ein Enkel des Minos und
der Pasiphae, einer Tochter der Sonnen war (b): denn der Hahn kündi-
get die Ankunft der Sonnen an.   Vielleicht hat der Hahn auf Münzen der
Stadt Carystus (c) eben diese Bedeutung.

Das Bild einer Stadt ist bekannt, und es wurde dasselbe noch unter
den ersten Christen durch eine halb nackte Figur mit einem Fruchthorne, aber
ohne Früchte, bedeutet, wie man dieses auf einem der ältesten Handschriften der Welt, in der Vaticanischen Bibliothec siehet.   Dieses ist eine Rolle
von Pergamen von sechs und vierzig Palmen lang, welche in Figuren die
Geschichte Josue vorstellet, mit Griechisch geschriebenen Anzeigen der Geschichte und der Figuren, und die Zeichnung übertrift allen Begriff dieser
Zeit, und ist viel schöner als die in dem alten Virgilius daselbst, aber auch
grösser von Figuren.   Ich werde von diesem überaus seltenen und unbekannten Christlichen Denkmaale künftig in meinen Anmerkungen über die
Geschichte der Kunst Nachricht ertheilen.

Das Bild des Tadels, welcher sich in unserer Eigenliebe meldet, hat
die Fabel in zween Renzeln (pera) vorgestellet, die Jupiter den Menschen-
Kindern aufgehänget hat: der Renzel voll eigener Fehler hänget auf dem
Rücken, und wir sehen ihn nicht, der andere, mit fremden Schwachheiten
angefüllet, hänget uns auf der Brust, und ist uns beständig vor Augen.

Die

(a) Buonar. Oss. sop. alc. Vetri, p. 6.   (b) Pausan. L. 5. p. 444. l. 25.   (c) Harduin. Num. pop. p. 242.

Die Taufe oder die Lustration der Kinder bey den Alten ist merk=
würdig abgebildet auf einem seltenen Medaglione der Lucilla, Gemahlin
Kaysers Lucius Verus (a). Lucilla selbst stehet und hat den Zweig eines
Lorbeer=Baums gefasset, weil die Lustration oder die Besprengung mit aus=
söhnenden geweiheten Wasser vermittelst eines Lorbeer=Zweigs, wie oben
bey dem Worte Censor angemerket ist, geschahe. Eine Priesterinn kniet
unter ihr an dem Rande eines Flusses, und schöpfet Wasser, und neben
ihr stehet ein halb nackendes Kind, welches die Taufe erwartet. Von
dreyen Amorini stehet der eine auf einem Altare; ein anderer fällt von dem=
selben herunter, als wenn derselbe nach der Taufe gestorben wäre; der dritte
siehet über eine Garten=Mauer, welche die Elisaischen Felder anzeiget, und
könnte ein Kind andeuten, welches vor der Taufe verstorben. Dieser Me=
daglion ist mit einem anderen, den Spanheim beybringet (b), nicht zu ver=
wechseln.

Der Tod und ein frühzeitiger wurde durch eine Rose angedeutet, wel=
che man auf Grabsteinen siehet (c). Noch bedeutender aber und lieblicher
ist das Homerische Bild in der Aurora, die ein Kind in den Armen fort=
trägt (d), so wie nach der Fabel, Cephalus von derselben entführet wurde:
dieses Bild soll aus der Gewohnheit junge Leute vor Anbruch des Tages zu
begraben, genommen seyn (e). Dinocrates scheinet in eben dieser Deu=
tung, die Arsinoe von dem Zephyro entführet, auf der Höhe eines von ihm
erbaueten Tempels haben setzen zu lassen. Das Absterben in Jünglings=Jah=
ren wurde dem Apollo und dessen Pfeilen (f), so wie der Tod unverheira=
theter Mädgens der Diana (g) Schuld gegeben, und hierauf gründet sich
auch die Fabel der Niobe. Homerus sagt, der Vater der Königinn Arete,
auf der Insel Scheria der Phäacier, sey, ehe er einen Sohn erzeuget, von
den Pfeilen des Apollo erleget worden (h): Eben so ist der Tod des Melea=
gers durch den Apollo zu erklären (i). Die Pfeile des Apollo und der Diana
sind

(a) Vaillant Num. max. mod. Mus. de Camps, p. 42.   (b) Les Emp. de Julien. p. 87.
(c) Descr. des Pier. gr. etc. p. 158. Buonar. Oss. sop. alc. Vetri, p. 189.   (d) Odyss.
ι v. 250.   (e) Eustath. in Odyss. ι. p. 1527. l. 51.   (f) Callim. hymn. Cer.
v. 102.   (g) Apollon. Argon. L. 3. v. 773.   (h) Odyss. ι. v. 64.   (i) Pausan. L. 10. p. 874. l. 28.

sind aber auch allgemein ein Bild des Todes, wie aus des Eumeus Erzeh=
lung an den Ulyſſes von der Inſel Siria erhellet, in welcher die Menſchen
an das höchſte Alter gelangen, und endlich durch die ſanften Pfeile beſagter
Gottheiten, ihre Tage endigen (a). Eben ſo umſchreibet der Dichter den
Tod der Laodamia, des Sarpedons Mutter (b). Ich merke hier an, daß
nur auf zwey alten Denkmalen und Urnen von Marmor, zu Rom, Tod=
ten-Geripe ſtehen, die eine iſt in der Villa Medicis (c), die andere in dem
Muſeo des Collegii Romani; ein anderes mit einem Geripe findet ſich
beym Spon (d), und iſt nicht mehr zu Rom befindlich. Von geſchnitte=
nen Steinen iſt ein einziger in dem Muſeo zu Florenz (e), und zwo in dem
Stoſſiſchen Muſeo (f), mit dieſem Bilde. Vielleicht war der Tod bey
den Einwohnern von Gades, dem heutigen Cadix, welche unter allen Völ=
kern die einzigen waren, die den Tod verehreten (g), alſo geſtaltet, da ſelbſt
unter den Aegyptern (h) und Römern (i) der Gebrauch war, ſich durch ein
wirkliches oder nachgemachtes Geripe, des Todes zu erinnern, zur Er=
munterung zum Genuſſe des kurzen Lebens. Das Abſterben einer Perſon
auſſer ſeinem Vaterlande wurde auf deſſen Grabmale durch ein Stück von
einem Schiffe angezeiget (k). Auf dem Grabmale des Eteocles und
Polynices war nichts als ein Spieß (l), welcher insgemein auf Gräbern
derjenigen ſtand, die im Kriege geblieben waren (m).

Die Tragödie iſt auf einem erhoben gearbeiteten Werke in der Villa
Albani, wo ein Comicus vorgeſtellet iſt, durch einen Bock abgebildet, wel=
cher in den älteſten Zeiten der Preis war für diejenigen, die das beſte Stück
gemacht hatten.

Ein Bild der Trauer waren bey Leichen Römiſcher Magiſtrats-Per=
ſonen umgekehrte Faſces, und von Soldaten umgekehrte Spieſſe, wie
dieſes

(a) Odyſſ. ὁ. v. 409. (b) Il. ῾ζ. v. 205. (c) Spon. Rech. d'Antiq. p. 93.
(d) Miſcel. ant. p. 7. (e) Muſ. Flor. Gem. T. 2. (f) Deſcr. etc.
p. 517. (g) Philöſtr. Vit. Apollon. L. 5. c. 4. (h) Plutarch. Conv.
VII. Sap. p. 256. l. 23. (i) Petron. p. 31. ed. Par. 1677. 120. (k) Potter's
Archaeol. Gr. T. 2. ch. 7. p. 226. (l) Pauſan. L. 9. p. 758. l. 1. (m) Harpocrat. Lex. v. ἐπιτεγχ: δαρυ.

L

dieses auch bey den Griechen gebräuchlich war; die alten Perser aber trugen ihre Lantzen allezeit gegen die Erde gekehret (a). Ein Leidtragender
Krieger mit seinem kurzen Degen unter der Achsel hängen, ist in einer kleinen Figur in der Villa Borghese, mit einer umgekehrten Fackel und in einem rührenden Ausdrucke vorgestellet.

Der Traum wurde nach dem Philostratus in einem weissen Gewande, und ein schwarzes über dasselbe, mit einem Horne in der Hand gemahlet.

Der Ueberfluß wird durch die Göttinn Ops vorgestellet, welches eigentlich die Ceres ist, und dieselbe ist auf einer Münze des Pertinax (b) mit
zwo Korn-Aehren in der rechten Hand, und in der linken hält sie ihr Gewand von der Brust in die Höhe, um einen grossen hohlen Busen zu machen, anzudeuten, daß alles aus ihrem Busen kommt.

Das unbelohnte oder unerkannte Verdienst bildet Aristoteles in einer Sinnschrift auf den älteren Ajax ab, in der Figur der Tugend mit beschornem Haupte, die bey dem Grabe dieses Helden sitzet und weinet. Die
Ursach seines Todes über die ihm unrechtmäßig abgesprochene und dem Ulysses gegebene Waffen des Achilles ist bekannt.

Die Vergötterung der Kayserinnen bedeutet auf Münzen ein Pfau (c),
anzuzeigen, daß sie zum Sitze der Juno gelangen werden, und die Vergötterung der Kayser und anderer Helden bildet ein Adler, auf dessen Fittigen
jene als Halb-Götter bis zum Genuß der Gesellschaft des Jupiters gelanget. Der Adler allein auf einem Altare, gab diesen Begriff, so wie, laut
einer Griechischen Inschrift, ein Adler in dieser Abbildung auf einem Altare stand, welcher dem Plato gewidmet war (d). Es war auch, wie
Artemidorus sagt (e), eine alte Gewohnheit, die Bildnisse verstorbener
Könige auf Adler getragen vorzustellen, und dieses Bild war von einem
wirklichen Gebrauche genommen. Denn man ließ von dem Holz-Haufen
(rogus) auf welchem die Körper der Kayser verbrannt wurden, so bald Feuer
angeleget

(a) Herodot. L. 7. p. 253. l. 10. et 18.   (b) Tristan. T. 2. p. 14.   (c) Ha-
verc. Num. Reg. Christ. tab. 20. n. 11. 12.   (d) Anthol. L. 3. c. 33. ep. 3.
(e) Oneiroc. L. 2. c. 20.

angeleget war, einen Adler in die Luft fliegen; dieses geschahe bey der Verbrennung des Augustus, wie Dio berichtet, und des Severus, wie Hero-
dianus erzählet. Ein anderes Bild der Vergötterung der Schwester und
Gemahlinn des Ptolemäus, Arsinoe, welche in Erzt auf einem Strauße
in die Luft getragen wurde (a), könnte als eine Satyre ausgeleget werden: denn der Strauß, welcher kurze Flügel hat, kann sich nicht hoch von
der Erde heben.

Die Verläumdung mahlete Apelles, da er vom Antiphilus, einem
seiner Kunst-Genossen, bey dem vierten Ptolemäus, mit dem Zunamen
Philopator, als ein Mitschuldiger einer Verrätherey fälschlich war ange-
klaget worden. Auf seinem Gemählde saß zur rechten eine männliche Figur mit langen Ohren, wie Midas, und reichete der Verläumdung die
Hand; um dieser herum stande die Unwissenheit und der Verdacht. Von
einer andern Seite kam die Verläumdung herzu getreten, welche eine schöne Figur, aber hitzig und aufgebracht war; In der rechten Hand hielt dieselbe eine brennende Fackel, mit der andern Hand zog sie einen Jüngling
bey den Haaren, welcher die Hände zum Himmel hob, und die Götter
gleichsam zu Zeugen anrief. Vor der Verläumdung trat ein grosser und
wie von langer Krankheit ausgezehrter Mann her, mit einem scharfen Blicke, welcher den Neid vorstellete. Die Begleiterinnen der Verläumdung
waren zwo Weiber, welche jene putzeten und ihr zuredeten, nemlich die
Falschheit und der Hinterlist. Eine andere Figur gieng hinter her in schwarzer und zerrissener Kleidung, voller Traurigkeit, welche die Reue abbildete;
diese sahe sich beschämt und mit weinenden Augen nach der Wahrheit
um (b).

Die Verschwiegenheit wurde durch eine Rose angedeutet, welche
die Liebe, wie ein altes Sinn-Gedicht sagt, dem Harpocrates gab, damit
die Ausschweifungen der Venus möchten verschwiegen bleiben. Daher
wurde eine Rose bey Frölichkeiten über dem Tische aufgehänget, zum Zei-

L 2 chen,

chen, daß alles, was gesprochen werde, unter Freunden geheim bleiben sollte (a).

Die Unerschrockenheit im Kriege, glaubt man, sey durch einen Esels-Kopf angedeutet worden, welchen die Dacier, als ein Panier, auf einer Stange vor ihrem Heere trugen, daher dieses Bild auch auf Münzen eine Vorstellung der Provinz Dacien ist. Denn der Esel wird weder durch Ge-schrey geschrecket, noch durch Schläge getrieben, wenn er stehen will, da-her dieses Thier selbst beym Homerus beym Ajax ein Gleichniß dieses Be-griffs ist, und aus diesem Grunde wird dem Esel das Beywort Unüber-windlich zugeeignet (b); es wäre auch hieraus das Opfer eines Esels, wel-ches die Perser dem Mars sollen gebracht haben (c), zu erklären.

Von der Wachsamkeit war der Haase das Symbolum auf einer er-hobenen Arbeit (d), die ehemals in dem Eremo des berühmten Cardinals Passionei bey Frascati stand, weil dieses Thier, wie der Löwe, mit offe-nen Augen schlafen soll. Die Wachsamkeit der Soldaten ist zum Scherze auf einem Steine des Stossischen Musei vorgestellet durch einen Hahn, wel-cher eine Trompete bläset, die bey den Alten Lituus hieß (e).

Einen Wahrsager hilft ein Lorbeer-Zweig andeuten, welcher Pflanze Apollo diese Kraft beygeleget haben soll. S. im zweyten Cap. Apollo. Diese Wissenschaft, welche Apollo der Cassandra verliehe, ist durch einen Lorbeer-Zweig in ihrer Hand auf einem Herculanischen Gemählde ange-deutet (f).

Von dem Weiblichen Geschlechte und dessen Eingezogenheit war die Schildkröte ein Bild, und Phidias hatte dieselbe in dieser Bedeutung sei-ner Venus zu Elis zugegeben (g). Eben dieses scheinet durch eine Spin-del auf dem Grabmale der Tochter Kaysers Otto I. angedeutet zu seyn (h).

Der Gott der Winde Aeolus, wurde nach dem Albricus, mit Bla-sebälgen unter dem Fusse gebildet; wenn man mit einigen folles an statt flabra lieset. Die Winde, welche aus Nordlichen Gegenden wehen, wurden

---

(a) De la Cerda Com. in Virg. Aen. I. v. 734.   (b) Arrian. in Epict. L. 1. c. 18.
(c) Strab. L. 15. p. 727. A.   (d) Gori Muf. T. 1. p. 74.   (e) Defcr.
des Pier. gr. etc. p. 182. n. 1061.   (f) Pitt. Ere. T. 2. tav. 17.   (g) Plutarch.
de If. et Ofir. p. 679. l. 18.   (h) Ditmar. L. 2. p. 25.

wurden als ein alter Mann vorgestellet; die aus warmen Gegenden kom=
men, in jugendlicher angenehmen Gestalt, wie man an dem so genannten
Tempel der Winde zu Athen siehet. Boreas ist ein alter bekleideter Mann,
dessen Symbolum eine Spiral=gedrehete Muschel ist, vielleicht wie Stuart mei=
net, in Deutung auf das Getöse in gewissen nahen Höhlen bey Athen, wenn
dieser Wind stürmet (a); welches dieser Verfasser hätte erläutern können
mit einer Nachricht des Aristoteles (b), von den Aeolischen Inseln, wo der
Süd=Wind (Notus) sich vorher meldet durch ein Getöse in gewissen Höh=
len. ΚΑΙΚΙΑΣ, Caecias, oder der Nord=Ost=Wind hält mit beyden
Händen einen runden Schild, aus welchen er scheinet ein Hagel=Wetter
auszuschütten, welchen Schild Wheler und le Roy für eine Schüssel voll
Oliven angesehen. Diese beyden Winde sind alt und bärtig, die folgen=
den zween Winde sind jung und ohne Bart; der erstere aber ist im gesetzten
Alter gebildet. ΛΙΨ, der Süd=West=Wind hält ein Aplustre eines Schif=
fes, vielleicht auf die gefährliche Schiffahrt an den Attischen Küsten, wenn
dieser Wind regieret, zu deuten. Der Zephirus hält ein Gewand mit
Blumen angefüllet, vor sich. Le Roy hat auch in dieser Figur seine Nach=
lässigkeit gezeiget, und derselben einen grossen langen Bart gegeben (c).

Des Winters Zeichen ist ein wildes Schwein, oder ein Frischling,
wie ich oben bemerket habe, weil diese Thiere im Winter am fettesten und
alsdenn in warmen Ländern am gesündesten zu essen sind. Die Figur des
Winters, wie derselbe auf der Vermählung des Peleus und der Thetis sie=
het, ist auch in gebrannter Erde und vergoldet an der Frise der Gallerie
des Pallastes in der Villa Albani. Es ist daher sehr glaublich, daß das=
jenige, was die letzte von den vier Jahrs=Zeiten, nemlich der Winter, auf
einem sehr seltenen Medaglione des Commodus (d), nach sich ziehet, und
in der Zeichnung desselben unbestimmt gelassen worden, ein Frischling sey.
Es glaubt auch Buonarroti in den Gemählden alter Grabmaale bemerket
zu haben, daß selbst die wilde Schweins=Jagd ein Bild des Winters sey,
so wie die Hirsch=Jagd den Frühling, die mit Löwen den Sommer, und

L 3   die

(a) Antiq. of Athens, Vol. I. p. 21. plat. 12.   (b) Meteor. L. 2. c. 8. l. 65. ed.
Sylburg.   (c) Monum. de la Grece, pl. 14. conf. Stuart's Antiq. of Athens,
Vol. I. p. 24.   (d) Vaill. Num. Muſ. de Camps, p. 51.

die Jagd der Tiger den Herbst vorstelle (a): denn es war in dem Nasoni=
schen Grabmaale über einer jeden Figur von den Jahrs=Zeiten eine von die=
sen Jagden gemahlet.   Wenn die Bilder der Jahrs=Zeiten Kinder oder
Genii sind, ist der Winter insgemein durch ein Kind mit Phrygischen Ho=
sen vorgestellet, welche mit der Weste aus einem Stücke sind, den Atys
anzudeuten, dessen verschnittene Natur ein Zeichen der Unfruchtbarkeit und
also des Winters ist.   Auf einem erhobenen Werke im Pallaste Mattei
träget diese Figur zwo wilde Enten, weil im Winter die Jagd derselben zu
seyn pfleget.   Eben dieses Bild siehet man bey dem Bildhauer Cavaceppi
in einem kleinen unbekleideten Kinde, welches zwo wilde Enten mit beyden
Händen an die Brust drücket.   Andere wollen in dieser Figur das Zeichen des
Wassermanns im Thier=Kreise vorgestellet finden, welches Ganymedes ist (b).

Die Zeit ist auf einem geschnittenen Steine als ein alter Mann mit
langen Flügeln gebildet, welcher sich mit beyden Händen auf eine Hacke stü=
tzet, und an beyden Beinen Fessel und eine Kette angeleget hat, die Zu=
rückhaltung der flüchtigen Zeit anzudeuten, oder wie ein brittischer Dichter
spricht, die wandernde Zeit in eine Methode zu binden.   Es wurden der
Statue des Saturnus, welcher die Zeit abbildet, Fesseln an den Beinen angele=
get, aber von wollenen Bändern, die man an dessen Feste auflösete (c).

Die Lehre von Zeugung aller Dinge aus Wasser, die bereits zu des
Homerus Zeiten angenommen war (d), ist an einer Begräbniß=Urne in Cam=
pidoglio, durch einen liegenden Meer=Gott, mit einem langen Ruder, wel=
ches Oceanus ist, vorgestellet, von dem und wie aus dessen Schoosse Psy=
che, oder die Seele auf einem Wagen in die Luft fähret, das ist, an das
Tage=Licht gehet, und sich in einem Körper einkleidet.

⁕   ⁕
⁕

Nach diesen aus Denkmaalen der alten Griechen gezogenen Bildern
können auch ein paar Christliche Allegorien der ersten Zeiten angeführet
werden.

Eins

(a) Off. sop. alc. Vetri, p. 172.   (b) Bellori Pitt. ant. del sepolcr. de' Nasoni, tav. 25.
(c) Macrob. Saturn. L. 1. c. 8.   (d) Il. ξ. v. 245. Plat. Theaet. p. 73. l. 9. p.
83. l. 52. ed. Basil.

Eins derselben ist auf dem gemahlten Boden von einem Trink-Glase in dem Museo Christlicher Alterthümer der Vaticanischen Bibliothec, das Opfer Isaacs, und neben demselben ein Scheffel, aus welchem eine Meß-Schnur hervor hänget. Beydes sind Sinn-Bilder der Verheissung, die der Herr dem Vater der Gläubigen gab. Der Scheffel deutet auf die reiche Vergeltung, die Gott dem Gerechten giebt, die Schnur aber auf das gelobte Land und dessen Ausmessung nach der Redens-Art des Psalms: Tibi dabo terram Chanaam funiculum haereditatis vestrae (a). Besonders merkwürdig ist auf verschiedenen Christlichen Reliquien (b), und sonderlich auf einem alten Musaico in der Kirche zu St. Maria in Trastevere zu Rom, ein Vogel in einem Kefichte, neben der Figur des Propheten Esaiah, zu welcher folgende Worte aus dessen bekannter Weissagung gesetzet sind: Ecce virgo concipiet et pariet filium, wo dieses Bild auf die Empfängniß des Messiah, und zugleich auf die Ueberschattung des Heil. Geistes zu deuten scheinet (c). Ueberhaupt waren die gewöhnlichen Bilder auf Ringen der Christen, eine Taube, ein Fisch, ein Schiff in segeln, eine Leyer und ein Anker (d). Im übrigen glaube ich nicht, daß eine Tonne mit Reifen (dolium) zwischen zween Vögeln auf einem Christlichen Grab-Steine, ein merkwürdiges geheimes Bild seyn könne, wie Boldetti vermuthet (e); oder ein Bild der Christlichen Liebe, wie eben derselbe Scribent kurz zuvor angiebt (f), und sich auf das Zeugniß der Kirchen-Väter beruft; die er aber nicht anführet, nemlich daß durch dieselbe die Kirche verbunden sey, wie eine Tonne oder Faß durch dessen Stäbe. Es scheinen hingegen auf einem anderen Christlichen Grab-Steine, und unter der Inschrift: JVLIO FILIO PATER DOLIENS, zwo solche Tonnen (dolia) (g) ein niedriges Wortspiel auf das den Sprach-Regeln zuwider angegebene Wort doliens zu seyn.

<hr />

(a) Buonarot. Off. sop. alc. Vetri, p. 14.   (b) Boldet. Off. sop. i Cimet. de' SS.
Mart. p. 154.   (c) Ibid. p. 25.   Mart. p. 246. D.
(e) L. c. p. 164.   (f) Ibid. p. 163.   (d) Clem. Alex. Paedag. L. 3. p. 246. D.
(g) Ibid. p. 370.

Das

Das vierte Capitel.

Von Allegorien, die von Begebenheiten und von Eigenschaf=
ten und Früchten der Länder genommen sind.

Allegorien von der ersten Art sind nicht häufig, weil die grossen Bege=
benheiten in der Welt allzu sehr verwickelt sind, um dieselbe durch ei=
nen einzigen Zug und Gedanken anzugeben, und weil die Thaten der ver=
meinten Helden so beschaffen sind, daß sie nicht leicht durch ihnen allein ei=
gene und individuelle Bilder vorgestellet werden können, so wie dieses mit
Erfindern und mit denen, die sich um das menschliche Geschlecht verdient
gemacht haben, geschehen kann.   Denn wenn wir die Thaten der grossen
Krieger und Eroberer überdenken, findet sich keine Idea zu einem Bilde,
wie das berühmte Theorema ist, welches den Pythagoras allein bezeichnet,
und so wie Gassendi, Huygens und Cassini durch die von ihnen entdeckte
Trabanten des Jupiters und des Saturnus, dem, der ihre Verdienste ken=
net, anzuzeigen sind, wird es in einem Timur=Beg, oder in einem Carl
XII. nicht gelingen.   Dieses ist die Ursach der Seltenheit dieser Bilder,
welche dem Künstler nützlich zu wissen sind, theils an sich selbst, theils um
zu sehen, wie Griechen und Römer aus einzelnen Umständen Bilder gezo=
gen haben.

*   *   *

Bienen auf Münzen von Ephesus deuten auf die Musen, die in
Gestalt der Bienen den Atheniensern zur See den Weg wiesen, da sie un=
ter Anführung des Neleus nach Jonien giengen (a).

Der Capricornus bedeutet auf Münzen des Augustus, daß er
in diesem Zeichen des Thier=Kreises gebohren ist: es stehet dasselbe zwi=
schen ihm und der Livia auf dem grossen Cameo zu Wien.   Auf den meh=
resten Münzen desselben findet sich dieses Zeichen mit der Erd=Kugel, einem
Steuer=Ruder und mit einem Horne des Ueberflusses.   Manilius, wel=
cher über gedachtes Zeichen mit andern Nachrichten überein kommt (b),
wider=

(a) Philostr. Icon. L. 2. p. 823. l. 23. Spanh. in Callim. hymn. Apol. v. 66.   (b) Astron.
L. II. p. 45. l. 4. ed. Scalig.

widerspricht sich selbst an einem andern Orte seines Gedichts (a), indem er vorgiebt, Augustus sey unter dem Zeichen der Wage gebohren, um dessen Gerechtigkeit zu rühmen (b).

Ein Drache oder Schlange auf dem Schilde, welcher auf einer Säule über dem Grabe des Epaminondas stand, bedeutete, daß dieser Held von den Spartis; das ist, von denen herkam, die aus denen vom Cadmus ge= säeten Drachen=Zähnen entsprungen waren (c). Auf dem Schilde des Me= nelaus aber in einem Gemählde des Polygnotus zu Delphos, bedeutete der Drache diejenige Schlange, die in Aulis, während dem Opfer, unter dem Altare hervor kam (d).

Elephanten wurden auf die Waffen der fünften Legion des Cäsars gesetzet, weil dieselbe verlangete, man solle sie gegen die Elephanten führen in der Schlacht mit dem Scipio von der Parthey des Pompejus in Lybien (e). Auf dem Grabe des Pyrrhus deutete dieses Thier auf die ersten Elephan= ten, die dieser König in Europa führete (f), und auf dem Sieges=Zeichen, welches Antiochus Soter zum Gedächtnisse des Sieges über die Galater, oder die Gallier in Klein=Asien aufrichten ließ, war nichts als ein Elephant vorgestellet, weil er durch Hülfe derselben den Sieg erfochten hatte (g).

Zween Füchse auf einem Schilde in Stein, welcher ein Grabstein des Spartanischen Königs Anaxidamus war, scheinen, nebst der Schlange auf demselben, sich auf eine merkwürdige Erzehlung zu beziehen. Dieser Stein wurde von Fourmont in den Trümmern des berühmten Tempels des Apollo zu Amycle entdecket (h). Nachdem die Heraclider des Orestes Sohn Tisamenes in der Schlacht erleget hatten, machten sie von den ero= berten

(a) Aftron. L. 4. p. 97. l. 3.   (b) Scalig. Not. in Manil. p. 341. La Cerda Com. in Virg.
Geor. L. 1. p. 187. F.   (c) Paufan. L. 8. p. 622. l. 19.   (d) Id. L. 10.
p. 863. l. 7.   (e) Appian. B. Civ. L. 2. p. 242. l. 16.   (f) Paufan. L. 2.
p. 158. l. 38.   (g) Lucian. Zeux. c. 11.   (h) Hift. de l'Acad. des Infcr.
T. 16. p. 104

M

berten Landen drey Lose, nachdem sie vorher den Göttern ein jeder auf einem besondern Altare geopfert hatten. Argos fiel dem Temenes zu, Lacedämon zween Söhnen des Aristodemus, und Messene dem Cresphontes. Da die Theilung gemacht war, sahe man auf dem Altare des Temenes einen Frosch, eine Schlange auf dem Altare von den beyden Brüdern, und einen Fuchs auf dem Altare des neuen Herrn von Messene. Fourmont erkläret hierdurch den Schild, und glaubet, dieses Wunder sey von diesem Helden angesehen worden, als eine Anweisung besonderer Symbolischen Zeichen, die einem jeden von ihnen eigen seyn sollten. Der Frosch findet sich auf keinem Denkmale von Argos, sondern ein Wolfs-Kopf, welcher nach gedachten Gelehrtens Meinung der Argiver Symbolum von dieser Begebenheit war. Da nun die Herrschaft der Heraclider in Argos nicht lange Zeit gedauret, und diese Stadt bald hernach sich nach ihren eigenen Gesetzen selbst regierete, glaubet er, daß man sich des Frosches nicht weiter bedienet, sondern das vorige Symbolum von neuen angenommen habe. In Sparta aber daurete die Regierung der Heraclider beständig; also blieb auch die Schlange ihr Wappen. Aus Messene und aus dem ganzen Peloponneso wurden die Heraclider durch gedachten König in Sparta Anaxidamus verjagt, und hierauf deutet Fourmont die beyden Füchse, die zu fallen scheinen.

Ein Fußschemel, welchen die Statue der berüchtigten Lais an dem Ufer des Flusses Peneus in Thessalien, in der einen Hand hielt, deutet auf die Art ihres Todes: denn sie wurde in einem Tempel der Venus in Thessalien von eifersüchtigen Weibern mit Fußschemeln (χέλωναις) zu Tode geschlagen (a). Es muß also einige Zeilen nachher der Text des Athenäus nebst der Uebersetzung verbessert, und an statt ὑδρία, ein Wasser-Krug, in der Hand der Lais, das Wort ἕδρα, ein Sitz, ein Schemel, gesetzet werden, welches gleich bedeutend ist mit dem Worte χέλων, ὑποπόδιον, nach dem Hesychius, wie das Werkzeug ihres Todes eben daselbst genennet wird.

(a) Athen. Deipn. L. 13. c. 6. p. 589. B. ex Hellad. Byzant. Chrestom. ap. Phot. Bibl. p. 872. l. 22.

wird. Der grosse Casaubonus hat diese Unrichtigkeit nicht wahrgenommen.

Ein Hund auf Münzen der Stadt Egesta, nachher genannt Segesta, in Sicilien, zielet auf die Begebenheit der Egesta, des Hippothous, eines vornehmen Trojaners Tochter, die ihr Vater flüchten ließ, damit dieselbe nicht etwa das Loos treffen möchte, dem Ungeheuer ausgesetzet zu werden, welches Neptunus wider diese Stadt geschicket hatte. Egesta landete an in Sicilien, wo sie, wie die Fabel sagt, von dem Flusse Crimisus, welcher sich in einen Hund verwandelt hatte, schwanger wurde, und mit dem Acestes nieder kam.

Ein Lorbeer-Zweig in der Hand der Livia auf ihren Münzen deutet auf den Lorbeer, welchen bald nach ihrer Vermählung mit dem Augustus ein Adler soll in ihrem Schooß haben fallen lassen, und wovon Suetonius und Plinius viel Wunder erzählen.

Der Widder auf dem Grabmale des Thyestes, zwischen Mycene und Argos, bedeutete denjenigen goldenen Widder, durch welchen er die Ehefrau seines Bruders Atreus zu seinem Willen bewegte (a).

Der Wolfs-Kopf auf Münzen von Argos wird von vorgedachtem Fourmont aus einer alten Erzehlung hergeholet (b). Danaus kam, nach dem Pausanias (c) mit einer Colonie Aegypter nach Argos, und machte die Herrschaft dieser Stadt dem Gelanor streitig; beyde aber unterwarfen sich der Entscheidung des Volks. An dem Tage, da dieses geschehen sollte, fiel ein Wolf in eine Heerde Rinder, und erwürgete den Ochsen unter denselben. Dieses wurde ohne weitere Ueberlegung als ein Zeichen des Willens der Göttinn ausgeleget, und man deutete den Wolf auf dem Danaus, welcher dadurch als Sieger erkläret wurde. Zum Gedächtnisse dieser Begebenheit bauete der neue König dem Lycischen Jupiter (von λύκος, Wolf)

M 2   einen

(a) Pausan. L. 2. p. 149. l. 18.   (b) Hist. de l'Acad. des Inscr. T. 16. p. 106.
  (c) Pausan. L. 2. p. 152.

einen Tempel, und eben dadurch wäre also der Wolfs=Kopf das Wappen dieser Stadt geworden.

Eine weisse Ziege war auf dem Grabe des Homerus gesetzet, weil man ihm dieselbe opferte, als einem geweiheten des Apollo (a), dessen Opfer eine weisse Ziege zu seyn pflegte (b).

Von Allegorien der zweyten Art übergehe ich die sonst bekannt sind, und begnüge mich ein paar derselben, als Beyspiele, anzumerken.

Auf Münzen von Damascus hält eine nackte Figur in der linken Hand einen Caduceus, und in der rechten Hand etwas, worüber Tristan zwei= felhaft ist (c), welches zwo Pflaumen scheinen, weil diese Frucht daselbst vor allen andern den Vorzug hatte, und weit verschicket wurde (d).

Die Stadt Henna in Sicilien setzte auf ihren Münzen unter andern Zeichen auch Violen, weil die Felder daselbst beständig mit Frühlings= Blumen bekleidet waren; und hier war es, wo Proserpina nebst ihren Ge= spielen Blumen las, als Pluto dieselbe entführete (e).

(a) Gell. Noct. Att. L. 3. c. 11.   (b) Liv. L. 25. c. 12.   (c) Com. hist. T. 1. p. 231.   (d) Salmas. in Solin. p. 1019. D.   (e) Harduin. Num. pop. p. 152.

Das fünfte Capitel.
Von Allegorien der Benennung der Sachen und Personen.

Das Bild von dem Namen der gebildeten Sache oder Person genommen ist leichter zu finden als dasjenige, welches aus der Eigenschaft
derselben zu ziehen ist, weil auch ein Kind solche Vergleichung finden kann.
Die Namen und Worte, welche vielmals Bilder der Formen und Gestal-
ten sind, wie im ersten Capitel bemerket worden, bieten diese Allegorie an,
und es sind in allen Sprachen solche mahlerische Benennungen.   Diejenige
weiße Wurzel, welche mehr als alle andere Artzeney die verlohrnen Kräfte
herzustellen vermögend seyn soll, und daher mit Golde aufgewogen wird,
heißt bey den Tatarn Ging-Seng, das ist, die Schenkel eines Menschen,
denen diese Wurzel ähnlich ist; eben diese Bedeutung hat das Americani-
sche Wort Garent-Ogen dieser Wurzel.   Diese Allegorien aber müssen sich
nicht auf Nebendinge in ihren Bildern beziehen, wenn dieselben verständlich seyn sollen.   Denn wem wird einfallen, daß in zwo schönen Statuen
in Lebens-Grösse auf dem Haupt-Altare der Bernabiten zu Bologna, von
der Hand des berühmten Algardi, das Schwert (Spada) des Henkers,
welcher den H. Paulus enthauptet, eine Anspielung sey auf den Namen
eines Grafen Spada, welcher ein Vermächtniß hierzu hinterlassen hatte (a).
Neuere Bilder dieser Art werden schöner und lehrreicher, wenn sie aus dem
Alterthume genommen sind, wie das Wappen des Hauses Crivelli in Italien, welches die Vestale Tuccia mit dem Siebe ist.

Diese hier gesammlete Vortheile können in einigen ähnlichen Fällen
dienen, und diese Art neu erfundener Allegorie, wenn sie der Alten ihrer
ähnlich ist, rechtfertigen, da dieselbe zuweilen unentbehrlich scheinet, wo
eine Sache bedeutet werden soll, und kein Vergleichungs-Bild zu finden ist,
welches auf eine innere Eigenschaft dieser Sache eine Beziehung hat, so wie
man mit Umschreibungen zufrieden seyn muß in Ermangelung von Begriffen, die aus dem Kerne der Sachen gezogen werden.   Man kann also als

M 3   ein

(a) Bellori Vit. de' Pitt. p. 391.

ein bequemes Bild den Vogel Phönix auf dem Haupte des Phönix, unter den Gemählden der Vaticanischen Bibliothec, welchem die Erfindung der Phönicischen Buchstaben zugeschrieben wird, gelten lassen, so wie der vom Apollo geliebte Hiacynthus durch die Blume dieses Namens, die von ihm den Namen soll bekommen haben, bezeichnet werden kann.

* * *

Die Stadt Aege in Macedonien hat auf ihren Münzen eine Ziege, weil αἴξ der Name dieses Thiers ist (a).

Die Stadt Ancona ist durch einen gekrümmeten Arm symbolisch auf ihren Münzen angedeutet (b): denn ἀγκών, welches Wort den Ellenbogen oder einen gebogenen Arm und beym Vitruvius einen rechten Winkel bedeutet, ist ein Bild der Lage dieser Stadt, welche jenem bildlichen Zeichen ähnlich ist, und eben daher ihren Namen bekommen hat.

Die Stadt Apamea hieß ehemahls κιβωτός, der Kasten; es ist daher das Bild dieser Stadt auf ihren Münzen ein Kasten, in welchem Mann und Frau sitzen, und es schwimmet derselbe auf dem Wasser, weil diese Stadt von drey Flüssen beströmet war, dem Marsyas, Obrima und Orga, welche in den Mäander fliessen (c).

Den Namen Aper deutet ein todtes wildes Schwein an auf dem Grab-Steine eines alten Feldmessers dieses Namens im Campidoglio (d).

Ascia, eine Hacke oder Beil der Rademacher, findet sich auf Münzen des Valerischen Geschlechts, in Deutung auf den Beynamen Asciculus, welcher den Valeriern eigen war (e), und auf andern Römischen Münzen deutet der Baum Larix auf den Beynamen Lariscolus des Accolejischen Geschlechts; die Sibylla auf den Namen Sulla oder Sibulla des Cornelischen Geschlechts; die Muse den Beynamen Musa des Pomponischen Geschlechts (f).

. Die

(a) Rec. de Med. de M. Pellerin, T. I. p. 179.　(b) Rec. de Med. de M. Pellerin, T. I. p. 38.　(c) Harduin. Num. pop. p. 25.　(d) Grut. Inscr. p. 624. n. I.　(e) Torre Monum. Vet. Ant. c. 2. p. 21.　(f) Jasithei (Fabretti) Apologem. p. 88. Ejusd. Inscr. p. 186.

Die Biene ſtehet auf einigen Münzen, wie es ſcheinen konnte, völlig müſſig, als auf einer Münze der Bruttier, neben dem Kopfe einer Juno (a), auf einer andern von Neapel, neben dem Kopfe einer Diana (b), und auf einer von Metapontum neben zwo Aehren (c): es iſt daher Buonarroti auf die Muthmaſſung gekommen, daß durch dieſelbe etwa der Name des Münzmeiſters, welcher Melitos (oder Meliſſus, wie einer von den alten Philoſophen hieß) (d), könne geheiſſen haben, angegeben ſey (e). S. unten Granat-Apfel. Auf Münzen der Stadt Elyrus in Creta deutet die Biene auf den berühmten Honig daſelbſt (f), wie auf denen von Hybla in Sicilien.

Der Name Cäſar ſoll auf Münzen des Julius Cäſars durch einen Elephanten ausgedruckt ſeyn, weil der Elephant in der Puniſchen Sprache Cäſar heißt (g).

Die Nymphe Calliſto, welche in einem Bär verwandelt wurde, deutete der berühmte Polygnotus in ſeinem groſſen Gemählde zu Delphos an durch eine Bären-Haut, auf welcher die Nymphe an ſtatt der Decke lag (h).

Die Stadt Cardia in Thracien hat zu ihrem Wappen ein Herz, welches καρδία heißt (i).

Den Namen Corax bedeutete ein Rabe von ſchwarzen Marmor, welchen Metellus auf dem Grabe ſeines Lehrmeiſters Diodorus ſetzen ließ, zur Anzeige, daß der Lehrmeiſter von dieſem Corax geheiſſen, welches Wort im Griechiſchen ein Rabe heißt (k).

Die Statue des M. Valerius Corvinus, die Auguſtus demſelben ſetzen ließ, hatte einen Raben auf dem Haupte, zum Andenken des Sieges, welchen er durch dieſen Vogel, wider einen Gallier erhalten, und zugleich zu Andeutung des ihm daher beygelegten Namens (l).

Das Bild der Cyniſchen Philoſophen Κυνικῶν (war ein Hund κύων) wie bekannt iſt. Eine kleine nackte Figur des Diogenes in der Villa Albani

(a) Golz. Magn. Gr. tab. 24   (b) Ibid. tab. 16. · (c) Ibid. tab. 30.   (d) Plutarch. πρὸς Κολωτ. p. 2031. l. 26.   (e) Oſſ. ſop. alc. Med. p. 233.   (f) Harduin, l. c. p. 149.   (g) Bochart Hieroz. L. 2. c. 23. p. 250.   (h) Pauſan. L. 10. p. 876. l. 10.   (i) Rec. de Med. de M. Pellerin. T. I. p. 38.   (k) Cic. (l) Gell. Noct. Att. L. 9. c. 11.

bani hat einen Hund zu den Füssen, und in eben der Villa stehet ein Hund auf dem Fasse, welches ein zerbrochenes Dolium von gebrannter Erde vorstellet, worinn Diogenes lieget an den Mauren von Corinth, da Alexander von Macedonien zu ihm kam; so gar auf dessen Grabmale stand auf einer Säule ein Hund.

Cypselus der Tyrann von Corinth ließ in dem Tempel der Juno zu Delphos einen Kasten mit häufiger erhobener Arbeit setzen, weil κυψέλη in dortiger Sprache ein Kasten hieß (a).

Daphne, welche von Apollo in einen Lorbeer-Baum verwandelt wurde, stehet auf dem Grabsteine einer Freygelassenen, welche Daphne hieß (b).

Ein Delphin ist das Wappen der Stadt Delphos auf deren Münzen.

Auf dem Grabsteine eines Diadumenus, welcher ehedem in dem Weinberge Sinibaldi war, stehet eine Figur, die sich ein Diadema oder Band um den Kopf bindet.

Diana Taurica auf einer Begräbniß-Urne im Hause Accoramboni, wo Orestes und Pylades derselben geopfert werden sollen, hält ein Schwert in der Scheide, auf die blutigen Menschen-Opfer zu deuten, und dieser Beyname der Göttinn ist durch einen abgezogenen Ochsen-Kopf bezeichnet, welcher an einem Baume neben der Figur derselben hänget.

Eine Eydex heißt im Griechischen Sauros und ein Frosch Batrachos, und so hiessen die Baumeister, die ihren durch diese Thiere angedeuteten Namen mitten in den Voluten der Jonischen Capitäler an dem Tempel der Juno in dem Portico des Metellus zu Rom, setzten, wie eins von diesen Capitälern zeiget, welches sich zu St. Lorenzo ausser Rom erhalten hat (c). Eydexen und zwar von derjenigen Art, welche Galeotes hiessen, deutete auf das Geschlecht dieses Namens, an der Statue eines Thrasybullus zu Delphos, auf dessen Schulter die Eydex kroch. Zu dessen Füssen lag ein aufgeschnittener Hund mit der hervorliegenden Leber, weil derselbe ein Wahrsager aus dem Eingeweide der Thiere war (d).

Ein

(a) Pausan. L. 5. p. 420. L 1.   (b) Fabret. Inscr. p. 188.   (c) S. Anmerk. über die Baukunst, p. 29.   (d) Pausan. L. 6. p. 455. l. 4

Ein Fifch (Ιχθύς) bedeutet auf Chriftlichen Grabfteinen die Worte Ιησΰς χριςὸς θεοῦ ἠὸς σωτὴρ (a).

Ein Granat=Apfel auf Münzen der Stadt Synnada in Phrygien, be= deutet den Namen des Vorwefers derfelben, welcher Μέλιτος hieß (b). S. unten Portugal.

Die Stadt Hiftiäa (Ἱςιαία) in Euboea hat auf ihren Münzen eine Weibliche Figur, die auf dem Vordertheile eines Schiffes fitzet und ein aufgeblafenes Segel hält; weil ἱςίον ein Segel heißt (c).

Ein Kalb auf dem Grabmale der Ehefrau des Athenienfifchen Feld= herrn Chares, welche Damalis hieß, war ein Bild ihres Namens: denn Damalis heißt im Griechifchen ein Kalb (d). Auf einer Münze von Ere= tria in Euboea glaubet man in dem Kalbe den Namen einer Obrigfeitlichen Perfon dafelbft zu finden (e).

Ein Löwe auf dem Grabmale des berühmten Spartanifchen Königs Leonidas war ebenfalls eine Anfpielung auf den Namen deffelben (f), fo wie eine Löwin ohne Zunge auf dem Grabmale der Leäna, der Geliebten des Harmodius, welcher Athen von der Herrfchaft des Pififtratus befreiete. Das Thier war ohne Zunge, weil diefe Perfon durch die größte Marter nicht zu bewegen war, ihren Liebften zu verrathen (g). Aus eben dem Grunde fetzet die Stadt Leontium in Sicilien einen Löwen=Kopf auf ihren Münzen.

Den Tempel des Jupiter Lycius zu Argos hat Fourmont an einem Wolfs=Kopfe auf Steinen in den Trümmern eines Tempels in dortiger Ge= gend zu finden geglaubet (h).

Auf der Rückfeite einer Münze der Stadt Apamea in Phrygien, ift der gefchlungene Zierrath, welchen man Mäander nennet, gepräget, ver= muthlich

(a) Buonar. Off. fop. alc. Vetri, p. 17. 　(b) Harduin Num. pop. p.476. 　(c) Golz. Graec. tab. 11. 　(d) Anthol. L. 3. c. 12. ep. 4. Codin. de orig. Conftant. p. 13. (e) Harduin L. c. p. 155. 　(f) Herodot. L. 7. p. 290. l. 13. Anthol. l. 3. c. 5. ep. 45. 46. 　(g) Plutarch. περὶ ἀδολεσχ. p. 897. l. 28. 　(h) Hift. de l'Acad. des Infcr. T. 16. p. 106.

N

muthlich die vielen Krümmungen des Flusses gleiches Namens anzudeuten, an welchem gedachte Stadt lag (a).

Die Mäuse unten an dem Stuhle des Homerus, auf dessen Vergötterung im Pallaste Colonna, deuten auf dieses Dichters Krieg der Mäuse mit den Fröschen, und ein Riem zu den Füßen einer Statue desselben hatte vermuthlich das Absehen auf die Ὁμηρομάςιγες.

Den Fluß Marsyas in Phrygien bildet auf Münzen gedachter Stadt Apamea die Figur des Marsyas, welcher zwo Flöten spielet (b).

Eine oder mehrere Melonen bedeuten auf Münzen der Insel Melos den Namen derselben (c), welche Frucht Harduin für einen Granat-Apfel gehalten hat (d).

Memnonides, so genannte Vögel, waren auf dem Mantel des Memnons in einem Gemählde des Polygnotus, eine Allegorie auf dessen Namen (e).

Ein Myrthen-Zweig in der Hand einer Weiblichen Figur, welche die Stadt Myrina auf dem im ersten Capitel gemeldeten Werke zu Pozzuoli vorstellet, deutet auf den Namen derselben.

Die Stadt Patara in Lycien, an dem Flusse Xanthus, wo ein prächtiger Tempel des Apollo nebst einem berühmten Orakel desselben war, bekam ihren Namen von einem Kästgen, welches in dortiger Mundart πατάρη hieß. Dieses Kästgen brachte ein Mädgen voll von Spiel-Zeuge aus Mehl gemacht, in Form von Köchern, Pfeilen und Leyern für den jungen Apollo, welcher in Lycien erzogen wurde, und auch nachher die Hälfte vom Jahre hier seinen Sitz nahm. Dieses Kästgen führete der Wind dem Mädchen aus der Hand in das Meer, und endlich trieb dasselbe an das Ufer, wo zum Gedächtniß dieser Begebenheit die Stadt Patara gebauet wurde (f). Dieses will der dem Apollo beygefügte Rabe auf einem Kästgen stehend auf Münzen besagter Stadt anzeigen (g).

Philip=

(a) Rec. de Med. de M. Pellerin, T. 2. pl. 43. n. 18.   (b) Ibid. T. 2. pl. 43. n. 19.
(c) Ibid. T. 3. pl. 104. n. 4 5.   (d) Num. ant. p. 323.   (e) Pausyn. I. 10.
p. 875. l. 16.   (f) Steph. de Vrb. v. Πατάρα.   (g) Tristan. Com. hist. T. 2.
p. 512.

Philippus, König in Macedonien, dessen Name einen Liebhaber von Pferden bedeutet, hat dieses auf seinen Münzen durch einen Reuter zu Pferde angezeiget; eben dieses will Castor zu Pferde auf Münzen des Q. Philippus aus dem Marcischen Geschlechte zu Rom sagen.

Portugal, Lusitanien, würde durch eine Mandel zu bezeichnen seyn: denn der ehemalige Name dieses Landes kommt her von לוז, eine Mandel, welche Frucht daselbst sehr häufig ist, so wie die Stadt Sidas, über welche die Athenienser mit den Boeotiern strittig waren, diesen Namen von σιδα bekommen hatte, welches bey dem letzten Volke einen Granat-Apfel bedeutete, von der Menge dieser Bäume in derselben Gegend. In diesen Streitigkeiten trat Epaminondas mit einem Granat-Apfel hervor, und fragte die von Atheniensischer Seite, wie sie die Frucht nenneten: ροὰ, antworteten diese. Wir aber, sagte der Thebanische Feldherr: Σιδα, und bewies also, daß die Stadt dem Volke gehöre, von welchem sie den Namen bekommen hatte (a).

Die Insel Rhodus hat zum Wappen auf ihren Münzen eine Rose, welche daher auch auf einer Französischen Schau-Münze über die Eroberung von Roses in Catalonien angebracht ist (b), und dieses mit Grunde, weil diese Stadt, nach dem Strabo, eine Colonie der Rhodiser ist. Eine gründlichere Anspielung auf den Namen dieser Insel würde eine Schlange seyn: denn die Phönicier gaben ihr den Namen von der Menge Schlangen.

Eine Schildkröte (χελωνη) ist auf Münzen der Stadt Chelone der Name der Stadt selbst (c).

Zwo Schlangen sollen das eine und das andere Cilicien vorstellen, von κυλιομαι, ich wälze mich, in Absicht auf den Gang der Schlangen (d).

Die Stadt Selinunte in Sicilien weihete dem Apollo zu Delphos ein goldenes Epheu-Blatt, den Namen dieser Stadt anzudeuten; denn σέλινος hieß Epheu (e).

Die Stadt Side in Pamphilien hat auf Münzen einen Granat-Apfel, welcher Σιδη heißt (f).

N 2 Der

(a) Athen. Deipn. L. 14. p. 650. F. (b) Med. de Louis XIV. fol. 14. (c) Harduin Num. pop. p. 535. Wilde Num. p. 79. (d) Harduin l. c. p. 165. (e) Plutarch. περι του μηχε. ιμ. τῶι τῶι Πυθ. p. 711. l. 21. (f) Rec. de Med. de M. Pellerin. T. 2. pl. 71. n. 16-20. T. 3. pl. 122. n. 5. 6.

Der Name **Tiberius** wird auf einer Münze mit dem Namen **Ti-**
BERIN. über der Wölfin, auf den König Tiberinus zu Alba gedeutet,
welcher einer von der Römer eigenthümlichen Gottheiten war (a).

Einen **Triton** oder Meer-Gott siehet man auf dem Helme einer Pallas auf Münzen der Stadt Thurium in Silber, welches auf den Beynamen
dieser Göttinn Tritonia abzielet.

Ein **Wiesel** (γαλῆ) auf dem Sockel eines kleinen sitzenden Jupiters
von Marmor in der Villa Albani könnte scheinen den Namen des Künstlers
anzudeuten, welcher, wenn derselbe, wie vermuthlich, ein Grieche gewesen
ist, Galanthes (Γαλανθης) kann geheissen haben, so wie die Magd der
Alcmena, die in besagtes Thier verwandelt wurde, Galanthis hieß (b).
Vielleicht aber ist der Wiesel hier ein Bild dieser Verwandelung selbst.

Der **Wolf** war ein Sinnbild der Sonnen, und diese wurde in jenem
Thiere verehret, auch von einer Stadt in Aegypten (c). Denn die ältesten Griechen nenneten die Sonne λύκον, wie den Wolf, und λύκη hieß
das Licht, durch welches sich die Morgenröthe ankündiget: das Poetische
Wort λυκάβας, das Jahr, hat eben die Herleitung. Dieses Bild der
Sonnen findet sich auf einigen geschnittenen Steinen, sonderlich auf einer
alten Paste des Stossischen Musei (d), wo um einer Löwinn in der Mitten,
die den Romulus und Remus säugt, die zwölf Himmels-Zeichen stehen.

Unter neun **Würfeln** machten bey den Griechen vier derselben einen
Wurf, welcher Alexander hieß, und dieser Wurf war unter neun Würfeln
auf dem Grabe eines Alexanders von Scio vorgestellet (e).

Hierher gehören auch die Anfangs-Buchstaben der Namen der Völ-
ker, welche sie auf ihren Schildern zu setzen pflegten. A stand auf den
Schildern der Argiver (f); E auf den Schildern der Epidaurer; Λ auf den
Lacedämonischen (g): wie man diesen Buchstaben auf einem in Stein gehaue-
nen Schilde Königs Archidamus zu Sparta siehet, welches seltene Stück
Fourmont in den Trümmern zu Amycle entdeckte (h). Ein Σ stand auf den
Sicyonischen Schildern (i).   **Das**

(a) Tristan.Com. hist. T.1 p.161.   (b) Ovid.Met. L.9. v. 318.seq.   (c) Strab. L.17.
p. 802. A.   (d) Descr. des Pier. gr. etc. p. 203.   (e) Salmas. in Solin. p. 1221.
(f) Golz.Graec. tab. 12. Meurs. Misc. Lacon. L.2. c.2.   (g) Eustath. in Il. ε. p.293.
l.39.   (h) Hist.del'Acad. des Inscr. T.16. p.102.   (i) Bianchin. Ist. Univ. p.276.

Das sechste Capitel.

Von Allegorien in der Farbe, in der Materie an Geräthen und an Gebäuden.

Die Allegorie, welche die Eigenschaften der Dinge sinnlich zu machen suchet, hat sich also auch der Farbe bedienen können, nach dem Beyspiele des Homerus, welcher viele Dinge durch die Farbe bezeichnet, wie die Morgenröthe ist mit einem gelben Schleyer ꝛc. Diese Art Allegorie suchten auch diejenigen, welche die Homerischen Gedichte absungen, das ist, die Rhapsodisten, in sich nachzuühmen: die Person der Ilias war in roth gekleidet, auf Schlachten und Blutvergiessen zu deuten, die Odyssea aber Meergrün, als ein Bild der grossen Reisen des Ulysses zur See (a). Dieses hat mehr Grund als die Absicht des gelben Gewandes, womit Annibal Caracci die Wollust neben der Tugend und den Hercules, bekleidet, welche Farbe nach dem Bellori erinnern soll (b), daß das Vergnügen der Wollust bereits in dem zarten Keime verwelket, und gelb wie Stroh wird. Es ist so gar in der Farbe der vier Pferde vor dem Wagen der Aurora auf einem schönen Cameo des Königlich-Farnesischen Musei zu Capo di Monte, die Zeit des Tages vorgestellet: denn dieser Sardonyx bestehet aus vier Lagen eine über die andere. Das oberste Pferd ist schwarz-braun, die Nacht anzudeuten, das zweyte ist braun-gelb, als eine Anzeige der nahen Morgenröthe, das dritte ist weiß, als ein Bild des Tages, und das vierte Asch-grau, die Zeit der Demmerung anzugeben. Kircher ist noch weiter gegangen, und glaubet, daß die vier Farben des weissen und rothen Granits zusammen genommen, eine Deutung auf die vier Elemente seyn; und daß die Egypter in dieser Betrachtung Obelisken aufgerichtet, die der Sonne gewidmet waren, welche sie als die Seele der Natur, die eben so viel Elemente in sich enthält, ansahen.

Die blonden Haare des Apollo können ebenfalls allegorisch, und in Deutung auf die Sonne, deren Bild er ist, angesehen werden. Es wür-

N 3

den

(a) Cuper. Apoth. Hom. p. 51.   (b) Vite de' Pitt. p. 35.

den aber auch, ohne dieser Absicht, dem Apollo als einem schönen Jünglinge, Haare von dieser Farbe müssen gegeben werden, theils weil insgemein die schönsten Menschen blond sind, theils aber auch aus einem Grunde
der Kunst, weil in der Mahlerey der Uebergang von einer weissen Haut auf
schwärzliche Haare zu hart ist, und weniger sanfte Empfindung, als das
Gegentheil, machet, welches alle weise Künstler, auch diejenigen, welche
in der Natur mehr für schwarze Haare eingenommen sind, zugestehen werden.   Diese Anmerkung veranlasset eine Stelle des Athenäus (a), wo
zween Ausdrücke des Simonides angeführet werden; der erste ist: "der
„Ton der Stimme einer Jungfrau, die aus dem Purpur-farbenen Munde
„gehet," und hier fragt die vom Athenäus eingeführte Person: "scheinet
„dieses den Griechen nicht schön gesaget?" der andere Ausdruck betrift das
Beywort des Apollo, "mit Gold-gelben Haaren," welche, wie eben die
Person sagt, "wenn sie nicht schwarz sind, das Gemählde nicht schön seyn
„kann."   So ist diese Stelle bisher verstanden.   Dieser Tadel aber kann
nicht statt finden, weil uns die schöne Natur von dem Gegentheile überzeu-
get, welches von den Griechen um so viel mehr voraus zu setzen ist, da alle
Bilder des Apollo, gedachten oder ihm ähnlichen Beywort aller Dichter
gemäß, blonde Haare werden gehabt haben, wie wir es an den wenigen
gemahlten Figuren desselben sehen, welche sich erhalten haben.   Wir finden allen übrigen jugendlichen Gottheiten, so gar dem Winde Zephyrus (b)
blonde Haare gegeben.   Es scheinet also, daß hier, so wie vorher, ein Frage-
Zeichen müsse gesetzt werden, um diesen offenbaren Widerspruch zu retten,
welcher mehr als einen Scribenten, und unter anderen den Franz Junius
(c) irre gemacht hat.   Vielleicht ist man auch irrig in Auslegung des Ana-
creons, über die Haare seines Geliebten, welche er inwendig schwärzlich
und von aussen glänzend will gemahlet haben; nicht daß sie schwarz seyn sollen, sondern dunkel, wie die schönsten blonden Haare scheinen und sind, wo
sie eine Oeffnung machen, und eben so würden die bläulichen Haare (ἐθειραι
κυανέαι) welche Homerus dem Bacchus (d) und dem Hector (e) giebt, zu
verstehen

(a) Deipn. l. 13. p. 604. D.   (b) Plutarch. ερωτικ. p. 1363. L 3.   (c) De
   Pict. vet. L. 3. c. 9. p. 232.   (d) Hymn. Bacch. v. 5.   (e) Il. χ v. 402.

verstehen seyn, das ist, blonde Haare, welche inwendig und wo sie im
Schatten sind, oder nicht ausgebleicht worden, eine Art von bläulicher Farbe zeigen.   Die Morgenröthe aber mit Schnee-weissen Augenbrauen (Αοῦ
χιονο-Βλεφάρου) in einem alten Gesange auf dem Apollo (a) kann ich nicht
reimen.

Im Nackenden des Jupiters scheinen die Alten einig gewesen zu seyn,
demselben eine dunkele und bräunliche Farbe zu geben, wie dieses aus dem
Bildnisse Alexanders von Macedonien, in welchem ihn Apelles mit dem
Blitze in der Hand gemahlet, zu schliessen ist.   Der Künstler hatte, wie
Plutarchus berichtet (b), diesem Könige nicht seine eigene Farbe gegeben,
sondern das Nackende bräunlich und wie an gesalbten Ringern, (so erkläre
ich das Wort πεπινωμένος) gemacht; das ist, da der Mahler diesen König mit dem Blitze in der Hand als Jupiter vorgestellet, so hat er ihn auch
in der Farbe des Fleisches der Gottheit ähnlich machen wollen.   Wir haben auf einem alten Gemählde, welches von vielen vor alt gehalten wird,
einen Jupiter, der den Ganymedes küssen will, und in der Geschichte der
Kunst angezeiget worden.   Dieser Jupiter hat eine völlig braune Farbe so
wohl im Gesichte als so weit er nackend ist, welches gegen das blühende
Fleisch des Ganymedes neben demselben, einen harten und widrigen Ge-
genstand verursachet, und ohne obige Nachricht, welche bisher von niemand-
den eigentlich verstanden ist, nicht zu reimen scheinet.   Diese wenig liebliche Fleisch-Farbe muß ihren Grund haben, welcher jedoch schwerlich ohne
allegorische Deutung zu finden ist; es scheinet aber nicht gänzlich vom Zwe-
cke entfernet, wenn wir den Jupiter als die Luft betrachten, die in dessen
Bilde angedeutet wurde (c), welche, wenn sie von Blitzen schwanger ist,
sich in dunkelen Dünsten verhüllet zeiget, deren Bild gedachte Farbe des
Jupiters zu seyn scheinet.   Zu dieser Art Allegorie gehöret eine Statue des
Pescennius Niger, die in Aegypten aus schwarzen Steine (Basalte) war
gearbeitet worden; in Deutung auf dessen Beynamen Niger (d).

Die

(a) Mem. de l'Acad. des Inscr. T. 5. p. 186.   (b) In Alex. p. 666. B. ed. Francf.
        (c) Vit. Hom. p. 325. 332. in Gale Opusc. Myth. Schol. gr. Hesiod. p. 255. b. p.
268. b.   (d) Spartian. in Pescen. Nigr. ad fin.

Die Allegorie gieng noch weiter, und von der Farbe bis zur Materie der Bildniſſe. An einer Statue des Hercules, welcher die Hydra umbrin=get, ſollte das Eiſen, woraus ſie gearbeitet war, auf die harten Arbeiten deſſelben deuten (a). In eben dieſer Abſicht war eine Statue des Bacchus auf der Inſel Naxus aus einem Weinſtocke geſchnitzet, und eine andere, welche eben dieſe Gottheit mit dem Zunamen Μειλίχιος vorſtellete, war von Feigenholze, in Deutung auf die Süßigkeit der Frucht (b).

Aus dem, was Plinius von der Statue des Fluſſes Eurotas, von Eu=tychides gearbeitet, ſagt (c), daß die Kunſt an derſelben flüßiger noch als der Fluß ſelbſt gehalten worden, könnte man zeigen, daß die Zeichnung ſelbſt allegoriſch ſeyn könnte; die Flüßigkeit iſt hier, mit dem Herrn Graf Caylus von den flüſſigen Umriſſen dieſer Figur zu verſtehen (d).

Die Geräthe der Alten ſind allegoriſch von den Lampen an bis zu den Rüſtungen. Auf einer irdenen Lampe gehet ein Kranz von Oliven umher, und auf einer insbeſondere ſtehet Pallas und drücket eine Olive aus über ein Gefäß, als Erfinderinn dieſer Frucht nach der Fabel (e). Auf einer anderen irdenen Lampe, um welche ein Oliven=Zweig gehet, iſt die Göttinn der Geſundheit mit ihrer gewöhnlichen Schlange und mit der Schale in der Hand (f). Zu Erklärung dieſes Bildes könnte die Antwort des Philoſo=phen Democritus dienen, da er gefraget wurde, wie er es gemacht habe, ſo alt zu werden: Inwendig, ſagte er, mit Honig, und auswerts mit Oel ge=tränkt (g). Auf einer Lampe von Erzt ſitzet eine Figur, die gegen die Oef=nung des Dochtes bläſet, als einer der Feuer anblaſen will (h), und eben die=ſes thut auf einer andern Lampe ein alter ſitzender Mann mit einem Blaſebal=ge (i). Man ſcheinet ſo gar den Hacken zum Docht ausziehen, an einem Leuchter des Herculaniſchen Muſei allegoriſch gemacht zu haben: denn der obe=re Teller des Leuchters lieget auf zween Bruſtbildern des Mercurius und des Perſeus, von welchen dieſer das gewöhnliche Schwert hält, womit er die

Meduſa

(a) Pauſan. L. 10. p. 841. l. 23.   (b) Euſtath. p. 1964. l. 16.   (c) L. 35. c. 8.
(d) Diſſ. ſur la ſculpt. dans les Mem. de l'Acad. des Inſcr. T. 25. p. 347.   (e) Bel=
lor. Lucern. P. 2. tav. 40.   (f) Ibid. tav. 45.   (g) Athen. Deipn. L. 2. p.
46. F.   (h) Bellor. l. c. P. 3. tav. 20.   (i) Ibid. tav. 21.

Medusa tödtete, und dieses ist allezeit gestaltet wie gedachter Haken an Lampen von Ertzte.

Unter den allegorischen Gefässen sind die Trink=Hörner anzuführen, von welchen zwey grosse von Marmor, die sich unten in einem Ochsen=Kopf endigen, und mit Weinreben gezieret sind, in der Villa Borghese stehen. Diese Hörner, welche in den besten Zeiten der Griechen im Gebrauche blieben, deuteten auf die Hörner, woraus die Menschen der ältesten Zeiten tranken: Ein solches Gefäß hieß Rhyton, und Ptolemäus Philadelphus ließ es einer Statue der Arsinoe in die Hand geben, so daß es voll war von allerhand Früchten, wie ein Horn des Ueberflusses (a). Es gehöret auch hierher ein Becher auf einem Steine des Stossischen Musei, dessen Henkel die Gestalt langer und schmaler Schläuche haben (b), und man kann an diesem Orte die Trink=Gläser der Alten merken, in deren Boden das gemahlte Bildniß ihrer Vorfahren gesetzet wurde (c), nebst anderen, welche Schrift daselbst haben, und daher γραμματικὰ ποτήρια genennet wurden, wie diejenigen Gläser des Nero, in deren Boden Vérse des Homerus geschrieben waren (d). Man könnte auch sagen, daß das Gemählde von der Liebe des Jupiters und der Alcmena auf einem irdenen Gefässe, welches in der Geschichte der Kunst beygebracht ist, eine Anspielung sey auf dasjenige Gefäß καρχήσιον genannt, welches Jupiter der Alcmena in diesem Besuche zum Geschenke gegeben (e); ich weiß aber wohl, daß dieses Gefäß etwas verschieden von jenem gestaltet gewesen.

Die Paterà, oder Opfer=Schalen endigen sich an ihrem Stiele fast alle mit einem Widder=Kopfe, und der Wedel bey den Opfern findet sich annoch in den zierlichsten Zeiten, so wie derselbe anfänglich erfunden worden, in Marmor vorgestellet, nemlich dessen Handgrif ist ein Ochsen=Fuß und der Wedel ist der Schwanz von diesem Thiere oder von einem Pferde. Es hatten auch die ersten Christen ein allegorisch Gefäß in Gestalt einer Taube,

(a) Athen. Deipn. L. 11. p. 497. C. conf. L. 10. p. 425. F.   (b) Descr. des Pier. gr. etc. p. 497. n. 151.   (c) Buonar. Off. sop. alc. Vetri, p. 150.   (d) Sueton. in Ner. c. 7.   (e) Athen. Deipn. L. 11. p. 474. F.

be, worinn das gesegnete Brod aufbehalten wurde, und diese Form deutete auf die Eigenschaften derer, die es geniessen wollen, welches Eigenschaften der Taube sind (a). Hierher rechne ich Walzen-förmige alte Vasen von Marmor mit einem Loche in dem Boden, die vermuthlich gedienet haben, eine seltene Art Bäume, wie es die Citronen bey den Alten waren, hinein-zusetzen. Auf einer von zwoen in der Villa Albani sind in flach erhobener Arbeit zierliche Gefässe vorgestellet, welche auf viereckigten Säulen (Cippi) gelegt liegen, und Wasser ausgiessen, unter denselben gehen drey Störche. Die Gefässe deuten wahrscheinlich auf das fleißige Begiessen, welches Bäu-me in ihren Behältern nöthig haben, und der Storch, welcher Wiesen und wässerigte Orte liebt, hat auch hier seine Deutung.

Von den Gefässen komme ich auf andere Geräthe. Zu Delphos stand eine dreyfache Leyer in der Form eines Dreyfusses des Apollo, welches In-strument vom Pythagoras dahin gesetzt war (b). Diese drey Leyern von verschiedenen Melodien, der Dorischen, Lydischen und Phrygischen, stan-den auf einem beweglichen Gestelle, und gedachter Philosoph wußte diesel-ben mit so grosser Geschicklichkeit zu spielen, daß man glaubete, drey Leyern zu gleicher Zeit zu hören.

Die Rüstungen und Waffen der Alten waren bereits in den ältesten Zeiten der Griechen allegorisch gezieret, wenn wir die Beschreibung, wel-che Aeschylus von den Schildern der Sieben Helden wider Theben giebt, als wirklich annehmen wollen; es zeiget auch die Herleitung selbst des Worts Clypeus, Schild, von γλύφω (c), ich schnitze, daß dieselben mit Bil-dern gezieret gewesen. Unter anderen stand auf dem Schilde des Parthe-nopäus ein Sphinx, welcher einem Thebaner, der das Räthsel nicht auf-lösen konnte, unter seinen Klauen erwürgete (d), und auf dem Schilde des Polynices war die Gerechtigkeit gebildet, die einen gewafneten Mann füh-rete (e), als eine Deutung auf die Gerechtigkeit seiner Sache. Auf dem Schilde des Alcibiades stand die Liebe mit dem Blitze in der Hand (f), wovon

(a) Buonar. Off. sop. alc. Vetri, p. 150.   (b) Athen. Deipn. L. 14. p. 637. C. Hesych.
v. Τρίπψ.   (c) Plin. L. 35. c. 4.   (d) Sept. c. Theb. v. 547.   (e) Ibid.
v. 651.   (f) Athen. Deipn. L. 12. p. 534. E.

wovon die Auslegung auf dem Herrn des Schildes kann gemacht werden. Man erinnere sich der Elephanten auf den Schildern der fünften Legion des Cäsars im vorhergehenden Capitel.   Die Bilder auf den Waffen wurden in folgenden Zeiten die Wappen der Personen und der Geschlechter, und arma, die Waffen, hatten auch bereits in alten Zeiten eben diese Bedeutung, wie in dieser Stelle des Virgilius

—— Cristasque comantes Arma Neoptolemi ——

Aen. L. 3.

und daher heissen noch itzo im Italienischen die Wappen arme (a).

Die Schilder auf dem grossen Musaico zu Palestrina haben zum Zeichen Scorpionen, wie ein Schild auf dem grossen Cameo zu Wien, und ein Schild auf einem von den zween vortreflichen Bogen mit Siegs-Zeichen und Rüstungen in der Villa Albani, ingleichen ein Schild unter andern Rüstungen auf dem Stücke von einer Frise, welches am Lago Fucino lieget.   Herr Barthelemy hat sich in der Erklärung des gedachten Musaico (b), in eine nähere Deutung nicht eingelassen, da es gleichwohl dessen Erklärung unterstützen können, wenn er bestimmet hätte, daß der Scorpion, als ein Symbolum von Africa, auf Schildern der Römischen Legionen in dortigen Ländern gesetzt gewesen.   Es bedeutet dieses Thier Africa auf verschiedenen Münzen (c), und unter andern auf einer unter dem Augustus von L. Aquilius Florus geprägten Münze zum Gedächtnisse des C. Aquilius Florus, des Aelter-Vaters von jenem, welcher im Jahre der Stadt Rom 494. einen Sieg über die Carthaginenser erhalten (d).   Es kann also der Scorpion auf dem Schilde des Cameo eine ähnliche Bedeutung haben, welches Rubens, der ihn beschrieben (e), hätte bemerken sollen.   Daß das Zeichen der Africanischen Legionen ein Scorpion gewesen, beweisen noch deutlicher die Scorpionen auf Feld-Zeichen der dritten Cyrenaischen Legion, auf der bekannten Inschrift des Admetus, welcher Centurio dieser Legion, und zugleich Pullarius war, das ist, der auf die Hüner Acht hatte, aus be-

O 2

ren

(a) La Cerda Com. Virg. Aen. 1. v. 187.   (b) Explic. de la Mosaïq. de Palest. Par. 1760, 4.   (c) Harduin Num. pop. p. 14.   (d) Vaillant Num. Imp. arg. p. 19.   (e) Diss. de Gemm. Aug. acc. Ejusd. de re Vestiar.

ren Art das Korn zu nehmen geweissaget wurde, wie der Kasten mit den Hünern auf eben der Inschrift anzeiget. Gevart, welcher diese Inschrift erkläret (a), hat jene Nachricht nicht aus derselben gezogen. Es stehet diese seltene Inschrift itzo in dem Pallaste Albani.

Ich will der Victorien auf Panzern, die zuweilen einen Helm auf ein Sieges-Zeichen setzen, nicht gedenken. Greife aber auf dem Panzer zwoer geharnischten Statuen in der Villa Borghese, und an zwo anderen in der Villa Albani, die einen Leuchter halten, können nichts bedeuten und weniger noch als die Greife, die einen Leuchter halten an der Frise des Tempels des Antoninus und der Faustina. Zween gegen einander gekehrte Widder-Köpfe auf den Flügeln, die unter einigen Panzern herunter hängen, könnten auf das Stossen dieser Thiere (διακεϱατίζεσϑαι) deuten, und folglich auf den Krieg; gehöreten also zur Allegorie.

Auf den Helmen hatten die Römer insgemein die Wölfinn mit dem Romulus und Remus gearbeitet (b), und dieses Bild macht an einem Helme, auf einem geschnittenen Steine des Stossischen Musei (c), dasjenige Stück, worauf der Schweif, oder der Federbusch lag. Auf anderen Römischen Helmen war Mars gebildet, wie er zu der Rhea Sylvia kam (d). Einige Helme halten oben einen liegenden Hund, die Wachsamkeit anzudeuten (e). Es kann auch hier ein Stein gedachten Musei gemerket werden, auf welchem ein Kranich diejenige Trompete, die bey den Alten Lituus heißt, bläset (f), welches eine Anzeige der Erfindung derselben scheinet: denn die Gurgel der Kraniche ist gewunden, und daher ist das Geschrey derselben dem Tone einer Trompete ähnlich.

Es kann auch der Heft in Gestalt einer Rose unter der einen Fuß-Sohle der sitzenden Statue des Mercurius zu Portici, welcher auf dem Rieme lieget, womit die Flügel an diesem Fusse gebunden sind, als allegorisch angesehen werden. Denn da dieser Heft verhindern würde zu gehen, so soll dadurch vermuthlich angezeiget werden, daß dieser Gott schnelle

Both-

(a) Elect. L. 1. c. 2. p. 12.   (b) Juvenal. Sat. 2. v. 107.   (c) Descr. des Pier. gr. etc. p. 180. n. 1041.   (d) Spence's Polymet. Dial. 7. p. 77.   (e) Descr. des P. gr. etc. l. c.   (f) Ibid. p. 182. N. 1058.

Bothschaften von anderen Göttern, und also fliegend zu überbringen habe.

In der Baukunst der Alten haben einige Scribenten Allegorien erzwingen wollen, unter welchen Franz Colonna ist, in dem seltenen Buche Hypnerotomachia betitelt, welcher so gar eine geheime Deutung in den Stäben finden will, die in den Reifen der Säulen bis auf das Mittel derselben hinauf gehen (a); dergleichen Träume übergehe ich.   Man siehet vielmehr, daß da, wo Allegorien anzubringen waren, öfters keine gesuchet worden: denn was hat ein Kind, welches vor einen Löwen erschrickt, an der Frise eines Tempels oder Pallastes zu bedeuten (b)?

Von allegorischen Gebäuden ist der Tempel der Tugend und der Ehre im alten Rom bekannt; man mußte durch den ersten gehen, um in den zweyten zu gelangen.   In dem Marathonischen Gefilde, ohnweit Athen, wurde der Gott Pan in einer Höhle verehret, die von Steinen aufgeführet war, welche in Gestalt von Ziegen gehauen waren (c).

Von allegorischen Anlagen der Grabmale geben uns die Begräbnisse der Amazone Hippolyte und des Dichters Stesichorus ein besonderes Beyspiel: das erste war bey Megara und hatte die Gestalt eines Amazonischen Schildes (d); das zweyte war bey Himera in Sicilien, und eine Anspielung auf den Namen besagten Dichters, welcher in dem Spiele mit Astragali oder Spiel-Knochen einen Wurf von acht Augen bedeutete, und daher war alles in der achten Zahl an diesem Gebäude (e).   Auch in neueren Zeiten ist zuweilen allegorisch gebauet, wie das Escurial in Gestalt eines Rostes, dem H. Laurentius zu Ehren, und Borromini machte die innere Anlage und Form der Kirche von der Sapienza zu Rom, die unter Pabst Urban VIII. gebauet wurde, einer Biene ähnlich (f), weil Bienen, wie bekannt ist, das Wappen des Hauses dieses Pabsts waren.   Als allegorisch könnte ein Grabmal angesehen werden, welches im Jahre 1715. bey Rom entdecket wurde, und mit Muscheln ausgezieret war: denn es war ein Ce-

D 3   notaphium,

(a) Fol. 20. a.   (b) Chambray Paral. c. 28.   (c) Pausan. L. 1. p. 80. l. 30.
(d) Pausan. L. 1. p. 100. l. 15.   (e) Pollux. L. 9. Segm. 100.   (f) Chiesa della Sap. tav. 10.

notaphium, das ist, ein leeres Grabmal, ohne Körper, zum Gedächtnisse eines Arztes, welcher auf der See gestorben war, wie die daselbst gefundene Griechische und Metrische Inschrift anzeiget (a). Vornehmlich aber wurden allegorische Bilder auf Grabmale gesetzt, wie der Schild ist auf dem Grabe des Hectors, auf der Tabula Iliaca im Campidoglio, und der Schild auf dem Grabe des unsterblichen Leonidas (b); auch in Anspielung auf die Gewohnheit, die in der Schlacht gebliebenen Krieger auf ihrem Schilde fortzutragen, wie es eine Inschrift von dem Thrasybulus meldet (c). An dem Grabe des Elpenors, welcher des Ulysses Steuermann war, setzet Homerus ein Steuer, und Virgilius ein Steuer und eine Trompete auf dem Grabe deß Misenus. Auf Gräbern junger Mädgens pflegte eine weibliche Figur mit einem Gefässe in der Hand vorgestellet zu seyn, in Deutung auf das Wasser, welches junge Leute auf ihr Grab ausgossen (d). Die Gothen liessen auf den Gräbern eine Taube auf eine Stange setzen (e), welche hier, wie auf vielen anderen Christlichen Denkmalen die Seele bedeuten kann (f).

So wie nun die Anlage einiger Gebäude allegorisch war, so pflegten es auch einzelne Stücke und Glieder derselben zu seyn. Auf dem Gipfel der Tempel, sonderlich des Jupiters, standen insgemein Adler, und es sind dieselben kein Zeichen eines Römischen Gebäudes, wie ein Gelehrter glaubet (g); denn wir wissen das Gegentheil aus dem Pindarus und aus anderen Scribenten.

Zu Bildern und zu Allegorien war vornehmlich die Frise, das ist, das mittlere Glied des Gebälks bestimmet. Man könnte aus den vielen zweyspännigen Wagen im Laufe, mit der Figur, welche sie führet, auf zwey erhobenen Werken in der Villa Albani (über der Vorrede der Geschichte der Kunst angebracht) muthmassen, daß hier ein Tempel an Orte, wo berühmte Wettspiele gehalten wurden, vorgestellet sey, und vielleicht deutet
dieses

(a) Buonar. Off. sop. alc. Vetri, p. 137.   (b) Anthol. L. 1. c. 5. p. 9. l. 8. Ibid. L. 3. c. 5. p. 198. l. 31. ed. H. Steph.   (c) Anthol. L. 3. c. 5. ep. 9. p. 198. (d) Poll. L. 8. Segm. 66.   (e) Paul. Warnefr. L. 5. c. 34.   (f) Buonar. l. c. p. 125.   (g) Barthel. Expl. de la Mos. de Palestr. p. 7. 8.

dieſes den Tempel des Jupiters zu Elis an, an welchem, und vermuthlich an der Friſe, der Wettlauf des Pelops und des Oenomaus zu Pferde ge- bildet war (a). Ein neuer Scribent giebt vor, daß an dem Tempel des Apollo zu Delos, an der Friſe, zuerſt Leyern geſchnitzet worden, an dem- jenigen Platze, welcher nachher Triglyphe genennet worden (b); er beruft ſich auf den Vitruvius, wo ich dieſes niemahls geleſen zu haben glaube, auch nicht finden kann. Es hätte derſelbe ſeine Leyern in die Metopen ſe- tzen ſollen, welches der Ort zu Zierráthen und zu Bildern war: denn die Triglyphen haben beſtändig an ihrem Platze geſtanden, und ſind in der Do- riſchen Ordnung niemals mit anderen Andeutungen verwechſelt worden. Ich merke hier bey Gelegenheit für Reiſende ein Stück einer Doriſchen Friſe zu Gaeta, an, in deren Metopen Meduſen-Köpfe ſtehen, und auf einem an- dern Stücke einer Doriſchen Friſe an dem Thurme der Fähre über den Fluß Garigliano, iſt eine Harpye in die Metope geſetzt.

Die Schilder an der Friſe bilden wirkliche Schilder ab, die hier den Göttern zu Ehren aufgehänget wurden, nachdem vorher die Riemen, wo der Arm hinein geſtecket wurde, abgenommen waren (c), damit man ſich derſelben nicht in einem plötzlichen Aufſtande bedienen möchte. Es wur- den viele Sachen, welche man den Göttern widmete, mit Fleiß vorher zer- ſtümmelt, damit dieſelbe weiter nicht dienen könnten, wie eine alte Griechiſche Simſchrift ſchlieſſen läſſet (d); an dem Tempel des Apollo zu Delphos hiengen an dieſem Platze goldene Schilder, die aus der Perſiſchen Beute nach der Schlacht bey Marathon gemacht wurden (e). Zuweilen aber wurden die erbeuteten Schilder an den Säulen der Tempel aufgehän- get, wie diejenigen, welche Pyrrhus nach dem groſſen Siege über den An- tigonus dem Tempel des Jupiters zu Dodona weihete (f).

An der Friſe eines prächtigen Gebälks, welches vor ein paar hundert Jahren zu Rom war, wie ich aus eigenen Zeichnungen von dieſer Zeit erſe- he, war eine Opfer-Schale, und auf beyden Seiten derſelben ein Helm und eine Schienbein-Rüſtung gearbeitet. Wahrſcheinlich war dieſes Stück von
einem

(a) Pauſan. L. 5. C. 10. ſtoph. Equit. v. 854. L. 10. p. 843. l 4.

(b) Le Roy Monum. de la Grece, p. 6. (d) Kuſt. not. in Suid. v. Αγειϑρα.

(f) Ibid. L. 1. p. 31. l. 35.

(c) Ari-

(e) Pauſan.

einem Tempel des Mars.   An Tempeln der Diana wurden Hirsch-Geweihe angenagelt, wie Plutarchus sagt (a).   Dieses muß von der Frise verstanden werden, und zwischen den Triglyphen, wo Agave, die Mutter des Pentheus, bey dem Euripides (b), den Kopf ihres Sohns annageln will, welches auf jene Gewohnheit und allegorische Verzierung zielet.   Wir sehen einen Hirsch-Kopf in der Mitten über dem Eingange eines Tempels dieser Göttinn, auf einem erhobenen Werke im Pallaste Spada, und an einer von den Eck-Säulen zween Wurffspiesse angebunden, und was Ctesias Widder-Köpfe (c) der Königl. Wohnungen zu Ecbatana nennet, kann von eben diesem auf solche Art geziertem Theile des Pallastes verstanden werden. Oben auf einem Tempel der Pallas zu Syracus stand der Schild dieser Göttinn (d).   Ausserordentlich ist ein Stück einer Dorischen Frise zu Athen, wo zwo Triglyphen mit Mohn-Häupter, und mit einer Fackel, und wie es scheinet, mit einem Thyrsus, kreuzweis gelegt, gezieret sind (e); vermuthlich ist dieses Stück von einem Tempel der Ceres.   Warum in der Mitten über den Thüren der Aegypter ein aufgesperreter Löwen-Kopf gestanden, wie Plutarchus berichtet (f), wissen wir nicht.

Es hatten auch die Capitäler Antheil an der Allegorie, und in gewisser maaße können die aus Schlangen geformten Voluten Jonischer Capitäler an einigen erhaltenen Werken, hier angeführet werden, weil die Spiral-Windung dieser Glieder einer geringelten Schlange ähnlich ist, oder weil diese zu jenen den ersten Begrif gegeben haben.   An zwey Corinthischen Capitälern in der Villa Hadriani bey Tivoli lieget ein Delphin über jeder Volute, und die Blätter sind von Gewächsen, die an Ufern der Flüsse und Sümpfe stehen, und diese Stücke sind vermuthlich von einem Tempel des Neptunus, welcher daselbst war.   Man würde nicht mit solcher Muthmassung von ähnlichen neuen Capitälern sprechen, weil wir nur nachahmen; die Alten aber dachten und erfanden: die schönen Capitäler von vergoldeten Marmor auf Pilastern von Grotesken in Musaico gearbeitet, in der

Gallerie

(a) Παυσανίας, p. 471. l. 14.   (b) Bach. v. 1212.   (c) ἐν τοῖς κρεωφάσιν, ap. Phot. Bibl. p. 53. l. 6. ed. Aug. Vind. 1601.   (d) Athen. Deipn. L. 11. p. 462. C.   (e) Stuard's Antiq. of Athens, Vol. I. p. 1.   (f) De Is. et Osir. p. 652. l. 3.

Gallerie der Villa Albani, welche zwo Delphinen bilden, haben auf den
Ort keine Beziehung. Es können auch hier acht grosse und schöne Joni=
sche Capitäler in der Kirche zu St. Maria in Trastevere gedacht werden, in
deren Voluten ein Brustbild des Harpocrates mit dem Finger auf dem
Munde stehet, als Capitäler von einem Tempel dieser Gottheit. Ich habe
dieselben bereits an einem anderen Orte angeführet (a); merke aber an, daß
Piranesi dieses Brustbild irrig mit der Hand auf der Brust gezeichnet hat (b).

Es verdient die Allegorie erwehnet zu werden, die der jüngere Herr
Adam, aus Edimburg, Königl. Brittannischer Baumeister, in dem Plane
zu einem Pallaste des Parlaments angebracht hat. An den Capitälern
nach Art der Corinthischen, springet, an statt der kleinen Voluten dersel=
ben unter dem Abaco, auf einer Seite ein Löwe hervor, als das Wappen
von Schottland, auf der anderen Seite ein Einhorn, als das Wappen von
Irrland, zwischen welchen, in der Mitten der Blätter des Capitäls der
Zepter von Engeland mit der Krone über demselben stehet. Sollte dieser
Plan ausgeführet werden, so kann Engeland das prächtigste Gebäude der
neueren Welt aufweisen; es übertrift der Entwurf desselben alle Begriffe
und Gedanken, die irgend zu öffentlichen Gebäuden zu Papier gebracht sind.
Es sind in demselben unter anderen grossen Sälen, zween von runder Form,
auf Säulen umher, und haben drey und sechzig Englische Fusse im Durch=
schnitte.

Zu den Gebäuden sind auch die Schiffe der Alten zu rechnen, an be=
ren Vordertheile, wie noch itzo gebräuchlich ist, zum Zeichen und Wappen,
Thiere geschnitzet waren. Einige führeten einen Delphin, vielleicht weil
derselbe den ersten Begrif zur Schiffahrt gegeben, welches man aus einem
geschnittenen Steine des Stossischen Musei muthmassen könnte; es stellet
derselbe eine Barke in Gestalt eines Delphins vor, so daß die Floß=Federn
das Aplustre machen (c). Auf einem anderen Steine daselbst (d) siehet
man über dem Delphine einen Schmetterling, vermuthlich den Zephir=
Wind

(a) Anmerk. über die Bauk. p. 30. (b) Magnif. di Roma. (c) Descr. des
Pier. gr. etc. p. 520. (d) p. 525. n. 17.

P

Wind anzudeuten, welchem man Schmetterlings=Flügel gab: denn dieser
Wind öfnete im Frühlinge die Schiffahrt.   Es finden sich auch auf ande=
ren Steinen Schiffe mit Flügeln an statt der Ruder, so wie die Dichter ein
mit Segeln und Rudern versehenes Fahrzeug geflügelt nennen, (ναὸς ὑποπ=
τέρου) (a) und Homerus insbesondere nennet die Ruder Flügel der Schiffe.
Mit Verwechselung des Gleichnisses werden daher auch die Flügel der Vö=
gel Ruder genennet (b).   Die natürliche Idee dieses Bildes giebt den Be=
grif, welchen sich die Mohren auf der Küste von Africa von den ersten Por=
tugiesischen Schiffen machten; sie sahen dieselbe in der Ferne vor ungeheure
Vögel an (c).   Der Kranich über ein anderes in Stein geschnittenes
Schiff kann auf die bequemste Zeit der Schiffahrt deuten: denn die Zeit
der Ankunft und des Abzugs dieses Vogels ist, wenn Tag und Nacht
gleich ist.

Von Allegorien in Neben=Sachen an Figuren und Statuen kann ge=
merket werden, die Base einer Statue des Protesilaus, welche die Gestalt des
Vordertheils eines Schiffs hatte, weil dieser König von Phthia in Thessa=
lien mit vielen Schiffen nebst anderen Griechischen Helden wider Troja
gieng (d), ferner der Seckel einer Statue der Thetis in der Villa Albani,
woran ein rostrum eines Schiffes gearbeitet ist; ingleichen der Sockel von
zween Amorini in der Villa Negroni, welcher ausgeschweift ist nach Art
eines Bogens.   Ich erinnere hier, daß der Stamm eines Palm=Baums,
an welchem einige Statuen als an ihrer Haltung stehen, nicht allegorisch
ist, und ein Stamm von diesem Baume oder von einen andern ist gleich=
gültig; zuweilen vertritt eine Rüstung dessen Stelle, wie an den Colossali=
schen Figuren mit Pferden a Monte Cavallo.

(a) Pind. Olym. 9. v. 36.   (b) Aeschyl. Agam. v. 52.   (c) Ramuf. Viag.
      T. I. p. 99.   (d) Philostr. Heroic. p. 673. l. 4.

Das

Das siebente Capitel.

Von zweifelhaften Allegorien.

Zweifelhaft nenne ich diejenigen Allegorien, welche neuere Scribenten in alten Sinnbildern, aus Mangel ächter Nachrichten, mit einiger Wahrscheinlichkeit aus eigenem Witze angegeben haben, und ich unterscheide diese von denen im folgenden Capitel, durch einiges wahrscheinliches obgleich entferntes Verhältniß ihrer Erklärungen. Anzumerken aber waren dieselben, und in Zweifel zu setzen, damit in einigen Bildern, welche nützlich und zu gebrauchen wären, der Künstler durch das Ansehen der Scribenten, die ihre Erklärungen zum Theil sehr kühnlich vorbringen, nicht hintergangen werde, da in der Kunst dem Verständigen alles klar und erwiesen seyn soll.

* * *

Eine Amphora (Wein-Gefäß) auf Münzen von Athen, soll dieser Stadt die Erfindung der Töpfer-Arbeit zuschreiben (a).

Der Delphin auf Hetrurischen Münzen soll anzeigen, daß dieselben in einer See-Stadt gepräget worden (b), und Bochart glaubt, daß die Tyrrhenier, welche von den ältesten Scribenten Tyrsener genennet werden, diesen Namen von Turson oder Tyrson, einem Fische, wie der Delphin ist, bekommen haben; es meinet auch derselbe, daß daher die Fabel von Verwandelung der Tyrrhenier in Delphine gekommen sey (c).

In der Figur des Fischers auf dem so genannten Siegel des Michael-Angelo glaubet man den Namen des Künstlers ΑΛΙΕΥΣ, oder einen ähnlichen Namen zu finden (d).

Der Frosch auf Hetrurischen Münzen soll, wie der Delphin, die Anzeige einer See-Stadt seyn, oder daß die Stadt, welche dieselben prägen lassen, an einem See gelegen gewesen (e). Hier fällt mir eine Stelle ein

P 2

aus

(a) Hist. de l'Acad. des Inscr. T. I. p. 224.   (b) Spanhem. Diss. de praest. Num. T. I. p. 226.   (c) Geogr. Sacr. L. I. c. 33.   (d) Mariet. Pier. gr. p. 322. (e) Buonar. explic. ad Dempst. Etrur. p. 80.

aus des Plutarchus Gaſtmale der ſieben Weiſen (a), da er vom Cypſelus,
dem Vater des Perianders, eines von gedachten Weiſen, redet, und von
der wunderbaren Erhaltung deſſelben, die dem Neptunus zugeſchrieben wur=
de, da er als ein Kind in einen Kaſten geleget und mit demſelben in das
Meer geworfen wurde. Unſer Scribent führet den Pittacus mit dem Pe=
riander redend ein, und jener ſagt zu dieſem: Ich habe dich, da Cherſias
des Hauſes des Cypſelus gedenket, öfters fragen wollen, was die vielen
Fröſche bedeuten, die unten an einem Palmbaume, (welcher an dieſem
Hauſe angebracht iſt) geſchnitzet ſind, und was vor eine Beziehung dieſe
Thiere auf die Gottheit oder auf den Erhaltenen haben. Da Perian=
der dieſe Frage dem Cherſias zu beantworten überließ, ſagte dieſer mit La=
chen: ich will dieſes nicht erklären, bevor ich nicht von jenen Männern die
Erklärung des bekannten Spruchs "Nichts zu viel" (μηδὲν ἄγειν) höre.
Plutarchus läſſet hier den Pittacus und den Aeſopus über dieſen und über
andere Sprüche jener Weiſen reden, und beſchließt bald hernach ſeine Ab=
handlung, ohne der Fröſche weiter zu gedenken. Ich bin der Meinung,
daß aus der unvollendeten Anzeige von dieſen Fröſchen die Geſchichte der
Erhaltung des Cypſelus ergänzet werden könne. Denn da eben der Scri=
bent kurz zuvor ſagt, Neptunus habe verhindert, daß diejenige, die dem
Kinde nach dem Leben ſtanden, daſſelbe in dem Kaſten nicht ſchreyen gehö=
ret, und da Cypſelus Fröſche an ſeine Wohnung einhauen laſſen, ſo iſt ver=
muthlich, daß die Sage geweſen, Neptunus habe in Sümpfen nahe am
Meere dieſe Thiere ſo ſtark rufen laſſen, daß ihr Getöſe das Weinen des
Kindes übertäubet habe.

Ein **Granat-Apfel** neben einer Victoria auf Münzen Alexanders des
Groſſen, aber ohne dieſes Königs Namen, wird vom P. Harduin auf deſ=
ſen Sieg über die Perſer gedeutet: denn es hält derſelbe dieſe Frucht vor
ein Zeichen des Perſiſchen Reichs, wo dieſelben von einer beſonderen Gröſſe
wachſen. Im Campidoglio hat man der Statue des Thomas Roſpiglioſi,
Enkels vom Pabſte Clemens IX. eine aufgebrochene Granate in die Hand
gegeben; warum? kann ich nicht errathen, wo es nicht etwa die Frucht=
barkeit

(a) Conv. VII. Sap. p. 284.

barkeit andeuten soll, weil diese Frucht sehr viel Körner einschließt; zu dieser Bedeutung aber wäre ein Mohn-Haupt bekannter und reicher gewesen.

In dem Hahne auf Münzen einiger Städte von Groß-Griechenland meinet Maffei eine der Symbolischen Lehren des Pythagoras zu finden. Dieser Philosoph wollte keinen Hahn geschlachtet haben, weil er der Sonne gewidmet seyn sollte, und diese Meinung glaubt jener durch die Sonne ne-ben dem Hahn auf einigen dieser Münzen noch wahrscheinlicher zu ma-chen (a). S. Sonne im dritten Capitel.

Der Hirsch auf der Rückseite der Münzen der Stadt Caulonia in Groß-Griechenland, welche auf der andern Seite einen Jupiter haben, wird von P. Harduin gedeutet (b) auf das, was der Psalmist sagt: "die "Stimme des Herrn macht die Hirsche gebähren".

Ein Löwen-Kopf mit aufgesperretem Rachen auf Münzen des Thra-cischen Chersonesus soll, wie eben gedachter Scribent vorgiebt (c), denjeni-gen Löwen anzeigen, welchen König Lysimachus, zu dessen Reiche dieses Land gehörete, umgebracht hatte. Es könnte aber dieses Symbolum auf Münzen von Phocis, und von Leontium in Sicilien nicht einerley be-deuten.

Es findet sich die Tragische Muse mit einer Käule auf einem Ochsen-Kopf gesetzt, und unter anderen auf einer Begräbniß-Urne mit den Musen im Pallaste Barbarini, welches Spon (d) auf den vom Pythagoras über eine Erfindung in der Geometrie den Musen geopferten Ochsen (e) deuten will. Es scheinet aber der Ochsen-Kopf hier eben die Bedeutung zu haben, welche er an der zweyten Statue des Hercules in dem Hofe des Pallastes Farnese hat, unter dessen Käule ein Ochsen-Kopf lieget, so daß es als eine Andeutung einer besonderen That des Hercules, und bey der Muse insbe-sondere als eine Helden-That anzusehen ist.

Die Schlangen auf einer Münze des Philetärus zu Pergamus ge-präget, sollen die Verwahrung des Schatzes von Alexandern den Großen in dieser Stadt, welcher jenem anvertrauet war, vorstellen. Eine andere

P 3

Muth-

(a) Ist. diplom. p. 249. (b) Num. pop. p. 81. (c) Ibid. p. 536. (d) Misc. ant. p. 46. (e) Cic. de nat. Deor. L. 3. c. 36.

Muthmaſſung, daß die Schlange hier ein Bild ſey des beſondern Schu-
tzes des Aeſculapius, deſſen ſich Pergamus rühmete, iſt weit wahrſchein-
licher (a).

Einen geflügelten Stab auf Münzen der Stadt Catanea in Sicilien,
will Cuper auf die Stärke einer fertigen, und ſchnellen Beredſamkeit deuten (b).

Der See-Bock auf einer alten erhobenen Arbeit in Schottland ſoll die
See-Küſte dieſes Landes andeuten, oder daß es von der See umgeben
iſt (c).

Der See-Krebs nebſt einem Schmetterlinge ſoll, nach dem P. Jobert den Wahlſpruch des Auguſtus: Festina lente, ausdrücken (d). Iſt
dieſes Bild auf Münzen, ſo ſind mir dieſelben unbekannt geblieben.

Die Sepia, ein See-Fiſch, auf Münzen einiger Städte in Groß-
Griechenland und Sicilien, wird vor ein willkührliches Zeichen von See-
Städten oder von einem Fiſch-reichen Meere gehalten. Es ſcheinet aber,
daß unter demſelben ein Bild aus der Fabel liege, nemlich Thetis, die verſchiedene Geſtalten annahm, der Vermählung mit dem Peleus zu entgehen, aber in der Geſtalt einer Sepia endlich von demſelben erwiſcht wurde,
weil dieſer Fiſch eine Art von Polypo iſt (e). Mich wundert, daß dieſes
niemanden eingefallen iſt.

Die Tage, und zwar den Donnerſtag, den Mittwoch und den Frey-
tag (Dies Jovis, Mercurii et Veneris,) will Montfaucon abgebildet
finden in den Figuren des Jupiters, des Mercurius und der Venus, welche mitten in dem Thier-Kreiſe auf einem geſchnittenen Steine ſtehen (f).

Den Zephyrus glaubt man in der Figur eines geflügelten Genius auf
einem ſchönen Gefäſſe von Agath in dem Cabinette des Herzogs von Braun-
ſchweig zu finden (g).

Die

(a) Spanhem. de praeſt. num. T. 1. p. 511.   (b) Apoth. Hom. p. 44.   (c) Hors-
ley Brit. Rom. p. 195.   (d) Science des Med. T. 1. p. 408.   (e) Schol. Apollon. Argon. L. 1. v. 582. Tzetz. in Lycoph. v. 175. 177.   (f) Ant. Expl.
Suppl. T. 1. pl. 17. p. 40.   (g) Montfauc. Ant. Expl. T. 2. p. 181.

Die gelehrteste unter allegorischen Deutungen dieser Art ist die Erklärung von zwo Leyern, auf welche eine Eule sitzet, auf der Rückseite einer Münze des Nerva mit der Umschrift: ΥΠΑΤΟΥ ΤΡΙΤΟΥ, das ist, TERTIVM COS. Tristan, welcher dieselbe erkläret (a), glaubet, daß die Leyern auf das Wort ΥΠΑΤΟΣ, Consul, zielen, weil ὑπάτη die gröbste Saite und den tiefsten Ton andeutet, zumahl da er auf mehrern Münzen dieses Wort zu Leyern gesetzt will gefunden haben. Er gehet noch weiter in seiner Allegorie, und will in gedachtem Bilde das Lob eines guten Dichters finden, welches dem Nerva gegeben wurde, indem man ihn so gar mit dem Tibullus verglich.

Ich selbst füge hier Muthmaſſungen über einige Allegorien bey, wie eine Schnur von trockenen Feigen ist in der Hand von Figuren verstorbener sonderlich weiblicher Personen, auf Hetrurischen Begräbniß-Urnen, und auf dem Deckel von einer groſſen Urne in der Villa Negroni. Es könnte dieselbe andeuten, daß der Verstorbene in dem geheimen Gottesdienste des Bacchus eingeweihet gewesen: denn man trug an deſſen Festen unter andern auch Feigen auf einem Faden gezogen (ἰσχάδων ἀῤῥίχον) (b). Wäre den Antiquariis ein Vers des Alexis bekannt gewesen, welchen Athenäus anführet (c), worinn er zum Scherz saget, daß trockene Feigen das Wappen Athenienſiſcher Schiffe sind, so würde man bereits geschloſſen haben, daß eine Schnur Feigen das Vaterland dieser Personen andeute. Eine Schnur Feigen heißt in einer anderen Stelle eben deſſelben Dichters (d) σύκων κυλιςὸς ςέφανος, und vielleicht könnten die folgenden Worte: ἀλλ' ἔχαιρε καὶ ζῶν τοῖς τιούτοις, "aber er hatte auch dieselbe gerne, da "er noch am Leben war", die Feigen in der Hand der Verstorbenen erklären, wenn diese Stelle völlig vom Athenäus angeführet wäre. Die bequemste Muthmaſſung giebt mir eine Nachricht des Helladius von Byzanz in der Chrestomathie beym Photius (e), wo derselbe berichtet, daß zu Athen schon vor den Zeiten vor dem Theseus eine Schnur trockener Feigen

(a) Comm. hist. T. 1. p. 368.   (b) Plutarch. περὶ φιλοπλουτ. p. 936. l. 17.
(c) Deipn. L. 14. p. 652. C.   (d) Ibid. L. 15. p. 678. E.   (e) Bibl.
p. 872. l. 23.

gen am Halse getragen, für eine Abwendung (ἀπότροπιασμός) anstecken=
der Krankheiten gehalten worden, er saget aber auch zugleich, daß diejeni=
gen, welche dieselbe trugen, σύμβαχοι genennet worden, das ist, die
Theil an dem geheimen Gottesdienst des Bacchus hatten, worinn derselbe
mit dem Plutarchus überein kommt.   Jene Gewohnheit und Aberglaube
kann den Hetruriern mitgetheilet seyn.   Es ist auch nicht mit Gewißheit
anzugeben, was das Kraut=Haupt in der Hand eines Kindes bedeutet,
welches auf dem Deckel einer Begräbniß=Urne im Campidoglio lieget, wo
der Lauf des menschlichen Lebens allegorisch vorgestellet ist (a).   Nicander
in dessen verlohrnen Gedichten nennet dieses Kraut heilig, (ἱερὰ κράμβη)
weil, wie Athenäus glaubet, demselben eine weissagende Kraft beygeleget
wurde (b); es wurde indessen auch die Feige ἱερὰ genennet (c).

(a) Bartoli Adm.   (b) Deipn. L. 9. p. 370. A.   (c) Pausan. L. 1. p. 89.
L 41.

Das achte Capitel.

Von erzwungenen und ungegründeten Erklärungen der Allegorien.

Jn allegorischen Wahrheiten gehet es vielmals wie mit Täuchern, wel=
che selten an dem Orte aus dem Wasser wieder hervorkommen, wo
unser Auge sie erwartete, und die alten Scribenten der spätern Zeit, wel=
chen die geheime Weißheit ihrer Voreltern dunkel war, haben sich oft in die=
sem Falle befunden, sonderlich damahls als die Kirchen=Väter die Schrift
selbst allegorisch machen wollten, und allegorische Auslegungen überhaupt
Mode waren, suchte man dieselben anzubringen, wo sie keinen Grund hatten;
es fallen dieselben zuweilen in das Lächerliche, wie die Etymologien aus
dieser Zeit. Da nun die Scribenten, von welchen ich rede, sehr weit ge=
hohlte Auslegungen vorbringen, so muß es uns an einigen unserer Zeiten
weniger befremden, wo sie sich nicht hätten entsehen sollen, sich unwissend
zu bekennen, wie Montfaucon thut (a) bey den zween Flügeln an einem
musicalischen Triangel auf einer erhobenen Arbeit im Pallaste Giustiniani,
welcher vielleicht geflügelt ist, wie Homerus die Worte geflügelt nennet (b),
oder man könnte dieses durch כנף צלצל Cymbalum alatum beym
Jesaias (c) erklären, und Pindarus giebt seinen Gesängen Flügel, mit wel=
chen sie gleichsam in alle Welt fliegen, und berühmt werden (d).

Von den erzwungenen Erklärungen Aegyptischer Allegorien bey alten
Scribenten findet man im ersten Capitel einige angeführet; und daß die
Alten in Auslegung einiger Griechischen Allegorien in eben diesen Fehler
gefallen, können folgende Exempel beweisen.

Der Kopf der Medusa auf dem Aegis der Pallas, dessen Zunge ins=
gemein hervor gestrecket ist, soll auf Deutlichkeit und am Tage liegende Wir=
kung der Beredsamkeit deuten (e). In den Noten zu angeführten Scri=
benten ist die Stelle des Virgilius

Ipsamque

(a) Ant. Expl. Suppl. T. 2. p. 66.   (b) Il. α. v. 201. γ. 155.   (c) C. 18. v. 1.
(d) Ol. 14. v. 35.   (e) Phurnut. de nat. Deor. c. 20. p. 186.

Ω

Ipfamque in pectore divae
Gorgona diffecto vertentem lumina collo

bey der herausgesteckten Zunge übel angebracht.

Hyginus sagt, ein Esels-Kopf, welcher an der Lehne eines Triclinium
oder Ruhe-Bettes mit Weinreben angebunden war, bedeute, suavitatem
invenisse, daß die Alten die Süßigkeit gefunden (a). Wer siehet hier
das allermindeste Verhältniß von dem Bilde auf das vermeinte gebildete?
Es liefet daher Casp. Barth nocuisse an statt invenisse, und erkläret es so,
daß die Süssigkeit des Weins aus Menschen Bestien machen könne (b).
Ich erinnere mich hier der Nachricht von einem Stuhle von Ertzt, in Gestalt einer Sella Curulis, welcher vor einigen Jahren zu Perugia ausgegraben worden, woran zween schön gearbeitete Esels-Köpfe mit einer Glocke am Halse, vorwerts, da, wo sich die Hand auflehnete, hervor spran-
gen. Ich kann nicht entscheiden, ob dieses dorthin zu ziehen ist: von dem
Stuhle selbst habe ich weiter nichts erfahren.

Der Krantz des Hercules aus Laub vom Pappel-Baume deutet nach
dem Servius, dessen Arbeiten über und unter der Erde an, weil die Blätter dieses Baums zwo Farben haben, nemlich oben grün und unten weiß
sind (c).

Von der Form der Hermen, die theils viereckt, theils würflicht waren, ist der Grund des Scholiasten des Thucydides (d), weil Mercurius
als Vorsteher der Rede und der Wahrheit verehret wurde.

Noch weiter gehohlet ist des Macrobius Deutung der Tritonen oder
Meer-Götter, welche in ihre Muscheln wie in Hörner blasen, und auf dem
Gipfel des Tempels des Saturnus standen. Es soll dieses vorstellen, daß
die Geschichte von der Zeit des Saturnus an gleichsam redend geworden,
welche vor dieser Zeit wie stumm, dunkel und unbekannt gewesen, und dieses will besagter Scribent in den Schwäntzen finden, welche unterwerts
hängen, das ist, gleichsam verborgen sind. Diese Auslegung verliehret
ihre gantze Deutung in den Tritonen auf dem Gipfel eines Tempels auf einem

(a) Fab. 274.   (b) Barth. Adverf. L. 11. c. 9. p. 528.   (c) Ad Virgil.
Eclog. 7. v. 61.   (d) Ad Lib. VI. 27. p. 394. ed. Duck.

nem erhobenen Werke einer Begräbniß-Urne, welche die vier Jahrs-Zeiten vorstellet; Es stehet dasselbe im Campidoglio in den Zimmern der Conservatorj. Auf dem Gipfel eines anderen Tempels auf einem erhobenen Werke im Pallaste Mattei sind ebenfalls Tritonen, und in dem Tamburo des Frontispizii eines Tempels auf dem oben angeführten Werke in der Villa Albani halten zween Tritonen mit Flügeln einen Schild mit dem Kopfe der Medusa, und auf einem andern Werke in eben dieser Villa, wo auf beyden Seiten der Figuren der verstorbenen Personen, Castor und Pollur stehen, siehet man oben zwischen dem Bogen eines Gebäudes wie im Grunde, zween Tritonen mit Rudern in einer Hand, und mit Frucht-Körben in der anderen, so wie auf den so genannten Clypeus votivus, welchen Spon beschrieben (a).

Ungegründet ist die Deutung der einen von zwo Flöten, welche bey Hochzeiten pflegten geblasen zu werden; weil eine länger als die andere war, soll diese ein Bild des Bräutigams seyn, welcher grösser ist als die Braut (b): die lange Flöte war für tiefere Töne.

Mit eben so wenigem Grunde sagt Eusebius, daß der Hund (κυὸν) neben dem Plutus, die Beschwängerung (κύησιν) der Früchte bedeute (c).

Ich kann auch das Bild der Verschwiegenheit nicht in dem Minotaur finden, worauf derselbe in den Feldzeichen der alten Römer deuten soll, wie Festus vorgiebt, nemlich daß die Anschläge der Heerführer nicht weniger verborgen bleiben sollen, als es das Labyrinth des Minotaurs war.

Von der Blume Narcisse, in so ferne dieselbe in dem Opfer an die Furien diesen dargebracht wurde, geben Phurnutus (d) und Eustathius (e) einen lächerlichen Grund; sie behaupten, daß die Herleitung des Namens dieser Blume von νάρκη, die Erstarrung, diesen Gebrauch derselben veranlasset habe, weil nemlich die Furien über die Freveler eine Erstarrung fallen liessen. Der zuletzt genannte Scribent ist völlig irrig, wenn er vorbringet, daß der Schwan, weil er weiß ist, dem Apollo als der Sonne

Q 2	gewidmet

(a) Recherch. d'antiq. p. 1.	(b) Polluc. Onom. L. 4. Segm. 80.	(c) Praep.
　　Ev. L. 3. p. 66. l. 29.	(d) De nat. Deor. c. 35. p. 235.	(e) In Il.
　　ი. p. 87. l. 25.

gewidmet sey, so wie der Rabe wegen seiner nächtlichen Schwärze (δα την νυκτερινην μελαιναν) (a).

Von dieser Art Erklärungen bey neueren Scribenten habe ich folgende Exempel angemerket.

Die goldene Bienen (Apes) welche in dem Grabe des Fränkischen Königs Childerichs, zu Turnay, neben einem Ochsen-Kopfe, auf dessen Stirne die Sonne gebildet ist, gefunden worden, sollen, nach des Huetius Meinung (b) die Erklärung von dem Kopfe seyn, welchen er vor einen Apis hält.

Das Billiar-Spiel will Harduin finden auf einer Münze der Stadt Philippopolis in Thracien, in runden erhabenen Puncten, welche Kugeln seyn können, und in einem Werkzeuge wie ein Hammer mit einem langen Stiele (c).

Der Bliß mit Flügeln auf dem Hute eines Flamen Dialis, nebst andern Opfer-Zeuge, an der Frise dreyer Säulen von dem Tempel des Jupiter Tonans, soll bedeuten, daß Augustus diesen Tempel gebauet habe, weil ihn ein Strahl, welcher neben seiner Sänfte eingeschlagen, nicht verletzete (d). Ich vermuthe aber, daß dieser Hut, oder Galerus sich von dem Galerus der Priester des Mars (Flamen Martialis) durch den Bliß unterschieden habe.

Die Auslegung einzelner Buchstaben auf Kleidern an Figuren in alten Gemählden und in Werken von Musaico, aus den ersten Christlichen Zeiten, und der Mystische Verstand des ewigen Lebens, der Seeligkeit und der Auferstehung, welchen einige in denselben finden wollen (e), scheinet nicht den mindesten Grund zu haben (f).

In der Eydex zu den Füssen des schlafenden Cupido an mehr als an einem Orte, auch in dem Museo zu Oxfort (g), haben einige einen Künstler mit Namen Σαυρος finden wollen, welches Wort eine Eydex bedeutet (h).

Aus

(a) Eustath. ad Il. δ p. 449. l. 2.　　　(b) Demonstr. Evang. p. 101.　　　(c) Num. pop. p. 180.　　　(d) Ficoron. Oss. sopra il Diar. di Montfauc. p. 38.　　　(e) Ruben. de re vest. L. I. c. 10.　　　(f) Conf. Buonar. Oss. sop. alc. Vetri, p. 90. (g) Marm. Oxon. P. I. tab. 33. ed. recent.　　　(h) Gesch. der Kunst, p. 343.

Aus der rothen Farbe, womit die Buchstaben auf den Hetrurischen Begräbniß-Urnen pflegen angestrichen zu seyn, suchet Bianchini (*a*) einen allegorischen Beweis zu nehmen von der Herkunft der Hetrurier von den Phöniciern. Er sagt: die Buchstaben sind roth; diese Farbe hieß die Phönicische, folglich rc.

In den Figuren der Jahrs-Zeiten auf Begräbniß-Urnen die Platonische Lehre von der Wiederkehr aller Dinge zu suchen, oder diese Bilder auf Christlichen Denkmalen auf die Auferstehung zu deuten (*b*), scheinet mir zu gelehrt gedacht.

In alten Inschriften findet sich am Schlusse von einem Satze, oder ganz zu Ende, ein Schluß-Zeichen, wie ein Klee-Blatt gestaltet, S. eine Inschrift p. 33. welches jemand vor ein Herz mit einem Pfeile durchboret angesehen, und da derselbe dieses Zeichen nur auf Begräbniß-Inschriften bemerket hat, so will er darinn ein Sinn-Bild eines grossen Schmerzens über den Verstorbenen finden (*c*).

Wir wissen nicht, was der See-Krebs mit dem Mercurius zu thun hat; man findet dieses demselben beygelegte Zeichen auf geschnittenen Steinen (*d*). Es giebt jemand folgende Erklärung davon (*e*): der Krebs bedeutet hier, daß die Kaufleute, deren Vorsteher Mercurius ist, sich nicht übereilen sollen im Handel, und kein Geld wagen ohne hinlängliche Sicherheit. Amphitrite hat einen See-Krebs an statt des Kopf-Putzes, wie oben gedacht ist, welcher hier ein Bild der Klugheit seyn soll, ohne den Grund anzugeben (*f*), diesen aber glaubt Capaccio gefunden zu haben (*g*), nemlich weil der Krebs, so lange ihm seine abgeworfene Schale nicht wieder gewachsen ist, stille lieget, und andere Fische nicht verfolget, da er ihnen nicht gewachsen seyn kann, bis er seine Schale gehärtet fühlet.

Das Leben und dessen geschwinder Lauf will jemand abgebildet finden durch Pfeile, welche man auf den Seiten der Begräbniß-Urnen siehet, als

Q 3 ein

(*a*) Ist. Vniv. p. 551.   (*b*) Buonar. l. c. p. 6.   (*c*) Grasser. Diss. de Antiq. Nemausiens. p. 17. Paris. 1607, 8.   (*d*) Descr. des Pier. gr. etc. p. 91.   (*e*) Du Choul della relig. degli ant. Rom. p. 156   (*f*) Aldrov. Crustac. et Testac. T. 2. p. 168.   (*g*) Hist. Neap. L. 2. p. 645.

ein Gleichniß von dem schnellen Fluge eines Pfeils genommen (a). Es liegen aber diese zween Pfeile allezeit ins Kreuz gelegt unter einem Schilde; deuten folglich auf einen Krieger, wo dieses nicht ein willführlicher Zierrath ist. Die Mohren in Africa stecken auf alle Gräber männlichen Geschlechts zween Pfeile, so wie sie auf die Gräber der Weiber einen Mörsel mit dessen Stempel setzen (b). Auf der hinteren Seite eines Begräbniß-Altares in der Kirche alla Navicella, auf dem Berge Coelio in Rom, scheinen die Pfeile unter einem Schilde die Beschäftigung des männlichen Alters abzubilden: denn auf der einen Seite führet ein Mann ein kleines Kind auf einem Schubkarren mit einem kleinen Rade, wie in Deutschland gewöhnlich sind; auf der andern Seite reichet ein Knabe einer andern Figur Früchte, welches das jugendliche Alter, und den Genuß und die Empfindung in demselben bildet.

Der Löwe an dem vermeintlichen Stuhle des Homerus auf der Insel Scio, soll nach dem Pococke die Stärke und das Feuer bilden, womit der Dichter singet (c).

Aus dem Ochsen auf einigen Steinen an dem Amphitheater zu Verona will Torelli behaupten, daß Augustus dieses Gebäude habe aufführen lassen, und er giebt kühnlich vor, es sey ein Sinnbild dieses Regenten, weil er nach dem Suetonius ad capita bubula gebohren worden: es hätte derselbe den Ochsen-Kopf über den Bogen zu Rimini, den Augustus erbauet, anführen können, ingleichen den über dem Thore von St. Lorenzo zu Rom, über welchem eine Inschrift desselben stehet, und also vielleicht auch dessen Werk ist. Es stehen auch zween halb hervorspringende Ochsen über den oberen Bogen und dem Eingange des Amphitheaters zu Nismes in Languedoc (d).

Eben so ungründlich ist die Deutung eines Ochsen mit einem Menschen-Kopfe (welcher auf Münzen von Groß-Griechenland und Sicilien insgemein für den Minotaur genommen wird) auf die zwo Spitzen oder Vorgebürge

(a) Nicaise Explic. d'un anc. Monum. p. 42.   (b) Hist. gen. des Voyag. T. 2. p. 468.   (c) Descr. of the East, Vol. 2. P. 2. p. 6.   (d) Poldo Disc. de l'antiq. de Nism. p. 120. Lyon, 1560. fol.

gebürge (Cornua) von Unter-Italien (a), welches vielmehr die Phönicische Gottheit Hebon ist, die sonderlich in Neapel verehret wurde (b), wie Martorelli dieses sehr wahrscheinlich und gelehrt erwiesen hat (c). Man merke bey dieser Gelegenheit, wie sich der grosse Baronius vergangen (d), wenn er vorgiebt, die Alten hätten Bos Luca (wie man anfänglich die Elephanten in Italien hieß) gesagt, in Deutung auf den Ochsen des Evangelisten Lucas. Der Ochse aber hat niemahls Luca geheissen, sondern der Elephant, und zu Zeiten des Evangelisten Lucas war diese Benennung des Elephanten nicht mehr im Gebrauche.

An dem Pferde des Marcus Aurelius hat man an den aufgebundenen Haaren der Stirne eine Gleichheit mit einer Eule finden wollen, und da die Eule auf einigen Atheniensischen Münzen das Wappen dieser Stadt scheinet, so ist daraus der Schluß gemacht, daß der Künstler dieses Pferdes ein Athenienser sey. Dieses fand Addison in einem sehr seichten Buche (e), und hat es ohne dem geringsten Zweifel als seine eigene Entdeckung vorgebracht (f).

Ungegründet ist die Deutung der Schale in der Hand der Pallas auf Münzen Alexanders des Grossen, auf Theatralische Spiele (g).

Ein Schmetterling über einem Gefässe und unter demselben ein Wein-Blatt, auf einem geschnittenen Steine, soll die Seele eines Säufers bedeuten (h).

In einem Schweine und einem Schmetterlinge auf einer kleinen Begräbniß-Urne in der Villa Mattei, findet Ficoroni das Bild der Seele eines Epicuräers (i).

Die Auslegung des Sphinx auf dem Helme der Pallas, wodurch angezeiget werden soll, daß diese Göttinn in Africa gebohren worden (k), hat eben so wenig Grund.

In

(a) Mazoch. Tab. Heracl. Annot. p. 27.   (b) Macrob. Sat. L. 1. c. 18.   (c) Dell' ant. Colonr. in Nap. p. 226. seq.   (d) Annal. a. 58.   (e) Pinarol. Rom. ant. mod. P. 1. p. 106.   (f) Spectat. T. 2. p. 167.   (g) Wilde Num. ant. p. 15. (h) Bayardi Catal. Ercol. p. 402. n. 595.   (i) Rom. p. 68.   (k) Symeoni Illustr. degli Epit. e Medagl. ant. p. 52. Lione, 1558, 4.

In dem Zeichen der Venus unter dem Gestirne ♀, hat man einen Spiegel finden wollen, welcher nach Art der alten Spiegel rund gewesen, und mit einem Stiele; Salmasius aber zeiget, daß dieses Zeichen aus dem ersten Buchstaben des Worts ΦωσΦόρος, womit Venus benennet worden, gemacht sey, welcher vor Alters φ oder Φ geschrieben worden (a).

Ein tief gestempeltes Viereckes Feld auf einigen Griechischen Münzen, sonderlich auf denen von der Insel Scio, ist von Beger vor ein schönes Räthsel gehalten (b). Eben dieses Zeichen haben die Münzen von Corfu, Dyrrachium und Apollonia, und aus diesem Grund machet gedachter Gelehrter aus den beyden letzten Städten Colonien jener Insel, und will in dem Vierecke die von Homerus besungenen Gärten des Alcinous auf eben der Insel angedeutet finden, und diese Meinung ist auch von anderen angenommen. Herr Barthelemy aber erkläret sehr wahrscheinlich, wie dieses tiefe Gepräge bloß dienen können, die zu prägende Münze unter dem einen Stempel zu befestigen (c).

Eine vermeinte Wolfs-Haut über den Stuhl einer Braut geworfen, auf einem nicht mehr in Rom befindlichen Werke, wird vom Bellori als ein Sinnbild weiblicher Fruchtbarkeit angegeben, welches derselbe von den Lupercalibus der alten Römer herholet (d). An diesem Feste schlugen die durch die Gassen laufende Priester die Weiber mit Riemen aus Ziegen-Fellen zu Beförderung einer leichteren Geburth; aber von Wolfs-Häuten redet niemand.

Der Zepter des Olympischen Jupiters von der Hand des Phidias, welcher aus verschiedenen Metallen zusammen geseget war, soll nach Mazocchi Auslegung (e) die verschiedene Göttliche Regierung in Absicht der Tugendhaften und Gottlosen bedeuten. Diese weit gesuchte Allegorie hat ihn auch dessen Gegner vorgeworfen (f).

Erzwun=

(a) In Solin. p. 1237. E.   (b) Thef. Palat. p. 234.   (c) Essai d'une Paleograph. Numismat. dans les Mem. de l'Acad. des Inscr. T. 24. p. 42.   (d) Admir. n. 76.   (e) De Theatr. Camp. p. 161. b.   (f) Martorel. de reg. Thec. Calamar. p. 379.

Erzwungen und lächerlich ist die Deutung des Commendators Vet=
tori und Aufsehers der Christlichen Alterthümer in der Vaticanischen Bi=
bliothec, über ein Kreuz auf einem alten Fusse, welches auf dem Rieme
der Sohle zwischen der grossen und der nächsten Zehe lieget, wo sonst insge=
mein ein Heft, wie ein Klee=Blatt, oder wie ein Herz gestaltet ist.   Dieser
Heft vereiniget zween Rieme, die von beyden Seiten des Fusses oben zu=
sammen laufen, an dem Rieme zwischen gedachten beyden Zehen.   Aus
diesem Kreuze hat jener geschlossen, daß dieser Fuß von der Statue eines
Martyrers sey, und es in einer grossen Inschrift dazu setzen lassen.   Dieser
Fuß aber ist augenscheinlich von der Statue einer jungen weiblichen Person
und so schön, daß zu der Zeit, da den Märtyrern könnten Statuen gemacht
seyn, ein solcher Fuß für alles Gold in der Welt nicht hätte können hervor=
gebracht werden.   Beynahe von eben der Art scheinet mir des Baudelot
Erklärung zu seyn, die er über einen vorgegebenen alten geschnittenen Stein
giebt, welchen ich aus den Wolken, die dem weiblichen Kopfe wie zur Base
dienen, ingleichen aus dem Kopf=Schmucke vor neu halte.   Dieser Kopf
soll eine Tänzerinn vorstellen wegen der Wolken, wegen eines vorwerts
fliegenden Vogels, und eines unterwerts schwimmenden Delphins, weil
die Wolken, sagt er, leicht sind, der Vogel geschwind, und der Delphin
schnell ist; er will so gar den Namen dieser Tänzerinn gefunden haben, wel=
ches aber nicht zu unserm Vorhaben gehöret (a).   Wie viel ist nicht geschrie=
ben über das Zeichen Ϙ auf einer Münze Königs Herodes des Grossen;
bis Herr Barthelemy dargethan hat, daß es ein Caduceus sey (b).

(a) Hist. de l'Acad. des Inscr. T. 3. p. 244.   (b) Remarques sur quelq. Medail. dans les
    Mem. de l'Acad. des Inscr. T. 26. p. 536.

R .   Das

Das neunte Capitel.

Von verlohrnen Allegorien.

Die Anzeige der verlohrnen Allegorien ist dem Künstler nützlich, damit derselbe nicht vergebens suche, was sich nicht findet, so wie es einem jungen Mahler in Rom wiederfuhr, welcher in einer Bibliothec des Apelles Schriften von der Symmetrie verlangete, weil Lomazzo dieselben anführet, als wenn er sie gesehen habe. Von einigen solcher Allegorien hat sich die Bedeutung verlohren, und es war dieselbe zum Theil den Alten selbst unbekannt; von anderen aber findet sich nur Nachricht, daß sie ausgeführet gewesen, und nicht wie. Da sich grosse Flüsse verlohren, wie der Timavus (a), so ist es kein Wunder von Bildern.

Von der ersten Art sind die Aethiopier auf der Schale, welche die Nemesis des Phidias in der Hand hielt, über deren Bedeutung Pausanias seine Unwissenheit bekennet (b). Vielleicht aber zielet dieses auf das Beywort ἀμύμων, untadelhaft, welches Homerus den Aethiopiern giebt (c), und Phidias kann hier die Lieblinge der Nemesis haben verstehen wollen, die ihrer Vergeltung und ihres Wohlthuns würdig sind.

Von einem Blatte auf Leontinischen Münzen in Silber, welches ausgebreitet und mit allen Aederchen künstlich ausgearbeitet ist, findet sich keine Erklärung.

Wir wissen auch nicht warum Diana auf einem Greife in die Luft getragen wird, wie dieselbe in einem Gemählde des Arigon vorgestellet war (d).

Man sehe wie grosse Mühe sich Tristan gegeben hat, vier Fische auf einer Münze des Nero zu erklären (e).

Was der Hase auf einem erhobenen Werke in der Villa Albani, welches einen Comicum vorstellet, und an dessen Grabmale bey Tivoli stand,

bedeuten

(a) Conf. la Cerda Com. in Virg. Aen. 1. v. 248.   (b) L. 1. p. 81. L 16.   (c) Il.
    ά v. 423. conf. Diod. Sic. L. 3. p. 144. ed. Wech.   (d) Strab. L. 8. p. 343.
    (e) Com. hist. T. 1. p. 213.

bedeuten solle, wird schwerlich anzugeben seyn, wo man nicht etwa sagen könnte, daß der Hase hier, wie bey den Aegyptern, ein Sinnbild eines scharfen Gehörs sey, welches ferner auf das Anhören der Theatralischen Stücke müßte gedeutet werden; aber diese Auslegung würde bey den Haaren gezogen seyn. Das beste wäre, die Deutung auf den Namen der Person des Herrn des Grabmals, welcher etwa Lagus geheissen, wenn derselbe ein Grieche gewesen, so wie ein Eber einen Feldmesser mit Namen Aper bedeutet, welches oben angezeiget worden. Salvini würde geneigt gewesen seyn, den Hasen auf das Wort Lepor zu deuten (a), welches eine gewisse Annehmlichkeit im Reden hieß. Unterdessen wissen wir eben so wenig, was der Hase auf Münzen der Stadt Reggio in Groß-Griechenland (b) bedeutet; dieses Bild gab Gelegenheit zu dem Sprichworte: Furchtsamer als die von Reggio (c).

Wir wissen auch nicht aus welchem Grunde Polycletus die Stadt Sparta in einer weiblichen Figur mit einer Leyer gebildet (d).

Ueber die Deutung des Sphinx auf Münzen der Insel Scio geben sich Spanheim und andere vergebliche Mühe (e). Die beste Auslegung deutet den Sphinx auf den Homerus und auf die Allegorie in dessen Gedichten, weil besagte Insel vor das Vaterland dieses Dichters gehalten wurde, wie sonderlich das Bild desselben auf Münzen von Scio bezeuget (f). Bey dieser Gelegenheit merke ich einen Sphinx an, welcher zu Spalatro in Dalmatien vor einen daselbst erhaltenen runden Tempel stand; es ist auch der Sphinx noch itzo zu sehen. Herr Clerisseau, in Rom, welcher alle alte Gebäude dieser Gegenden und durch ganz Italien genau untersuchet und gezeichnet hat, versichert mich, daß dieser Sphinx eine kleine Figur des Jupiters zwischen den Füssen gehalten habe, welche abgebrochen, ausgegraben worden, und an jemand aus dem Hause Grimani in Venedig gekommen sey.

Zu

(a) Cicalara, p. 8.   (b) Polluc. Onom. L. 9. Segm. 84.   (c) Hesych. v. Poγίnes.   (d) Pausan. L. 3. p. 255. l. 7.   (e) De praest. Num. T. 1. p. 247. Wise Num. Bodlej. p. 147. a.   (f) Wilde Num. p. 64.

Zu diesen verlohrnen Allegorien gehöret eine sehr seltene silberne Münze der Stadt Metapontus in Groß-Griechenland, welche sich in dem Museo des Duca Caraffa-Noja zu Neapel befindet, und einen Kopf eines schönen Jünglings in Profil mit langen Ohren und mit Widder-Hörnern hat. -

Von der zweyten Art verlohrner Allegorien ist die **Eintracht** (Ομό-νοια) welche als Göttinn in einem Tempel verehret wurde (a), ingleichen die **Erbarmung,** welcher sonderlich die Athenienser opferten (b). Ferner die Göttinn des **Fiebers,** die zu Rom einen Tempel hatte, und folglich auch ein Bildniß wird gehabt haben. Ingleichen die **Furcht** auf dem Schilde des Hercules (c): denn ob wir gleich wissen, daß dieselbe zu uralten Zeiten der Griechen und lange vor dem Flore der Kunst, auf dem Kasten des Cypselus mit einem Löwen-Kopfe gebildet gewesen (d), so war diese eine thätige und nicht leidende Furcht. Von Vorstellung der Göttinn Fides wissen wir nichts als was Horatius sagt, daß sie in weiß gekleidet worden.

Wie Apelles die **Gunst** vorgestellet (e), wissen wir nicht, so wenig als die Gestalt des Bildnisses des **Lachens,** welches der Spartanische Gesetzgeber Lycurgus in seiner Stadt setzen lassen (f).

Es findet sich keine Nachricht, wie der Mahler Aristophon die **Leichtgläubigkeit** gebildet (g). Eben so verhält es sich mit der **Meers-Stille,** die auf der Base der vier Pferde von vergoldeten Ertze saß, welche der berühmte Herodes Atticus in dem Tempel des Neptunus auf dem Isthmo bey Corinth setzen ließ (h).

Die **Ruhe** muß allegorisch gebildet gewesen seyn, wie sich aus der Redensart, der Ruhe opfern, schliessen lässet (i). Vermuthlich hatte dieselbe einen Arm nachlässig auf ihr Haupt geleget, wie Apollo in der Villa Medicis, und ein anderer Apollo in der Villa Borghese, ingleichen der schöne Bacchus in der Villa Albani.

Von

(a) Apollon. Argon. L. 2. v. 720.   (b) Pausan. L. 1. p. 39. l. 17.   (c) Hesiod. Scut. Herc. v. 463.   (d) Pausan. L. 5. p. 425. l. 12.   (e) Banier Myth. T. 5. p. 311.   (f) Plutarch. Lycurg. p. 100. l. 14.   (g) Plin. L. 35. c. 40.   (h) Pausan. L. 2. p. 113. l. 21.   (i) Conf. Valeß in Ammian. L. 19. c. 11. p. 225. a.

Von der Vorstellung der τελετὴ, Einweihung zum geheimen Gottesdienste (nicht Geheimniß, wie es die Ueberseher geben,) welche neben des
Orpheus Statue zu Delphos stand (a), haben wir keinen Begrif.

Die Göttinn Thalassa (θάλασσα) oder das Meer, stand zu Corinth
neben der Statue des Neptunus und der Amphitrite von Erßt, und auf
dem Basamente eines anderen Werkes war eben diese Göttinn, welche ihre
Tochter die Venus hielt, in erhobener Arbeit (b). Auch von diesem Bilde
haben wir keinen deutlichen Begrif. Die Ueberseher haben die Worte
θάλασσα δ᾽ἀνέχουσα Αφροδίτην παῖδα gegeben, Mare et ex eo emer-
gens Venus, welche Auslegung wider die Regeln der Sprache streitet,
wie ein jeder siehet.

Die Tugend allgemein genommen, soll ihr eigenes Bild gehabt haben, welches wir aber nicht wissen: denn was der alte Ausleger des Sta-
tius sagt, nemlich daß dieselbe aufgeschürzet gemahlet worden, giebt keinen
Begrif, weil Diana und die Amazonen eben so erscheinen. Es stehet zwar
eine Figur auf der Vergötterung des Homerus im Pallaste Colonna unter
einen Haufen anderer Figuren mit dem Namen APETH, die Tugend, welches Wort vermuthlich von der Güte der Gedichte des Homerus zu verstehen ist; aber ausser daß man nicht weiß, zu welcher von vier Figuren dieses Wort gehöre, so hat diejenige, die dafür genommen wird, kein Unter-
scheidungs-Zeichen. Sophocles führet dieselbe mit Oel gesalbet und rin-
gend auf (c). Bey den Alten würde es also einigen Begrif gegeben haben, dieselbe in der Stellung eines Ringers in der Villa Medicis zu sehen,
welcher von oben her Oel über sich ausgiesset, itzo aber ist dieses unbedeu-
tend; daher ohne besagte Nachricht vom Sophocles, das Bild der Tugend, welches Daniel Heinsius auf dem Titel-Blatte der von ihm heraus-
gegebenen Griechischen Paraphrasis der Ethica des Aristoteles sehen lassen (d), nicht zu verstehen ist. Es hält dieselbe in der linken Hand ein
Gefäß mit einem engen Halse, welches vermuthlich ein Oel-Fläschgen

R 3   bedeuten

(a) Pausan. L. 9. p. 768. l. 15.   (b) Id. L. 2. p. 112. l. penult. p. 113. l. 9.
(c) Athen. Deipn. L. 15. p. 687. C.   (d) Aristotelis Ethicor. Nicomach.
Paraphrasis graece edita, et latine reddita a Dan. Heinsio, Lugd. Bat. 1607, 4-

bedeuten soll, und in der rechten Hand einen Zaum und Gebiß, welches einen Theil der Tugend, nemlich die Enthaltsamkeit, oder das Griechische ἀνέχου oder ἀπέχου anzudeuten scheinet; das Oel-Gefäß kann nur auf die Tugend in Homerischen Verstande gedeutet werden.

Das Volk von Athen war von Leochares, dem Meister eines berühmten Ganymedes, in einer einzigen Figur gebildet, welche neben dessen Jupiter stand (*a*), aber dieses Bild ist uns unbekannt. Auf Griechischen Münzen stehet um einen jungen Kopf die Umschrift ΔΗΜΟΣ, "das "Volk," und ΙΕΡΟΣ ΔΗΜΟΣ "das geheiligte Volk". Auf anderen Münzen lieset man bey einer bärtigen Figur, aber ohne beygelegte Zeichen, das Wort ΔΗΜΟΣ (*b*). Die Gewalt des Volks aber, oder die Democratie, und das Antheil desselben an der Regierung, könnte durch ein Gebund Stäbe mit zwey Beilen, auf die Art wie die Römischen Fasces waren, bedeutet werden: denn es findet sich dieses Zeichen auf einem geschnittenen Steine, mit der Ueberschrift des Griechischen Worts LAOC, "das Volk," und Bianchini (*c*) muthmasset hieraus nicht ganz ohne Grund, daß der Gebrauch dieser Stäbe bereits bey den Griechen üblich gewesen, und daß folglich dieselbe, vermöge des beygesetzten Worts, Volk, ein Bild des Volks, oder der Democratie gewesen.

(*a*) Pausan. L. 1. p. 4 l. 8. (*b*) Spanhem. de praest. Num. T. 1. p. 133.
(*c*) Ist. Vniv. p. 555.

Das zehente Capitel.

Von einigen guten und brauchbaren Allegorien der Neueren.

Die Allegorie ist in der Kunst unentbehrlich, und die Bezeichnung der Sachen und Länder, die den Alten unbekannt gewesen, neue Begebenheiten und vorfallende Gelegenheiten, erfordern neue Bilder. Von Ländern, welche den Alten unbekannt waren, ist Canada, welches mehr Biber als andere Länder hervorbringet, und es ist daher dieses Land auf einer Schau-Münze Ludwigs XIV. durch dieses Thier angedeutet: Auf einer Münze, welche in Engeland über die Eroberung dieser Provinz geprä̈get worden, ist eben dieses Thier das Symbolum desselben.

Die Allegorien, welche ich hier anzeige, sind in Werken neuerer Künstler entweder von diesen selbst erfunden, oder ihnen gegeben worden, und werden als ihre eigene Bilder angesehen. Es können mir einige, die eben so viel Recht gehabt hätten, gedacht zu werden, unbekannt geblieben seyn; ich glaube aber, daß die Anzahl von guten neueren Allegorien sehr geringe sey. Ich finde z. E. unter sehr vielen vom Zuccheri in dem Pallaste der Villa Este zu Tivoli gemahlten Sinnbildern, nicht ein einziges, welches mir merkwürdig geschienen; das Glück, welches auf einem Strausse reitet, ist besonders, aber ich kann die Deutung davon nicht finden.

Eine vergebene Arbeit bilden auf einer Holländischen Münze von 1633. die Töchter des Danaus, welche Wasser in ein Gefäß voller Löcher schöpfen (a).

Die Brüderliche Liebe ist an einem Hause in Augspurg, welches zween Brüder bewohnet, von Holzer, einem würdigen Künstler, unter der Fabel des Castor und des Pollux vorgestellet, indem dieser als der Unsterbliche mit jenem die Sterblichkeit theilete, um ihn wieder zum Leben zurück zu ruffen.

Die

(a) Van Loon Hist. Metal. des Païs-bas, T. 2. p. 211.

Die Erfindungen, wenn sie gemein und verächtlich werden, will der Canzler Baco in dem Bilde des Sphinx finden (*d*), welcher vom Oedipus auf einem Esel weggeführet wurde (*b*).

Die Erziehung der Kinder hat Pietro von Cortona an der Decke des grossen Saals im Pallaste Barbarini, durch einen Bären, welcher seine Jungen lecket, angedeutet. Das Bild aber von Erziehung eines Prinzen nahm Annibal Caro aus der Fabel des Chiron, welcher den Achilles erzog (*c*), da der Prinz von Parma Ottavio nach Frankreich zu den König Franz I. geschicket wurde, um von diesem grossen Prinzen zu lernen.

Der geschwinde Flug des Mercurius ist von Gio=Bologna in einer bekannten Figur desselben von Ertzte in der Villa Medicis durch einen Windes=Kopf vorgestellet, auf welchem die Figur mit einem Fusse stehet.

König Ludwig XIV. wurde im vierten Jahre seines Alters nach Ludwigs XIII. Tode, auf einer Schau=Münze auf einem Schilde gesetzt, gebildet, welchen Frankreich und die Vorsicht in die Höhe hält, mit der Ueberschrift: Ineunte regno. Dieses zielet auf den Gebrauch der alten Franken, die ihre neuen Könige auf einem empor getragenen Schild setzten, und also dem Volke zeigeten, welches denselben in dieser feyerlichen Handlung für ihren Herrn erkannte.

Eine ansteckende Krankheit und den üblen Geruch der Kranken hat Raphael in einer der schönsten Zeichnungen desselben in dem Pallaste Albani, wo die Pest abgebildet ist, durch eine Figur vorgestellet, welche anderen handreichet, und sich die Nase zuhält. Diese Zeichnung ist von Marco Antonio gestochen, und Poussin hat aus derselben diesen Gedanken genutzet in seinem Gemählde von der Plage der Philister an heimlichen Orten.

In der Liebe ist die Brunst ein besonderer Begrif, welchen Correggio auf dem berühmten Gemählde der Jo, das ist, in dem Genusse der Liebe des Jupiters mit derselben, durch einen Hirsch ausgedrücket hat, der aus einem Bache trinken will. Dieses ist eines der schönsten Bilder in Gemählden

(a) De sap. vet. p. 180.   (b) Tzetz. Schol. Lycophr. v. 7.   (c) Lett. L. 2.
p. 200. ed. 4.

mählden neuerer Zeiten: denn es mahlet dasselbe die Worte des Psalmisten: Wie der Hirsch schreyet nach frischem Wasser; und das Schreyen des Hirsches heißt im Hebräischen etwas sehnlich und brünstig verlangen, und ist ein Wort, welches allein von Hirschen gebrauchet wird. Unter den Zeichnungen des Prinzen Albani ist auch dieses Stück; der Zeichner desselben aber hat diesen Gedanken so wenig verstanden, daß er geglaubet hat, einen todten Hirsch zu sehen, von welchem er den Kopf allein angezeiget hat; das Wasser ist nicht einmahl angedeutet. Bey dieser Gelegenheit merke ich den schönen Gedanken dieses grossen Künstlers in dessen Flucht in Egypten an, welches Gemählde insgemein Madonna alla scodella genennet wird, weil das Christ-Kind eine Schale (scodella) in der Hand hält. Es zeiget dasselbe seine Befremdung über Menschen von einer dunkelern Farbe als in Palästina waren, um Egypten anzudeuten, wohin die Flucht geschahe. Man findet dieses Stück mehr als einmahl wiederholet, und wie man vorgiebt von der Hand eben desselben Meisters: eines wurde dem höchstsel. Könige in Pohlen von dem Herrn Cardinale Aler. Albani geschencket, weil es in Rom vor ein wahres Original erkannt war; In Dreßden aber behauptete man das Gegentheil, und daher ist es, so viel ich mich entsinne, nicht in der Königlichen Gallerie aufgehänget worden.

Jenes Bild suchte Carlo Fontana nicht minder schön anzuwenden: denn da 1693. die grosse Urne von Porphyr, die zu Kaysers Otto II. Begräbniß gedienet hatte, in einem Taufstein der St. Peters-Kirche verwandelt werden sollte, würde nach besagten Baumeisters Gedanken dieses alte Werk auf vier Hirsche von Ertze geruhet haben, auf das Schreyen des Hirsches nach frischem Wasser zu deuten, und ferner auf das Verlangen nach der Taufe zu zielen (a). Es ist dieser Gedanke aber nicht ausgeführet.

Die Mahlerey hat Chambray auf dem Titel-Blatte seiner Vergleichung der alten und neuen Baukunst durch eine weibliche mahlende Figur vorgestellet, welche den Mund mit einer Binde verbunden hat, anzudeuten, daß dieselbe, wie Simonides, der alte Dichter, sagte, eine stumme Dichtkunst sey (b). Mnemo-

(a) Bonan. templ. Vatic. p. 103.   (b) Plutarch. πῶς ἂν τίς διαχρίνοιε τὸν κόλ. p. 100.
l. 16. τοτ. Αδητ: κατα πολ. ἡ κατα τοφ: ἐνδοξ: p. 617. l. 30.

Mnemosyne, die Mutter der Musen ist vom Herrn Ritter Mengs zuerst in seinem Parnaß an der Decke der prächtigen Gallerie des Pallastes in der Villa des Herrn Card. Alex. Albani vorgestellet. Sie sitzet auf einem Sessel, mit den Füssen auf einem niedrigen Schämel ὑποπόδιον, (Scabellum) und rühret ihr Ohr-Läppgen an, als eine Anspielung auf ihren Namen, weil wenn man vor Alters eine Person an das Ohr fassete, dieses ein Zeichen der Erinnerung war, wie im dritten Capitel gedacht ist. Ihr Haupt ist etwas gesenkt, mit niedergeschlagenen Augen, um nicht durch umherstehende Vorwürfe das Zurückrufen abwesender Dinge in das Gedächtniß, zu stöhren. Mit der anderen Hand, die wie bey Personen, welche im Nachdenken begriffen sind, nachläßig in ihrem Schooße lieget, hätte sie auch einen Zepter, welchen ihr Homerus giebt, oder einen Wurfspieß, wie es eigentlich heißt (a), halten können.

Die Nichtigkeit und den Unbestand menschlicher Dinge können Seifen-Blasen bilden, wie auf dem schönen Pastel-Gemählde einer Griechischen Tänzerin, in Lebens-Größe und auf Holz, welches gedachter große Künstler nebst einem Griechischen Philosophen von gleicher Größe für den Marquis Croixmare in Paris, gemahlet hat.

Die unbekannten Quellen des Nils sind an der Fontana auf dem Platze Navona zu Rom in der Figur dieses Flusses durch ein Gewand, womit derselbe sein Haupt verhüllen zu wollen scheinet, sinnreich angedeutet. Dieses Bild bleibet noch bis itzo wahr: denn die wahren Quellen des Nils sind noch nicht entdecket (b).

Den Schlaf hat Algardi nebst dem schlafenden Kinde von schwartzen Marmor mit Mohn-Häuptern, in der Villa Borghese, durch eine Feld-Maus (Glis, Ghiro) bedeutender zu machen gesucht, weil dieses Thier den gantzen Winter hindurch schlafen soll (c). Dieses Thier ist von denenjenigen, die dieses Werks gedenken, so wenig als vom Bellori im Leben des Algardi (d), bemerket.

Das

(a) Hymn. Merc. v. 457.   (b) D'Anville Diss. sur les Sources du Nil, dans les Mem. de l'Acad. des Inscr. T. 26. p. 46.   (c) Martial. L. 3. ep. 58. L. 13. ep. 59.   (d) Vite de' Pitt. p. 399.

Das eilfte Capitel.
Versuch neuer Allegorien.

Diejenigen Allegorien, welche ich vorschlage, sind zum Theil nicht wirk-
lichе Bilder, können aber solche werden, und andere kann man als
Anzeigen dazu ansehen, und mit dieser Erklärung wollen dieselbe, auch nach
dem Satze der alten Weltweisen, daß eine Sache so viel Wahrheit annimmt,
als die Materie erlaubet, beurtheilet werden. Ich bin niemahls der Meinung einiger Scribenten gewesen, daß man nach Art der Kaufleute handeln
müsse, die ihren Käufern gute und schlechte Waaren vorlegen, und diesen
die Wahl lassen: wenn ich daher scheinbare Kleinigkeiten angebracht habe,
so bedenke man, daß dasjenige, was mir die einzlge bekannte Statue der
Leucothea kenntlich gemacht, ein blosses Band von zween Finger breit ist,
und daß die einzige Figur der Nemesis in Marmor sich durch einen von der
Brust in die Höhe gehaltenen Zipfel ihres Gewandes entdeckte.

* * *

Die Antipathie oder die natürliche Abneigung eines gegen den andern
kann durch einen Löwen und einen Hasen, und durch einen Elephanten und
ein Schwein angedeutet werden, weil diese Thiere eins dem andern widerwärtig sind (a).

Neben dem Bilde eines Arztes könnte ein liegender und eingeschlä-
ferter Cerberus, wie Virgilius vom Aeneas dichtet, anzeigen, daß die
Wissenschaft eines grossen Arztes auch so gar diesen Wächter der unterirrdischen Orte betäuben, und Kranke, die gleichsam bereits die Pforten der anderen Welt betreten haben, wiederum zurückruffen könne. Man könnte
ein Bildniß eines Arztes auch durch die Fabel des Orpheus und der Euri-
dice mahlerisch machen.

Einen Astronomum könnte, ausser dem Atlas, auch Bellerophon
auf dem Pegasus bilden, da selbst diese Fabel von einigen alten Scribenten
auf

S 2

(a) Plutarch. περὶ Θεῶ. p. 953. l. 25.

auf die Betrachtung des Himmels und der Gestirne, mit welcher sich dieser Held beschäftiget, gedeutet wurde (a). Es ist auch die Fabel des Endy=mions vom Plato von dessen Betrachtung des Himmels erkläret.

　Warme Wasser und Bäder waren alle dem Hercules gewidmet (b) und können durch dessen Bildniß bezeichnet werden.

　Das Bild der Bestürzung kann ein Rehe seyn, welches, wenn es im Laufen einen Menschen gewahr wird, stehen bleibet, und sich weder vor=wärts noch zurück zu gehen getrauet, so wie Homerus selbst einen bestürzten Menschen mit einem stutzigen Rehe vergleichet (c).

　Der Betrug in Vorstellung einer Person, welcher man nicht gewach=sen ist, könnte durch eine grosse Larve (welche bey den Alten insgemein den ganzen Kopf bedeckten) über ein kleines Gesicht gesetzt, angedeutet werden. Auf dieses Bild bringet mich ein Kind von Marmor in der Villa Albani, welches innerhalb einer grossen bärtigen Tragischen Larve stehet, und eine Hand durch die Oefnung des Mundes hervor stecket.

　Eine Braut nach der ersten Hochzeit=Nacht könnte man durch ein Mädgen vorstellen, die ihren aufgelöseten Gürtel der Diana weiset.

　Das Bild eines Criticus könnte entfernter Weise von den Wagescha=len des Jupiters beym Homerus genommen werden, auf welchen er das Schicksal des Hectors und des Achilles abwiegt; näher aber von einem Apollo auf einer Hetrurischen Patera von Ertzt, welcher das Geschick ge=dachter zween Helden in kleinen Figuren auf den zwo Schalen einer Wage durch den Mercurius abwägen lässet, und mit einer aufgehobenen Hand das richtige Verfahren hierbey dem Mercurius anzubefehlen scheinet. Es ist bekannt, daß die Gelehrten (Mercuriales viri) den Schutz dieser Gott=heit zu geniessen glaubeten, und daß derselbe die Aufsicht über Wagen und Gewicht hatte.

　Der unwissende Dünkel könnte aus dem Sprichworte Ἀκίϑα τὴν Σειρῆνα μιμουμένα, "Der Specht, welcher es der Sirena nachmachen will (d), gebildet werden.

Die

(a) Anonym. de incredib. c. 13. in Gale Opusc. Myth. 12. p. 512. F.　　(c) Il. ϰ'. v. 243, χ'. v. 1. L. 2. c. 10. p. 6. C. ed. Carter.

(b) Athen. Deipnos. L.

(d) Galen. de different. pulf.

Die demüthige Ehrfurcht gegen Gott kann nach dem Begriffe derjenigen vorgeſtellet werden, welche die Kränze, womit ſie die Statue einer Gottheit krönen wollten, zu deren Füſſen legeten, wenn ſie nicht an das Haupt derſelben reichen konnten.

Die Ehre könnte durch ein Opfer bedeutet werden: denn es wurde der Ehre allein mit entblöſtem Haupte geopfert.

Der Eid kann in Königen der alten Geſchichte durch Aufhebung ihres langen Zepters angezeiget werden: denn dieſes war der Gebrauch bey Eidſchwüren (a).

Eine ungegründete und betrügliche Einbildung kann vom Ixion genommen werden, welcher glaubte in den Armen der Juno dieſelbe zu genieſſen, da er an deren Stelle nur eine Wolke hatte.

Zween vermeinte Erfinder einer und eben der Sache drücket das Sprichwort Κοινός Ερμῆς aus, und es könnten ſolche durch zwo Perſonen, beyde ein Bild des Mercurius haltend, vorgeſtellet werden.

Die Dankſagung an den Erretter eines Volks kann das Bild auf einer ſehr ſeltenen Schau-Münze des Commodus, in der Vaticaniſchen Bibliothec ſeyn, wo die Bewohner des Aventiniſchen Berges in Rom dem Hercules die Hand küſſen, nachdem er den Cacus erſchlagen, welcher ihnen vielen Schaden zugefüget hatte (b). Ein gleich bedeutendes Bild ſind die Athenienſiſchen Knaben und Mädgens, die dem Theſeus, nachdem er den Minotaurus erleget hatte, die Hand küſſen, ſo wie dieſes auf einem Herculaniſchen Gemählde vorgeſtellet iſt.

Ein Fiſch, welcher weder Stimme noch Gehör hat, könnte das Bild eines Stummen und Tauben ſeyn.

Das Bild eines Friedens, welcher durch die Liebe, oder durch eine Heyrath zwiſchen den kriegenden Theilen befeſtiget worden, könnte aus dem Petronius genommen werden, wo er ſaget, daß die Tauben in dem Helme eines Kriegers ein Neſt gemachet

Militis in galea nidum fecere columbae;
Adparet Marti quam ſit amica Venus.

S 3　　　　　　Von

Von zwo Frieden schließenden Personen könnte die eine einen Caduceus hal=
ten, und die andere einen Thyrsus, weil dieser eigentlich ein Spieß war,
dessen Spitze in Blättern umbunden versteckt lag, anzuzeigen, daß er nicht
verletzen solle (a).

Das Sinnbild einer heroischen Freundschaft, kann Theseus und des=
sen Freund Pirithous seyn, welche sich einander die Hände geben, und ei=
nen ewigen Bund unter sich machen. Theseus hält eine Käule, nach Art
der Helden, und in Nachahmung des Hercules, welchen er sich zum Mu=
ster vorstellete, und kann kenntlich gemachet werden, durch kurtz abgeschnit=
tene Locken auf der Stirne, welches der einzige Grund ist, in einem schö=
nen jugendlichen Kopfe auf einem geschnittenen Steine einen Theseus zu
finden (b).

Das Frühzeitige von aller Art, auch wenn vom Verstande die Rede
ist, kann durch eine frische Mandel in ihrer grünen Schale bezeichnet wer=
den, weil dieselbe früher als alle andere Baum=Früchte reif wird. Das
hebräische Wort שקד dieser Frucht, heißt mit eben den Buchstaben, früh=
zeitig reif werden und die Mandel ist daher selbst in der Heil. Schrift ein
Sinnbild der frühzeitigen Reife (c).

Die Furchtsamkeit kann sich zeigen in dem Bilde eines Kriegers,
welcher den Schild vor sein Gesicht hält. Dieses nehme ich aus der Re=
densart des Hesiodus (d) von denen welche ihren Kopf nicht unter dem
Schilde verstecken: denn in den Schildern der Alten pflegte ein kleines Loch
zu seyn, durch welches man bedeckt seinen Gegner sehen konnte (e).

Der Genuß des Vergnügens nach überstandener Arbeit kann in dem
Bilde des Simsons vorgestellet werden, welcher in dem Rachen des von
ihm bey Thimnath erlegten Löwens Honig fand, so wie dieses Bild auf ei=
ner spanischen Münze siehet, mit der Ueberschrift: Dulcia sic meruit (f).

Ein Gereiseter Mann, oder der viele und große Reisen gemachet,
kann einen Storch zum Sinnbilde haben: denn dieses wurde nach dem

Stra=

(a) Virg. Ecl. 5. v. 31.　　(b) Canin. Imag. n. 1.　　(c) Bochart Phal. et Can.
p. 628.　　(d) Scut. Herc. v. 24.　　(e) Eurip. Phoeniss. v. 1395.
(f) Van Loon Hist. Metal. des Païs-bas, T. 2. p. 192.

Strabo (a), durch einen Storch, wegen der entfernten Züge desselben bezeichnet, wenn er angiebt, daß der eigentliche Name der Pelasger (πελασ-
γοὶ) Πελαργοὶ gewesen, von πέλαργος der Storch, weil diese Völcker weit
herum geschweifet.

Die Geringschätzung könnte durch eine Feige ausgedrücket werden,
wenigstens in warmen Ländern, wo ein Ueberfluß dieser Frucht ist: denn
man sagt im Sprichworte: "ich achte es nicht einer Feige werth; es gilt
keine Feige". Der bekannte Alex. Tassoni ließ sich mit einer Feige in der
Hand mahlen, welche anzeigen sollte, daß er von Diensten, die er großen
Herren geleistet, keinen Vortheil gezogen, der nur einer Feige werth sey (b).

Die Gleichgültigkeit in Glück und Unglück könnte in gewisser Maße
eine comische und eine tragische Larve in der Hand der Person, welcher
man jene Eigenschaft beyleget, angedeutet werden, nach den Worten des
Horatius

　　　　　Personamque feret non inconcinnus vtramque.

Es könnte auch ein anderes Gleichniß des Dichters in diesen Worten

　　　　　Ducimur ut nervis alienis mobile lignum

angewendet werden, in Abbildung einer Marionette, oder eines hölzernen
Gliedermannes, wie ihn die Mahler zum Gewänder legen gebrauchen, einen Menschen anzuzeigen, welcher sich nach Belieben von andern regieren
lässet.

Die Glückseligkeit könnte ein Schiff mit vollen Segeln ausdrücken,
nach bekannten Redensarten dieses Begriffs in beyden gelehrten Sprachen.

Griechenland ist sehr schwer vorzustellen, und die Figuren einer und
der andern griechischen Provinz auf römischen Münzen sind auch an sich selbst
nicht bedeutend genug; es kann aber die Figur dieses Landes in unzähligen
Vorfällen nöthig seyn. Wie wenn man sich an den Namen der Griechen
Ἕλληνες, Hellenes, hielte (obgleich in den ältesten Zeiten nur allein die
Thessalier also hiessen) und denselben in einem Medaglione auf der Brust
der Figur durch Helle und Phryxus andeutete, welches Bild aus einem
herculanischen Gemählde könnte genommen werden (c)?

　　　　　　　　　　　　　　　　　　　　　　　　　　　Eine

(a) Geogr. L. 9. p: 397. A.　　(b) Lettera di Fontanini premessa alle Annot. di
Tassoni sopra il Vocab. della Crusca, Venez. 1698. fol.　　(c) Pitt. Ercl. T. 3. tav. 4.

Eine glückliche Heyrath könnte in der Figur der Vermählten vorgestellet werden, welche der Fortunae muliebri (die sitzet und mit dem linken
Arme ein Horn des Ueberflusses hält, und mit der rechten Hand einen Stab
auf eine Kugel setzet) einen Krantz aufsetzet.   Dieses konnten allein die neu
Vermählten thun, und es war Witwen nicht erlaubet.

Die größte Hitze könnte durch ein Heupferd auf einem Baume angegeben werden, weil diese Thiere sich alsdenn hören lassen, und Nicander
sagt; "die Zeit ehe die Heupferde schreyen"(a), um die Zeit vor der Hitze
anzugeben.

Das neue Jahr könnte ein großer Nagel bedeuten, welchen eine Figur an einem Tempel einschlägt.   Dieser Nagel, Clavus annalis genannt,
wurde in Rom zu Anfang eines jeden Jahres von dem Prätor eingeschlagen,
und war die römische Zeitrechnung, da man noch nicht zu schreiben verstand.
Diese Gewohnheit wurde hernach aus Verehrung des Alterthums beybe-
halten.

Aus dem was der ältere Scaliger an einem Orte sagt(b), könnte das
Zeichen der Jungferschaft bildlich gemachet werden.   Die verlohrne
Jungferschaft wäre durch folgendes Bild sinnlich zu machen.   Zu Lanu-
vium in Latio war eine Gewohnheit, daß alle Jahre ein junges Mädgen
mit verbundenen Augen einer Schlange auf einer Schale einen Kuchen reichen mußte, welchen die Schlange nicht annahm, wenn das Mädgen nicht
mehr Jungfer war, und alsdenn machten sich die Ameisen an den Kuchen (c).
Hier könnte auch ein Gedancke aus den griechischen Scribenten vom Acker-
bau dienen, welche vorgeben, daß die Bienen sich an keine Jungfer machen, sondern nur an Frauen oder an liederliche Weiber.

Die Mahlerey welche im vorigen Capitel in dem Bilde der stummen
Dichtkunst angeführet worden, wo ihr der Mund verbunden ist, und vielleicht eben deswegen nicht allgemein gefallen könnte, würde in Absicht des
vornehmsten Endzwecks dieser Kunst, nemlich der Nachahmung zu betrachten seyn.   Dieses könnte in der Figur der Mahlerey eine junge schöne Lar-

ve

(a) Therinc. v. 380.   (b) Comm. in Arist. hist. animal. L. 1. p. 181.   (c) Pro-
pert. L. 4. el. 8. v. 3. 4.

ve andeuten, welche sie, wie die Tragische Muse, auf dem Kopfe liegen hät=
te, und so wie Amphitrite einen Seekrebs hat.   Auf der Brust könnten
ihr die Gratien, wie eine Münze hängen.   Wollte man dieses Bild völlig
in der Idee des Alterthums mahlen, so kann kein Farben=Bret statt finden,
sondern es müßten kleine Gefäße mit Farben angedeutet werden, wie auf
einem vom Bellori zu Anfang der alten Mahlereyen, angebrachten erhobe=
nen Werke.   Der Mahl=Stab, auf welchem die Hand im Arbeiten ruhet,
war vor Alters, wie itzo, gebräuchlich, und hieß ῥαβδίον (a).

Die glückliche Niederkunft einer Prinzeßin könnte durch die Göttin
Jlithya (Εἰλειθυα) von den Römern Lucina genannt, bildlich gemachet
werden.   Es war dieselbe zu Aegium mit beyden ausgestreckten Armen vor=
gestellet, so daß sie in der einen eine Fackel hielt (b), und da beym Home=
rus mehr als eine Jlithya ist, welche Töchter der Juno waren (c), so kann
dieses ein reiches Bild veranlassen.

Die Nothwendigkeit wäre aus dem Horatius mit einem strengen
Gesichte, mit einer gebietherischen Hand und mit großen Nägeln und Keilen,
vielleicht auch mit einem Joche in der Hand zu bezeichnen.

Ein Bild der göttlichen Rache könnte aus dem was Leo von Byzanz
zu jemand sagte, der ihm über sein schlechtes Gesicht spöttisch begegnete, ge=
nommen werden.   Du spottest sagte er, über ein menschliches Gebrechen,
und trägest die Nemesis, die Vergeltung und die Rache, auf dem Rü=
cken (d).   Auf diese Art vorgestellet, würde es vielleicht kein angenehmes
Bild werden; es könnte aber Nemesis dem Verbrecher, welchen sie erreichet,
eine Hand auf die Achsel legen und anhalten.   Das Bild der Nemesis ist
im zweyten Capitel gegeben.

Ein Rechtsgelehrter könnte vor dem Tempel des Apollo oder neben
dessen Statue sitzend, und denen die ihn befragen, antwortend vorgestellet
werden: denn bey dem Tempel gedachter Gottheit pflegten die römischen
Rechtsgelehrten ihren Clienten Gehör zu geben (e).

Einen

(a) Plutarch. περὶ τ̃ ὑπὸ τῦ θειυ βραδ̛. τιμωρ: p. 1007. l. 21.   (b) Pausan. L. 7.
p. 582. l. 35.   (c) Il. λ´. v. 270. Phurnut. de nat. deor. c. 34. p. 233.
(d) Plutarch. πῶς ἄν τις ὑπ᾽ ἐχθρ. ὠφιλ: p. 153. l. 28.   (e) Schol. Iuvenal.
Sat. I. v. 128.

T

Einen Religions = Spötter könnte Hercules bilden, welcher dem Apollo seinen Dreyfuß nimmt, da ihm dieser nicht nach seinem Sinne antwortete. Dieses ist zweymahl in älteren griechischen Stil gearbeitet, in der Villa Albani, ingleichen in dem Museo Nani zu Venedig (a), und auf einem dreyseitigen Basamente unter den Alterthümern zu Dreßden.

Die unverhoffte Rettung in augenscheinlicher Gefahr kann die Begebenheit eines jungen Lesbiers bilden, welcher um seine Liebste im Wasser zu retten, selbst hinein sprang, und Gefahr lief, zu ertrincken, da er ein schwimmendes Gefäß mit der Beyschrift: ΔΙΟΣ ΣΩΤΗΡΟΣ, des rettenden Jupiters, ergriff, auf welchem er das Ufer erreichete (b); dieses Gefäß kann wie eine Amphora von gebrannter Erde gestaltet seyn. Hierauf kann die Liebe auf geschnittenen Steinen zielen, welche auf einem solchen schwimmenden Gefäße fähret (c).

Dem Bilde eines gerechten Richters könnte eine Figur ohne Hände zugegeben werden, wie die Statuen der Richter zu Theben in Aegypten waren, anzudeuten, daß sie kein Geschenck angenommen (d).

Die Ruhe nach überstandener Arbeit kann in dem ruhenden Hercules (ἀναπαυόμενⓈ) gebildet werden, so wie derselbe auf geschnittenen Steinen ist, und von Annibal Caracci an der Decke eines Zimmers im Pallaste Farnese gemahlet worden.

Eines Schwätzers Symbolum kann eine Schwalbe seyn: denn dieselbe heißt die Schwatzhafte beym Anacreon und Simonides (e).

Vielmahls habe ich die Semiramis gemahlet gesehen, aber niemahls deutlich genug bezeichnet, welches durch eine wilde Taube hätte geschehen können: denn dieses war die Bedeutung ihres Namens (f).

Daß die mehresten Siege Kinder weniger der Tapferkeit, als der List und des Betrugs sind, wie die Alten sagten, könnte einiger maßen durch eine Larve vor dem Helme auf einem Sieges = Zeichen gesetzt ausgedrücket werden:

(a) Paciaudi Monum. Pelopon. Vol. I. p. 114.　　(b) Athen. Deipn. L. 11. p. 466. D.
(c) Descr. des Pier. gr. etc. p. 141.　　(d) Plutarch. If. et Ofir. p. 632. l. 21.
(e) Tzetz. Schol. Hefiod. p. 88. l. 2.　　(f) Bochart Phal. et Can. p. 740.

werden: denn man ſagt auch im gemeinen Reden, die Larve der Liſt vorhängen, Veſtire la maſchera dell' aſtuzia.

Zu Bedeutung des **Sommers** und ſonderlich des Auguſt-Monats
könnte ein Adler dienen, welcher ſeine Jungen zum Fliegen anführet: denn
der Adler hecket zu Anfang des Frühlings, brütet dreyßig Tage, und deſſen
Jungen ſind allererſt im ſechſten Monate nach ihrer Ausbrütung, das iſt,
im Auguſte zum Fliegen geſchickt, und ſich ihren Raub zu ſuchen, welches auch
Horatius nach der verbeſſerten Leſart deſſelben anzeiget:

Verniſque iam nimbis remotis
Inſolitos docuere niſus (a).

Einen **Spartaner** könnte ein gewafneter und tanzender Krieger abbilden, weil dieſelben tanzend zur Schlacht giengen, und auf ihrem Grabe ſetzen
ließen, daß ſie tapfer eine Schlacht getanzet. Da dieſe Gewohnheit aber auch
bey den Chalybern und bey den Corpeſiern einem Volke in Iberien war (b),
ſo würde der Spartaner durch eine Schlange auf ſeinem Schilde und durch
rothe Kleidung zu beſtimmen ſeyn, ſo daß er der Liebe opfert, welches allein
die Spartaner thaten, ehe ſie zur Schlacht giengen (c); andere reden von
einem Opfer an die Muſen (d). Ein Athenienſer würde durch ein goldenes Heupferd in den Haaren über der Stirne (e) kenntlich werden.

Das Bild einer unbeweglichen und ungeſtörten **Stille** des Geiſtes
könnte ein runder und allenthalben offener Tempel auf Säulen ſeyn, mit
einem Altare in der Mitten, an deſſen Friſe die Ueberſchrift: IVNONI LA-
CINIAE die Deutung deſſelben zeigen würde. Die Alten geben von dieſem
Tempel bey Croton in Groß-Griechenland vor, daß der Wind die Aſche
auf dem Altare niemahls zerſtreuet, obgleich der Tempel völlig von allen Seiten offen war (f).

Der dumme **Stolz** über eine unverdiente Ehre, die man nicht der
Perſon, ſondern deſſen Titel erzeiget, iſt in der Fabel des Eſels welcher mit
der Statue einer Gottheit beladen gieng vorgeſtellet, die das Volck anbete-
te, der Eſel aber eignete ſich dieſe Ehre zu (g). Ein Eſel mit heiligem Gerä-

T 2

the

___

(a) Carm. L. 5. Od. 4.　　(b) Liv. L. 23. c. 26.　　(c) Athen. Deipn. L. 13. p.
561. E.　　(d) Plutarch. περὶ ὀργῆς. p. 815. l. 19.　　(e) Athen. Deipn.
L. 12. p. 512. C.　　(f) Plin. L. 2. c. 111.　　(g) Gabr. Fab. 6.

the belaben war in eben der Deutung ein Sprichwort bey den Griechen, von den Eseln genommen, die zu dem Eleusischen Feste die Geräthe trugen (a).

Die Trauer über Verstorbene könnte auf den Kleidern durch zween griechischen Buchstaben Θ. K. angedeutet werden. Diese Buchstaben hies= sen θεοῖσ καταχθονίοις, den unterirrdischen Göttern, aber auch θανάτᴜ und κεραυνᴂ, des Todes und des Blitzes. Kleider welche nicht mit diesen Buchstaben bezeichnet waren, hiessen Vestes purae. Der Buchstaben Θ bedeutet auf Inschriften eine Person die gestorben ist (b).

Die Tugend welche als ein allgemeiner Begriff schwer vorzustellen ist, könnte durch den bekannten Spruch Μηδὲν ἄγειν, Ne quid nimis, auf einem Täfelgen einiger maßen angezeiget werden: Denn die Tugend be= stehet in dem Mittel zwischen zwey äußeren Enden unserer Handlungen (c).

Die Tulipane könnte einen Menschen bilden helfen, welcher schön von Gestalt ist, aber ohne andere Verdienste, so wie diese schöne Blume, welche keinen Geruch hat; es ist auch die Tulipane in der italienischen Spra= che ein bildliches Sprichwort eines solchen Menschen.

Die Vergessenheit kan durch den Fluß Lethe angedeutet werden, in der Gestalt eines Flusses, auf dessen Urne das Wort ΛΗΘΗ gesetzt werde, und die Unbeständigkeit durch den Chamäleon, aus bekannten Grunde.

Ein Verläumder könnte mit einem K auf der Stirne kenntlich gema= chet werden, welchen Buchstaben die Römer denen die gerichtlich der Ver= läumbung waren überführet worden, auf der Stirne brannten (d): denn Calumnia wurde vor Alters mit einem K geschrieben. Einige sind der Meynung daß diese Strafe im Lege Remmia verordnet worden (e).

Eine dumme Verwunderung könnte durch eine Nacht=Eule, um welche andere Vögel herum fliegen, angezeiget werden: denn dieses Fliegen heißt nach dem Aristoteles (f) θαυμάζειν, verwundern (g).

Ulysses

(a) Schott. Proverb. pag. 497.　　　(b) Hist. de l'Acad. des Inscr. T. 5. pag. 288.
(c) Dionys. Hal. Ant. R. L. 8. p. 508. l. 44　　(d) Cic. Or. pro Rosc. c. 20. Iu=
lian. in Μισοπώγ. p. 360.　　　(e) Heinec. Ant. R. ad. Inst. L. 4. tit. 16. §. 3.
(f) Hist. anim. L. 9. c. 1.　　　(g) Conf. Bochart. Hieroz. L. 1. c. 9. p. 66.

Ulyſſes kann durch einen Delphin auf ſeinem Schilde deutlicher ge=
macht werden (a), woran weder alte noch neue Künſtler gedacht haben,
und über dieſem Delphin, ſo wohl, als wo derſelbe auf Münzen und in an=
deren Denkmaalen angebracht iſt, kann Bianchini nachgeleſen werden (b).

Ein Undankbarer könnte nach dem Bilde einer griechiſchen Sinn=
ſchrift (c) durch eine Figur, welche die Gratien aus einem Gefäße auf die
Erde ſchüttet, ſinnlich gemachet werden.

Ich füge dieſen Bildern noch andere bey, die ſich nicht füglich in die
Alphabetiſche Ordnung bringen laſſen. Wenn man einen Ort anzeigen
wollte, worauf gleichſam der Fluch geleget iſt, und den die Götter verlaſ=
ſen, könnte die Nachricht des Scholiaſten des Aeſchylus genützet werden,
welcher anzeiget, daß kurz zuvor ehe Troja eingenommen worden, die Göt=
ter ſelbſt ihre eigene Bilder auf der Schulter davon getragen (d).   Es
kann zum Gedächtniße eines weiſen Mannes ein ſchönes Bild werden, was
Aelianus anzeiget, daß, da der Philoſoph Anaxagoras, des Socrates Mei=
ſter, zur göttlichen Ehre erhaben worden, ihm zween Altäre, der eine mit
dem Namen des Verſtandes (Mentis) der andere mit dem Namen der
Wahrheit aufgerichtet wurden. (e).

Ich will ferner verſuchen zu einigen Bildern in öfteren Vorfällen An=
ſchläge zu geben, welche ebenfalls aus alten Denkmaalen genommen ſind,
ſo daß dieſe Gedanken daher dem Künſtler nicht ſchwer zu entwerfen ſeyn
können. Nichts fällt Künſtlern und vornemlich Bildhauern öfter vor, als
ein Grabmal verſtorbenen Prinzen aufzuführen; warum ſuchet man hier
nicht nach Art der Alten zu denken? Zwey alte Werke geben ein reiches
und edles Bild zu ſolchen Denkmaale, welches füglich mit Begriffen der
Religion beſtehet. Das eine iſt die Vergötterung Kaysers Antoninus Pius
und der älteren Fauſtina in erhobener Arbeit, auf dem a Monte Citorio
aufgerichteten herrlichen Baſamente zu der Säule, die auf demſelben ſtand.
Dieſer Kayſer und deſſen Gemahlin werden auf einem geflügelten Genius,
welcher in der linken Hand die Himmels=Kugel hält, um die ſich eine

T 3   Schlan=

(a) Lycophr. v. 658. et Schol. ad h. loc.   (b) Iſt. Vniv. p. 350. ſeq.   (c) Anthol. L. 1. c. 30. ep. 4.   (d) Schol. in Aeſchyl. Sept. comr. Theb. v. 223.
(e) Var. hiſt. L. 8. c. 19.

Schlange als das Bild der Ewigkeit schlinget, in die Luft getragen, so daß
man von denselben nur die Brust-Bilder siehet; das übrige ihrer Figuren
ist durch die Flügel des Genius bedecket: auf beyden Seiten flieget ein Adler, welcher, wie im dritten Capitel gedacht ist, auf die Vergötterung zielet.   Der Genius stellet bey uns einen Engel vor.   Unten zur rechten
Hand sitzet die weibliche Figur der Stadt Rom mit erhabenen rechten Arme, zum Zeichen der Verwunderung: in dieser Figur kann das Land oder
die Haupt-Stadt angedeutet werden.   Auf der linken Seite sitzet niedriger
als jene eine halb nackte männliche Figur, die einen Obeliscus hält, um in
demselben ein ewiges Denkmaal (aere perennius, wie der Granit ist)
dieses Kaysers vorzustellen.   Dieses Basament ist auf vier Blättern in länglichen Folio von Franz Aquila gezeichnet und gestochen.   Wolte man zu
dem vorgeschlagenen Bilde nicht alles von diesem Werke nehmen, so kann
die Vergötterung der jüngeren Faustina auf einem größen erhabenen Werke im Campidoglio das Bild verändern.   Auf demselben brennet Feuer auf
einem Altare, welches ein Opfer an der vergötterten Person ist, und dieses
kann symbolisch auf die Dankbarkeit gedeutet werden, welche dem Andenken des würdigen Prinzen ein Opfer bringet, so wie Plinius in der Lobre-
de auf den Trajanus sagt; "in unseren Herzen, in unserer Seele sind Al-
"täre für dich aufgerichtet."   Dieses erhabene Werk stehet in den Admi-
randa von Bartoli gestochen.   Sollte dieses Bild gemahlt ausgeführet werden, findet sich nichts zu erinnern als allein über die Farbe der Gewänder.
Das fliegende Gewand des Genius kann himmelblau mit goldenen Ster-
nen seyn, womit die Alten vielmahls die Gewänder besetzeten.   Das Gewand der verstorbenen Person würde weiß seyn, das ätherische reine Wesen in dem jetzigen Zustande derselben anzudeuten.   Die Figur des Landes
oder der Stadt kann wie die Roma auf dem alten Gemählde in dem Pallaste
Barberini gekleidet werden, nemlich in weiß ihr Unterkleid, in roth ihr
Mantel oder Gewand.

    Ein allegorisch Bild einer hohen Vermählung kann die Heyrath des
Peleus und der Thetis auf der oben angeführten Begräbniß-Urne in der
                                                            Villa

Villa Albani geben, und zwar ſo, daß den beyden Heroiſchen Figuren, welche neben einander ſitzen, die Aehnlichkeit der vermählten Perſonen gegeben werde. Dieſes Bild kann ſehr reich werden, weil alle Götter hier erſchienen, und den Vermählten Geſchenke brachten. Auf unſerem Werke aber erſcheinen nur Vulcanus und Pallas; dieſer überreichet dem jungen Helde einen Degen; und jene einen Helm. Hinter ihnen folgen die vier Jahrs-Zeiten, und der Winter gehet voran, eine jede mit ihren Früchten, und zuletzt kommt Hymeneus mit Roſen bekränzt, welcher in der rechten Hand ein Gieß-Gefäß träget, und mit der linken eine Fackel auf der Achſel; dieſem leuchtet der Heſperus oder der Abend mit einer brennenden Fackel, nach der Gewohnheit der Alten. Da aber die Ausführung dieſes Bildes zu unſeren Zeiten der Mahlerey und nicht der Bildhauerey zufallen würde, ſo kommt es vornehmlich auf Angebung der Farben der Gewänder und des Geſchmucks an. Peleus, welcher als ein Held halb nackend iſt, kann das Gewand Lack-roth haben, den Purpur anzudeuten; der Thetis ihres, als einer Göttin der See, ſollte Meer-Grün ſeyn, wie es dem Neptunus gegeben würde (a); in dem alten Gemählde der Aldobrandiſchen Hochzeit aber, welche eben dieſe Vermählung vorzuſtellen ſcheinet, hat Thetis ein weiſſes Gewand, wider die Gewohnheit der Griechen, wo Braut und Bräutigam gefärbte Kleider trugen, wie Suidas aus dem Ariſtophanes bemerket (b), auch bey den Römern, war das Gewand der Braut (Flammeum) roth (c); des Vulcanus kurze Weſte würde eiſenfärbig zu machen ſeyn, der Hut deſſelben aber iſt Himmel-blau, wie im zweyten Capitel angezeiget worden, und die Pallas pfleget auf alten Gemählden das Unterkleid roth und den Mantel gelb zu haben. Den Jahrs-Zeiten kann einer jeden ein Gewand von bedeutender Farbe gegeben werden. Der Frühling kann das Unterkleid weiß und das Gewand roſenfarb haben, in Abſicht theils auf die Baum-Blüthe, welche mehrentheils weiß iſt, theils auf die Roſen, als die häufigſte Blume dieſer Jahrs-Zeit: das Unter-Gewand könnte auch grün ſeyn, die verneuerte liebliche Bekleidung der Erde im Frühlinge

(a) Phurnut. de nat. deor. c. 22. p. 193. (b) v. Ravra. (c) Salmaſ. in Scr.
Hiſt. Aug. p. 389.

linge anzuzeigen. Dem Sommer kann ein gelbes Unterkleid und ein him=
mel=blauer Mantel gegeben werden, durch diese Farbe auf die beständige
Heiterkeit des Himmels in dieser Jahrs=Zeit, sonderlich in warmen Län=
dern, zu deuten, wie durch das Gelbe auf die Farbe des reifen Korns und
der Ernde, so wie auch das Gewand einer Figur mit einer Harfe (ra-
strum) unter den Herculanischen Gemählden ist, welche man auf den Som=
mer deutet (a) . Der Herbst kann das Unterkleid von der Farbe der zu
welken anfangender Wein=Blätter (ἐηραμπέλινος) und das Gewand blut=
roth haben, in Deutung auf die Wein=Kelter. Dem Winter aber gehö=
ren braune und traurige Farben. Das Gewand des Hymeneus kann weiß
mit Blumen gestickt seyn, und der Hesperus kann dasselbe dunkel mit Stern=
chen besäet haben. Was die Farbe des Geschmucks und sonderlich das
Diadema betrift, so muß dasselbe, wenn man es dem Peleus geben will,
roth seyn, wie es ist an den Figuren der Gottheiten beydes Geschlechts auf
denen in der Vaticanischen Bibliothec aufbehaltenen colorirten Copien der
Gemählde, die ehemahls in den Bädern des Titus waren, und Purpur=
roth ist die Haupt=Binde der Critheis beym Philostratus (b), ob er gleich
dieselbe für ein Geschenk der Nereis oder der Nais hält, welche, sollte man
glauben, Himmel=blaue Bänder schenken würden. In der Beschreibung
der Herculanischen Gemählde ist an wenig Figuren die Farbe der Haupt=
Binde angezeiget, und ich kann mich also auf diese nicht beziehen: Eine
rothe Haupt=Binde hat daselbst eine vermeinte Himmlische Venus (c) .
Es ist aber diese Farbe nicht allgemein, wie die grüne Binde eines Apollo
zeiget, welcher, wie man an den Stiefeln (Cothurnus) siehet, auf der
Jagd ist (d), auf welche die grüne Farbe ein Absehen haben kann, und
eine von den sogenannten Tänzerinnen auf einem schwarzen Grunde hat eine
himmelblaue Binde (e) . Es pfleget auch der Gürtel unter der Brust
an Weiblichen Figuren roth zu seyn, wie die angeführten Gemählde in der
Vaticanischen Bibliothec zeigen. Will man dem Degen, welchen Vulca=
nus bringet, ein Geheng geben, kann dasselbe grün seyn, wie es zwey De=
gen=

(a) Pitt. Ercol. T. 3. tav. 50. p. 262.   (b) Icon. L. 2. p. 823. l. 6.   (c) Pitt.
, Ercol. T. 1. tav. 24.   (d) Ibid. T. 2. tav. 17.   (e) Ib. T. 1. tav. 19.

gen-Gehenge auf alten Gemählden im Herculaniſchen Muſeo ſind (a).
Wollte man dieſes Bild noch reicher machen, können auch die anderen Götter, die dem Peleus Geſchenke brachten, eingeführet werden, als Neptunus, welcher die Pferde Xanthos und Balios genannt, ſchenkete, Juno,
die einen koſtbaren Mantel überreichete, und Venus deren Geſchenk eine
goldene Schale und die Liebe auf derſelben gearbeitet, war (b).

Man könnte in eben der Abſicht aus zwey Bildern in dem Epithala-
mio des Sophiſten Himerius (c), ein einziges allegoriſches zuſammen ſetzen,
welche Freyheit Poetiſch und alſo erlaubt iſt. Apollo erſcheinet bey der
Vermählung des Pelops und der Hipppodamia auf einem Wagen mit der
Venus, deren Haupt er von vorne mit Hyacynthen beſtecket, da, wo die
Haare auf der Stirne getheilet ſind; im Nacken fliegen dieſelbe frey und
ungebunden. Dieſer Wagen iſt von Liebes-Göttern gezogen, die mit Roſen aus dem Garten der Venus bekränzt ſind, und Flügel und Haarlocken
von ihrer Hand mit Golde geſchmücket haben. Den Tanz läſt Apollo halten von einem Chore Nereiden, und das Braut-Bette iſt am Ufer der See
aufgeſchlagen. Pelops würde nach Art der Helden halb nackend zu mahlen ſeyn, theils weil die Lydiſche oder Phrygiſche Kleidung in des Philoſtra-
tus Gemählde (d) die Schönheit der Figur zu ſehr verſtecket, theils in Abſicht des Gegenſatzes, da Hippodamia, die Braut, bekleidet ſeyn muß:
Sein Gewand kann Purpur ſeyn, wie des Peleus, und wie es Helenus
in dem Gemählde des Polygnotus hatte (e). Es iſt derſelbe durch die
zwey Pferde kenntlich zu machen, die ihm Neptunus gab, mit welchen er
den Sieg über den Oenomaus erhielt, und deſſen Tochter als den Preis
davon trug. Pindarus giebt dieſen Pferden Flügel (f), ihre Geſchwin-
digkeit anzudeuten, und auf dem Kaſten des Cypſelus waren dieſelbe mit
wirklichen Flügeln gebildet (g). Hippodamia kann ein weiſſes mit Ster-
nen

(a) Geſch. der Kunſt, p. 271. 273.   (b) Ptolem. Hephaeſt. Nov. hiſt. L. 6. ap.
Phot. Biblioth. p. 252. l. 16.   (c) Ap. Phot. Bibl. p. 596.   (d) Icon.
L. 1. c. 30.   (e) Pauſan. L. 10. p. 860. l. 30.   (f) Olymp. 1. v. 140.
(g) Pauſan. L. 5. p. 420. l. 17.

U

nen durchwürktes Gewand haben; ihr Unterkleid, welches nur an den Füssen sichtbar wird, hat eine beliebte Farbe. 　Ihre Arme können mit Schlan-
gen-förmigen Arm-Bändern, und ihr Hals mit Perlen gezieret werden.
Das Braut-Bette muß einem Ruhe-Bette oder Canape gleichen. 　Apollo,
welcher auf dem Wagen stehend die Venus schmücket, kann seinen Mantel
gelb haben, auf die Farbe des Lichts zu deuten; es ist derselbe jedoch auch
roth auf alten Gemählden. 　Venus kann ihr Gewand von Meer-grüner
Farbe, in Absicht auf ihre vorgegebene Geburt, mit der einen Hand vor
dem Unterleibe in die Höhe heben, dessen einen Zipfel sie über die Achsel mit
erhobenen Arme hält. 　Die Form der Brüste, die ich in der Geschichte der
Kunst angezeiget habe (a), kann hier angebracht werden, und eben so beschreibet Philostratus die Brüste der Critheis (b), (μαςοὶ ὀρϑοὶ ὑπαυγά-
ξουσιν) wovon sich die Ausleger dieses Scribenten keinen deutlichen Begriff
machen können: in dem Worte ὀρϑός lieget die von mir bezeichnete Form
derselben. 　Der Wagen kann entweder wie diejenigen, die zu Wett-Läufen
dieneten, gestaltet seyn, oder auch die Form einer Muschel haben, in Allegorie auf die Venus Anadyomene. 　Das leichte und kurze Kleid der Nereiden ohne Ermel, sollte Meer-grün seyn, da aber dieses wegen der Mannig-
faltigkeit, die zu suchen ist, nicht geschehen kann, so kann diese Farbe in
einigen dieser Figuren mit weiß und mit einem cangianten Lacke abgewech-
selt werden; mit weiß, in Deutung auf den Schaum des Meers, und mit
Lacke, weil sich in den Wellen, wenn das Meer unruhig wird, in der Ferne ein röthlicher Schein zu brechen pfleget, welche Farbe des Meers Homerus, wie ich muthmasse, in dem von ihm dem Meere gegebenen Bey-
worte vom Purpur genommen (πορϕύρεον κύμα) (c) kann haben anzeigen
wollen. 　Von den Auslegern aber wird hier und in ähnlichen Stellen der
Purpur von der schwarzen Farbe verstanden. 　Diese Figuren können ferner
mit sehr dünnen und flatternden Schilf-Blättern bekränzet seyn, auf das
Meer-Gras (alga) abzuzielen. 　Das Ufer der See wird mit Myrthen besetzet, welche in warmen Ländern das gewöhnliche Gewächs längst der See
sind, und der Mahler kann dasselbe ziemlich stark und hoch angeben: denn
　　　　　　　　　　　　　　　　　　　　　　　　　　　die

(a) p. 183.　　　(b) Icon. L. 2. p. 823. l. 21.　　　(c) Il. ś v. 482.

die Alten pflegten ſo gar die Stangen ihrer Spieſſe aus Myrthen-Holze zu machen (Validis haſtilia myrthis) und man findet häufig ſo ſtarke Stämme an den Ufern dieſes Meers.

Zum Beſchluſſe hänge ich hier die von mir an einem andern Orte bekannt gemachte Beſchreibung des Torſo des Hercules im Belvedere an, weil dieſelbe in Betrachtung der voraus geſetzten und gemuthmaßten Abſichten des Künſtlers dieſes Werks in jedem Theile deſſelben, in gewiſſer Maße als allegoriſch angeſehen werden kann.

* * *

Ich führe dich zu dem ſo viel gerühmten und niemals genug geprieſenen Sturze eines Hercules, zu einem Werke, welches das vollkommenſte in ſeiner Art und unter die höchſte Hervorbringungen der Kunſt zu zählen iſt, von denen, welche bis auf unſere Zeiten gekommen ſind. Wie aber werde ich dir denſelben beſchreiben, da er der ſchönſten und der bedeutendeſten Theile der Natur beraubet iſt! So wie von einer prächtigen Eiche, die umgehauen und von Zweigen und Aeſten entblöſet worden, nur der Stamm allein übrig geblieben iſt, eben ſo gemißhandelt und verſtümmelt ſitzet das Bild des Helden; Kopf, Arme und Beine und das oberſte der Bruſt fehlen.

Der erſte Anblick wird dir vielleicht nichts als einen verunſtalteten Stein entdecken; vermagſt du aber in die Geheimniſſe der Kunſt einzudringen, ſo wirſt du ein Wunder derſelben erblicken, wenn du dieſes Werk mit einem ruhigen Auge betrachteſt. Alsdenn wird dir Hercules wie mitten in allen ſeinen Unternehmungen erſcheinen, und der Held und der Gott werden in dieſem Stücke zugleich ſichtbar werden.

Da, wo die Dichter aufgehöret haben, hat der Künſtler angefangen: Jene ſchwiegen ſo bald der Held unter die Götter aufgenommen und mit der Göttinn der ewigen Jugend iſt vermählet worden; dieſer aber zeiget uns denſelben in einer vergötterten Geſtalt, und mit einem gleichſam unſterblichen Leibe, welcher dennoch Stärke und Leichtigkeit zu den groſſen Unternehmungen, die er vollbracht, behalten hat.

Ich ſehe in den mächtigen Umriſſen dieſes Leibes die unüberwundene Kraft des Beſiegers der gewaltigen Rieſen, die ſich wider die Götter empöreten,

reten, und in den Phlegräischen Feldern von ihm erleget wurden, und zu gleicher Zeit stellen mir die sanften Züge dieser Umrisse, die das Gebäude des Leibes leicht und gelenksam machen, die geschwinden Wendungen desselben in
dem Kampfe mit dem Achelous vor, der mit allen vielförmigen Verwande-
lungen seinen Händen nicht entgehen konnte. In jedem Theile des Körpers offenbaret sich, wie in einem Gemählde, der ganze Held in einer besonderen That, und man siehet, so wie die richtigen Absichten in dem vernünfti-
gen Baue eines Pallastes, hier den Gebrauch, zu welcher That ein jedes
Theil gedienet hat.

Ich kann das wenige, was von der rechten Schulter noch zu sehen ist,
nicht betrachten, ohne mich zu erinnern, daß auf ihrer ausgebreiteten Stärke,
wie auf zwey Gebürgen, die ganze Last der himmlischen Kreisse geruhet hat.
Mit was für einer Großheit wächset die Brust an, und wie prächtig ist die
anhebende Rundung ihres Gewölbes! Eine solche Brust muß diejenige gewesen seyn, auf welcher der Riese Antäus und der dreyleibigte Geryon er-
drücket worden. Keine Brust eines drey- und viermal gekrönten Olympischen Siegers, keine Brust eines Spartanischen Kriegers von Helden gebohr-
ren, muß sich so prächtig und erhoben gezeiget haben.

Fraget diejenigen, die das Schönste in der Natur der Sterblichen
kennen, ob sie eine Seite gesehen haben, die mit der linken Seite zu vergleichen ist. Die Wirkung und Gegenwirkung ihrer Muskeln ist mit einem
weißlichen Maaße von abwechselnder Regung und schneller Kraft wunder-
würdig abgewogen, und der Leib mußte durch dieselbe zu allem, was er voll-
bringen wollen, tüchtig gemachet werden. So wie in einer anhebenden
Bewegung des Meers die zuvor stille Fläche in einer neblichen Unruhe mit
spielenden Wellen anwächst, wo eine von der anderen verschlungen und aus
derselben wiederum hervor gewälzet wird: eben so sanft aufgeschwellet und
schwebend gezogen fliesset hier eine Muskel in die andere, und eine dritte,
die sich zwischen ihnen erhebet, und ihre Bewegung zu verstärken scheinet,
verlieret sich in jene, und unser Blick wird gleichsam mit verschlungen.

Hier möchte ich stille stehen, um unseren Betrachtungen Raum zu geben, der Vorstellung ein immerwährendes Bild von dieser Seite einzudrü-
cken;

cken; allein die hohen Schönheiten ſind hier in einer unzertrennlichen Mittheilung. Was für ein Begrif erwächſet zugleich hierher aus den Hüften,
deren Feſtigkeit andeuten kann, daß der Held niemals gewanket, und nie
ſich beugen müſſen! In dieſem Augenblicke durchfähret mein Geiſt die ent-
legenſten Gegenden der Welt, durch welche Hercules gezogen iſt, und ich
werde bis an die Grenzen ſeiner Mühſeligkeiten, und bis an die Denkmale und Säulen, wo ſein Fuß ruhete, geführet durch den Anblick der Schenkel
von unerſchöpflicher Kraft, und von einer den Gottheiten eigenen Länge, die
den Held durch hundert Länder und Völker bis zur Unſterblichkeit getragen
haben. Ich fieng an dieſe entfernte Züge zu überdenken, da mein Geiſt zurück gerufen wird durch einen Blick auf ſeinen Rücken. Ich wurde ent-
zücket, da ich dieſen Körper von hinten anſahe, ſo wie ein Menſch, der nach
Bewunderung des prächtigen Portals an einem Tempel auf die Höhe deſſelben geführet würde, wo ihn das Gewölbe, welches er nicht überſehen
kann, von neuen in erſtaunen ſetzet.

Ich ſehe hier den vornehmſten Bau der Gebeine dieſes Leibes, den Ur-
ſprung der Muſkeln und den Grund ihrer Lage und Bewegung, und dieſes alles zeiget ſich wie eine von der Höhe der Berge entdeckte Landſchaft, über welche die Natur den mannigfaltigen Reichthum ihrer Schönheiten ausgegoſſen.
So wie die luſtigen Höhen derſelben ſich mit einem ſanften Abhange in geſenk-
te Thäler verliehren, die hier ſich ſchmälern und dort erweitern; ſo mannig-
faltig, prächtig und ſchön erheben ſich hier ſchwellende Hügel von Muskeln,
um welche ſich oft unmerkliche Tiefen, gleich dem Strohme des Mäanders,
krümmen, die weniger dem Geſichte, als dem Gefühle offenbar werden.

Scheinet es unbegreiflich, auſſer dem Haupte, in einem anderen Theile
des Körpers, eine denkende Kraft zu zeigen, ſo lernet hier, wie die Hand eines
ſchöpferiſchen Meiſters die Materie geiſtig zu machen vermögend iſt. Mich
deucht, es bilde mir der Rücken, welcher durch hohe Betrachtungen gekrüm-
met ſcheinet, ein Haupt das mit einer frohen Erinnerung ſeiner erſtaunenden
Thaten beſchäftiget iſt; und indem ſich ſo ein Haupt voll von Majeſtät und
Weisheit vor meinen Augen erhebet, ſo fangen ſich an in meinen Gedanken

　　die

die übrigen mangelhaften Glieder zu bilden; es sammlet sich ein Ausfluß aus dem Gegenwärtigen, und wirket gleichsam eine plötzliche Ergänzung.

Die Macht der Schulter deutet mir an, wie stark die Arme gewesen, die den Löwen auf dem Gebürge Cithäron erwürget, und mein Auge suchet sich diejenigen zu bilden, die den Cerberus gebunden und weggeführet haben. Seine Schenkel und das erhaltene Knie geben mir einen Begrif von den Beinen, die niemahls ermüdet sind, und den Hirsch mit Füssen von Ertze verfolget und erreichet haben. Durch eine geheime Kunst aber wird der Geist durch alle Thaten seiner Stärke bis zur Vollkommenheit seiner Seele geführet, und in diesem Sturze ist ein Denkmal derselben, welches ihm kein Dichter, die nur die Stärke seiner Arme besingen, errichtet: der Künstler hat sie übertroffen. Sein Bild des Helden giebt keinem Gedanken von Gewaltthätigkeit und von ausgelassener Liebe Platz: In der Ruhe und Stille des Körpers offenbaret sich der gesetzte große Geist; der Mann, welcher sich aus Liebe zur Gerechtigkeit den größesten Gefährlichkeiten ausgesetzet, der den Ländern Sicherheit und den Einwohnern Ruhe geschaffet.

Diese vorzügliche und edle Form einer so vollkommenen Natur ist gleichsam in die Unsterblichkeit eingehüllet, und die Gestalt ist blos wie ein Gefäß derselben; ein höherer Geist scheinet den Raum der sterblichen Theile eingenommen und sich an die Stelle derselben ausgebreitet zu haben. Es ist nicht mehr der Körper welcher annoch wider Ungeheuer und Friedensstöhrer zu streiten hat; es ist derjenige, der auf dem Berge Oetas von den Schlacken der Menschlichkeit gereiniget worden, die sich von dem Ursprunge der Aehnlichkeit des Vaters der Götter abgesondert haben. So vollkommen hat weder der geliebte Hyllus noch die zärtliche Jole den Hercules gesehen; so lag er in den Armen der Hebe, der ewigen Jugend, und zog in sich einen unaufhörlichen Einfluß derselben. Von keiner sterblichen Speise und groben Theilen ist sein Leib ernähret; ihn erhält die Speise der Götter, und er scheinet nur zu geniessen, nicht zu nehmen, und völlig ohne angefüllet zu seyn.

Ἐν γὰρ κ π̄ καὶ σμικρον ἐπὶ σμικρῷ καλατσίν,
Καὶ θαμὰ τοῦτ᾽ ἔρδοις.

Erstes

Erstes Register

der verbesserten und erklärten Stellen alter und neuer Scribenten.

Die Römischen Ziffern bedeuten die Vorrede.

Zweytes Register,
der merkwürdigen Sachen.

X   Fontana

Narcisse,

Drittes Register,

der angeführten Denkmale alter und neuer Kunst.

Madonna

Drittes Register, der angeführten Denkmale alter und neuer Kunst.

Nöthige Verbesserungen.

Seite	Zeile		an statt		lese man
20	15	-	Sympolum	-	Symbolum
26	19	-	Marcous	-	Marcus
34	30	-	αποφθιυμ. λαu.	-	ἐπιτηδιυμ. λαu.
36	9	-	θαύμασιο	-	Θούμαστις
	25	-	Αγοςᾶος	-	Αγςᾶος
37	30	-	τὺι	-	τᾶι
38	30	-	orad.	-	orat.
47	11	-	herrisch	-	heroisch
51	32	-	συεισμιν	-	συεισμαι
56	28	-	συμπος. σπρεθλ.	-	συμπος! πρεθλ.
59	23	-	πιπςιν	-	πιπειν
67	25	-	ςρεφιαι	-	τεφάιη
		-	ςρεφιος	-	τιφάνος
81	8	-	Medicis	-	Mattei
124	1	-	δὰ	-	διὰ
	2	-	μιλαγςαι	-	μιλάινιαι
133	9	-	δασιχουσα	-	απιχυσα